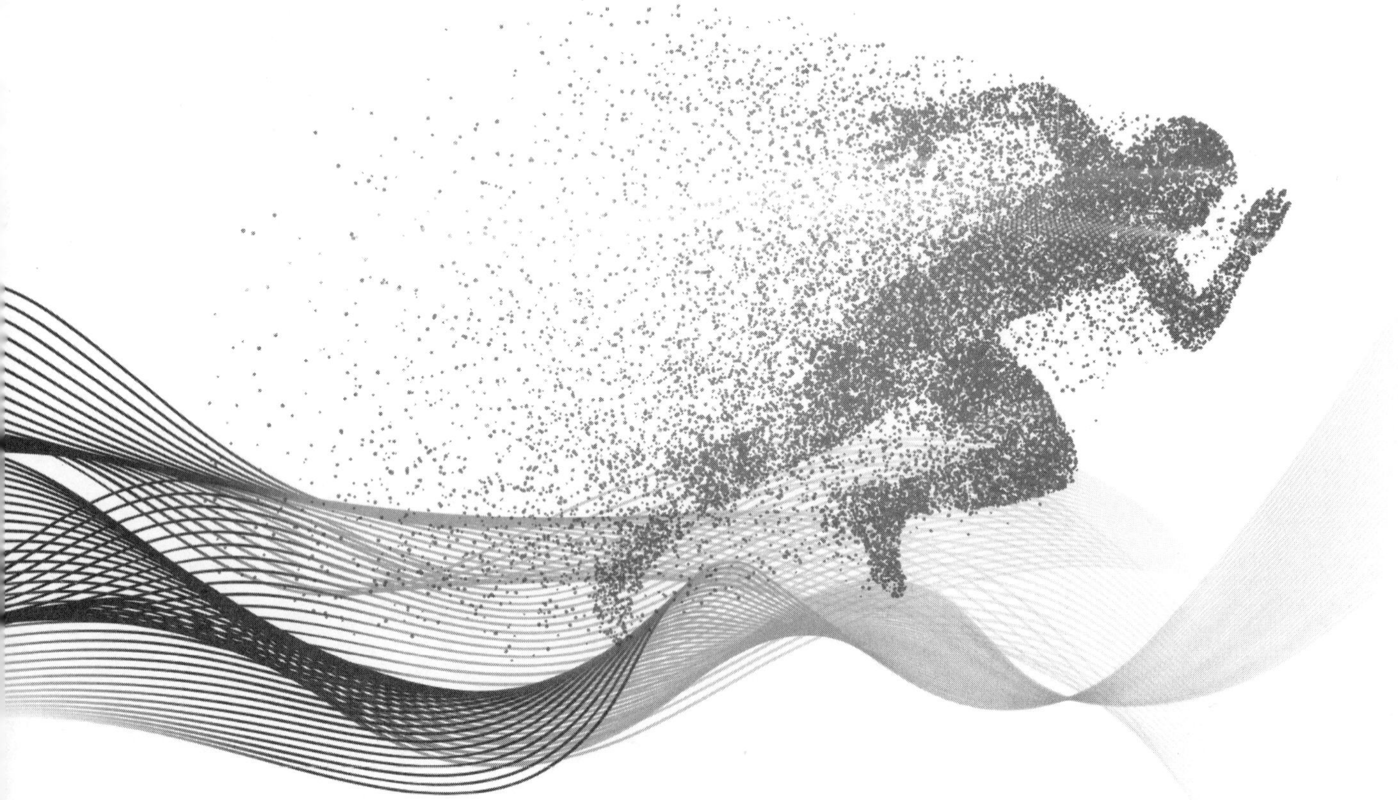

专项运动技能"教学评"一体化设计

主　编：范　翔　鄢长江

副主编：袁　玲　肖庆丰　徐雪容　帅丹凤

编　委：吴　琼　王　茹　郑　敏　冉香山　聂正荣
　　　　巫远龙　旺　青　朱常超　李　科　罗俊杰
　　　　杜　锐　郑雯婷　秦　懿　杨　伟　王　聪
　　　　李　玲　罗　霞　龚文全　李　黎　郑荣焦
　　　　冉美容　刘　峻　杨　琴　毛利洋　张红琼
　　　　甘　露　朱太杰　李　娜　赵　超　邵兵兵
　　　　蔺银萍　黄烈鹏　赵长红　李巧玲　何煜萌
　　　　汤　然　郑　丹　李　琼　李璨阳

四川大学出版社

图书在版编目（CIP）数据

专项运动技能"教学评"一体化设计 / 范翔，鄢长江主编． -- 成都：四川大学出版社，2024. 12.
ISBN 978-7-5690-7503-8

Ⅰ．G633.962

中国国家版本馆CIP数据核字第20257WS401号

书　　名：专项运动技能"教学评"一体化设计
　　　　　Zhuanxiang Yundong Jineng "Jiao-xue-ping" Yitihua Sheji
主　　编：范　翔　鄢长江

选题策划：唐　飞
责任编辑：唐　飞
责任校对：刘柳序
装帧设计：墨创文化
责任印制：李金兰

出版发行：四川大学出版社有限责任公司
　　　　　地址：成都市一环路南一段24号（610065）
　　　　　电话：（028）85408311（发行部）、85400276（总编室）
　　　　　电子邮箱：scupress@vip.163.com
　　　　　网址：https://press.scu.edu.cn
印前制作：四川胜翔数码印务设计有限公司
印刷装订：四川省平轩印务有限公司

成品尺寸：210mm×285mm
印　　张：12
字　　数：288千字

版　　次：2025年1月 第1版
印　　次：2025年1月 第1次印刷
定　　价：60.00元

本社图书如有印装质量问题，请联系发行部调换

版权所有◆侵权必究

扫码获取数字资源

四川大学出版社
微信公众号

前 言
FOREWORD

在当今教育领域，体育教学的理念和方法正不断演进与创新。为适应时代的需求和学生的发展，《专项运动技能"教学评"一体化设计》一书应运而生，旨在为广大体育教育工作者和一线体育教师提供一份具有深度和实用价值的教学指南。

体育，不仅是身体的锻炼，更是意志的磨砺、团队协作的培养以及个性发展的重要途径。本书涵盖了球类运动、田径运动、体操运动、水上或冰雪运动、中华传统体育运动和新兴体育运动六大类，力求呈现全面而系统的体育专项运动技能教学内容。

在球类运动中，篮球、足球、排球、乒乓球、羽毛球和网球的魅力得以展现，它们各具特色，无论是团队的协作还是个人技巧的发挥，都能让学生在运动中体验到竞争与合作的乐趣。

田径运动中的跑、跳、投，是人类最基本的运动形式，也是培养身体素质和运动能力的基石。

体操运动中的技巧与器械、韵律体操，既锻炼了身体的协调性和柔韧性，又展现了美的姿态。

水上或冰雪运动充满了挑战与激情，让学生勇敢地面对自然环境，挑战自我。

中华传统体育运动承载着悠久的历史文化，传承着民族的智慧和精神，有助于增强学生的民族自信和民族自豪感。

新兴体育运动中的生存探险项目和时尚运动项目，则紧跟时代潮流，激发学生的探索欲望和创新精神。

每一个大单元分为三节，第一节"项目介绍"简要诠释该运动的项目特点、功能和学练水平建议等；第二节"大单元结构"和第三节"大单元教学设计和课时教学设计"，为教师提供了清晰的教学框架和具体的教学指导，帮助教师使体育教学从碎片化走向系统化，从单一技能训练走向综合能力培养。

希望本书能够成为体育教育工作者和一线体育教师的良师益友，助力学生在体育的世界中茁壮成长，培养他们的强健体魄、坚韧意志和积极向上的人生态度。让我们共同努力，推动体育教育事业的蓬勃发展，为学生的未来奠定坚实的基础。

编 者

2024 年 9 月

目 录
CONTENTS

第一章 专项运动技能大单元教学的"教学评"一体化 ········· 001
   第一节 专项运动技能的概念与内容 ········· 001
   第二节 大单元教学的概念与内容 ········· 003
   第三节 "教—学—评"一体化概念与内容 ········· 006

第二章 球类运动 ········· 008
   第一节 排 球 ········· 008
   第二节 篮 球 ········· 030
   第三节 足 球 ········· 030
   第四节 乒乓球 ········· 031
   第五节 羽毛球 ········· 031
   第六节 网 球 ········· 031

第三章 田径运动 ········· 032
   第一节 项目介绍 ········· 032
   第二节 田径大单元结构 ········· 032
   第三节 田径大单元教学设计和课时教学设计 ········· 059

第四章 体操运动 ········· 068
   第一节 项目介绍 ········· 068
   第二节 体操大单元结构 ········· 068
   第三节 体操大单元教学设计和课时教学设计 ········· 084

第五章 水上或冰雪运动 ········· 093
   第一节 项目介绍 ········· 093
   第二节 水上或冰雪运动大单元结构 ········· 093
   第三节 水上或冰雪运动大单元教学设计和课时教学设计 ········· 115

第六章 中华传统体育运动 ········· 121
   第一节 武 术 ········· 121
   第二节 其他民族民间传统体育运动 ········· 146

第七章 新兴体育运动 ········· 147
   第一节 时尚运动项目 ········· 147
   第二节 生存探险项目 ········· 181

参考文献 ········· 182
后 记 ········· 183

第一章 专项运动技能大单元教学的"教学评"一体化

在当今体育教育领域，不断探索创新教学模式和方法，对于提升教学质量和学生的学习效果至关重要。专项运动技能大单元教学的"教学评"一体化设计作为一种综合性的教育理念和实践方式，正逐渐受到广泛关注和重视。

第一节 专项运动技能的概念与内容

2020年10月，中共中央办公厅、国务院办公厅在《关于全面加强和改进新时代学校体育工作的意见》中进一步明确要求逐步完善"健康知识＋基本运动技能＋专项运动技能"的学校体育教学模式，教会学生科学锻炼和健康知识，指导学生掌握跑、跳、投等基本运动技能和篮球、足球、排球、乒乓球、羽毛球、网球、田径、游泳、体操、武术、冰雪运动等专项运动技能，并且要求"义务教育阶段体育课程帮助学生掌握1至2项运动技能，引导学生树立正确健康观""高中阶段体育课程进一步发展学生运动专长，引导学生养成健康生活方式，形成积极向上的生活态度和培养健全的人格"。

为了更好地贯彻落实中共中央与国务院文件的精神，《义务教育体育与健康课程标准（2022年版）》（以下简称"新课标"）首次在课程理念、核心素养内涵中明确提出专项运动技能的概念；在课程内容中设置球类运动、田径运动、体操运动、水上或冰雪运动、中华传统体育运动、新兴体育运动等专项运动技能；在学业质量评价中明确制定了专项运动技能评价标准。

（一）专项运动技能的由来

专项运动技能本是运动训练学的概念。运动训练学提出训练内容一般包括身体训练、技术训练、战术训练、心理训练和智能训练等。其中，技术训练是使运动员掌握和提高专项运动技术的一种训练。而专项技术训练，即使运动员形成与某一运动项目相适应的专项运动技能的训练。运动训练学根据竞技能力的主导因素将竞技运动分为体能主导型运动和技能主导型运动。前者包括体能主导型爆发性运动、速度性运动和耐力性运动，后者包括技能主导型表现难美性运动、表现准确性运动、集体对抗性运动和格斗性运动等。运动训练学中的专项运动技能意味着运动员通过系统专项技术训练后能正确、科学、合理、有效地把运动技术模式内化为个人的行为。

（二）运动技术与运动技能

1. 运动技术

关于运动技术可以从运动训练学和体育学两个角度进行认识。运动训练学将技术视为基于生物学、力学等科学要素的合理有效动作模式，包括硬件设施和知识软件，如器材、原理、程序、方法和技能。体育学则认为技术是人在运动中以实现健身、娱乐或竞技等为目的的自身塑造方式，不仅包括运动操作方法，还涵盖活动特征和对人身心的影响。这种认识有助于全面理解运动技术，超越仅将其视为竞技动作模式的局限，促进对技术多维度的深入认知。

2. 运动技能

关于运动技能的概念可概括为以下几种：第一，完成专门动作的能力。运动技能也称动作技能，是指人体运动中掌握和有效地完成专门动作的一种能力。即运动者在适当时间成功地、有条不紊地，并以适当的力量完成正确运动技术的能力。第二，熟练的动作。运动技能是以动作为基础所表现出来的熟练、准确、变化等高品质的一连串动作。第三，身体认知。运动技能是人在从事以运动项目为中心的身体练习过程中所获得的身体认知。第四，综合状态。运动技能是实现某种运动目标或任务的能力及人体动作的外在表现、活动过程或状态。第四种表述突出了运动技能的目的性和具身性，有利于更加完整、准确地认知运动技能概念。

3. 运动技术与运动技能的关系

运动技术与运动技能之间的关系表现为：第一，运动技术是外在的理想动作模式，而运动技能是内在的动作表现。第二，运动技术是人们学习的对象，运动技能是人们学习的结果或目的。第三，运动技术由有形的运动场地、器材、设施等硬件，以及无形的运动原理、操作程序、运动方法、运动规则等模式和方法组成，可以通过文字、图片、录像等存储和传承；运动技能则是人们实际操作运动过程中的具身表达，只有在运动情境中才能显现出来，当运动情境结束时，运动技能也随之消失。

概言之，运动技术与运动技能是相互关联、相互作用、相互影响且本质不同的两个概念。

（三）专项运动技能

专项运动技能本质上是运动技能的个性指称。假如说运动技能仅仅是共性的一般概念，那么，专项运动技能就是个性的特殊概念。专项运动技能是运动训练学尤其是项目训练学研究的重要内容。在运动训练学视域中，专项训练是以最大限度提高运动员某一专项竞技能力及其运动水平——体能、技战术、心理、智能等的系统训练过程。专项运动技能是运动员完成特定体育运动的外在表现、活动过程或状态。

（四）新课标中的专项运动技能

新课标第一次明确提出专项运动技能的概念，并建构了专项运动技能内容体系。新课标明确指出：专项运动技能主要是指所选学的运动项目所包含的知识、技术、战术、规则与裁判、欣赏与评价等，即为了达成课程目标，结合学生的实际，以特定的运动对学生进行改善与塑造的方式等。

专项运动技能的定义具有四大特点：第一，对象不同。课程面向所有学生，不区分体能和运动基础。第二，内涵不同。作为学习内容而非训练结果。第三，目的不同。通过技能培养提升核心素养。第四，课程内容不同。课程内容丰富，涵盖正规竞技、游戏性运动及竞技项目改造。新课标以培养全体学生的体育与健康素养为基础，设置六类技能内容：球类运动、田径运动、体操运动、水上或冰雪运动、中华传统体育运动、新兴体育运动，每类包含多个项目并制订选用要求。各类运动具有独特教育价值，如球类运动提升反应和团队精神，田径运动发展心肺耐力和进取精神，体操运动增强身体控制力，水上或冰雪运动培养坚韧精神，中华传统体育运动传承文化，新兴体育运动激发探索欲，共同促进学生全面发展。

专项运动技能是体育核心要素，涵盖基本技术、战术理解、规则熟悉、生理学基础和项目文化。基本技术如篮球的投篮、运球，战术理解如足球的防守反击，规则熟悉如乒乓球发球规则，生理学基础如田径短跑的腿部力量和爆发力，项目文化如武术赋予技能更深层内涵。教学中，教师应使用多样化方法，针对初学者强调基础技术，有基础者通过增加难度和强度提升技能。个性化指导关注个体差异，提供具体改进建议和训练方案，以促进学生全面发展。

总之，专项运动技能的培养是一个长期、系统的过程，需要教师和学生共同努力，通过科学合理的教学方法和持续练习，逐步提高学生在特定体育项目中的技术水平和综合能力。

第二节　大单元教学的概念与内容

大单元教学作为一种创新的教学模式，在现代教育领域中发挥着越来越重要的作用。它以学生为中心，教师为主导，打破了传统教学中以课时为单位的碎片化教学方式，将教学内容整合为几个大的教学单元，每个单元围绕一个核心主题或技能进行深入、系统的学习。

一、大单元教学设计和实施的内容

新课标明确要求设计和实施专项运动技能大单元教学。大单元教学是指对某个运动项目或项目组合进行18个课时及以上相对系统和完整的教学。如果教师在1个学期教2个运动项目，1个学年就能教4个运动项目；七、八年级大单元教学都是由36个课时组成，1个学期教1个运动项目，1个学年教2个运动项目；九年级可根据兴趣爱好自主选择1个运动项目进行为期1学年的学习，大单元教学由72个课时组成。各水平学练的运动项目可以完全相同或部分相同，也可以不同。专项运动技能的大单元教学在我国义务教育阶段可谓是"新生事物"，尽管过去也有单元教学，但在理念和方法上均与新课标所提到的大单元教学与核心素养的要求存在较大距离。

大单元教学主要由大单元教学学习目标、主要教学内容、重难点、学习评价及教学反思，以及每节课的学习目标、教学内容和教学方法等要素组成，是一个有机联系的整体。它有助于学生通过大单元的学练，完整体验和基本掌握所学的运动项目。

（一）大单元教学的要素组成

学习目的细化为具体的学习单元目标，教学内容细化为具体的大单元教学要点，教学策略细化为具体的大单元教学手段。

1. 大单元学习目标

大单元学习目标是指期望学生通过大单元的学习达成的结果。大单元学习目标要基于运动能力、健康行为和体育品德3个方面核心素养设定，期望的学习结果实际体现在核心素养发展程度方面。一般而言，大单元学习目标以设置3点目标为宜，即针对3个方面的核心素养设置学习目标。

2. 大单元主要教学内容

大单元主要教学内容包括所教运动项目的基础知识与基本技能、技战术运用、体能、展示与比赛、规则与裁判方法、观赏与评价，这是一个运动项目相对完整的教学内容。大单元主要教学内容是根据学生所处的学习水平、对大单元学习目标的贡献度、课时的多少等确定。

3. 大单元教学重难点

教学重难点，顾名思义，是指教学的方方面面。大单元教学重难点包括学生学习方面的重难点、教学内容方面的重难点、教学方法方面的重难点、教学组织方面的重难点等，因此不只是单个动作技术的重难点。

4. 大单元学习评价

大单元学习评价是指对学生学习某一运动项目大单元后应该评什么、怎么评。特别强调要结合教学内容，围绕运动能力、健康行为和体育品德3个方面的核心素养，采用多样化的评价方法进行大单元学习评价。

5. 大单元教学反思

大单元教学反思是指某一大单元教学完成后要针对学生在核心素养方面的表现，总结和分析哪些地方做得好、哪些地方还需要改进等。

（二）每节课的要素组成

每节课的要素包括学习目标、教学内容和教学方法等。每节课的教学内容和教学方法应该考虑对实现这节课学习目标的针对性和有效性，应该落实新课标提出的目标引领内容的原则以及针对学习目标和学生特点合理选编教学内容的要求。同时，要关注每节课之间学习目标、教学内容和教学方法的关联性和进阶性。所谓关联性，是指课与课之间要有联系，注意这节课与上节课和下节课的有机衔接。所谓进阶性，是指下节课应该比上节课在各方面的要求都有所提高。

二、大单元教学设计和实施应重点注意的问题

（一）目标引领内容

大单元教学设计不应先定内容后定目标，而应针对特定运动项目，如篮球、排球、长拳等，先明确学习目标，再构建教学内容。以篮球为例，教学内容应涵盖基础知识、技能、技战术、体能、比赛规则、观赏与评价等多方面。每节课也应遵循此原则，先定目标，再选内容，确保内容有助于实现学习目标。教学内容不仅限于单个动作技术，还应包括准备活动、组合技术、对抗练习、比赛、体能练习、游戏及放松活动等，形成结构化的知识和技能体系。此举符合新课标中"目标引领内容"的理念，并强调核心素养的培养。课程与教学应紧密联系，不应割裂。大单元教学计划应指导课时教学计划，学习目标、内容及方法均应如此。因此，"大单元教学计划已有教学内容，课时教学计划就应是内容在前、目标在后"的观点不成立，这是单一技术教学的思路，非整体教学内容的思路。大单元教学计划相对宏观，课时教学计划应更具体、丰富。

（二）合理设计大单元教学课时安排

大单元教学设计应专注于单一运动项目，确保学生从三至九年级，无论课时多少（18、36或72课时），都能通过连续、集中学习，深入掌握一项运动，体验乐趣，增强自信与成就感。对于篮球、排球或高难度运动，尤应如此，避免跨类教学。对于田径、体操等同类技能中的"小项"，可适度组合，但需保持教学的系统性和完整性。例如18课时大单元内分阶段教授100m跑、跳远和掷实心球，而非分散教学。72课时大单元虽跨学期，亦需整体规划，考虑暑假因素，但视为单一教学单元。此举符合新课标要求，强调系统学习单个运动项目的重要性。

（三）教学主题应采用结构化运动知识和技能

大单元教学应超越单节课主题，聚焦于整体运动项目学习，如篮球，强调结构化知识与技能教学，涵盖动作组合、对抗、比赛及体能等多维度。传统体育教学偏重单个动作技术，与新课标相悖，后者倡导每课融合结构化运动技能，反对单纯的新授课（即新学单个技术）概念，因其核心在于运动项目整体掌握。大单元设计应按课时连续推进，如"篮球第N课时"，避免"双手胸前传球课"等碎片化主题，此类设计属知识中心观，非育人中心观，不利于核心素养培养。正确做法应体现结构化教学思路，全面促进学生能力发展。

总之，体育教师需要切实更新教育观念，从"知识中心观""运动技术中心论"向"育人中心观"

"核心素养中心观"转变,彻底摒弃"分离式""碎片化""双教材""小单元"的专项运动技能教学。按照新课标的精神和要求,从有利于培养学生核心素养的角度合理设计大单元教学,有效实施大单元教学,这样就有望解决"我国绝大多数学生学了12年体育课,但1项运动技能也未掌握"的现状,才能培养学生运动能力、健康行为和体育品德3个方面的核心素养。

三、大单元教学设计与实施的意义和作用

(一)我国传统体育教学存在的问题

新课标强调专项运动技能的大单元教学设计和实施旨在重点解决"我国绝大多数学生学了12年的体育课,但1项运动技能也未掌握"的问题。这一问题的长期存在主要与我国传统教育思想下的专项运动技能教学存在的以下问题紧密相关。

1. "分离式"教学

"分离式"教学是指将不同的运动项目随机教学,即这节课教篮球,下节课教足球,再下节课教武术。显然,这样的教学是不能够使学生学会1项运动的,因为学会1项运动需要经过学习、复习、巩固、运用、提高等阶段。如果学了1项运动技能,缺少复习和巩固阶段,那么所学的运动技能不但不会进步,反而会退步。根据学习理论和教育心理学的原理,同一个学习内容2次之间复习和强化的时间越短,学习效果则越好。同时,学会1个运动项目需要有较长的学练时间做保证。因此,这种"分离式"的教学需要彻底改变。

2. "碎片化"教学

"碎片化"教学是指每节体育课主要教一个运动项目的单个技术动作,即这节课教篮球的双手胸前传球,下节课教排球的垫球,再下节课教武术的"马步冲拳",导致篮球双手胸前传球技术,从小学教到大学;绝大多数学生上了多年的排球课最终只会垫球或双手传球等。实际上,传统教育思想下的体育课堂教学不是教学生打篮球,而是教学生学篮球的双手胸前传球;不是教学生踢足球,而是教学生学足球的脚内侧传球。而这样无法使学生掌握一项运动技能。因此,这种"碎片化"的教学必须杜绝。

3. "双教材"教学

"双教材"教学是指每节体育课教2个不同的运动项目,即1节40分钟的体育课既教篮球项目的内容,又教排球项目的内容等。众所周知,除了学练一个内容需要一定的时间做保证外,不同运动项目之间还会产生负迁移,导致2个运动项目的技术都可能学不好。因此,这种"双教材"的教学应该坚决摒弃。

4. "小单元"教学

在专项运动技能的教学实践中,也有一些由几个课时组成的单元教学,这已经有所进步。但这种"小单元"教学的课时太短,不利于学生基本掌握一项运动技能,且受上述3种形式教学的影响,教师每节课还是教一个项目的单个动作技术,学生难以完整体验一项运动的乐趣,也不可能掌握一项运动技能。因此,也不提倡这种专项运动技能的"小单元"教学。

总之,上述4种形式的体育课教学,不符合学生身心发展规律、运动技能形成规律和体育与健康育人规律。同时,长期的实践也表明,这4种形式的教学不能使学生掌握1项运动技能。

（二）采用大单元教学的作用

1. 大单元教学有助于学生掌握1至2项运动技能

有助于落实2020年中共中央办公厅、国务院办公厅《关于全面加强和改进新时代学校体育工作的意见》（以下简称《意见》）。《意见》中明确提出："义务教育阶段体育课程帮助学生掌握1至2项运动技能，引导学生树立正确健康观"以及落实"教会、勤练、常赛"的要求。新课标对1个运动项目的大单元教学有明确的课时要求，最少18个课时，这就使得学生学练1个运动项目得到时间上的保证，能使学生连续、集中、系统地学练1个运动项目，能够完整体验和理解1个运动项目，并享受其乐趣，最终基本掌握1项运动技能。采用专项运动技能的大单元教学，能够为促进学生掌握1至2项运动技能奠定良好的基础。

2. 大单元教学有助于培养学生的核心素养

1个运动项目的大单元教学实际上是一个结构化、完整的运动知识和技能的教学，不仅包括该项目的基本动作技术学练，还包括组合动作技术学练、对抗练习、教学比赛、体能练习等；不仅包括身体运动方面的学练，还包括基本原理、规则与裁判、欣赏与评价等运动认知类的学习。这样结构化知识和技能的教学内容对培养学生运动能力、健康行为和体育品德3个方面的核心素养具有重要促进作用。

第三节 "教—学—评"一体化概念与内容

"教—学—评"一体化是新课标背景下落实立德树人根本任务、实现学生核心素养发展的重要方式。

新课标中教学评价理念都强调了以核心素养为导向的"教—学—评"一体化，要求教师转变育人方式，重视评价的育人功能，树立"教—学—评"一体化意识，实现"教—学—评"的有机融合。"教—学—评"一体化，即基于"教—学—评"一致性理念，将教、学、评三要素有机融合，形成课程育人的合力，协调发展学生的核心素养。"教"是教师以核心素养为导向，通过教授学科之"眼"、学科之"魂"、学科之"法"实现学科育人；"学"是学生在教师的引导下，积极主动地参与教学实践活动，内化所学知识与技能，形成关键能力和必备品格，发展核心素养；"评"是教师以核心素养为导向，将教学评价整合入教与学的共同活动中，以评促学、以评促教。"教—学—评"一体化是发展学生核心素养、落实立德树人的根本任务的重要措施。

一、"教—学—评"一体化过程中存在的问题

（1）教与学的"两张皮"现象。长期以来，在实际教学中存在着教师的教与学生的学分离割裂的"两张皮"现象，具体表现在两个方面：一是教师只重视如何教而忽视了学生的学。很多教师在教学过程中，一味将重心落在教学设计、教学策略上，而对于学生怎么学、学得如何，则少有关注与研究。二是教师没有处理好教与学之间的关系，教师的教学内容与学生的学习基础、学习需求不匹配，导致教师教得辛苦、学生学得吃力，收效甚微。

（2）教学与评价二元分离的问题。很多教师重视教学而忽视评价，或将评价置于教学之上，或让评价游离于教学之外，没能重视和发挥好评价的诊断和反馈功能，因而无法及时了解学生学习方面的优势及不足，遑论实现以评促教、以评促学。

(3) 教、学、评三者目标不一致的问题。教学目标是评价的出发点，评价结果为教师检视学生的学是否达成教学目标、自身的教是否科学有效提供了依据。然而，当前教学中存在教、学、评三者的目标不一致现象，评价目标定位不准导致教与学之间成了一种简单的线性活动，教师无法通过有效评价判断学生的学习效果，更无法通过评价反馈来反思、改进自身的教学。

(4) "教—学—评"一体化过程中过于倾向"标准化"的现象。长期以来，唯分数、唯升学率的追求异化了很多教师的教学理念，很多教师的教学形成了以分数为纲、以升学率为宗旨的固化模式，教学活动倾向于采用针对考试评价的传统应试教育模式，对学生的学习成效则简单地以分数来衡量。以分论学则忽视了学生是发展中的人，是独立且个性多元的"多面体"，不利于学生的个性化发展和全面发展；单一的评价方式也不能充分发挥评价的反馈、激励功能。

(5) "教—学—评"一体化过程中评价主体单一化的问题。在对教师的评价中，受苏联教育模式的影响，我国的评价主体以教育行政管理者为主，一些地区的教育行政管理者还存在从单极化视角（如单纯考虑教师所教班级的考试成绩）衡量教师的教学成效的现象，评价的管理价值重于教育价值。在对学生的评价中，教师又占据着主导地位，学生更多的是作为被评价者，处于弱势地位。实际上，在"教—学—评"一体化体系中，教师与学生都是重要的评价主体，没有这两者的共同积极参与，就不可能真正实现"教—学—评"一体化。

(6) "教—学—评"一体化过程中评价方式单一性的问题。考试成绩成为衡量教师的教与学生的学的主要方式，重在考查学生知识与技能的掌握情况，忽视了对学生情感、态度与价值观的评价。实际上，考试是评价方式中的一种，是教学过程的一个环节，其宗旨在于促进学生的全面发展和提升教师的教学能力，促进教学改进，不是教学、学习和评价的最终目的。

二、"教—学—评"一体化设计的构建路径

"教—学—评"一体化理念倡导教学、学习、评价三者无缝衔接，构成高效教育循环。教学奠基，学习为核心，评价则贯穿全程，保障并促进教学质量与学习成效。形成性评价即时反馈学习进程，助力策略调整；总结性评价总结阶段成果，指引教学方向。在专项运动大单元教学中，此理念尤为关键：确保目标导向教学，精准施策；激励学生动力，增强自信；提升教学质量与学习效果，通过师生双向反馈与调整，实现教育最优化。

为了实现"教—学—评"一体化的设计，需要从以下几个方面入手：首先，要明确教学目标和评价标准，确保二者匹配且可衡量。在足球等专项教学中，目标应涵盖技术掌握与实战应用，评价标准则细化至动作准确性、速度等多维度。其次，要采用多样化评价手段，如课堂观察、作业分析、小组及自我评价，全面收集学习信息。反馈环节至关重要，需即时向学生与教师反馈结果，促进双向调整与改进。例如，田径短跑中针对起跑问题，教师可调整教学方案，强化练习。最后，构建完善的评价机制与保障体系，确保评价规范有序，提供必要资源支持，共同推动教学质量与学生成长的全面提升。

总之，"教—学—评"一体化是专项运动技能大单元教学的重要保障，通过将教学、学习和评价有机融合，能够提高教学质量，促进学生的全面发展。我们通过对专项运动技能、大单元教学以及"教—学—评"一体化的概念和内容的深入探讨，为后续进一步研究专项运动技能大单元教学的"教—学—评"一体化设计奠定了坚实的理论基础。接下来，我们将结合具体的教学案例，展示"教—学—评"一体化设计在实际教学中的运用，以及如何根据不同运动项目的特点进行个性化的教学设计，让读者更加直观地感受这一教学模式的魅力和效果。

第二章　球类运动

第一节　排　球

一、项目介绍

排球是三大球项目之一，属于集体性球类运动，是在比赛场景下以身体任何部位，将球击打过网，落在对方场地，并使对方无法将球接住或击回，合理运用技术技巧与团队配合的运动项目，其具有形式的多样性和广泛的群众性、技术的全面性和高度的技巧性、激烈的对抗性和严密的集体性、轻松的娱乐性和高雅的休闲性共存等特点。以《义务教育体育与健康课程标准（2022年版）》为依据，排球项目属于双方在各自区域内进行的无直接身体接触的隔网对抗性运动项目。

排球运动能够发展学生肌肉力量、位移速度以及灵敏性等体能，提升学生身体机能和观察决策能力，培养学生遵守比赛规则的体育品德与积极进取、自强不息、团结协作的体育精神。该项目能够让学生学会自信自强，乐观应对挑战，激发创造力与表现力，挖掘自身潜力，促进自我价值提升，最终达到身心健康全面发展。

排球教学分为8个大单元展开，其中大单元1、2适合水平二教学，大单元3、4适合水平三教学，大单元5、6适合水平四教学，大单元7、8适合水平五教学。

二、排球大单元结构

（一）排球大单元1

设计者：刘小艳　　　单位：高县第一实验小学校
设计者：韩四彬　　　单位：叙州区戎州实验小学校

	排球大单元1
大单元目标	1. 运动能力：通过本单元的学习，学生能说出基本移动步伐、正面双手垫球名称；能在排球游戏、合作练习、教学比赛中做出基本技术动作并能够熟练运用，指出违反规则的行为；能在课堂学练、游戏体能练习中增强奔跑速度、反应能力、灵敏、力量、空间感知能力和全身协调性。 2. 健康行为：在学习过程中营造积极健康、愉快的排球运动氛围，学生在排球游戏中学习排球技术，同时享受运动的乐趣；能与同伴、家人分享所学内容，积极主动参与排球运动，养成良好的锻炼习惯；面对失误或比赛失常时，能够自我调节情绪；在日常学练时，增强学生安全锻炼的意识与能力。 3. 体育品德：学生在排球练习和竞赛活动中，能够展现出自信、积极、乐观、勇于拼搏的体育风貌，同时培养学生顽强意志、敢于挑战自我、团结合作、文明礼貌、互助友爱的体育精神。

续表

内容要求	基础知识与基本技能	技战术运用	体能	展示或比赛	规则与裁判方法	观赏与评价	评价要点
总体要求	了解排球运动的起源与文化；学习排球运动的基本步伐；学习垫球动作、基本步伐与垫球动作的组合；了解排球比赛中的站位和裁判基本手势。	能够结合团队及个人特点，将所学垫球动作、脚步移动运用到个人和小组学练中，同时也能够结合团队成员特点，在比赛中进行合理调整分工。	在排球运动学练过程中，懂得体能练习对排球运动的价值；掌握体能发展的练习方法，用于指导自身课后锻炼。	参与排球运动单个动作和组合动作的展示；在展示过程中能够做到动作正确、规范和连贯；参与小组间自主创编各种形式比赛。	基本理解排球比赛的规则和裁判方法，担任组内展示或者比赛的裁判，能判断动作质量并正确执裁；能够以个人或小组为单位对违反规则的行为进行指正。	关注排球项目以及该项目比赛的相关信息，学期内通过现场、网络或电视观看一定次数的排球比赛，能够选择某场高水平的排球比赛做出自我评析；在课堂中能够欣赏和评价各类比赛。	—
具体要求 1	1. 认识排球的基本知识和特点；了解排球运动的基本安全知识。 2. 室内小游戏："找朋友"。	通过排球游戏增强球感。	速度练习： 1. 原地蹲起。 2. 直臂支撑。 3. 原地快速摆臂。 4. 原地纵跳。	通过游戏与比赛相结合的方式，增强学生之间的竞争意识。	学生知道游戏的基本规则，可以互相判罚，增强规则意识。	通过学习对排球运动有所了解，并对掌握的基本知识做出客观评价。	1. 理解并进行排球项目基本知识、规则。 2. 将安全知识运用到日常生活中。 3. 勇于挑战。
具体要求 2	1. 带领学生到现场认识排球场。 2. 利用各种小游戏加深排球场的认识。 3. 学习不同步伐。	利用所学知识能够快速判断排球场的各种线；分析各种步伐的动作特点。	力量练习： 1. 单脚跳。 2. 原地纵跳摸高。 3. 负重下蹲。 4. 俯卧撑。	基本步伐展示；认识排球场比赛。	学习各种运动基本步伐动作的展示规则及评分要点。	分组对展示比赛进行评分和评价。	1. 了解排球场地，掌握基本步伐。 2. 排球步伐在日常锻炼中的应用。 3. 积极进取，勤思苦学。
具体要求 3	1. 观看正面双手垫球视频。 2. 学习正面双手垫球的基本手型（叠掌式）。	在排球游戏中能够运用双手正面垫球动作。	协调性练习： 1. 纵跳摸高。 2. 快速跨过小障碍架。 3. 跳绳（开合跳）。 4. 俯卧开合跳。	将学生分成若干组进行练习，让学生评价，选出动作最标准的几组进行展示和比赛。	知道游戏的基本规则和要求，同伴之间进行判罚。	学生之间对垫球动作的完成情况、动作的正确性与精准性进行相互评价打分。	1. 掌握垫球手型，把握垫球时出手的时机。 2. 制订锻炼计划并按计划锻炼。 3. 积极探索。
具体要求 4	1. 复习正面双手垫球的基本手型。 2. 学习排球基本移动步伐。 3. 学习垫固定球。	在排球游戏中能够运用双手正面垫球动作和基本移动步伐。	灵敏性练习： 1. 折返跑。 2. 听号赛跑。 3. 高抬腿＋快速跑。 4. 向上抛球＋开合跳。	移动步伐大比拼；垫球次数争夺赛。	学习移动步伐和垫球的评价标准与方法。	分男、女生进行技术动作展示的评分。	1. 独立快速完成排球基本移动步伐。 2. 正确地运用技术动作避免运动损伤。 3. 积极进取，自我提升。
具体要求 5	1. 学习侧后方滑步移动、转身滑步、变相滑步、前进后退。 2. 垫球小游戏："高人、矮人"垫球。	在排球游戏中能够合理运用基本移动步伐和垫球动作。	力量练习： 1. 俯卧撑。 2. 登山跑。 3. 仰卧起坐。 4. 收腹跳。	两人或多人一组进行站立和蹲下垫球比赛。	学习游戏的基本规则，懂得客观评判比赛。	学生在学练过程中，一人自垫球，一人观察其垫球动作，并能对其动作的连贯性进行评价。	1. 步伐移动快速，垫球动作连贯。 2. 将动作运动到日常锻炼中。 3. 遵守规则。

续表

具体要求	6	1. 学习掌握侧滑步＋侧前方滑步移动、侧滑步＋跨步移动。 2. 学习对墙垫球练习。	在排球游戏中能够合理运用基本移动步伐和垫球动作。	速度练习： 1. "米"字形快速往返移动。 2. 快速小步跑。 3. 快速交叉步跑。 4. 排球半场对角线冲刺。	3人一组，分组展示对墙垫球练习。	学习垫球触球点的判定，学会比赛时候的规则。	在担任裁判时，能认真观看比赛，清楚得分与犯规的判罚。	1. 移动快速，垫球动作协调。 2. 丰富日常锻炼方法。 3. 不怕困难，坚持不懈。
	7	1. 复习对墙垫球。 2. 学习原地碎步＋冲刺＋垫悬挂球、侧滑步＋垫悬挂排球。	在排球游戏中能够巧妙运用基本移动步伐和垫球动作。	力量练习： 1. 跳起摸高。 2. 俯卧撑滚球。 3. 仰卧起坐。 4. 俯卧撑开合。	垫球大比拼，在墙上画标志，进行垫球打标志。	学会比赛规则，正确判定移动步伐与垫球组合的衔接。	对垫球游戏进行自评、互评。	1. 步伐与垫球动作的衔接，垫球动作的协调性。 2. 适应不同环境的技术运用。 3. 团队协助，顽强拼搏。
	8	1. 原地碎步＋冲刺＋垫悬挂球、侧滑步＋垫悬挂排球。 2. 学习一抛一垫。	在排球游戏中能够巧妙运用基本移动步伐和垫球动作。	力量练习： 1. 单足交替向前跨跳。 2. 原地跳起收腹。 3. 连续蛙跳。 4. 原地直膝向上连续跳。	4人一组垫球比赛。	学习游戏方法和规则，正确判定合作最好的组别。	抛球人和垫球人的合作默契，鉴赏别的组别练习。	1. 垫球动作的完整度和两人合作的默契度。 2. 在游戏中把控情绪。 3. 团队协助，顽强拼搏。
	9	1. 复习一抛一垫。 2. 学练垫球姿势做向前、后、左、右移动。	在排球游戏中能够巧妙运用基本移动步伐和垫球动作。	力量练习： 1. 双脚跳跃体操凳前进。 2. 双脚连续跳过栏架。 3. 连续跳台跳深练习。 4. 单脚跳跃15米。	分成6组，以组为单位进行徒手动作展示。	学习动作展示的方法和规则，客观判定展示动作是否规范。	一抛一垫球学练时，抛球者观察其垫球动作，并能对其是否垫球部位准确性作简要评价。	1. 垫球动作的完整度和两人合作的默契度。 2. 合理规划课后锻炼时间与方法。 3. 自信展示，顽强拼搏。
	10	1. 学习对垫球。 2. 连续侧滑步＋垫悬挂球、跑动＋垫悬挂球、后退跑＋垫悬挂球、跨步＋垫悬挂球。	在排球游戏中能够巧妙运用基本移动步伐和垫球动作。	速度练习： 1. 穿梭跑。 2. 夹球接力。 3. 看手势追逐跑。 4. 躲避球击。	学生分为男、女组别进行对垫展示。	学习动作展示的方法和规则，客观判定展示动作是否规范性和两人合作的默契度。	对垫练习时，相互评价垫球的力度和方向。	1. 掌握步伐与垫球技巧。 2. 丰富日常锻炼方法，养成良好习惯。 3. 团队协助，顽强拼搏。
	11	1. 复习连续侧滑步＋垫悬挂球、跑动＋垫悬挂球、后退跑＋垫悬挂球、跨步＋垫悬挂球。 2. 复习对垫球。	在排球游戏中能够巧妙运用基本移动步伐和垫球动作。	速度练习： 1. 移动截球。 2. 冲刺接球。 3. 助跑起跳网上甩垒球。 4. 连续跳栏架。	2人一组背对背将球用侧滑步运送接力比赛。	学习比赛游戏的方法和规则。	对垫练习时，相互评价垫球的力度和方向。	1. 垫球动作的上下肢协调发力。 2. 坚持课后安全锻炼。 3. 团队协助，顽强拼搏。
	12	1. 学习双腿跪姿垫球、单脚跪姿垫球、半蹲垫球。 2. 学习侧滑步接垫球。	在排球游戏中能够巧妙运用基本移动步伐和垫球动作。	耐力练习： 1. 1分钟跳绳。 2. 15米折返跑。 3. 连续单脚跳。 4. 连续双脚跳。	以小组接力的形式进行双手持球，接力跑比赛。	学习比赛游戏的方法和规则，客观评价跑动时持球稳和速度的配合。	自评、互评各种方式垫球的区别，讨论侧滑步接垫球的方法。	1. 垫球动作的上下肢协调发力。 2. 位移速度练习与日常锻炼相结合。 3. 团队协助，顽强拼搏。

续表

具体要求	13	1. 复习双腿跪姿垫球、单脚跪姿垫球、半蹲垫球。 2. 学习垫球以后迅速摸墙返回、垫球后迅速绕过体后标志。	在排球游戏中能够灵活运用基本移动步伐和垫球动作。	力量练习： 1. 立卧撑。 2. 纵跳摸高。 3. 快速斜身引体。 4. 30米加速跑。	3人一组进行1人说动作，另外2人做动作的比赛。	学习比赛游戏的方法和规则。	自评、互评各种方式垫球的区别，观看别组的动作。	1. 垫球动作准确。 2. 反应灵敏在入场锻炼中的运用。 3. 勇攀高峰，自我提升。
	14	1. 复习垫球。 2. 跑动接垫球。	在排球游戏中能够灵活运用基本移动步伐和垫球动作。	耐力练习： 1. 双脚双摇30秒。 2. 60米冲刺。 3. 折返跑。 4. 障碍跑。	3人一组进行1人说动作，另外2人做动作的比赛。	学习比赛游戏的方法和规则。	自评、互评各种方式垫球的区别，观看别组的动作。	1. 熟练掌握跑动与垫球结合动作。 2. 将快速位移训练方法运用到日常锻炼中。 3. 勤思苦学，积极进取。
	15	1. 学习后退跑接垫球。 2. 学习垫不同方向的来球。	在排球游戏中能够灵活运用基本移动步伐和垫球动作。	力量练习： 1. 俯卧撑传球。 2. 下蹲。 3. 负重弓步走。 4. 双人小推车。	3人一组，2人抛球，1人接球，垫球比快。	学习比赛游戏的方法和规则。	相互评价抛、接动作。	1. 加强步伐与垫球结合技术，充分发展下肢力量。 2. 将下肢力量训练方法运用到日常锻炼中。 3. 互帮互助，共同进步。
	16	1. 复习垫不同方向的来球。 2. 学习跨步垫球。	在排球游戏中能够灵活运用基本移动步伐和垫球动作。	灵敏性练习： 1. 十字象限跳。 2. 绕杆跑。 3. 变向跑。 4. 折返跑。	3人一组，2人抛球，1人接球，垫球比快。	学习比赛游戏的方法和规则。	相互评价抛、接动作。	1. 垫球动作准确，移动步伐快速。 2. 安全完成训练，构建安全意识。 3. 勇攀高峰，自我提升。
	17	1. 多人对垫球。 2. 各种步伐接垫球。	在排球游戏中能够灵活运用基本移动步伐和垫球动作。	平衡练习： 1. 燕式平衡。 2. 双足脚尖走。 3. 狭窄路径走。 4. 跳上或跳下低矮物体。	3人一组进行1人说动作，另外2人做动作的比赛。	学习比赛游戏的方法和规则。	评价垫球动作和步伐衔接，回家观看一场排球比赛。	1. 垫球动作准确，移动步伐快速。 2. 掌握协调性练习方法并融入日常锻炼。 3. 乐于展示。
	18	考核垫球。	在排球游戏中能够熟练运动垫球动作。	力量练习： 1. 蛙跳。 2. 单双脚跳。 3. 蜘蛛爬行。 4. 仰卧起坐。	考试同学做好全力准备，把自己最标准的动作展现给大家。	同学之间对技术动作能准确进行评价，指出优缺点。	观看视频和实际操作，加深对技术动作的掌握。	1. 掌握完整技术动作。 2. 日常安全锻炼意识，坚持锻炼的习惯。 3. 公平公正，遵守规则。

大单元评价		
核心素养	评价内容	评价方法
运动能力	基本技术：排球垫球。 基本步伐：跨步、滑步、并步、交叉步。 优秀：所学基本技术动作展示正确并能灵活运用；能高质量完成所有体能练习。 良好：所学基本技术动作展示正确并能在练习中能基本运用；能较好完成体能练习。 合格：所学基本技术动作展示正确并较少运用；能够完成体能练习。	定量＋定性 ＋师评 ＋生评

健康行为	优秀：每天回家坚持1小时体育锻炼，对待输赢情绪调控好，能与同伴合作完成游戏、比赛，与家人朋友分享收获，体育锻炼中未发生安全事故。 良好：每周回家锻炼3次，每次60分钟，对待输赢情绪调控良好，能与同伴合作完成游戏、比赛，与家人朋友分享收获，体育锻炼中未发生安全事故。 合格：每周回家锻炼2次，每次30分钟，对待输赢情绪调控良好，能与同伴合作完成游戏、比赛，与家人朋友分享收获，体育锻炼中未发生安全事故。	观察评价、口头测评等
体育品德	优秀：积极参与游戏与比赛，自尊自信、不怕困难、遵守规则、文明礼貌、公平竞争、友好合作。 良好：在与强队比赛时稍有畏难情绪，积极进取、遵守规则、文明礼貌、公平竞争。 合格：能参加队员水平相当的比赛，基本遵守规则、文明礼貌、公平竞争。	观察评价 ＋师评 ＋生评

（二）排球大单元2

排球大单元2

（三）排球大单元3

排球大单元3

（四）排球大单元4

设计者：李 雪　　　单位：宜宾市中山街小学校

排球大单元4							
大单元目标		1. 运动能力：学生能熟练掌握排球的下手发球、接发球基本动作；初步了解并掌握扣球、拦网和防守；理解并能运用简单的排球战术，如进攻路线的选择；通过排球训练提高身体协调性、灵活性，增强身体平衡能力、奔跑速度、反应能力。 2. 健康行为：培养学生定期参与排球训练和比赛的习惯，形成终身运动的意识；帮助学生了解适当的休息和恢复对运动表现和身体健康的重要性；增强学生在运动中的安全意识，避免运动损伤。 3. 体育品德：培养学生的团队合作精神，学会在团队中相互支持和鼓励；教育学生尊重队友、对手和裁判，展现良好的体育道德；强调公平竞争的重要性；鼓励学生在面对挑战时能够自我激励，保持积极态度。
内容要求	基础知识与基本技能	技战术运用	体能	展示或比赛	规则与裁判方法	观赏与评价	评价要点
总体要求	学生应了解排球文化和规则，熟悉比赛场地与设备；在掌握正确站位和发球技术动作的基础上，学习正面传球和侧面传球技术，强调手型和身体协调；学会预判对手发球的球路，移动到位并使用正确的手型接球。	学生需熟练发球、传球和垫球，提高控球能力；了解扣球和拦网技巧，增强攻防意识；学习简单团队战术，与队友默契配合。	通过多样化的体能练习，提高学生的身体协调能力和反应速度；通过拉伸和柔韧性训练，增强肌肉和关节的灵活性；合理安排适当的力量和耐力训练。	学生将参与班级内的排球教学比赛，包括垫球、传球和不同人数组成的对抗赛，以实践排球技能和体验比赛氛围。	学生需掌握并识别排球裁判的手势信号，这些信号涵盖了发球、得分和犯规等情况；鼓励学生在实战中担任裁判，以加深对规则的理解和应用能力。	学生应学会如何客观地评价比赛双方的表现，包括技术、战术、团队合作以及运动员的态度和精神；鼓励学生在课余时间观看排球比赛，参与讨论，增加对排球运动的了解和兴趣。	—

续表

具体要求	1	1. 排球运动的历史和基本规则介绍。2. 排球场地、球网和用球的介绍。3. 安全教育，包括运动损伤预防和急救知识。	1. 掌握排球的基本规则。2. 排球场地大小的把握。	速度练习：1. 完成6组"米"字移动步伐练习。2. 短距离冲刺30米×3组。3. 交叉步跑。4. 原地高抬腿。	比一比谁知道的排球规则多。	1. 排球运动的历史和精神。2. 比赛的目的、场地规格、球的规格。3. 比赛的基本规则，包括比赛流程和得分制度。	观赏比赛的基本礼仪和注意事项。	1. 排球基础知识的掌握。2. 对运动损伤预防急救技能的运用，安全锻炼意识。3. 互帮互助，积极向上。
	2	1. 熟练掌握准备姿势和垫球基本手势。2. 熟练移动步伐，如并步、跨步、交叉步等。3. 学练自垫球。	1. 能将移动步伐，如并步、跨步、交叉步等运用在排球技术动作中。2. 学生利用所学垫球、确保垫球部位准确，逐渐培养对球的控制能力。	速度练习：1. 五组移动步伐练习。2. 短距离冲刺30米×3组。3. 原地开合跳+30米冲刺。4. 快速折返跑。	以小组为单位连续自垫球积分赛。	1. 发球的合法站位和程序。2. 发球犯规及其后果。3. 发球多样性和战术运用。	学会观赏和评价脚步移动和接发球技术动作。	1. 垫球的连续性和稳定性。2. 养成坚持锻炼的习惯。3. 积极学习提升自我的意志品质。
	3	1. 游戏：抛球喊号。2. 学练正面双手垫球，了解正面双手垫球在比赛中的地位和使用时机。	能通过之前学习过的移动步伐应用到移动接球中。	灵敏性练习：1. 排球障碍物接力赛。2. 变向跑。3. 追逐跑。4. 绕杆跑。	垫球入圈大比拼，学生利用所学的双手正面垫球将球点入圆圈中。	在教学比赛开始前讲解游戏方法和规则。	在家庭作业中，布置观看一场排球比赛，数一数，排球正面双手垫球使用的次数，分析什么情况下会用到正面双手垫球。	1. 垫球手型规范、动作正确。2. 趣味性增加，在愉悦心情的同时，帮助学生建立坚持锻炼的习惯。3. 团结协作，互帮互助。
	4	1. 游戏："发射炮弹"。2. 学练移动垫球与隔网垫球的基本技术动作，体会排球比赛中使用正面双手垫球的时机。	能通过之前学习过的移动步伐应用到移动接球中。	速度练习：1. 移动截球。2. 冲刺接球。3. 助跑起跳网上甩垒球。4. 连续跳栏架。	隔网垫球对抗比赛，学生5人一组，一人担任裁判，4人进行垫球对抗比赛，能找到得分或阻止对方得分的方法。	讲解排球比赛中，同一人不能连续垫击球2次，培养学生担任裁判。	在担任裁判时，能认真观看比赛，清楚得分与犯规的判罚，了解得分后的裁判手势。	1. 垫球手型规范、落点准确。2. 不同环境下技术动作的随机应变能力，提高适应环境能力。3. 掌握规则、遵守规则，团结协作、互帮互助。
	5	1. 熟练移动步伐，如并步、跨步、交叉步等。2. 巩固移动接球。3. 掌握排球正面双手垫球的考核方法。	1. 能将移动步伐，如并步、跨步、交叉步等运用在排球运动中。2. 学生应能够稳定地运用所学发球、接移动球、确保击球部位准确，逐渐培养对球的控制能力。	力量练习：1. 夹软排球仰卧举腿。2. 爬行的竹节虫每个动作做5次一组，共2组。3. 俯撑拨球。4. 坐撑转体砸球。	两人或多人一组正面垫球比赛。	1. 正面垫球的姿势是否标准。2. 移动步伐运用的时机。	在家庭作业中，布置观看一场排球比赛，数一数，排球正面双手垫球使用的次数。	1. 根据学习态度、技术动作对学生进行评价。2. 正确的自我认知，提高自我情绪调控能力。3. 对待考核公平竞争。
	6	1. 学练正面下手发球，课前观看视频，了解排球比赛发球规则。2. 用排球学练正面下手发球过网练习。3. 学练接发球。	能将之前学习的正面双手垫球与下手发球进行组合动作的运用。	灵敏性练习：1. 十字象限跳。2. 变向跑。3. 追逐跑。4. 原地空中换腿跳。	发球入圈大比拼，学生利用所学的正面下手发球将球点入圆圈中。	了解排球比赛中的发球规则。	观看视频时，能分清什么叫作正面下手发球，了解其动作方法。	1. 发球的准确性、力度和控制。2. 正确用眼习惯的培养。3. 发球时遵守规则，在发球线后发球。

续表

具体要求	7	1. 巩固正面下手发球。 2. 巩固接发球。 3. 掌握2人一组配合排球正面下手发球与接发球的考核方法。	能将移动、垫球和正面双手传球以及正面下手发球动作应用到考核中。	速度练习： 1. 原地高抬腿冲刺×5组。 2. 30米折返跑4组。 3. 跳跃＋冲刺跑。 4. 快速高抬腿跑。	3V3隔网进行实战比赛。	在比赛中轮流担任裁判，了解排球比赛得分与阻止对手得分的方法。	在教学比赛中，能正确观赏比赛，对同学在比赛中的表现能做简单评价。	1. 发球手型规范、落点准确。 2. 树立安全比赛意识。 3. 了解规则、遵守规则，不怕困难、勇于挑战。
	8	1. 复习自抛自传球的基本技术动作。 2. 学练2人正面传球，了解正面双手传球在比赛中的地位和使用时机。	能通过之前学习过的交叉步等应用到移动传接球中。	力量练习： 1. 纵跳摸高。 2. 2人小推车。 3. 1分钟双摇跳。 4. 20米蛙跳练习。	传球接力比赛，学生4人一组，传球后跑至对方排队，看谁连续传球次数多。	在教学比赛开始前讲解游戏方法和规则。	在家庭作业中，布置观看一场排球比赛，数一数，排球正面双手传球使用的次数，分析什么情况下会用到正面双手传球。	1. 传球手型规范、落点准确。 2. 对比赛环境的适应提升自我适应能力，提高自我情绪调控能力。 3. 互帮互助，遵守比赛规则、裁判以及对手。
	9	1. 防守步伐和移动步伐。 2. 学练2人一组的传球。 3. 掌握两人配合传球正确技术。	1. 掌握接发球技术，让球垫到队友成功完成传球。 2. 掌握正面上手传球的技术动作应用。	力量练习： 1. 仰卧举腿20次×3组。 2. 俯卧撑10次×3组。 3. 平板支撑1min×3组。 4. 开合跳20次×3组。	1. 隔网传球接力赛：站在3米线，分组隔网传球接力。 2. 2人一组正面连续传球比赛。	1. 边练边掌握传球进行中的各种犯规行为。 2. 死球的情况和重新开始比赛的条件。	1. 学会评价排球传球技术动作。 2. 学会赏析两人的协调配合。	1. 灵活运用防守步伐。 2. 建立正确的卫生习惯的养成。 3. 团结协作，互帮互助。
	10	1. 熟悉传球和垫球技术的基本动作。 2. 掌握传球和垫球的正确技术方法。 3. 4人一组练习发球、接发球、传球组合动作。	1. 能够在比赛中灵活运用发球、传球和接发球技术。 2. 3人能有效配合，完成组合动作基本技术。	速度练习： 1. 原地高抬腿冲刺×5组。 2. 30米折返跑×4组。 3. 完成6组"米"字移动步伐练习。 4. 排球半场对角冲刺。	4V4隔网进行实战比赛。	1. 接发球的规则和技巧。 2. 触球的次数规则讲解。	学会观赏和评价4人一组比赛时队员们的表现。	1. 传接球技术动作的协调配合。 2. 对比赛环境的适应提升自我适应能力，提高自我情绪调控能力。 3. 小组协作的意识，团结协作，互帮互助。
	11	1. 了解排球正面双手传球的考核方法。 2. 4人配合完成发球、接发球、传球技术动作组合。	1. 能够在比赛中灵活运用发单项技术。 2. 小组配合，完成基本技术动作组合。	耐力练习： 1. 跳绳1min×3组。 2. 单脚连续跳跃。 3. 仰卧卷腹。 4. 俯卧两头起。	学生分为两个组，每人进行接发球练习，完成练习球积一分，得分高者胜出。	1. 后排犯规的几种情况。 2. 换人的基本规则。	1. 通过比赛案例学习不同的排球战术。 2. 分析战术选择对比赛结果的影响。	1. 传接球技术动作的协调配合。 2. 在比赛中自我保护意识，安全意识的培养。 3. 正确的竞争意识，公平公正的竞技精神。
	12	1. 了解扣球的技术要求。 2. 学练扣固定球＋自抛自扣。 3. 尝试两人配合一人抛一人扣球练习。	1. 基本了解扣固定球的起跳时机。 2. 基本找到扣球点位。	力量练习： 1. 俯卧撑10次×3组。 2. 纵跳摸高30次×4组。 3. 跳台阶×3组。 4. 负重匍匐前进。	5人一组，一人持球，其余人扣固定球，找准扣球起跳时机并准确找到扣球点位积3分，能扣球过网积5分，比哪组积分多。	1. 学习裁判的基本手势。 2. 学习比赛得分的计算。	学会观赏和评价扣固定球技术动作掌握情况。	1. 能找准扣球起跳时机并准确找到扣球点位。 2. 接扣的时机把握与判断，避免不必要的运动损伤。 3. 团结协作，互帮互助。

第二章 球类运动

续表

具体要求	13	1. 强化练习扣固定球过网。 2. 练习自抛自扣过网。 3. 尝试3人配合垫球＋传球＋扣球。	1. 基本掌握扣固定球球的起跳时机、找准扣球点。 2. 基本掌握自抛自扣的方向，扣球过网。	力量练习： 1. 平板支撑1min×3组。 2. 纵跳摸高30次×4组。 3. 仰卧卷腹20次×3组。 4. 单足跳20次×4组。	5人一组，一人持球，其余人扣固定球，扣球过网到指定区域，进行积分，比哪组积分多。	学习裁判的基本手势和信号。	1. 学会观赏小组配合的情况。 2. 评价垫球、传球、扣球的技术动作。	1. 扣球的力量、时机和准确性。 2. 对薄弱技术动作课后积极锻炼，养成长期锻炼意识。 3. 勇攀高峰，自我提升。
	14	1. 巩固一人抛球一人扣球。 2. 学习如何根据球的轨迹助跑起跳调整扣球动作。 3. 练习助跑起跳扣球。	1. 两人一组，自抛自扣，扣球过网到指定区域。 2. 强调助跑、蹬地起跳、挥臂击球的协调配合。 3. 巩固扣球过网到指定区域技术动作。	力量练习： 1. 蛙跳20次×4组。 2. 单足跳20次×4组。 3. 纵跳摸高30次×4组。 4. 俯卧撑15次×3组。	5人一组进行排球发球、接发球将球扣球过网比赛，看成功率。	1. 学习讲解排球比赛规则，包括得分、发球、换位等。 2. 学习排球专业术语，如"扣球""拦网"等。	1. 根据技术动作学生学会发现错误动作，并改正。 2. 学生之间进行相互评价。	1. 扣球的力量、时机和准确性。 2. 错误动作纠正避免运动损伤建立安全锻炼意识。 3. 具有勤思苦学、自信自强的品质。
	15	1. 巩固扣球技术动作，体会挥臂用力。 2. 学练拦网的步伐，了解单人拦网技术动作。	尝试基本的扣球技术和拦网技术，培养扣球意识和拦网起跳时机的把握。	灵敏性练习： 1. 跳绳1min×3组。 2. 跳跃接冲刺跑。 3. 20米交叉步往返。 4. 原地空中换腿跳。	固定扣球拦网比赛：3人一组，2人扣球，一人站在凳子上拦网（身体不动手左右移动拦网是否存在安全隐患）。	1. 拦网的合法性和技巧。 2. 触网犯规及其后果。 3. 拦网后的继续比赛规则。	1. 讲解排球比赛规则，包括得分、发球、换位等。 2. 学习排球专业术语，如"扣球""拦网"等。	1. 拦网的协调性、时机和效果。 2. 培养健康的作息时间观念。 3. 顽强的意志，自我突破的决心。
	16	1. 2人一组隔网，一人扣固定球，一人上步拦网。 2. 学生自行练习排球单项技术薄弱项目。	1. 鼓励学生了解并尝试基本的拦网技术，拦网起跳时机。 2. 注重培养学生的配合意识和默契程度，提高战术实施效果。	力量练习： 1. 原地深蹲。 2. 俯卧撑。 3. 仰卧起坐。 4. 蜘蛛爬行。	固定扣球拦网比赛：3人一组，2人扣球，一人站在凳子上拦网（身体不动手左右移动拦网是否存在安全隐患）。	1. 拦网的合法性和技巧。 2. 触网犯规及其后果。 3. 拦网后的继续比赛规则。	1. 初步理解战术的重要性并学会评价战术运用。	1. 学生参与训练和比赛的规律性。 2. 学生对终身运动意识的理解和实践。 3. 团结协作，互帮互助。
	17	分小组评比：学生自行选择一项进行考核（传球、垫球、发球）。	小组成员找到自己强项考核，为小组积分。	力量练习： 1. 夹软排球仰卧举腿。 2. 爬行的竹节虫每个动作做五次一组共两组。 3. 平板支撑1分钟。 4. 仰卧起坐20次×3组。	小组成员进行传、垫、扣、发球考核比赛，比得分。	帮助教师完成考核，并在考核中协助教师完成考核裁判工作。	能对自己在考核中的表现做简单评价。	1. 发球、垫球、传球动作规范、落点准确。 2. 建立安全比赛的意识，保护自己与队友避免运动损伤。 3. 团结协作，互帮互助。
	18	1. 复习排球比赛站位。 2. 团队比赛：6V6。	模拟比赛、战术运用。	耐力练习： 1. 50米×8往返跑。 2. 定时高抬腿跑。 3. 负重400米跑。 4. 1分钟跳绳。	6V6轮转对抗性排球比赛。	学生分组进行模拟裁判实践。	观看比赛中运动员的心理调整和压力管理。	1. 完整比赛的节奏掌握，排球技战术的掌握与运用。 2. 自我情绪的调控能力，及时调整心态适应激烈的比赛环境。 3. 学生在比赛中的公平竞争行为；同伴之间相互鼓励。

015

续表

大单元评价		
核心素养	评价内容	评价方法
运动能力	基本技术动作：发球，2人一组垫球，2人一组传球，指定区域扣球。 优秀：学生能够熟练掌握排球基本技术动作要领和练习方法，动作标准、协调流畅，以及在简化规则、小场地的实战比赛中能够灵活运用技术。 良好：学生能够掌握排球基本技术动作要领和练习方法，动作基本标准、协调流畅，以及在简化规则、小场地的实战比赛中能够运用技术。 及格：学生能够掌握排球基本技术动作要领和练习方法，所学动作能够基本完成，在简化规则、小场地实战比赛中无法灵活运用技战术。	定性＋定量评价＋师评＋生评
健康行为	优秀：课外每周5次排球锻炼，在学练与比赛中抗干扰能力强，能够主动积极地调控自己的情绪，交往能力和合作精神强；安全意识强，体育锻炼中未发生安全事故。 良好：课外每周3次排球锻炼，在学练与比赛中情绪稳定，对待输赢情绪调控良好，具有交往能力与合作精神；具有安全意识，体育锻炼中未发生安全事故。 及格：课外每周1次排球锻炼，在学练和比赛中情绪基本稳定，能与同伴交往；有安全锻炼的意识，体育锻炼中未发生安全事故。	观察评价、口头测评等
体育品德	优秀：在学练和游戏中能够主动迎接挑战，克服困难，顽强拼搏；积极帮助同伴，尊重比赛与对手，遵守比赛规则。 良好：在学练与游戏中能够克服困难，坚持到底；能够帮助同伴，遵守比赛规则，具有公平竞争意识。 及格：在学练与游戏中通过教师与同学的鼓励能够面对困难，克服困难；有遵守比赛规则的意识。	观察评价＋生评＋师评

（五）排球大单元5

设计者：陶世容　　　　单位：宜宾市第五中学校

排球大单元5	
大单元目标	1. 运动能力：学生能掌握排球类运动项目的基本动作和简单的组合动作，并将所学的排球类运动基础知识和基本技能运用到游戏和排球比赛中；能准确说出所学排球运动的相关术语；每学期观看不少于8次排球比赛，能分析比赛中个人战术的特点；学生体质健康水平优良率达到60%以上。 2. 健康行为：鼓励学生积极参与排球运动，通过定期参与排球训练和比赛，提高身体健康水平；教育学生了解运动的重要性，培养其终身参与体育活动的习惯；通过排球运动，教授学生关于运动损伤预防和恢复的知识，提高其自我保护能力。 3. 体育品德：培养学生的团队协作精神，通过排球运动中的配合与交流，增强集体荣誉感和社会责任感；教授学生遵守比赛规则和尊重对手的重要性，通过裁判方法的学习，培养其公平竞争的意识。

内容要求	基础知识与基本技能	技战术运用	体能	展示或比赛	规则与裁判方法	观赏与评价	评价要点
总体要求	学习排球项目中单项技术和组合动作的配合，了解其特点、锻炼价值等，复习双手正面垫球和下手发球等基本技术，学习背向垫球、单人拦网、两人攻防、单人拦网发球接发球。了解"中一二"进攻、"心跟进"防守等组合动作技术和多种战术配合。	在排球对抗练习中灵活运用上手发球、扣球、单人拦网等基本动作技术和组合动作技术，能在比赛中了解运用"中一二"进攻与"心跟进"防守。	在学练过程中提高体能水平，如通过折返跑、400米跑提高心肺耐力，通过上下肢的协调配合训练，如绳梯、变相跑等提高协调性等。	积极参与班级内6V6教学比赛，正确并熟练运用传垫扣发拦等，了解技术进行"中一二"进攻和"心跟进"防守的对抗性比赛，与同伴完成战术配合。	理解排球运动的比赛规则和裁判方法，能判断过网击球犯规；知道简单裁判手势，能判断触网犯规；能承担班级内比赛的裁判工作。	关注排球重要比赛相关信息，提高对排球运动项目的认知；每学期通过现场、网络或电视观看不少于8次排球比赛，能分析某场比赛中的个人技战术特点，评选赛场上最佳一传、最佳二传、最佳球员。	—

续表

具体要求	1	1. 介绍排球的基本规则和场地知识。 2. 复习双手正面垫球。	能将之前学习过的移动步伐应用到移动接球中。	协调性练习： 1. 原地胯下击掌30次×3组。 2. 原地开合跳提前击掌30次×3组。 3. 原地转髋跳30次×3组。 4. 前后单脚跳。	游戏：看谁不掉地。 自垫球比赛，2分钟内看谁的动作标准且不掉球。	垫球的基本规则和裁判手势。	分析垫球技术在比赛中的应用。	1. 知道比赛规则，技能运用正确完整。 2. 培养学生规律作息习惯与坚持锻炼的意识。 3. 认真积极，不怕困难，坚持不懈。
	2	在各种移动步伐中复习双手正面垫球技术。	能将之前学习过的移动步伐应用到移动接球中。	协调性练习： 1. 前后碎步移动。 2. 开合跳。 3. 前后单脚跳。 4. 前交叉步。	游戏：比默契。 2人一组相距3米进行3分钟对垫球比赛，看哪组能坚持到最后。	准确判出垫球时犯规的动作。	分析垫球技术在比赛中的应用。	1. 垫球动作标准，方向把控准确无误。 2. 丰富锻炼内容，增添其趣味性，培养长期锻炼的意识与习惯。 3. 认真积极，不怕困难，坚持不懈。
	3	1. 学练双手侧面接球。 2. 并步、滑步接球。	能将之前学习过的移动步伐应用到移动接球中。	耐力练习： 1. 往返跑。 2. 定时高抬腿跑。 3. 负重400米跑。 4. 1分钟跳绳。	游戏：谁是反应大王。 听教师口令，做各种步伐移动。	学习侧面接球的规则。	观看双手侧面垫球视频，分析成功的关键因素。	1. 双手侧面垫球动作标准，移动速度快。 2. 认真积极，不怕困难。
	4	1. 学练双手背向垫球。 2. 各种脚步移动接球。	能将之前学习过的移动步伐应用到移动接球中。	灵敏性练习： 1. 跳绳1min×3组。 2. 跳跃接冲刺跑。 3. 20米交叉步往返。 4. 原地空中换腿跳。	学生进行发球和接发球的实战演练。	准确判出垫球时犯规的动作。	分析专业比赛中的发球和接发球技巧。	1. 垫球动作标准，移动速度快。 2. 在垫球失败与成功中做好自我情绪控制。 3. 认真积极，不怕困难。
	5	1. 复习双手背向垫球。 2. 各种脚步移动接球。	能将之前学习过的移动步伐应用到移动接球中。	力量练习： 1. 侧卧支撑。 2. 仰卧举腿。 3. 时钟平板。 4. 连续引体向上。	游戏：背向垫球过网比赛。	准确判出垫球时犯规的动作。	能对同学的动作进行评价。	1. 双手背向垫球运作准确，能对违例动作进行判罚。 2. 丰富锻炼方法，养成长期锻炼的习惯。 3. 团结协作，互帮互助。
	6	1. 学练上手发球。 2. 交叉步移动接球。	能将之前学习的正面双手垫球与上手发球进行组合练习。	耐力练习： 1. 俯卧撑。 2. 3米线滑步往返移动×3组。 3. 20米跳栏架。 4. 仰卧举腿。	游戏：30米快速跑+上手发球比赛。	了解发球裁判规则。	观看视频，分析上手发球在比赛中的运用。	1. 知道上手打球正确动作，了解上手发球规则。 2. 培养健康用眼习惯。 3. 团结协作，互帮互助。

续表

具体要求	7	1. 复习上手发球。 2. 学练接上手发球。	能将之前学习的正面双手垫球与上手发球进行组合练习。	力量练习： 1. 半蹲开合跳。 2. 登山跑。 3. 仰卧起坐。 4. 收腹跳。	学生进行发球和接发球的实战演练。	基本掌握发球裁判规则。	观看视频，分析上手发球在比赛中的运用。	1. 正确掌握上手发球技术，动作正确。 2. 培养健康用眼习惯。 3. 刻苦钻研，积极进取。
	8	复习上手发球＋接上手发球＋传球。	能将之前学习的正面双手垫球、传球与上手发球进行组合练习。	力量练习： 1. 前后弓步跳。 2. 纵跳摸高。 3. 单脚深蹲。 4. 俯卧撑。	学生进行发球和接发球的实战演练。	在比赛中准确判罚发球违例。	观看比赛视频，分析技战术的综合运用。	1. 能掌握发、接、传技术动作。 2. 养成规律的作息习惯和良好的用眼习惯。 3. 勤思苦学，勇攀高峰。
	9	复习上手发球＋接上手发球＋传球＋扣球。	能将之前学习的正面双手垫球与上手垫球进行组合练习。	速度练习： 1. 快速高抬腿＋30米快速跑。 2. 开合跳＋30米快速跑。 3. 30米后蹬跑。 4. 立卧撑＋30米快速跑。	小组内进行组合动作的实战展示。	综合技战术中的规则应用。	分析比赛中组合动作的运用，并对同伴动作进行评价。	1. 能掌握发、接、传、扣技术动作。 2. 在锻炼过程中树立安全锻炼意识。 3. 增强团结意识，互帮互助。
	10	学练单人拦网。	能将之前学习的步伐进行单人拦网。	耐力练习： 1. 直臂平板支撑。 2. 支撑爬行。 3. 跪式支撑转体。 4. 20米蛙跳。	2V2比赛。	讲解拦网时的规则限制，如触网规则。	观看专业比赛中的拦网视频，分析成功与失败的案例。	1. 掌握单人拦网的技术动作要领。 2. 具备正确的拦网判断能力，避免不必要的运动损伤，养成安全锻炼意识。 3. 勇于面对挑战。
	11	1. 复习单人拦网动作。 2. 学练多人拦网技术。	练习多人拦网时的起跳时机和手型。	速度练习： 1. 俯卧开合＋30米快速跑。 2. 俯卧登山跑。＋30米快速跑。 3. 立卧撑＋30米快速跑。 4. 400米跑。	4V4比赛。	讲解拦网时的规则限制，如触网规则。	观看专业比赛中的拦网视频，分析成功与失败的案例。	1. 掌握单人拦网的技术动作要领。 2. 提升尽快适应比赛环境的能力，加强赛场自我情绪的调整。 3. 遵守规则，尊重队友。
	12	学习"中一二"进攻技术。	练习"中一二"进攻的跑位和配合。	协调性练习： 1. 原地胯下击掌30次×3组。 2. 原地开合跳提前击掌30次×3组。 3. 原地转髋跳30次×3组。 4. 前后单脚跳。	小组内进行"中一二"进攻战术的展示。	防守时的规则和裁判手势。	分析进攻战术在比赛中的实际效果。	1. 了解"中一二"进攻技术相关知识。 2. 养成规律的作息习惯。 3. 对新知识刻苦钻研，不惧困难。

续表

	13	学练"心跟进"防守战术的基础。	练习防守战术的执行和团队配合。	速度练习： 1. 30米冲刺跑。 2. 50米冲刺跑。 3. 100米冲刺跑。 4. 200米冲刺跑。	小组内进行"心跟进"防守战术的展示。	"心跟进"防守战术规则应用讲解。	观看并分析专业中的"心跟进"防守战术防守视频。	1. 掌握"心跟进"防守战术。 2. 养成正确的用眼习惯，并合理地安排作息时间。 3. 团结协作，互帮互助，遵守规则。
	14	复习传球、扣球和拦网的基本技术。	练习防守战术的执行和团队配合。	协调性练习： 1. 绳梯练习。 2. 1分钟跳绳（单摇、双摇）。 3. 30米前后交叉步。 4. 50米单脚跳。	小组内进行防守战术的实战演练。	讲解防守时的规则注意事项。	分析比赛中防守技战术的有效性。	1. 能掌握传、扣、拦等技术动作的组合。 2. 养成坚持锻炼的习惯。 3. 团结协作，互帮互助。
具体要求	15	排球小赛季：师生共同策划排球比赛。	实战中技战术的综合运用。	灵敏性练习： 1. 跳绳1min×3组。 2. 跳跃接冲刺跑。 3. 20米交叉步往返。 4. 原地空中换腿跳。	班级内进行6V6排球比赛。	在比赛中能运用相关规则进行比赛。	学期学习的总结与评价，包括自我评价和教师反馈。	1. 能在比赛中将所学知识灵活运用。 2. 在比赛中学会自我情绪的控制与调节，提升对不同对手场地的环境适应能力，建立安全运动的意识。 3. 遵守比赛规则，尊重裁判、对手、队友。
	16	排球小赛季：师生共同策划排球比赛。	实战中技战术的综合运用。	综合性练习： 1. 高抬腿。 2. 弓箭步走。 3. 弓步跳。 4. 30米冲刺跑跳绳 1min×3组。	班级内进行6V6排球比赛。	针对上节课在判罚与规则运用的错误做出改正与调整。	学期学习的总结与评价，包括自我评价和教师反馈。	1. 能在比赛中将所学知识灵活运用。 2. 在比赛中学会自我情绪的控制与调节，提升对不同对手场地的环境适应能力，建立安全运动的意识。 3. 遵守比赛规则，尊重裁判、对手、队友。
	17	排球小赛季：师生共同策划排球比赛。	实战中技战术的综合运用。	协调性练习： 1. 原地胯下击掌30次×3组。 2. 原地开合跳提前击掌30次×3组。 3. 原地转髋跳30次×3组。 4. 前后单脚跳。	班级内进行6V6排球比赛。	进一步熟悉比赛规则的运用，完美地组织比赛。	学期学习的总结与评价，包括自我评价和教师反馈。	1. 能在比赛中将所学知识灵活运用。 2. 在比赛中学会自我情绪的控制与调节，提升对不同对手场地的环境适应能力，建立安全运动的意识。 3. 遵守比赛规则，尊重裁判、对手、队友。

续表

具体要求	18	排球小赛季：师生共同策划排球比赛。	实战中技战术的综合运用。	发展协调性练习： 1. 纵跳摸高。 2. 快速跨过小障碍架。 3. 跳绳（开合跳）。 4. 俯卧开合跳。	班级内进行6V6排球比赛。	进一步加强对比赛细节规则的把控。	学期学习的总结与评价，包括自我评价和教师反馈。	1. 能在比赛中将所学知识灵活运用。 2. 在比赛中学会自我情绪的控制与调节，提升对不同对手场地的环境适应能力，建立安全运动的意识。 3. 遵守比赛规则，尊重裁判、对手、队友。

大单元评价			
核心素养	评价内容		评价方法
运动能力	基本技术动作：上手发球，各种垫球，接＋传＋扣＋拦组合动作。 优秀：学生能够熟练掌握排球基本技术动作要领和练习方法，动作标准、协调流畅，以及在实战比赛中能够灵活运用技术。 良好：学生能够掌握排球基本技术动作要领和练习方法，动作基本标准、协调流畅，以及在实战比赛中能够运用技术。 及格：学生能够掌握排球基本技术动作要领和练习方法，所学动作能够基本完成，在实战比赛中无法灵活运用技战术。		定性与定量师评＋生评
健康行为	优秀：课外每周5次排球锻炼，在学练与比赛中抗干扰能力强，能够主动积极地调控自己的情绪，交往能力和合作精神强；安全意识强，体育锻炼中未发生安全事故。 良好：课外每周3次排球锻炼，在学练与比赛中情绪稳定，对待输赢情绪调控良好，具有交往能力与合作精神；具有安全意识，体育锻炼中未发生安全事故。 及格：课外每周1次排球锻炼，在学练和比赛中情绪基本稳定，能与同伴交往；有安全锻炼的意识，体育锻炼中未发生安全事故。		等级评价＋师评＋生评
体育品德	优秀：在学练和游戏中能够主动迎接挑战，克服困难，顽强拼搏；积极帮助同伴，尊重比赛与对手，遵守比赛规则。 良好：在学练与游戏中能克服困难，坚持到底；能够帮助同伴，遵守比赛规则，具有公平竞争意识。 及格：在学练与游戏中通过教师与同学的鼓励能够面对困难，克服困难；有遵守比赛规则的意识。		等级评价＋师评＋生评

（六）排球大单元6

排球大单元6

（七）排球大单元7

设计者：高建鑫　　　　单位：宜宾市中山街小学校
设计者：刘　佳　　　　单位：宜宾市翠屏区牟坪中心校

排球大单元7	
大单元目标	1. 运动能力：学生能够熟练排球的基本技术，如正面双手上手传球、正面双手垫球等，能在比赛中运用基本技术组合出简单的战术；积极参与排球运动的学习和锻炼，提高排球运动能力。 2. 健康行为：学生知道排球对身体的积极作用，在排球活动或比赛中，会克服环境的影响，能够有效控制不良情绪；预防运动损伤和疾病，消除运动疲劳；有良好的健身习惯，在活动中能够积极交流，具有健康积极的心态。 3. 体育品德：培养学生积极向上、乐于学习、善于思考的良好学习习惯；在学习中形成规则意识，遵守比赛规则，尊重对手和裁判；具有团结合作、互帮互学、勇于挑战的行为表现，发扬团队精神；培养学生面对任何困难都不要轻言放弃，勇于向前、顽强、果断的优良品质。

续表

内容要求	基础知识与基本技能	技战术运用	体能	展示或比赛	规则与裁判方法	观赏与评价	评价要点
总体要求	能够熟练地掌握与运用排球的传、垫、扣、发、拦五大基本技术；能灵活地运用基本技术组合，并熟练地运用到比赛当中。	能理解排球的各项基本技战术、阵容配备的原理与运作方式，并能在比赛中灵活运用出来。	通过对排球各项技战术的学习，发展学生的灵敏、耐力、上下肢以及核心力量。	能够了解比赛进行的方法；能够与队友配合完成一场比赛，利用教学比赛检验学习情况；在排球项目学练赛中不断增强战术意识、配合意识和团队精神。	熟悉比赛流程，了解裁判职能与基本规则判罚标准，理解各项规则与裁判手势的意义，并能独立完成一场教学比赛的裁判工作。	能根据自身所学技术与战术，对一场比赛进行欣赏、评价以及分析，能看出赛场上选手进攻与防守方式，以及裁判的判罚依据等。	—
具体要求 1	1. 了解什么是排球运动及其发展概况。 2. 准备姿势。 3. 移动步法。	了解准备姿势与移动步伐在实际运用中的作用。	耐力练习： 1. 800米×2组。 2. 仰卧举腿。 3. 平板支撑。 4. 引体向上。	小组移动竞赛，用所学步伐进行移动比赛。	在小组移动竞赛前讲解游戏方法和规则。	与同学相互讨论练习步伐的正确性，并解释其在比赛中的重要性。	1. 在场上能快速、准确地移动到位。 2. 养成良好的作息规律和健康的饮食习惯。 3. 积极探索，积极进取。
具体要求 2	1. 扣球两步起跳方法。 2. 下手发球。	理解扣球与发球在比赛中的进攻意义。	速度练习： 1. 小步跑＋30米冲刺。 2. 后蹬跑30米。 3. 跳跃＋冲刺跑。 4. 快速高抬腿跑。	1. 扣球技巧展示。学生分组练习扣球。 2. 展示各自的扣球技巧。	讲解排球比赛中，扣球不能过网击球、触网、踩线等各种情况，培养学生担任裁判。	观察小组练习的易错点，评价小组的扣球成功率和发球效果。	1. 发球与扣球快速有力；发球能控制大概落点；扣球线路基本明确。 2. 课后锻炼加强薄弱技术训练。 3. 勇攀高峰，坚持到底。
具体要求 3	1. 原地双手正面垫球。 2. 正面上手发球。	根据来球速度熟悉垫球的各种回球力度，以便在比赛中做出不同应对。	协调性练习： 1. 平衡木练习。 2. 前后交叉步练习。 3. 原地开合跳提前击掌。 4. 原地转髋。	学生分组进行接发球技术练习，并展示流畅的接发球技术配合。	了解发球与垫球的比赛规则，并能熟练判断持球、二次等犯规。	能够判断垫球质量，评价每个成员的垫球反应速度和准确性。	1. 正确掌握垫球的基本动作要领；发球做到抛球稳、击球准。 2. 培养学生科学合理地锻炼方法与坚持锻炼的习惯。 3. 勤思苦学，不断提升。
具体要求 4	1. 正面上手传球。 2. 移动传球。	通过模拟练习，让学生初步体验传球在比赛中的运用方式以及重要性。	灵敏性练习： 1. 触线折返跑。 2. 躲避球游戏。 3. 十字象限跳。 4. 绳梯练习。	学生分组练习，每组选出最佳传球手进行展示。	理解持球犯规并能判断传球动作是否持球。	观察自己与同学的传球动作，注意手指、手腕的发力与配合，并相互评价传球的准确性和稳定性。	1. 传球准确性；移动传球的稳定性。 2. 建立健全科学的锻炼方法，养成长期锻炼习惯。 3. 针对自己的不足思考提高方法，永不放弃。

续表

具体要求	5	1. 扣球手法。 2. 扣球挥臂动作。	通过小组分组练习，让学生体验扣球在比赛中重要性。	力量练习： 1. 拉橡皮绳挥臂练习。 2. 橡皮绳手腕拉力练习。 3. 哑铃负重深蹲。 4. 蛙跳30米。	学生分组练习扣球，并展示各自的扣球技巧。	能够迅速准确地判断一次扣球是否犯规。	相互观察扣球手法与扣球动作，能够评判优劣，做出评价。	1. 扣球快速有力；对球的线路和落点进行初步控制。 2. 建立科学使用器械避免运动损伤，学会处理简单的运动损伤。 3. 互帮互助，共同进步。
	6	1. 移动传、垫球。 2. 改变方向传球。	将学习的垫球与传球串联起来模拟基本的进攻和防守。	耐力练习： 1. 800米/组。 2. 高抬腿3分钟。 3. 平板支撑。 4. 引体向上。	学生分组进行接发球练习，并展示流畅的接发球与传球的配合。	让学生熟悉持球的犯规动作，并能迅速判断出一次改变方向的传球是否犯规。	学生在练习过程中相互观察动作，并能对其是否二次击球与持球作简要评价。	1. 能快速、准确地移动到位并能控制球的稳定性与落点。 2. 学会正确的放松，与健康合理的饮食搭配恢复体能。 3. 持之以恒的意志品质。
	7	1. 二传技术的复习与运用。 2. 改变方向垫球。	复习二传技术，并结合改变方向的垫球，尽可能组合出多种进攻方式。	力量练习： 1. 前后弓步跳。 2. 纵跳摸高。 3. 单脚深蹲。 4. 俯卧撑。	两人配合展示接不同形式的球给二传手进行传球。	熟悉二传在比赛中的职责与易犯规的特点。	学生在练习过程中相互观察动作，并能对其是否二次击球与持球作简要评价。	1. 学生在场上是否能快速、准确地移动到位并能控制稳定性与落点。 2. 丰富日常锻炼内容，建立科学长期的锻炼习惯。 3. 是否相互配合，团结协作。
	8	1. 扣球挥臂击球动作。 2. 原地起跳扣球。 3. 完整扣球技术动作。	熟练扣球挥臂击球，熟悉不同球路对对方阵营的影响。	力量练习： 1. 深蹲跳。 2. 单脚跳。 3. 分腿跳。	学生分组进行固定线路和固定点的扣球比赛。	学生能熟悉前后排进攻，以及扣球的各项犯规的判罚。	学生在学练过程中，观察同学扣球动作，并能对其上步是否出错、动作是否准确、是否过网击球、是否踩线作简要评价。	1. 扣球动作正确，时机准确，击球有力；能控制扣球线路。 2. 比赛中及时调整心态与情绪。 3. 遵守运动比赛规则。
	9	1. 调整传球。 2. 接发球的完整垫球技术。	结合之前所学发球，将发、垫传相结合进行模拟练习。	协调性练习： 1. 交叉步。 2. 侧滑步。 3. 原地交叉拍脚。 4. 1分钟跳绳。	2人一组进行不规则抛传球。	熟悉调整传球易出现的持球、连击犯规动作，并做到能独立判断是否犯规。	学生在学练过程中，一人抛球、一人传球时，抛球者观察其传球动作，并能对其是否持球作简要评价。	1. 接发球能控制回球的缓和程度。 2. 坚持课后锻炼，并记录锻炼情况。 3. 循序渐进，脚踏实地。
	10	1. 两人之间的扣垫技术衔接。 2. 原地起跳单人拦网动作。	将扣球与拦网技术进行结合练习，体验拦网手找球与扣球打手的感觉。	力量练习： 1. 平板支撑。 2. 仰卧起坐。 3. 仰卧举腿。 4. 俯卧撑。	2人一组进行一扣一垫的攻防练习，每组掉地之前，连续攻防来回多的队伍获胜。	熟悉拦网的规则，能清晰评判出触网以及过网击球、落地踩线等犯规。	小组进行扣球与拦网的模拟练习，相互评价小组的扣球成功率和拦网效果。	1. 在小组练习和比赛中技术动作运用熟练程度。 2. 养成锻炼后及时放松减缓疲劳的习惯。 3. 互帮互助，共同进步。

续表

具体要求	11	1. 双人攻防。 2. 单人拦网技术。 3. 五人接、发球站位。	通过小组，让学生体验拦网在比赛中的重要性。	速度练习： 1. 小步跑。 2. 1分钟快速挥臂练习。 3. 跳跃＋冲刺跑。 4. 快速高抬腿跑。	学生分组模拟比赛场景，展示扣球和拦网的配合。	熟悉比赛站位规则，能评判站位与轮次错误等犯规。	两人一组进行攻防练习，相互评价对方的防守技术以及扣球动作技术。	1. 在攻防练习中，技术战术配合默契。 2. 课后观看比赛视频研究战术，注意科学用眼。 3. 比赛中的团队协作培养团队意识。
	12	1. 上手发球技术。 2. 接发球并初步将发、垫、传技术相结合。	通过组合练习，了解每一环在比赛中的重要性。	协调性练习： 1. 原地胯下击掌30次×3组。 2. 原地开合跳提前击掌30次×3组。 3. 原地转髋跳30次×3组。 4. 前后单脚跳。	通过模拟比赛，让学生体验比赛节奏和团队配合，更加直观地感受各技术之间的衔接。	熟悉上手发球的规则，理解抛球后接球、八秒、踩线等犯规，并学习如何判罚。	分析所观看同学的技术串联练习，并讨论其成功与不足之处。	1. 发球快速有力，能控制球的线路；技术动作连贯流畅。 2. 通过节奏的把控，提高适应不同比赛环境的能力。 3. 刻苦钻研，勇于挑战。
	13	1. 垫、传、扣衔接练习。 2. 练习赛与规则详解。	学习并实践基本的进攻战术和防守战术。	速度练习： 1. 30米冲刺跑。 2. 50米冲刺跑。 3. 100米冲刺跑。 4. 200米冲刺跑。	通过比赛，进一步增强学生的比赛经验和战术意识。	让学生了解比赛的运行规则与裁判判罚，并通过模拟让学生熟悉各项规则。	组织一场班内比赛，对同学在比赛中的表现能做简单评价，并对同学的犯规做出判罚讲解。	1. 垫、传、扣技术在比赛中运用的熟练程度。 2. 课后进一步加强垫、传、扣技术练习，养成长期锻炼习惯。 3. 精益求精，不断攀升。
	14	1. 扣快球技术。 2. 排球进攻战术与阵容配备。 3. 小组阵容配备模拟练习。	1. 小组模拟比赛，熟悉"四二"五一等各种阵容配备。 2. 熟悉"中一二""边一二"等进攻战术，并在实践中灵活运用所学技战术。	灵敏性练习： 1. 触线折返跑。 2. 躲避球游戏。 3. 十字象限跳。 4. 绳梯练习。	防守反击战术展示，学生模拟防守反击场景，展示从防守到进攻的转换。	让学生熟悉阵容战术的站位切换是否犯规、如何判罚。	在阵容模拟配备练习中能对同学的表现能做简单评价。	1. 熟练扣快球的节奏；能理解并执行教练布置的战术。 2. 快速适应不同战术运用下的比赛环境，以及心态调整。 3. 团队协作，互相配合。
	15	1. 扣半高球技术。 2. 背垫球与背传球。 3. 小组4V4练习赛。	通过练习赛进行总结，并讨论技战术的运用。	力量练习： 1. 拉橡皮绳挥臂练习。 2. 橡皮绳手腕拉力练习。 3. 哑铃负重深蹲。 4. 蛙跳30米。	按照正式比赛规则进行模拟比赛，让学生体验完整比赛流程。	让学生担任4V4比赛的裁判，检验学生判罚能力。	在4V4比赛中能做出简单基础犯规的正确判罚。	1. 背垫球与背传球技术是否能灵活在比赛中运用。 2. 建立科学使用器械避免运动损伤，学会处理简单的运动损伤。 3. 是否相互配合，团结协作。

续表

具体要求	16	1. 跳传球、发飘球技术。 2. "插上"战术，进攻战术。 3. 战术磨合练习。	让学生在磨合练习中体验技战术的运用。	速度练习： 1. 400米走跑交替。 2. 跑台阶（快速冲上台阶，缓慢放松下台阶）。 3. 高抬腿接快速跑。 4. 30米快速跑。	综合技战术展示：学生结合前面学习的技战术进行练习和展示。	讲解"插上"规则与判罚标准。	在同学战术磨合中能初步判断出同学的行为是否合理。	1. 比赛中技战术运用的熟练程度。 2. 学会正确的放松，与健康合理的饮食搭配恢复体能。 3. 在小组练习和比赛中团结协作、默契配合。
	17	班内分组比赛。	组织班级间的友谊赛，让学生在真实比赛中体验技战术的运用。	速度练习： 1. 30米快速跑。 2. 原地高抬腿＋听信号冲刺。 3. 原地小步跑＋快速冲刺。 4. 原地收腹跳＋快速冲刺。	组织班级内部的排球友谊赛，让学生在实际比赛中检验自己的技战术水平。	轮流担任比赛的裁判，并能做出正确判罚。	能胜任一场比赛的裁判，并做出正确规范的判罚。	1. 在模拟比赛中展示技术发挥是否稳定，对各种情况的应对与处理是否合理。 2. 在赛场中情绪的把控能力，环境的适应能力。 3. 是否遵守比赛规则，尊重裁判、队友对手。
	18	考核。	进行比赛与裁判测试，考核学生的各项技能与判罚能力。	力量练习： 1. 平板支撑。 2. 仰卧起坐。 3. 仰卧举腿。 4. 俯卧撑。	指定战术与阵型的攻防转换，以此考核传、垫、扣、发、拦五项基本技术。	让学生担任裁判，考核学生对规则的熟悉程度以及判罚能力。	能胜任班内比赛的裁判，并做出正确、公平、规范的判罚。	1. 技术水平考核，裁判能力考核。 2. 在考试过程中，能够控制好心态把控好情绪。 3. 公平公正。

大单元评价

核心素养	评价内容	评价方法
运动能力	基本技术动作：垫球、传球、发球、扣球、拦网。 基本技战术："插上"战术，"边一二"战术，"中一二"战术。 优秀：学生能够熟练掌握排球基本技术动作要领和练习方法，动作标准、协调流畅，以及在实战比赛中能够灵活运用技战术。 良好：学生能够掌握排球基本技术动作要领和练习方法，动作基本标准、协调流畅，以及在实战比赛中能够运用技战术。 及格：学生能够掌握排球基本技术动作要领和练习方法，所学动作能够基本完成，在实战比赛中无法灵活运用技战术。	定性＋定量 师评＋生评
健康行为	优秀：课外每周五次排球锻炼，在学练与比赛中抗干扰能力强，能够主动积极地调控自己的情绪，交往能力和合作精神强；安全意识强，体育锻炼中未发生安全事故。 良好：课外每周三次排球锻炼，在学练与比赛中情绪稳定，对待输赢情绪调控良好，具有交往能力与合作精神；具有安全意识，体育锻炼中未发生安全事故。 及格：课外每周一次排球锻炼，在学练和比赛中情绪基本稳定，能与同伴交往；有安全锻炼的意识，体育锻炼中未发生安全事故。	观察评价、 口头测评等
体育品德	优秀：在学练和比赛中能够主动迎接挑战，克服困难，顽强拼搏；积极帮助同伴，尊重比赛与对手以及遵守比赛规则。 良好：在学练与比赛中能够克服困难，坚持到底；能够帮助同伴，遵守比赛规则，具有公平竞争意识。 及格：在学练与比赛中通过教师与同学的鼓励能够面对困难，克服困难；有遵守比赛规则的意识。	观察评价 ＋生评 ＋师评

（八）排球大单元 8

排球大单元 8

三、排球大单元教学计划和课时教学设计

（一）排球大单元教学设计

设计者：刘光华　　　单位：宜宾市中山街小学校

大单元名称	排球大单元	年级	五年级	单元课时	18
设计思路	本单元以《义务教育体育与健康课程标准（2022版）》为理论依据，坚持"健康第一"的教育理念，围绕"教师为主导，学生为主体"的教学中心，采用"体悟式"的教学法以及学生身心发育特点展开设计。排球作为三大球之一，具有非常高的学习和锻炼意义，排球的教学和训练也是学校体育的重点内容之一。本单元的学练分为学生课前自主探究学习、课中教师引导练习、课后自主学习，注重培养学生的自主学习与探究学习的能力。在制作本单元排球运动项目的18课时的教学内容时，以准备姿势移动、垫球、发球、传球等基本技术为主要练习重点，以学生的速度、力量、身体灵敏性、协调性等体能素质为发展重点。同时，通过组织排球比赛，提高学生排球运动技能水平以及排球比赛规则的渗透，将"教会、勤练、常赛"和"游戏化教学"贯穿整个单元，让学生带着兴趣投入练习，并在学练赛中通过自己的积极思考、亲身实践、同伴协作去解决问题，努力让每位学生在学习中体验到排球带来的乐趣和成功喜悦，帮助学生在体育锻炼中享受乐趣、增强体质、健全人格、锤炼意志，最终落实"立德树人"的根本任务。					
学情分析	生理特征：身体发育处于重要阶段，安静时的脉搏均值比三、四年级学生相对较低，但运动时心率上升快，可以进行速度、腰腹力量、柔韧、灵敏等相关身体素质练习。同时，肌肉力量和身体协调性较差，但学习模仿能力较强，骨骼成分中骨质较多、钙质较少、可塑性较强，学习排球运动可以帮助孩子更好地生长发育。 心理发展特点：五、六年级学生对新鲜事物的体验有较强的兴趣，感知觉的无意性和情绪性比较明显，身体练习时容易被新颖的内容所吸引，但经常忘记练习的主要目的；兴趣广泛，但感知动作的要领比较笼统，容易把相近的动作混淆起来；缺乏坚持到底意志品质，且时间和空间感较差；情感容易外露，易争论问题；自我评价意识已开始形成，能分辨同学中体育能力的高低及学习态度的好坏。 运动能力基础：通过水平二排球项目的学习，学生具备了学习排球的专项运动技能的能力，大部分同学对排球的基本知识有一定了解。其对球类团体项目非常喜爱，通过垫球比赛、传球过网、发球打比赛充分发挥学生的主体地位。 体育经验与生活经验：在练习、比赛、游戏活动中，初步建立了一定的规则意识，培养了乐于参与、团结拼搏、永不言败的精神，同时具备一定的运动基础，能将所学与同伴进行合作练习，还能与家长进行简单的交流与分享，且部分学生愿意坚持参加课外排球这项运动。					
教材分析	排球选自人教版《体育与健康》水平三，排球运动作为集体项目，需要依靠团队的力量才能取得胜利。因此，在本单元教学中通过双人、多人的相互配合练习，培养学生相互配合和沟通能力。让学生在游戏竞赛的过程中明白到要想取得胜利，需要大家齐心协力、相互配合。教师在教学中将排球的场地线的名称、作用，比赛中的站位、轮转的方法、相关的判罚手势等基础知识与练习中融入渗透。在技能的学习中，运用辅助教具针对单元学习中的动作重难点组织教学，让学生带着问题进行体验与学练，使学生在合作过程中掌握知识，形成技能，再将各技能转化运用，通过多种游戏竞赛培养学生相互合作的意识与能力，做到学、练、赛一体化教学。在技能的学习中融入知识，在合作练习的过程中增强学生们的相互沟通能力，通过学、练、赛，真正达到育人、育体、育心的目的，培养全面发展和健身育人的体育核心素养。					
学习目标	运动能力：通过本单元的学习，能说出正面双手垫球、下手发球等技术的名称和排球运动简单规则，以及技术在比赛中的应用价值；能在游戏、双人和多人练习、教学比赛中做出以上基本技术的简单组合动作和战术；能在课堂学练、游戏体能练习中增强奔跑速度、反应能力、灵敏、力量、空间感知能力和全身协调性。 健康行为：在学习过程中营造积极健康、愉快的排球运动氛围，让学生在排球游戏中学习排球技术，同时享受运动的乐趣；能在校内外主动与同伴、家人参与排球运动，逐步养成良好的锻炼习惯；在面对失误或比赛失常时，学生能在同伴和教师的疏导下自我调控情绪，主动交流，与同伴友好相处；在日常学练时，增强学生的安全锻炼意识与能力。 体育品德：学生能够积极主动参与小排球的练习、游戏及比赛，并能体验排球活动的乐趣，表现出承受挫折、勇于克服困难的意志品质及尊重对手、遵守规则、服从裁判的优良品质。					

续表

	基础知识与基本技能	技战术运用	体能	展示或比赛	规则与裁判方法	观赏与评价
总体要求	了解排球运动的基本规则、基本战术、相关知识和文化；知道预防排球运动损伤和常见运动损伤的处理方法；掌握正确的准备姿势、移动步伐、下手发球、传球、接发球技术，初步了解扣球、进攻、防守、拦网技术；初步体会各种技术、战术在排球实战比赛中的应用方法。	能够稳定地运用所学发球、传球和接球技术，初步了解并尝试运用简单的进攻和防守战术，与队友形成有效的配合；使学生养成良好的比赛意识，能够在比赛中保持冷静、自信，根据对手情况调整技战术。	通过排球组合练习、排球实战比赛、排球游戏等发展学生的速度、力量、耐力、平衡、协调等能力	参加班级内垫球、传球的小组教学比赛，参与班级内组织的二对二、三对三、五对五的教学比赛，在比赛中表现出排球比赛的基本礼仪。	了解排球比赛的基本规则及裁判的判罚动作，并在班级排球比赛中能承担比赛的一些裁判工作。	学会做一名合格的排球比赛观众，懂得如何欣赏排球比赛，每学期可以通过观看现场、网络或电视比赛观看排球比赛，并能对比赛进行简要的评价。

具体的课次安排

课次	学习内容	过程与方法	评价要点
1	1. 准备姿势和移动（并步、滑步）。 2. 准备姿势与移动相结合。 3. 移动接球练习。 4. 补偿性体能练习（课课练）。	1. 视频导入介绍排球比赛。 2. 准备姿势学习。 3. 两人一组练习并纠错。 4. 学习移动步伐（并步、滑步）。 5. 准备姿势与移动相结合练习。 6. 补偿性体能练习（课课练）。	优秀：正确说出并步、滑步的练习方法，动作协调连贯，在游戏中能够灵活运用。 良好：正确说出并步、滑步的练习方法，动作协调连贯，在游戏中能运用，但不熟练。 合格：正确说出并步、滑步的练习方法，动作较为协调连贯，无法运用到游戏中。
2	1. 认识排球场地。 2. 复习准备姿势与移动（并步、滑步）。 3. 学习交叉步、跨步。 4. 移动接球练习。 5. 补偿性体能练习（课课练）。	1. 复习排球场地与站位。 2. 应用步伐在场地内移动。 3. 讲解学习交叉步动作。 4. 教师巡回指导并纠错。 5. 补偿性体能练习（课课练）。	优秀：正确说出交叉步、跨步的练习方法，动作协调连贯，在游戏中能够灵活运用。 良好：正确说出交叉步、跨步的练习方法，动作协调连贯，在游戏中能运用，但不熟练。 合格：正确说出交叉步、跨步的练习方法，动作较为协调连贯，无法运用到游戏中。
3	1. 学习垫球的基本手型（叠掌式）。 2. 体验垫球动作（触击固定球）。 3. 游戏：看谁垫得好。 4. 补偿性体能练习（课课练）。	1. 教师完整示范. 分解示范。 2. 学生练习，互评。 3. 教师个别纠错，指导。 4. 补偿性体能练习（课课练）。	优秀：正确说出垫球的练习方法，动作协调连贯，在游戏中能够灵活运用。 良好：正确说出垫球的练习方法，动作协调连贯，在游戏中能运用，但不熟练。 合格：正确说出垫球的练习方法，动作较为协调连贯，无法运用到游戏中。
4	1. 抛接球练习。 2. 自抛自垫练习。 3. 游戏：喊号接球。 4. 补偿性体能练习（课课练）。	1. 教师完整示范. 分解示范。 2. 学生练习，互评。 3. 教师个别纠错，指导。 4. 补偿性体能练习（课课练）。	优秀：能独立自垫球15次及以上。 良好：能独立自垫球10次及以上。 合格：能独立自垫球5次及以上。
5	1. 复习垫球部位。 2. 学习正面双手垫球。 3. 移动步伐与垫球组合练习。 4. 游戏：猫捉老鼠。 5. 补偿性体能练习（课课练）。	1. 分团队分区域游戏热身。 2. 原地摆腿练习。 3. 两人合作，一人抛球，另一人用正面双手垫球。 4. 短距离正面双手垫球。 5. 正面双手垫球过障碍物。 6. 补偿性体能练习（课课练）。	优秀：正确说出的练习方法，动作协调连贯，在游戏中能够灵活运用。 良好：正确说出的练习方法，动作协调连贯。 合格：正确说出的练习方法，动作较为协调连贯。
6	1. 复习正面双手垫球。 2. 3～6米移动垫球练习。 3. 隔网垫球。 4. 补偿性体能练习（课课练）。	1. 教师示范讲解动作。 2. 复习正面双手垫球动作。 3. 加大难度练习。 4. 补偿性体能练习（课课练）。	优秀：能准确垫球15次及以上。 良好：能准确垫球10次及以上。 合格：能基本准确垫球5次及以上。
7	1. 复习正面双手垫球。 2. 考核：正面双手垫球。 3. 体育游戏：遛猴儿。 4. 补偿性体能练习（课课练）。	1. 复习正面双手垫球动作。 2. 分组进行考核。 3. 及时点评动作。 4. 补偿性体能练习（课课练）。	优秀：能准确垫球30次及以上。 良好：能准确垫球20次及以上。 合格：能基本准确垫球10次及以上。

续表

8	1. 学习正面双手传球手型。 2. 固定球练习。 3. 原地自传。 4. 比比谁传得多。 5. 补偿性体能练习（课课练）。	1. 教师讲解示范正面双手传球动作。 2. 徒手动作练习。 3. 固定球练习。 4. 教师巡回纠错。 5. 补偿性体能练习（课课练）。	优秀：正确说出自传球的练习方法，动作协调连贯，在游戏中能够灵活运用。 良好：正确说出自传球的练习方法，动作协调连贯。 合格：正确说出自传球的练习方法，动作较为协调连贯。
9	1. 学习正面双手传球手型。 2. 固定球练习。 3. 原地自传。 4. 补偿性体能练习（课课练）。	1. 教师讲解示范正面双手传球动作。 2. 徒手动作练习。 3. 固定球练习。 4. 补偿性体能练习（课课练）。	优秀：能准确自传球 15 次及以上。 良好：能准确自传球 10 次及以上。 合格：能基本准确自传球 5 次及以上。
10	1. 正面双手传球无球动作练习。 2. 固定球传球动作练习。 3. 原地自传。 4. 补偿性体能练习（课课练）。	1. 复习正面双手传球动作。 2. 两人一组固定练习。 3. 原地自传。 4. 讲解并组织游戏。	优秀：能准确自传球 15 次及以上。 良好：能准确自传球 10 次及以上。 合格：能基本准确自传球 5 次及以上。
11	1. 原地自传。 2. 一抛一传练习。 3. 垫传球组合练习。 4. 游戏：快快努力。 5. 补偿性体能练习（课课练）。	1. 原地自传。 2. 讲解示范一抛一传练习。 3. 组织学生练习，强调抛球要有抛物线。 4. 教师巡回指导并纠错。 5. 组织游戏：快快努力。	优秀：正确说出传球的练习方法，动作协调连贯，在游戏中能够灵活运用。 良好：正确说出传球的练习方法，动作协调连贯。 合格：正确说出传球的练习方法，动作较为协调连贯。
12	1. 复习正面双手传球动作。 2. 考核正面双手传球。 3. 传垫球组合练习。 4. 补偿性体能练习（课课练）。	1. 复习正面双手传球动作。 2. 分组进行考核。 3. 及时点评动作。 4. 游戏：遛猴儿。	优秀：能准确传球 30 次及以上。 良好：能准确传球 15 次及以上。 合格：能基本准确传球 10 次及以上。
13	1. 发球技术：正面下手发球技术动作。 2. 发展身体爆发力、快速变相能力。 3. 补偿性体能练习（课课练）。	1. 教师示范讲解。 2. 击球点练习：相距 10～15 米进行练习。 3. 补偿性体能练习（课课练）。	优秀：正确说出发球的练习方法，动作协调连贯，在游戏中能够灵活运用。 良好：正确说出发球的练习方法，动作协调连贯。 合格：正确说出发球的练习方法，动作较为协调连贯。
14	1. 复习正面下手发球技术。 2. 学习正面下手发球过网。 3. 发球准备姿势与击球要点。 4. 补偿性体能练习（课课练）。	1. 教师讲解示范动作。 2. 学生分组练习。 3. 教师巡回指导。 4. 补偿性体能练习（课课练）。	优秀：能发球过网，落点准确。 良好：能发球过网，落点基本准确。 合格：能发球过网，落点不准确。
15	1. 下手发球技术考核。 2. 一人发球多人接发球组合练习。 3. 补偿性体能练习（课课练）。	1. 分组进行考试（准备器材，考前练习）。 2. 按考核方法进行考核。 3. 考核期间各组相互鼓励。 4. 补偿性体能练习（课课练）。	优秀：能发球过网，落点准确。 良好：能发球过网，落点基本准确。 合格：能发球过网，落点不准确。
16	1. 隔低网发球（接发球传垫球组合练习）。 2. 学习排球扣球动作。 3. 扣固定球练习。 4. 一人抛球，一人扣练习。 5. 体能课课练（上一步后双脚起跳摸高）。	1. 组织学生进行隔网发球传垫组合练习。 2. 讲解"中一二"战术。 3. 简化排球比赛规则。 4. 补偿性体能练习（课课练）。	优秀：正确说出接发球的练习方法，动作协调连贯，在比赛中能够灵活运用。 良好：正确说出接发球的练习方法，动作协调连贯。 合格：正确说出接发球的练习方法，动作较为协调连贯。
17	班级内排球联赛。	1. 组织学生实战比赛（小场地、低球网）。 2. 单元检测。	学生之间进行复习内容进行互评，通过观察学生比赛表现给予学生即时评价。
18	单元检测。	对发球、传垫接球技术组合考核。	根据考核内容，结合考核标准进行评价。

续表

单元评价		
核心素养	评价内容	评价方法
运动能力	基本技术动作：自垫球，自传球。 优秀：学生能够熟练掌握排球基本技术动作要领和练习方法，动作标准、协调流畅，以及在简化规则、小场地的实战比赛中能够灵活运用技术。 良好：学生能够掌握排球基本技术动作要领和练习方法，动作基本标准、协调流畅，以及在简化规则、小场地的实战比赛中能够运用技术。 及格：学生能够掌握排球基本技术动作要领和练习方法，所学动作能够基本完成，在简化规则、小场地实战比赛中无法灵活运用技战术。	等级评价 ＋师评 ＋生评
健康行为	优秀：课外每周五次排球锻炼，在学练与比赛中抗干扰能力强，能够主动积极地调控自己的情绪，交往能力和合作精神强；安全意识强，体育锻炼中未发生安全事故。 良好：课外每周三次排球锻炼，在学练与比赛中情绪稳定，对待输赢情绪调控良好，具有交往能力与合作精神；具有安全意识，体育锻炼中未发生安全事故。 及格：课外每周一次排球锻炼，在学练和比赛中情绪基本稳定，能与同伴交往；有安全锻炼的意识，体育锻炼中未发生安全事故。	观察评价、口头测评等
体育品德	优秀：在学练和游戏中能够主动迎接挑战，克服困难，顽强拼搏；积极帮助同伴，尊重比赛与对手，遵守比赛规则。 良好：在学练与游戏中能够克服困难，坚持到底；能够帮助同伴，遵守比赛规则，具有公平竞争意识。 及格：在学练与游戏中通过教师与同学的鼓励能够面对困难，克服困难；有遵守比赛规则的意识。	观察评价 ＋生评 ＋师评

（二）排球课时教学设计

设计者：袁 玲　　　　单位：宜宾市中山街小学校

教学内容	正面下手发球技术		课时	第13课	
学习目标	运动能力：学生能说出正面下手发球的名称和排球运动简单规则，了解其在比赛中的应用；能在游戏和多人练习、教学比赛中做出基本技术的简单组合动作；能在课堂学练，游戏体能练习中增强奔跑速度、反应能力、灵敏、力量、空间感知能力和全身协调性。 健康行为：在学习过程中营造积极健康、愉快的排球运动氛围，学生在排球游戏中学习排球技术的同时享受运动的乐趣；课中能主动与同伴参与排球运动，逐步养成良好的锻炼习惯；面对失误或比赛失常时，能在同伴和教师的疏导下自我调控情绪，主动交流，与同伴友好相处。 体育品德：学生能够积极主动参与小排球的练习、游戏及比赛，体验排球活动的乐趣，表现出承受挫折、勇于克服困难的意志品质及尊重对手、遵守规则、服从裁判的优良品质。				
教学重难点	重点：抛球稳定、击球部位准确。 难点：全身协调用力。				
课的部分	教学内容	教学组织	学生学练赛	运动负荷	学习评价
准备部分	一、课堂常规 1. 体育委员整队、清点人数。 2. 师生问好。 3. 宣布课的内容，目标和要求。 4. 检查服装，安全教育。 5. 安排见习生。 二、热身活动 1. 配合音乐慢跑，在跑步过程中加入步伐练习。 2. 专项热身操活动： （1）活动肩、手腕等关节。 （2）拉伸腿部肌肉。	组织形式： XXXXXXXXXX XXXXXXXXXX XXXXXXXXXX XXXXXXXXXX ▲ 四列横队 1. 教师以讲解为主，讲解时注意语言简练，声音洪亮清晰。 2. 教师带领学生共同热身，语言激励学生坚持不懈，热身充分。	1. 在指定地点集合，听清课堂要求。 2. 学生跟随教师指示，观察模仿动作，进行充分热身。	低强度 预计心率： 80～100次/分钟。 中强度 预计心率： 120～130次/分钟。	认真听讲，队列整齐，精神饱满。 1. 充分热身，为后面的学习活动做好准备。 2. 将排球规则渗透到课中，使学生养成良好习惯。

续表

设计意图	1. 建立良好师生关系，激发学生的学习兴趣，养成遵守纪律的好习惯。 2. 通过专项热身操激发学生的学习兴趣，并熟悉球性。 3. 通过移动步伐和原地动作的练习，为后续比赛奠定基础。 4. 有效活动肌肉与关节，降低肌肉黏滞性，做好身心准备。					
基本部分	一、发球游戏 两人一球用自己喜欢的方式将球发给对方。 二、学练正面下手发球技术 （一）教师讲解示范 教师以提问方式总结正面下手发球动作要领，引导学生练习中找准正面下手发球击球的部位。 （二）学生自主练习 1. 无球练习：徒手动作练习。 2. 击固定球练习：挥臂击固定球，两人合作，一人双手直臂持球于腹部前。一人练习引臂、挥臂、击球动作的连贯。 3. 一人一球体验抛球及抛球后下手击球动作练习。 4. 体验发球过网练习：学生分小组进入排球场进行发球过网练习。 分层教学：基础较弱的学生，教师单独指导巩固练习。 三、游戏：发球比多 规则：学生分为6组进行正面下手发球比赛，将球发到有效区域内即可得分，累计得分最高的小组获胜。 四、体能练习 "快速反应"： 两人一组听教师口令做高抬腿、俯撑、仰撑动作，听到信号后抢球。 两人一组仰撑踢球，俯撑头顶球。	组织队形： 1. 教师引导学生在游戏中自主体验发球动作，为后续学习奠定基础。 2. 通过提问，引导学生练习中自主思考，学生总结经验，从而点明本课学习内容。 3. 教师示范、讲解动作方法，指导学生认真练习，学会运用，以达到提高学生在真实情境中运用正面下手发球的能力。 4. 学练中充分发展学生的身体协调性和灵敏性以及移动的能力，并强调学生在练习中思考能力。 5. 讲解游戏规则、方法，结合游戏，帮助学生掌握排球竞赛胜负规则。 6. 双方在指定位置准备，教师哨声发令后方可出发。	1. 学生按教师要求自主尝试发球，思考可以用哪种方式传球更稳定。 2. 学生在教师的提问引导下积极思考正面下手发球的触球部位和抛球时机，并进行模仿动作学习。 3. 学生认真听取教师讲解动作要领，观看教师示范动作。 4. 练习中提高抛球的稳定性，感受身体的协调性和灵敏性。 5. 按教师要求积极参与比赛，注意安全。 6. 按教师口令进行移动，在技能训练时坚持不懈。	中强度 预计心率： 130～140次/分钟。 中强度 预计心率： 130～140次/分钟。 中强度 预计心率： 130～150次/分钟。 高强度 预计心率： 150～160次/分钟。 高强度 预计心率： 150～160次/分钟。	积极投入，主动探究。 不断尝试，坚持不懈，不怕困难，勇于突破。 1. 听清练习要求，及注意事项。 2. 找准触球部位及击球点时机。 3. 抛球时直上直下，挥臂击球时注意上下肢协调。 4. 发球动作规范，小组间团结协作、互帮互助。 5. 遵守规则，顽强拼搏；善于观察，勇于协作。 6. 坚持不懈，勇于挑战。
设计意图	1. 学会学习：通过设置循序渐进、合作学习、小比赛等练习方法，让学生能在新学习技术的过程中，积极练习，以更加有效地提高学生学习效果。 2. 自主练习：通过模仿、击固定球、抛球、发球、发球过网的练习内容，为学生后续系统掌握排球相关技能和竞赛保驾护航。同时遵循新课标理论基础，将"学、练、赛"融入其中。 3. 比赛应用：通过发球比赛，让学生树立发球的威胁性，培养学生在赛场上快速得分的能力。				

续表

结束部分	1. 全身放松拉伸。 (1) 上肢拉伸。 (2) 下肢拉伸。 2. 小结，安排课后作业。 3. 收还器材。	1. 带领学生放松。 2. 对本次课进行小结，对学生表现进行班级评价，并布置作业。 3. 组织学生收还器材。	1. 学生认真做放松练习，并认真听教师总结和讲评。 2. 相互交流，总结自身优缺点，学习他人优点改正自己缺点。 3. 帮助教师收归器材。	低强度 预计心率： 110～130次/分钟。	1. 归纳总结，积极表达。 2. 身心放松。
设计意图	1. 通过动态和静态放松，让教师与学生之间的感情进一步升温，生理心理恢复到正常状态。 2. 引导学生学会归纳总结，让学生积极表达内心的想法，提升学生对这项运动的兴趣，强调健康饮食，关注学生健康成长。					
安全措施	1. 课前强调自身安全检查。 2. 准备活动中充分活动关节，拉伸肌肉。 3. 团队合作中注意观察学生的站位和来球方向和位置，做好提醒和保护。 4. 素质练习中观察学生的状态做好保护措施。 5. 结束部分有效调整学生呼吸和放松。 6. 做好课后饮水，衣物增减的强调。					
场地器材	场地：排球场4块。 器材： 1. 排球41个。 2. 音响1个。					
运动负荷	群体运动密度：70%～75%。 个体运动密度：50%～60%。 平均心率：140～160次/分钟。					
课后作业	自主选择1～2项进行练习： 1. 亲子类：和家人共同观赏一场排球比赛（20分钟），了解排球比赛规则。 2. 同伴类：在小区内空地和小伙伴进行一对一或二对二的小型排球赛。 3. 个人类：进行10～20分钟的耐久跑，加强心肺耐力，增强体能储备。					
课后反思						

第二节 篮 球

篮球

第三节 足 球

足球

第四节　乒乓球

乒乓球

第五节　羽毛球

羽毛球

第六节　网　球

网球

第三章　田径运动

第一节　项目介绍

　　田径运动是体育运动的核心与基石，是由走、跑、跳跃、投掷等运动项目组成的全能运动项目的总称。其特点是个人或群体之间的速度、高度、远度的比试。按照《义务教育体育与健康课程标准（2022年版）》田径项目可分为三大类：跑（短跑、中长跑、跨栏跑、接力跑等），跳（跳高、跳远等），投掷（推铅球、掷实心球等）。

　　田径运动能够发展学生的身体素质（灵敏性、协调性、速度、力量等）、心肺功能、心理素质、思维能力、自我管理能力等。田径大单元是在"教学评"一体化的理念下，以核心素养为导向，以新课标为参照，以学、练、赛为抓手，逐步完善学生从小学到高中的跑、跳、投技术动作，提升学生的田径运动技术水平，培养学生勇于挑战、顽强拼搏、团结协作的体育精神，最终达到学生身心全面发展的育人效果。

　　田径运动教学分为10个大单元，其中大单元1、2适合水平二的学生，大单元3、4适合水平三的学生，大单元5、6、7适合水平四的学生，大单元8适合水平五的学生，大单元9适合高中田径走班教学的学生或者田径代表队的学生，大单元10适合中学田径代表队的学生。

第二节　田径大单元结构

一、田径大单元1

设计者：高　杰　　　　单位：成都东部新区石盘小学校

田径大单元1	
大单元目标	1. 运动能力：初步认识和理解田径运动的基础知识和基本原理，以及竞赛规则和裁判方法；知道发展快速跑、障碍跑、投掷的学练方法；能说出所学技能动作名称和术语；掌握快速跑、障碍跑、投掷基本运动技能和相关组合运动技能；通过一般体能和专项体能练习增强学生移动速度、灵敏性、协调性、力量等身体素质。 2. 健康行为：在"学、练、赛"中享受田径运动，激发学生对跑和投掷运动的学练兴趣与积极性，培养学生参与田径运动的习惯；掌握和应用基本的体育运动技能，学会将课堂的学习内容进行迁移，灵活地运用于实际生活。 3. 体育品德：培养学生的团队协作能力，帮助学生形成规则意识和公平竞争的意识，做到相互尊重，树立正确的胜负观，公正地评价自己和同伴。

第三章　田径运动

续表

内容要求		基础知识与基本技能	技战术运用	体能	展示或比赛	规则与裁判方法	观赏与评价	评价要点
总体要求		在30米迎面接力跑、障碍跑、投掷沙包运动学习和锻炼中以发展基本运动能力为主,注重体育游戏学习和体验;了解关于奥运会的一些知识,如田径项目的由来和比赛规则;知道一些奥运明星的故事;能列举一些所学运动项目的安全注意事项,有安全意识。	在综合练习、游戏、展示、比赛、生活实践中合理运用所学的主要基本动作技术、组合动作技术,完成简单的个人和团队合作、战术配合;培养学生发现问题、解决问题的能力。	通过快速跑、障碍跑、投掷轻物中的专项以及辅助练习发展专项运动能力;在学练过程中注重以游戏体验为主提高反应能力、柔韧性、协调性、灵敏性、位移速度、肌肉力量和爆发力等体能练习,并根据课时计划发展专项运动能力的同时科学安排补偿性体能练习。	能积极参与或组织接力跑、障碍跑、投掷运动不同形式的展示或比赛,敢于展示自己所学的技战术,愿意与同伴合作创编和展示成果。	掌握所学30米迎面接力跑、障碍跑、投掷沙包运动项目的简单比赛规则、裁判手势和旗语、成绩判定等方法;能积极参与各级各类比赛的场地布置和成绩记录等工作,尝试担任比赛的评判工作。	学习如何观赏所学田径类运动项目比赛,并能对比赛过程进行简单的评价;每学期通过各种方式观看不少于8次相关项目的比赛;学练过程中能与同伴主动交流并评价技术动作。	—
具体要求	1	1. 奥运会基础知识和田径项目的由来。 2. 不同方式的起跑。	寻找最佳起跑姿势。	大类(一级):发展位移速度、爆发力、反应能力、灵敏性、柔韧性。 小类(二级): 1. 听各种信号快速起动跑20米×8~10组。 2. 体前屈。 3. 横叉。 4. 纵叉。	1. 听各种信号20米快速起动跑教学比赛。 2. 体前展示。 3. 横、纵叉展示。	掌握起跑的规则和要求,在起跑时不踩线、不抢跑、不串道。	1. 小组内自评互评快速起跑要领。 2. 能简单说出田径运动的好处。 3. 和同学相互支持鼓励。讲述奥运明星的故事。	1. 掌握各种起跑姿势。 2. 学习兴趣高,学习态度积极。 3. 展现精神风貌。
	2	1. 短跑项目执裁规则。 2. 站立式起跑+30米快速跑。	1. 学会并运用站立式起跑口令"各就位——跑"、旗语。 2. 巩固站立式起跑迅速起动技术。	大类(一级):发展位移速度、爆发力、平衡能力。 小类(二级): 1. 30米快速跑。 2. 平衡球游戏。 3. 跳房子。 4. 单脚推手。	1. 站立式起跑比赛旗语口令展示。 2. 30米快速跑教学比赛。 3. 平衡动作展示。	1. 运用径赛基本规则尝试发令,对抢跑、串道等情况进行判罚。 2. 了解站立式起跑准备姿势不能同手同脚。	1. 能说出站立式起跑的动作要领和方法。 2. 在练习中自评、互评在起跑时是否踩线、抢跑。 3. 观看小组比赛,并对起跑动作、执裁进行简单评价。	1. 掌握站立式起跑技术。 2. 积极学练、勇于展示。 3. 遵守规则、公平竞争。
	3	1. 跑的正确方法和基础知识。 2. 50米快速跑。	学会在50米快速跑中运用起跑、加速跑、摆臂的正确方法。	大类(一级):发展位移速度、爆发力、协调性、肌肉力量。 小类(二级): 1. 50米快速跑。 2. 拉人角力。 3. 推小车。 4. 猜拳立卧撑。	1. 你问我答。 2. 50米快速跑教学比赛。 3. 拉人角力、推小车、猜拳立卧撑动作展示。	掌握50米快速跑的规则与裁判方法,并尝试发令、抢跑判罚、记录成绩。	1. 能说出快速跑的动作要领和动作。 2. 对50米快速跑的动作完成情况进行自评、互评。	1. 掌握跑步姿势、裁判知识与规则。 2. 胜任不同的运动角色,积极参与。 3. 团结协作、顽强拼搏。
	4	1. 田径运动文化。 2. 叫号赛跑。	1. 通过跑的专项练习体验前脚掌跑时的感觉。 2. 创编和改进叫号方式。	大类(一级):发展反应能力、位移速度、肌肉力量。 小类(二级): 1. 前、后踢腿跑。 2. 高抬腿。 3. 叫号赛跑。 4. 平板支撑。	1. 前后踢腿跑、高抬腿跑动作展示。 2. 叫号赛跑教学比赛。 3. 平板支撑动作展示。	掌握叫号赛跑的规则与裁判方法。	1. 结合不同的叫号方式,观看同伴跑的过程中前脚掌着地技术,学会欣赏他人的优点。 2. 尝试和教师一起创编和改进叫号方式。	1. 前脚掌跑技术运用。 2. 挑战自我。 3. 树立合作意识、责任意识。

续表

			大类（一级）：发展位移速度、协调性、肌肉力量。小类（二级）：1. 30米直线接力跑。2. 壁虎爬行。3. 鳄鱼爬行。4. 熊样爬行。	1. 30米错肩跑接力跑比赛。2. 模仿壁虎、鳄鱼、熊爬行动作展示。	掌握接力跑错肩跑规则和要求，对错误动作进行判罚，避免碰撞。	1. 观看同伴跑的过程中身体姿态、前脚掌着地技术，学会欣赏他人的优点。2. 积极鼓励与帮助同学与同学友好合作。	1. 掌握错肩跑技术。2. 交流与合作。3. 遵守规则、公平竞争。
具体要求	5	30米迎面直线、曲线拍手接力跑（错肩跑）。	1. 通过直线跑和曲线跑体验身体姿态和摆臂节奏的变化。2. 迎面接力中正确运用右侧错肩跑的技术。				
	6	迎面接力跑（立式交接棒）。	1. 正确运用立式交接棒技术。2. 体会传接棒与起跑时机。	大类（一级）：发展位移速度、协调性、柔韧性、肌肉力量。小类（二级）：1. 5～10米迎面接力跑。2. 连续单双脚跳。3. 青蛙晒肚。4. 猫伸懒腰。	1. 5～10米快速传接棒比赛。2. 小青蛙跳荷叶。3. 猫伸懒腰、青蛙晒肚动作展示。	1. 掌握立式交接棒的传接配合规则与方法。2. 交接棒时不能甩棒，不能抢跑。	在合作练习中学会与他人合作完成立式交接棒动作。	1. 完成动作质量与速度。2. 积极参与，保持良好情绪。3. 正确看待比赛胜负，友好合作，真诚对待他人。
	7	30米迎面接力跑（持棒摆臂）。	1. 体验30米迎面接力跑完整动作技术，强调持棒自然摆臂。2. 提高传接配合技术。	大类（一级）：发展位移速度、协调性、反应能力、灵敏性。小类（二级）：1. 30米迎面接力跑。2. 移动接球。3. 往返跑。	1. 30米迎面接力跑积分赛。2. 移动接球。3. 智力棋盘（往返跑下棋）。	掌握迎面接力跑规则和要求，并完成场地、器材的准备。	同伴间互相观察，对持棒不摆臂、交接棒时提前减速、掉棒等情况提出改进意见、纠正动作。	1. 掌握持棒摆臂技术。2. 主动参与，保持良好情绪。3. 正确看待输赢。
	8	1. 障碍跑的规则和安全知识。2. 障碍跑：钻+爬+跨。	体会快速跑动作中，通过障碍时身体重心的变化。	大类（一级）：发展位移速度、协调性、灵敏性、爆发力。小类（二级）：1. 钻圈。2. 匍匐前进。3. 跨小栏架。4. 纵跳摸高。5. 蛙跳。	1. 障碍跑小组循环赛。2. 便笺纸贴高赛。3. 蛙跳动作展示。	完成场地、器材的准备，对碰倒障碍物、未按规定动作通过障碍等情况进行判罚。	公正评判自己和同伴的动作技术，对错误动作提出改进意见、纠正动作。	1. 掌握障碍跑规则、安全知识。2. 积极参与，保持良好情绪。3. 公正评价。
	9	障碍跑：绕+跳+换物折返跑。	换物折返时掌握蹬摆积极、转体迅速起动技术运用。	大类（一级）：发展位移速度、协调性、灵敏性、心肺耐力。小类（二级）：1. 绕杆跑。2. 跳箱跳上、跳下。3. 换物接力。4. 15米×4折返跑。	1. 50米障碍跑计时赛。2. 挑战障碍场教学比赛。3. 15米×4折返跑。	尝试对错误动作和折返不踩线等犯规动作进行判罚。	1. 能根据小组情况调整障碍距离、排列顺序。2. 公正评判自己和同伴的技术动作。	1. 掌握转体快速启动技术。2. 积极面对挑战。3. 公正评判。

续表

具体要求	10	障碍跑：绕＋跳＋跨＋钻＋翻。	能在快速跑动中运用各种通过障碍的技巧并掌握良好的节奏。	大类（一级）：发展位移速度、协调性、灵敏性、心肺耐力。小类（二级）：1. 绕标志杆跑。2. 单脚跳。3. 跨过矮绳。4. 钻过低栏杆。5. 翻过跳箱。6. 1分钟跳绳。7. 5分钟定向越野跑。	1. 谁的动作更标准。2. 100米障碍跑小组积分赛。3. 1分钟跳绳。4. 5分钟定向越野跑。	掌握100米障碍跑和5分钟越野跑规则和要求，并完成场地、器材的准备。	1. 互相观察动作完成情况，对错误动作提出改进意见、纠正动作。2. 公正评判自己和同伴的技术动作。	1. 掌握障碍跑节奏、技术。2. 人际关系和谐。3. 正确评价、树立信心。
	11	1. 短跨折返跑接力。2. 游戏：闯三关。	学生能根据小组同学实力安排站位、比赛顺序等。	大类（一级）：发展位移速度、协调性、灵敏性、肌肉力量。小类（二级）：1. 30米障碍迎面接力赛。2. 波比跳。3. 平板支撑。4. 支撑收腹跳。5. 俄罗斯转体。6. 卷腹触脚踝。	1. 短跨折返跑接力小组赛。2. 闯三关。3. 4分钟HIIT练习。	1. 掌握短跨折返跑接力规则和要求，小组自主完成场地、器材的准备。2. 尝试担任裁判工作，学会记录成绩，评判名次。	1. 裁判员公平公正执裁，并对各小组成绩进行评价。2. 认真观赏并做出正确的评价。	1. 掌握跨折返跑接力规则与裁判法。2. 积极参与，有安全意识。3. 端正比赛态度，公正评判。
	12	1. 投掷运动的规则和安全知识。2. 各种方式的双手、单手投抛轻物。	1. 体验单手肩上抽打动作技术。2. 各种形式的双手投抛轻物游戏中体验不同用力的方式。	大类（一级）：发展肌肉力量、协调性、柔韧性、灵敏性、平衡能力。小类（二级）：1. 单手投掷。2. 双手投掷。3. 追逐跑。4. 跳箱。	1. 我是小投手比赛。2. 投射"鱼雷"。3. 追逐跑。4. 跳箱动作展示。	1. 掌握投掷运动基本规则和要求，完成投掷区场地、器材的准备。保障场地安全，投掷前方无人。2. 在比赛中运用所学裁判规则进行判罚与评价。	观看同学投掷动作做简要分析与评价。	1. 合理运用投掷技术。2. 积极思考，认真学练。3. 体现出良好的体育品德。
	13	原地肩上投掷沙包。	1. 运用快速挥臂技术。2. 前后脚站立，惯用脚在后，体验腿部发力技术。	大类（一级）：发展肌肉力量、协调性、柔韧性、灵敏性。小类（二级）：1. 投掷练习。2. 躲闪游戏：冲过封锁线。	1. 看谁投得远。2. 游戏：冲过封锁线。	1. 掌握单手肩上投掷沙包规则和要求，做到令行禁止。2. 投掷中能遵守安全规则，按规定地点、方向投掷沙包。	1. 观看视频学习投掷技术，能说出完整技术动作要领。2. 对于小组内同学投掷的动作进行互评。	1. 知道正确的肩上投掷方法。2. 自主学练、敢于展示评价。3. 展现果断、自信心。
	14	原地侧向投掷沙包。	感受正向和侧向投掷的区别。在投远比赛中学生能根据自己的实力选择投掷方式，投掷区分值。	大类（一级）：发展肌肉力量、协调性、柔韧性、肌肉耐力。小类（二级）：1. 投掷练习。2. 往返跑。3. 图形跑。4. 上肢、下肢拉伸。	1. 小组投远积分赛。2. 游戏：拼地图。3. 体能练习：图形跑。	1. 掌握投掷运动基本规则和要求，完成投掷区场地、器材的准备。2. 尝试担任裁判工作，学会记录成绩，评判名次。	小组内开展自评与互评。	1. 区别正向和侧向投掷。2. 学会调节不良情绪。3. 尊重对手、尊重裁判。

续表

			大类（一级）：发展肌肉力量、柔韧性、位移速度、灵敏性、协调性。				
	15	沙包投远＋折返跑。	运用所学投掷技术和折返跑技术完成比赛。	小类（二级）：1. 3～5米助跑沙包投远＋10米折返跑。2. 横向一步一格。3. 侧向单脚跳。4. 前进滑雪步。5. 侧向进进出出。6. 跨越式蹲跳。	1. 沙包投远＋折返跑综合比赛。2. 群龙追尾。3. 绳梯练习动作展示。	掌握投远和折返跑规则和要求，认真检查并完成场地、器材的准备。	学练中学会反思，关注自己和他人的生命安全，评价同伴的技术动作。	1. 投掷动作连贯稳定。2. 克服消极情绪。3. 树立责任意识，关注他人安全。
具体要求	16	1. 障碍跑＋沙包投准。2. 音伴跑。	1. 运用障碍跑技术和侧向投沙包组合技术完成比赛。2. 音伴跑中体验跑步节奏变化。	大类（一级）：发展肌肉力量、柔韧性、位移速度、灵敏性、心肺耐力。小类（二级）：1. 30米障碍跑。2. 沙包投准。3. 追逐跑。4. 6～8分钟音伴跑。	1. 30米障碍跑＋沙包打靶积分赛。2. 贴烧饼。3. 音伴跑6～8分钟。	1. 掌握游戏规则和要求，认真检查场地、器材保证安全开赛。2. 练习时严禁打闹。	主动观赏同伴的技术动作，能够自我评价和评价他人的技术动作。	1. 掌握游戏规则和要求。2. 克服消极情绪。3. 顽强拼搏。
	17	按考核项目分组练习：1. 30米迎面接力跑。2. 短跨折返跑接力。3. 原地投掷沙包投准。4. 上步投掷沙包投远。	1. 比赛前的技战术和心理准备。2. 所学技术在比赛实战中的运用。	大类（一级）：发展位移速度、灵敏性、肌肉力量、柔韧性。小类（二级）：1. 30米迎面接力跑。2. 障碍跑。3. 原地投掷沙包投准。4. 上步投掷沙包投远。	裁判组：检录员、检查员、记录员、裁判员。考核组：分成4组测试，抽签确定测试顺序。	1. 理解竞赛规则与要求，熟悉竞赛过程，清楚裁判工作与任务。2. 学会成绩记录方法与成绩判定。	对练习情况进行简要的总结和评价。	1. 掌握测试流程与方法。2. 主动帮助，善于沟通，相互配合。3. 服从安排，胜任不同角色，各尽其责。
	18	考核："达标"竞赛1. 30米迎面接力跑。2. 短跨折返跑接力。3. 原地投掷沙包投准。4. 上步投掷沙包投远。	1. 运用所学技术进行"达标"竞赛。2. 比赛后总结自己的成绩，正确对待比赛。	大类（一级）：发展位移速度、灵敏性、肌肉力量、柔韧性。小类（二级）：1. 30米迎面接力跑。2. 障碍跑。3. 原地投掷沙包投准。4. 上步投掷沙包投远。	1. 30米迎面接力跑。2. 短跨折返跑接力。3. 原地投掷沙包投准。4. 上步投掷沙包投远。	1. 掌握竞赛规则与要求，裁判工作与任务。2. 学会记录有效成绩、成绩判定方法。	赛后总结、交流比赛感受并客观公正地评价本小组及其他小组情况，客观总结比赛胜负。	1. 掌握所学技战术。2 乐于分享，积极参与。3. 勇于展示自我，执裁公平公正。

大单元评价			
核心素养	评价内容			评价方法
运动能力	1. 阐述30米迎面接力、障碍跑、投掷沙包等关键技术要领；掌握田径类运动项目的裁判知识与规则。2. 30米迎面接力、障碍跑的比赛表现，投掷沙包的考核、体能测试。优秀：90～100分良好：75～89分及格：60分以上			终结性评价等级评价、考核评价展示或比赛评价等（自评＋互评）

		续表
健康行为	优秀：能认真观看视频、教师、同伴展示并做简要分析；学练积极，一周进行自主练习5次；学会调节消极急慢的不良情绪；能与同伴主动交流，相互鼓励，合作完成游戏和比赛。 良好：上课基本能做到认真，有自己的训练计划，在家长的监督下能够做到一周训练3次；在学习过程中态度端正；能自我保护，有安全意识。 及格：在家长的监督下做到一周训练2次，态度较为端正；在教师和家长的引导下能够自我调节情绪，受伤后能正确处理。	过程性评价 观察评价、 口头测评等 （自评＋互评）
体育品德	优秀：游戏或比赛中遵守规则，服从裁判的判决；在合作比赛过程中尊重同伴，互帮互助，有团队合作的精神和责任感。 良好：在小组比赛时稍有畏难情绪，在组长和教师的引导下能战胜它，积极进取、遵守规则、文明礼貌、公平竞争。 及格：在同伴和教师的鼓励下能完成课内外的比赛或展示，体能训练时稍有懈怠，遵守规则、文明礼貌、公平竞争。	过程性评价 观察评价、 书面测评等 （自评＋互评）

二、田径大单元2

设计者：高 杰　　　　单位：成都东部新区石盘小学校

田径大单元2								
大单元目标	1. 运动能力：学练所学田径类运动项目的跑、跳、投的基本动作技术要领和练习方法，了解掌握田径类项目运动相关知识和文化；能够将所学的运动技战术运用到相关的比赛中去，在比赛中正确展示动作技术；在运动项目中加强体能练习，发展学生奔跑能力，提高速度、力量、耐力等体能，提高心肺功能。 2. 健康行为：通过本单元学习，使学生了解田径运动的健身和教育价值以及常见的运动损伤的预防，培养学生对田径运动的学习兴趣，促进学生积极主动地参与学习，学会欣赏田径比赛，学会将课堂的学习内容进行迁移，灵活地运用于实际生活。 3. 体育品德：在田径类项目学习中学生能够积极进取，敢于超越自我，在耐力项目练习中不怕困难坚持到底，也能在小组活动中积极主动与他人合作，具备团队精神。							
内容要求		基础知识与基本技能	技战术运用	体能	展示或比赛	规则与裁判方法	观赏与评价	评价要点
总体要求		学练15米渐进跑、蹲踞式跳远、投掷软式标枪的基本动作技术和组合技术，改进和提高完整动作技术，理解相关技术的基本原理和与之相关的知识，如消除运动疲劳的方法，耐久跑项目的健身价值和作用，呼吸节奏、心率监测的重要性等。	在综合练习、游戏、展示、比赛、生活实践中合理运用所学的主要基本动作技术、组合动作技术，完成简单的个人和团队合作战术配合；培养学生竞争与合作的意识；养成良好的、科学的锻炼习惯。	通过15米渐进跑、蹲踞式跳远、投掷软式标枪运动项目辅助和专项练习发展专项体能；学练过程中还要根据课时计划、内容安排，设计科学又有趣的补偿性体能练习。	积极参与或组织所学运动不同形式的展示或比赛；如在简化规则、降低要求的游戏、竞赛活动中做出正确的、规范的动作，表现出良好的运动能力；能与同伴主动交流，相互鼓励，合作完成游戏和比赛。	积极参与或组织所学运动不同形式的展示或比赛；如在简化规则、降低要求的游戏、竞赛活动中做出正确的、规范的动作，表现出良好的运动能力；能与同伴主动交流，相互鼓励，合作完成游戏和比赛。	关注15米渐进跑、蹲踞式跳远、投掷软式标枪比赛的相关信息，学习如何观赏所学田径类运动项目比赛，并能对比赛过程进行简单的评价；每学期通过各种方式观看不少于8次相关项目的比赛；学练过程中能主动参与、积极与同伴交流合作，对自己和同伴的动作技术进行客观公平的评价，学会反思。	—
具体要求	1	1. 田径运动分类与规则。 2. 欣赏田径比赛视频。 3. 课堂前测。	根据所学知识回答问题。	大类（一级）：发展心肺耐力、爆发力、肌肉力量。 小类（二级）： 1. 6～8分钟音伴跑。 2. 立定跳远。 3. 沙包投远。 4. 沙包投准。	1. 辩论会。 2. 田径运动知识竞赛。 3. 课堂前测。	田径运动基本规则。	1. 观看视频，分享自己了解的田径运动员。 2. 向同伴或家人介绍自己喜欢的田径运动。	1. 掌握运动相关知识，学会欣赏。 2. 情绪稳定，积极进取。 3. 遵守规则，挑战自我。

续表

具体要求	2	1. 耐久跑项目的健身价值和作用。 2. 折返跑（起跑和加速、转身技巧）。	1. 运动后消除运动疲劳的方法。 2. 在折返跑中运用起跑和加速、降低重心快速转体技术动作。	大类（一级）：位移速度、协调性、肌肉力量。 小类（二级）： 1. 10～15米折返跑。 2. 双人蹲跳。 3. 双人静力下蹲。 4. 仰卧起坐。	1. 知识问答。 2. 10～15米折返跑。 3. 双人蹲跳、双人静力下蹲、仰卧起坐动作展示。	学习折返跑基本规则，尝试发令，对未达线等情况进行判罚。	1. 能说出折返跑起跑加速、转身的动作要领和方法。 2. 观看小组比赛，并对同伴动作、执裁进行简单评价。	1. 掌握消除运动疲劳的知识与方法。 2. 交流互动，学练积极。 3. 遵守规则，公平竞争。
	3	1. 学习有关心率监测的知识和技能。 2. 图形跑（跑步节奏）。	在图形跑中运用心率监测方式选择合适的图形、跑步节奏调节心率。	大类（一级）：发展心肺耐力、肌肉力量。 小类（二级）： 1. 图形跑。 2. 手支撑侧向移动。 3. 仰卧举腿。 4. 举哑铃。	1. 展示个人课堂心率监测分析。 2. 手支撑侧向移动。 3. 仰卧举腿。 4. 举哑铃动作展示。	1. 掌握心率监测手环使用方法。 2. 掌握图形跑规则和要求。	能根据手环监测的反馈，组内共同分析数据并改进。	1. 学会通过心率监测来调整自己的跑步节奏。 2. 积极参与，敢于发言，展示自我。 3. 尊重他人，自尊自强。
	4	1. 学习耐久跑呼吸节奏相关知识。 2. 15米折返跑（匀速耐久跑、合作跑）。	耐久跑项目中运用鼻吸鼻呼、鼻吸口呼法的正确方法。	大类（一级）：位移速度、心肺耐力、肌肉耐力。 小类（二级）： 1. 15米折返跑。 2. 连续单脚跳。 3. 连续双脚跳。 4. 跳台阶。	1. 呼吸节奏练习。 2. 多人合作15米折返跑。 3. 连续单、双脚跳。 4. 跳台阶动作展示。	掌握15米折返跑和合作跑规则与裁判法，计时方法。	能初步根据同伴呼吸节奏、面部表情、跑姿状态等判定同伴运动能力。	1. 掌握练习中呼吸节奏。 2. 友好合作，信任同伴。 3. 树立合作意识，意志顽强。
	5	1. 学习运动后器材辅助消除疲劳的方法。 2. 15米渐进跑（身体姿态、摆臂方式、起跑加速、转身）。	1. 通过身体姿态和摆臂节奏的变化、起跑加速、转身技巧提升15米渐进跑技术。 2. 运用器材辅助消除运动疲劳。	大类（一级）：位移速度、心肺耐力、平衡能力。 小类（二级）： 1. 15米渐进跑。 2. 单脚平衡摸物。 3. 平衡球游戏。 4. 燕式平衡。	1. 15米渐进跑挑战赛。 2. 单脚平衡摸物、平衡球、燕式平衡动作展示。	掌握15米渐进跑规则和要求，对错误动作进行判罚，避免碰撞。	观看视频，学会欣赏与评价。	1. 跑姿正确，动作放松。 2. 积极参与，认真练习，积极分享。 3. 团结协作，敢于挑战。
	6	1. 15米渐进跑测试规则和要求。 2. 15米渐进跑测试。	比赛中运用15米渐进跑测试规则。	大类（一级）：位移速度、心肺耐力、肌肉耐力、灵敏性、协调性。 小类（二级）： 1. 15米渐进跑。 2. 躲闪跑。 3. 十字象限跳。 4. 抛接球。	1. 15米渐进跑达标赛。 2. 游戏：猫捉老鼠。 3. 十字象限跳比赛。 4. 抛接球。	掌握15米渐进跑测试规则和要求。	观看同伴测试，为同伴安全监护，保证同伴比赛中不被干扰。	1. 动作质量与速度。 2. 合作交流，安全意识。 3. 公正评价，正确对待比赛胜负。
	7	1. 学习蹲踞式跳远动作结构。 2. 蹲踞式跳远（踏跳）。	1. 学练单脚起跳、双脚落地技术。 2. 体会上一步踏跳、上三步快速踏跳技术。	大类（一级）：协调性、爆发力、肌肉耐力、肌肉力量。 小类（二级）： 1. 蹲踞式跳远。 2. 立定跳远。 3. 悬垂举腿。 4. 斜身引体。	1. 看谁跳得远。 2. 立定跳远接力。 3. 悬垂举腿。 4. 斜身引体。	1. 掌握单脚起跳、双脚落地相关活动要求，不能双脚起跳。 2. 公平竞争，立定跳远落地后不能向前移动。	同伴间互相观察，对单脚起跳、双脚落地技术提出改进意见，纠正动作。	1. 踏跳有力，起跳有高度。 2. 主动参与，保持良好心态。 3. 公平竞争。

续表

具体要求	8	蹲踞式跳远（助跑、起跳）。	1. 助跑5步+踏过一定高度+双脚落地跳组合技术。 2. 起跳充分有力。	大类（一级）：爆发力、位移速度、协调性。 小类（二级）： 1. 跳高。 2. 蹲踞式跳远。 3. 跳起抢球、跳拱。 4. 螃蟹赛跑。	1. 看谁跳得高。 2. 跳起抢球、跳拱。 3. 螃蟹赛跑。	1. 掌握跳远规则和要求，并完成场地、器材的准备。 2. 了解跳远时失误动作判法，成绩测量标准等。	公正评判同伴的动作技术。	1. 掌握助跑与起跳结合技术。 2. 乐观开朗，情绪稳定。 3. 树立安全意识、责任意识。
	9	蹲踞式跳远（腾空落地）。	1. 改进助跑和起跳的协调配合。 2. 运用收腹屈膝跳技术，落地时屈膝缓冲。	大类（一级）：位移速度、爆发力、灵敏性、肌肉力量。 小类（二级）： 1. 跳起腾空转体90°。 2. 跳起空中抱膝。 3. 四足爬行。 4. 靠墙下蹲。	1. 跳起腾空转体90°。 2. 跳起空中抱膝。 3. 四足爬行、靠墙下蹲动作展示。	掌握蹲踞式跳远规则和要求，并完成场地、器材的准备。	1. 观看同伴动作，指出不足，及时纠正。 2. 观看同学动作，并做简要分析与评价。	1. 掌握腾空与落地技术。 2. 勇敢面对挑战，积极锻炼。 3. 拥有正确的胜负观。
	10	蹲踞式跳远（全程助跑）。	1. 测量步点，准确踏跳。 2. 初步完整掌握全程助跑起跳、腾空、落地技术。 3. 用主力腿积极踏板。	大类（一级）：位移速度、爆发力、协调性、肌肉力量。 小类（二级）： 1. 蹲踞式跳远。 2. 100米直道跑。 3. 100米弯道跑。 4. 波比跳。	1. 争夺冠军。 2. 100米直道跑。 3. 100米弯道跑。	1. 掌握蹲踞式跳远完整动作技术，并完成场地、器材的准备。 2. 掌握皮尺测量方法，掌控成绩的记录方法。	1. 认真观察、积极思考，怎样才能跳得更远。 2. 分析跳得远的同学动作共同点，学习其优点。	1. 掌握助跑节奏、技术。 2. 积极思考，分析评价。 3. 勇于挑战自我，树立信心。
	11	1. 了解蹲踞式跳远测量方式和裁判规则。 2. 蹲踞式跳远测试。	1. 蹲踞式跳远裁判旗语。 2. 蹲踞式跳远测量方法、记录方法。	大类（一级）：位移速度、爆发力、协调性、肌肉力量、平衡能力。 小类（二级）： 1. 蹲踞式跳远。 2. 平板支撑。 3. 闭眼单脚站。 4. 仰卧起坐。 5. 双人下蹲。	1. 最佳飞人评选赛。 2. 4分钟HIIT练习。 3. 优秀裁判员评选赛。	1. 掌握蹲踞式跳远规则和要求，小组自由完成场地、器材的准备，保障安全规范。 2. 尝试担任裁判工作，学会记录成绩，评判名次。	观看同学投掷动作，并做简要分析与评价。	1. 掌握蹲踞式跳远测试规则与裁判知识。 2. 重视安全，互帮互助。 3. 胜任运动角色，正确对待比赛胜负。
	12	1. 投掷软式标枪的规则和安全知识。 2. 左右手各种方式单手投掷软式标枪。	1. 练习中规范投掷动作，加强安全行为意识养成。 2. 体验单手肩上快速挥臂技术。	大类（一级）：肌肉力量、柔韧性、灵敏性反应能力、位移速度。 小类（二级）： 1. 各种形式的投掷练习。 2. 移动接球。 3. 追逐跑。 4. 匍匐前进。	1. 我是小投手比赛。 2. 挥绳抽打悬空球。 3. 移动接球。 4. 追逐跑。 5. 匍匐前进。	1. 掌握投掷运动基本规则和要求，完成投掷区场地、器材的准备。 2. 保障场地安全，投掷前方无人。	观看投掷视频和比赛，并做出评价。	1. 合理运用投掷技术。 2. 积极思考，认真学练。 3. 勇于挑战自我。

续表

			大类（一级）：肌肉力量、柔韧性、位移速度、灵敏性、反应能力。小类（二级）：1.投掷练习。2.躲闪跑。3.往返跑。4.变向跑。	1.看谁投得远。2.评选最美劳动者。3.躲闪跑。4.往返跑。5.变向跑。	1.掌握投掷软式标枪规则和要求。2.投掷中遵守安全规则按规定地点、方向投掷。	1.观看视频，了解投掷技术在生活中的运用场景。2.认真观察为什么学生没有教师投得远，分组研讨、团队评价。	1.能说出投掷三要素。2.自主学练，敢于展示评价。3.具有安全意识和责任心。
	13	1.了解投掷动作三要素：出手角度、速度、出手点。2.正面上手投掷软式标枪。	体会不同出手角度对远度的影响。				
	14	侧向投掷软式标枪。	体验不同用力方法对投掷的影响。	大类（一级）：肌肉力量、柔韧性、肌肉耐力、位移速度、协调性。小类（二级）：1.侧向投掷。2.30米快速跑。3.跳短绳。4.踢毽子。	1.小组投远积分赛。2.30米快速跑。3.跳短绳。4.踢毽子。	比赛中尝试担任裁判工作，学会记录成绩，判定犯规动作。	1.看远度找区别。2.安全投掷，找出同伴的优缺点。	1.投掷动作完成质量。2.听从指挥，互帮互助。3.正确评判。
具体要求	15	复习侧向投掷软式标枪。	认真体验蹬地、转体、挥臂一体化动作。	大类（一级）：肌肉力量、柔韧性、位移速度、灵敏性、协调性。小类（二级）：1.砸球入筐。2.抛圈套物。3.连续双脚跳过5个障碍＋攀爬跳箱＋助跑跨跳＋侧向投掷软式标枪。4.拉伸。	1.砸球入筐、抛圈套物。2.兵王争霸赛。	1.掌握投掷软式标枪规则和要求；认真检查并完成场地、器材准备。2.投掷中能遵守安全规则。	1.学练中学会反思，关注自己和他人的生命安全。2.与同伴友好合作，互帮互助。	1.投掷动作连贯稳定。2.包容豁达，善于合作。3.树立责任意识，关注他人安全。
	16	侧向投掷软式标枪测试。	将单手侧向投掷组合技术运用在测试中。	大类（一级）：肌肉力量、柔韧性、位移速度、灵敏性、心肺耐力。小类（二级）：1.推滚轮胎。2.翻转轮胎。3.侧向投掷软式标枪。4.30米障碍跑＋侧向投掷软式标枪。	1.推滚轮胎、翻转轮胎。2.比赛：我是小小特种兵。3.30米障碍跑＋侧向投掷软式标枪。	1.掌握游戏规则和要求，并完成场地、器材的准备。2.明确活动范围，音乐控制下令行禁止。	1.积极配合，相互帮助，指出不足，及时纠正。2.对比练习和测试成果自评、互评侧向投掷软式标枪动作的掌握情况。	1.掌握游戏规则和要求。2.克服消极情绪。3.顽强拼搏。
	17—18	1.掌握测试方法与规则，熟悉裁判员工作职责与分工。2.分组练习、测试：（1）15米渐进跑。（2）蹲踞式跳远。（3）侧向投掷软式标枪。	1.在练习中熟练运用所学裁判规则与方法组织练习。2.测试中会运用裁判旗语、远度测量方法、记录方法组织测试。	大类（一级）：位移速度、爆发力、协调性、肌肉力量。小类（二级）：1.15米渐进跑。2.蹲踞式跳远。3.侧向投掷软式标枪。4.拉伸。	1.裁判组记录员、检查员、记录员、裁判员。2.考核组分成两组测试，抽签确定测试顺序。	掌握竞赛基本要求、裁判设置：1.掌握竞赛规则与要求、裁判工作与任务。2.学会测量、记录有效成绩、成绩判定方法。	1.对练习情况进行简要的总结和评价、改进提高。2.赛后总结、交流比赛感受并客观公正地评价本人及其他同学情况，客观总结比赛胜负。	1.掌握测试流程与方法。2.积极参与，信任同伴。3.服从安排，遵守规则，公平竞争，正确对待比赛胜负。

续表

大单元评价		
核心素养	评价内容	评价方法
运动能力	1. 阐述15米渐进跑、跳远、投掷软式标枪相关技术要领；掌握田径项目健康知识、规则与裁判知识。 2. 15米渐进跑、跳远、投掷软式标枪的考核、体能测试以及学生在比赛和展示中的表现。 优秀：90～100分 良好：75～89分 及格：60分以上	终结性评价 口头测评、 考核评价、 等级评价、 展示或比赛 评价等 （自评＋互评）
健康行为	优秀：能认真观看视频、教师、同伴展示并做简要分析；学练积极，课后进行自主练习；练习中信任同伴，学会调节消极怠慢的不良情绪；练习中主动相互纠错、相互协作、相互激励，能做到一周训练5次。 良好：有自己的训练计划，在家长的监督下能够做到一周训练3次；在学习过程中态度端正，比赛中正确对待输赢；能自我保护，有安全意识；在同伴和教师的帮助下努力适应不同的环境。 及格：在家长的监督下做到一周训练2次，态度较为端正，在教师和家长的引导下能够自我调节情绪，受伤后能正确处理。	过程性评价 观察评价、 口头测评等 （自评＋互评）
体育品德	优秀：游戏或比赛中遵守规则，服从裁判的判决；在合作比赛过程中尊重同伴，互帮互助，有团队合作的精神和责任感。 良好：在与小组比赛时稍有畏难情绪，在组长和教师的引导下能战胜，积极进取、遵守规则、文明礼貌、公平竞争。 及格：在同伴和教师的鼓励下能完成课内外的比赛或展示，体能训练时稍有懈怠，遵守规则、文明礼貌、公平竞争；理解与运用比赛规则，形成规则意识；尊重对手和裁判，具有公平竞争的意识和行为；学练中能勇敢面对困难，克服困难，变现勇敢顽强的拼搏精神；正确对待比赛胜负，具有正确的胜负观，能胜任不同的运动角色，表现出合作精神和责任意识。	过程性评价 观察评价、 书面测评等 （自评＋互评）

三、田径大单元3

设计者：尚可欣　　　　单位：成都高新区尚阳小学

田径大单元3							
大单元目标	1. 运动能力：学生熟练掌握正确的跑、跳、投完整技术动作，技术动作完成自然连贯，运用正确术语描述所学动作名称；提升学生速度、力量、耐力及灵敏素质，促进协调性、灵活性，促进心肺功能提高。 2. 健康行为：学生能够主动参加田径技术动作学习，掌握体育与健康知识，养成良好的运动锻炼习惯，促进学生身心健康与人格健全。 3. 体育品德：培养不怕困难、勇敢顽强等精神，遵守规则、尊重对手、公平竞争等道德品质及责任意识等品格。						
内容要求	基础知识与基本技能	技战术运用	体能	展示或比赛	规则与裁判方法	观赏与评价	评价要点
总体要求	学习田径类专项运动项目耐久跑、蹲踞式跳远、抛掷实心球的基本动作和组合动作，能描述出所学运动项目的动作技术要领和练习方法；学习了解田径运动项目发展历程和发展史。	在练习中能运用方法，控制运动节奏，运用基本技术和组合动作技术，完整地参与耐久跑、蹲踞式跳远、抛掷实心球相关比赛。	大类（一级）：学生心肺耐力、肌肉力量、肌肉耐力、柔韧性、反应能力、位移速度、协调性、灵敏性、爆发力、平衡能力等。 小类（二级）：实施连续双脚跳、折返跑、快速斜身引体等练习方式提升学生体能。	参与所学田径类运动项目的个人或小组比赛及大型项目测试；在比赛或测试中运用正确运动方法，表现出良好的运动能力，知晓并运用田径类项目比赛的基本礼仪。	了解所学田径类运动项目的比赛规则、比赛秩序和成绩测试方法，可以组织并参与同类型小型比赛；学会与同伴合作完成比赛相关准备，正确使用器材，能进行成绩记录与统计排名。	学习如何观赏所学田径类运动项目比赛，并能对比赛过程进行简单的评价；每学期通过各种方式观看不少于8次相关项目的比赛。	—

续表

具体要求	1	耐久跑课前摸底前测。	15米间歇跑测试（在规定时间内随提示音完成测试）。	大类（一级）：肌肉力量、心肺耐力、爆发力、柔韧性。 小类（二级）： 1. 间歇耐久跑测试。 2. 双人推车。 3. 立卧撑。 4. 体前屈。	8人一小组为单位，开展15米间歇跑测试。	1. 掌握15米间歇跑测试规则、场地要求。 2. 学会如何使用秒表并记录测试成绩。	1. 学会初步评价同学的跑步姿态和节奏。 2. 对自己测试时的节奏和姿态能进行分析和评价。	1. 前测学生耐久跑的基本技术掌握情况。 2. 能够运用所学坚持进行课后锻炼。 3. 能够坚韧不拔且克服困难。
	2	30米折返跑练习： 1. 绕杆后快速蹬摆加速。 2. 加速后调整呼吸节奏，平稳过渡到途中跑。	1. 在练习中合理分配体能。 2. 掌握折返前减速、折返后加速的节奏。	大类（一级）：心肺耐力、柔韧性、位移速度。 小类（二级）： 1. 定距变速跑。 2. 原地负重摆臂。 3. 坐姿前屈。 4. 跪姿伸展。	8人一小组为单位，开展班内折返接力积分赛。比一比小组分配人员、体力的策略。	熟悉30米折返跑，能了解并描述训练规则及标准。	观察在练习过程中同学出现的技术、节奏等问题，并能积极地进行交流与讨论。	1. 绕杆后的快速蹬摆加速和掌握呼吸节奏的情况。 2. 能根据训练计划进行课后体育锻炼。 3. 能够表现出顽强拼搏和勇于挑战的品质。
	3	定时定距跑练习： 1. 复习耐久跑技术动作，思考体力分配。 2. 奔跑中调整呼吸节奏，巩固正确的跑姿。	1. 在练习和比赛中，找到最适合自身的节奏和速频。以最适合配速完成练习。	大类（一级）：肌肉耐力、协调性、爆发力。 小类（二级）： 1. 定距跑。 2. 绳梯步伐。 3. 立卧撑。 4. 跨步跳。	1. 开展班内定时跑比赛。 2. 在比赛中展示耐久跑技术动作。	1. 掌握中长跑比赛规则、场地限制。 2. 学会使用秒表，记录比赛成绩。	1. 初步评价同组、同班同学的跑步姿态、节奏、速频。 2. 对正式比赛的节奏和速率能进行分析和评价。	1. 耐久跑体能分配以及正确跑频和节奏情况。 2. 坚持探究，积极练习。 3. 能够克服困难，坚韧不拔。
	4	30米折返跑练习： 1. 学习一步制动绕杆方法。 2. 30米×8折返跑转身练习。	1. 在练习中思考、总结快速转身的方式。 2. 将一步制动技术动作用于折返跑练习中。	大类（一级）：心肺耐力、反应能力。 小类（二级）： 1. 行进间摆臂。 2. 定距间歇跑练习。 3. 站立反应起跑。 4. 坐位反应起跑。	开展30米×8挑战比赛。	课后复习50米×8折返跑测试规则，并完成对50米×8场地的布置。	1. 学会评价同班同学折返跑技术动作。 2. 观赏高水平运动员折返跑训练视频，并总结优点。	1. 一步制动绕杆方式和快速蹬摆加减速的掌握情况。 2. 能够根据所学制订练习计划并实施。 3. 能够积极进取，勇于挑战。
	5	1. 50米折返跑练习。 2. 途中跑蹬摆练习。	运用途中跑、加速跑等组合技术动作，合理调配自身体力，找到最适合自身的节奏和速度。	大类（一级）：肌肉耐力、平衡能力。 小类（二级）： 1. 定距折返跑。 2. 连续跳伸。 3. 坐姿平衡训练。 4. 快速跑。	开展小组50米×8测试，感受测试氛围，体验测试奔跑节奏。	了解50米×8折返跑比赛规则和成绩测试标准，学会布置练习场地，以及避免犯规的方法。	1. 观赏耐久跑比赛。 2. 观察参赛队员的跑步姿态、呼吸频率、配速步伐等，学会简要地进行评价，能吸收到优秀参赛队员身上的优点。	1. 耐久跑途中跑蹬摆配合学习情况。 2. 能够在练习中控制情绪。 3. 能做到积极探索，勇于坚持。
	6	50米×8班级挑战赛： 1. 讲解测试相关要求。 2. 展示与讲解正确跑姿。	运用所学进行班级挑战赛比赛展示。	大类（一级）：肌肉力量、爆发力、柔韧性。 小类（二级）： 1. 定距加速跑。 2. 深蹲跳。 3. 体前屈。	50米×8完整技术动作展示与自我分析。	掌握测试要求与判罚规则。	1. 观看班级挑战赛，正确说出完整技术动作，同时能够分析比赛中的动作优缺点，并进行评价。 2. 对比赛判罚进行简单分析，并做出评价。	1. 组织与参与耐久跑比赛的情况。 2. 积极参与比赛，能够接受比赛成绩。 3. 能够团结协作，勇于展示。

续表

具体要求	7	课前摸底前测： 1. 复习助跑跳远，体验助跑与单脚起跳结合动作，知道跳远基本知识。 2. 分析检测学生急行跳远掌握情况。	1. 助跑与单脚起跳正确结合。 2. 体验加速后单脚起跳腾空落地技术。	大类（一级）：位移速度、柔韧性。 小类（二级）： 1. 定距间歇加速跑练习。 2. 定距跨步跳。 3. 坐位体前屈拉伸。 4. 弓步侧压腿。	1. 个人急行跳远展示与分析。 2. 小组合作，复习技术。	1. 了解正确起跳动作。 2. 了解有效测试时间与有效成绩要求。	1. 通过各类比赛视频学会观赏跳远项目难美性，并做出评价。 2. 课中学会鉴赏跳远技术的表现程度并组内互评。	1. 前测学生急行跳远的基本技术掌握情况。 2. 能够自主学练并进行课后锻炼。 3. 能克服困难，敢于展示。
	8	短距助跑踏准挑战： 1. 掌握三步或五步助跑起跳后收腿落地。 2. 体验短距加速后准确上板起跳练习。 3. 踏准小组挑战赛。	1. 利用短距助跑，正确展示所学踏跳技术。 2. 在短距助跑中快速准确找到起跳区进行踏跳。	大类（一级）：肌肉力量、爆发力。 小类（二级）： 1. 定距冲刺跑。 2. 定距单脚跳练习。 3. 前倾快速跑。 4. 踮步高抬腿伸膝走。	1. 个人短距助跑跳远展示。 2. 小组跳准确度挑战赛。	1. 掌握起跳犯规判罚规则。 2. 掌握助跑犯规成绩无效判罚规则。	通过各类比赛视频学会鉴赏跳远项目，并对自身技术做出评价。	1. 短距离助跑起跳技术动作学习情况。 2. 能够正视错误并积极练习。 3. 能够勇敢顽强，不怕困难。
	9	半程助跑踏准跳远： 1. 掌握半程助跑后的起跳腾空技术。 2. 了解正确助跑与起跳结合的重要性。	1. 正确运用助跑与起跳组合技术。 2. 掌握助跑节奏，能够做出起跳后立身腾空动作。	大类（一级）：协调性、柔韧性。 小类（二级）： 1. 绳梯练习。 2. 跪姿拉伸。 3. 坐姿拉伸。 4. 核心力量练习。	1. 个人半程助跑跳远展示与起跳后腾空技术分析。 2. 小组互助，尝试展示蹲踞式跳远完整技术。	1. 了解跳远比赛中秩序要求、裁判设置。 2. 认识有效测量办法及有效成绩判罚规则。	1. 观看同学跳远技术动作，对助跑、起跳及起跳后腾空动作做出分析与评价。 2. 在比赛中运用所学裁判规则进行判罚与评价。	1. 助跑后的起跳腾空技术动作掌握情况。 2. 能运用所学知识积极练习。 3. 能够积极进取，不怕困难。
	10	蹲踞式跳远（1）： 1. 了解蹲踞式跳远完整技术动作环节，及动作技术要点。 2. 认识完整技术动作各部分重要性及助跑节奏变换正确时机。	正确运用所学技术完成完整动作技术展示。	大类（一级）：肌肉耐力、爆发力。 小类（二级）： 1. 定距加速跑练习。 2. 定距跨步跳接收腿落地练习。 3. 单腿过栏架跑。 4. 上坡跑。	1. 蹲踞式跳远完整技术动作展示与自我分析。 2. 小组跳远争霸赛。	1. 了解跳远比赛中秩序要求、裁判设置。 2. 认识有效测量办法及有效成绩判罚规则。	观看同学练习及比赛所展示的完整技术动作，并能够对各部分动作进行分析评价。	1. 蹲踞式跳远完整技术动作学习情况。 2. 能够积极参与课中训练与课后练习。 3. 不怕困难，勇于挑战。
	11	蹲踞式跳远（2）： 1. 掌握蹲踞式跳远完整技术动作。 2. 掌握腾空后收腿落地技术动作。	熟练运用所学技术完成完整技术动作展示与比赛。	大类（一级）：肌肉力量、柔韧性。 小类（二级）： 1. 三步起跳练习。 2. 定距跨步跳接收腿落地练习。 3. 坐位拉伸。 4. 站立拉伸。	蹲踞式跳远完整技术动作展示与自我分析。	1. 掌握跳远比赛中秩序要求、裁判设置。 2. 掌握有效测量办法及有效成绩判罚规则。	观看跳远比赛视频学习分析完整技术动作，并能够对各部分动作进行分析评价。	1. 蹲踞式跳远完整技术动作学习情况。 2. 能够及时纠正错误并积极练习。 3. 不怕困难，持续挑战。

续表

具体要求	12	蹲踞式跳远挑战赛：1. 复习所学蹲踞式跳远完整技术动作。2. 展示与讲解蹲踞式跳远技术动作要点。	运用所学技术进行班级挑战赛比赛展示。	大类（一级）：位移速度、协调性。小类（二级）：1. 定距加速跑练习。1. 单脚跳。2. 交叉跳。3. 协调练习。	蹲踞式跳远完整技术动作展示与自我分析。	1. 掌握跳远比赛要求和裁判设置。2. 掌握有效测量办法及有效成绩判罚规则。	1. 观看班级挑战赛，正确说出完整技术动作，同时能够分析比赛中的动作优缺点并做出评价。2. 对比赛判罚进行简单分析并做出评价。	1. 能够运用所学知识应用到比赛中。2. 能够积极参与并组织比赛。3. 团结协作，勇于展示。
	13	双手前掷实心球课前摸底前测：1. 复习和体验双手前掷实心球的基本动作和简单组合；知道投掷运动的基础知识。2. 学生投掷成绩的摸底测试。	1. 投远接力游戏。2. 前抛不同高度横绳游戏（运用各种抛投技巧）。	大类（一级）：肌肉力量、爆发力。小类（二级）：1. 抛高练习。2. 俯卧撑练习。3. 波比跳。4. 牵拉弹力带练习。	1. 通过个人投掷展示进行摸底。2. 以小组为单位进行投远接力比赛。	1. 学习投掷的基本规则和要求。2. 能判定投掷实心球的有效成绩。	1. 课堂仔细观看教师和同学投掷，回家利用网络学习投掷技术。2. 对于小组内同学投掷的动作进行互评。	1. 复习双手前掷实心球的基本技术。2. 坚持进行课后体育锻炼。3. 克服困难，敢于展示。
	14	双手从头后前掷实心球（1）：1. 了解双手从头后前掷实心球的动作方法。2. 区分双手前掷实心球和双手从头后向前掷实心球技术动作的主要区别。	1. 掌握基本的站位和持球动作。2. 通过徒手练习和手持轻物投掷，体会蹬地、收腹、挥臂、甩腕全身协调用力技术动作。	大类（一级）：协调性、灵敏性。小类（二级）：1. 两人推车。2. 平板支撑。3. 原地纵跳。4. 绳梯步伐。	1. 用排球对篮板进行投掷打板练习，注意控制角度。2. 分组比赛。	1. 投掷时或投掷结束后不能踩线，可以上一步投掷。2. 不能采用助跑或交叉步投掷，双脚不能同时离地。	1. 利用网络搜索双手从头后前掷实心球的技术动作视频学习。2. 对于课堂学习时存在的问题及时评价和反思。	1. 持球动作和上下肢协调配合情况。2. 积极参与、积极探索。3. 克服困难，坚韧不拔。
	15	双手从头后前掷实心球（2）：学练坐蹲与站立、背向与正向主要的基本动作技术，蹬地与满弓动作技术。	1. 采用跪姿后仰投掷排球练习。2. 两人配合前后站位投掷圆圈，辅助提高背弓发力。	大类（一级）：肌肉力量、爆发力。小类（二级）：1. 挺身跳。2. 俯撑开合跳。3. 原地收腹跳练习。4. 核心力量练习。	1. 跪姿对墙投掷排球，练习背弓的技术动作。2. 按投掷的远度，进行分组比赛练习。	投掷练习时，在体侧画一个圈，让学生有意识地控制踩线犯规情况。	1. 利用网络学习规则。2. 在课堂设置小裁判角色，进行点评。	1. 蹬地与满弓动作技术学习情况。2. 能够制订计划并参与练习。3. 积极探索，展现自我。
	16	双手从头后前掷实心球（3）：掌握从头后双手前掷实心球完整技术动作。教学重点：持球后引，呈反弓，蹬地，收腹，挥臂用力顺序，球的出手角度。	1. 掌握双手从头后前掷实心球完整技术动作。2. 采用不同的练习方式来巩固投掷技术动作。	大类（一级）：肌肉耐力、柔韧性。小类（二级）：1. 支撑手肘交替。2. 俯撑左右跳。3. 单脚连续跳。4. 座位多方式拉伸。	1. 个人完成双手从头后前掷实心球完整投掷动作展示。2. 两人或多人进行投掷比赛练习。	掌握正规比赛投掷实心球规则（预赛三次机会，决赛三次机会，取最好的一次有效成绩，并且预赛成绩会带入决赛）。	1. 分小组开展"班级运动会"投掷比赛。2. 设置裁判、记录员、测量员等进行实践操作。3. 对自己担任裁判的情况进行评价和总结。	1. 掌握双手从头后前掷实心球完整动作技术。2. 能够制订计划并坚持练习。3. 不畏困难，勇于挑战。
	17	投掷能力练习与游戏：根据学生的年龄特点和实际水平，选择趣味性高、针对性强、难易度适宜的游戏，在游戏中巩固投掷技术动作。	1. 小组形式后仰传球接力比赛练习。2. 向后抛掷比远练习增强腰腹训练。3. 前掷投准游戏练习。	大类（一级）：爆发力、协调性。小类（二级）：1. 俯撑转圈爬行。2. 坐姿胯蹲下击掌。3. 蹲起跳。4. 绳梯练习。	1. 设置比赛游戏奖励机制，让学生积极展示自己。2. 以个人或小组为单位开展比赛，巩固投掷技术动作。	1. 遵守课堂纪律，增强规则意识。2. 强调课堂中安全的重要性。	1. 听取教师讲解不同游戏的规则和要求。2. 在比赛中人人都在裁判，互相监督和评价。	1. 提升投掷动作技术学练兴趣，巩固投掷技术动作。2. 积极展示，积极参与趣味练习与比赛。3. 勇于挑战，尊重裁判。

续表

| 具体要求 | 18 | 双手从头后前掷实心球挑战赛：
1. 复习所学双手从头后前掷实心球完整动作技术。
2. 展示与讲解双手从头后前掷实心球技术动作要点。 | 运用所学技术进行班级挑战赛比赛展示。 | 大类（一级）：肌肉力量、柔韧性。
小类（二级）：
1. 仰卧起坐。
2. 俯卧撑。
3. 坐位拉伸。
4. 站立拉伸。 | 双手从头后前掷实心球完整技术动作展示与自我分析。 | 1. 掌握投掷比赛基本要求、裁判设置。
2. 掌握有效测量办法及有效成绩判罚规则。 | 1. 观看班级挑战赛，正确说出完整技术动作，同时能够分析比赛中的动作优缺点，并做出评价。
2. 对比赛判罚进行简单分析，并做出评价。 | 1. 运用所学技术参与投掷比赛。
2. 能够积极参与组织与比赛。
3. 展现团结协作，勇于展示。 |

<table>
<tr><td colspan="3">大单元评价</td></tr>
<tr><td>核心素养</td><td>评价内容</td><td>评价方法</td></tr>
<tr><td>运动能力</td><td>1. 阐述耐久跑、蹲踞式跳远、抛掷实心球的关键技术要领；掌握田径类运动项目的裁判知识与规则。
2. 耐久跑、蹲踞式跳远、抛掷实心球的考核、体能测试以及学生在比赛和展示中的表现。
优秀：90～100分
良好：75～89分
及格：60分以上</td><td>终结性评价等级评价、考核评价展示或比赛评价（自评＋师评＋组评）</td></tr>
<tr><td>健康行为</td><td>优秀：能认真观看视频、教师、同伴展示并做简要分析；学练积极，制订训练计划，一周进行自主练习5次。
良好：有自己的训练计划，在家长的监督下能够做到一周训练3次，在学习过程中态度端正，比赛中正确对待输赢；能自我保护，有安全意识；在同伴和教师的帮助下努力适应不同的环境。
及格：在家长的监督下做到一周训练2次，态度较为端正，在教师和家长的引导下能够自我调节情绪，受伤后能正确处理。</td><td>过程性评价等级评价、观察评价、口头测评（师评＋自评＋组评）</td></tr>
<tr><td>体育品德</td><td>优秀：在学、练、赛中能勇敢面对困难，克服困难，体现勇敢顽强的拼搏精神；理解与运用比赛规则，形成规则意识；尊重对手和裁判，具有公平竞争的意识和行为；正确对待比赛胜负，具有正确的胜负观，表现出合作精神和责任意识。
良好：在学、练、赛中稍有畏难情绪，在组长和教师的引导下能战胜它，积极进取、遵守规则、文明礼貌、公平竞争。
及格：在同伴和教师的鼓励下能完成课内外的比赛或展示，体能训练时稍有懈怠，遵守规则、文明礼貌、公平竞争。</td><td>过程性评价观察评价、书面测评等（师评＋自评＋他评）</td></tr>
</table>

四、田径大单元4

设计者：王 琰　　　　单位：四川省成都市中和中学

	田径大单元4
大单元目标	1. 运动能力：掌握400米、跨越式跳高、实心球的技术动作，并在比赛游戏中灵活运用，体能得到相应的提高。 2. 健康行为：养成学生自主锻炼意识，并将所学项目技术、运动损伤处理运用到平时锻炼中。 3. 体育品德：培养学生自信、勇于挑战、敢于拼搏的体育精神，培养互帮互助的团队意识与集体荣誉感。

续表

内容要求	基础知识与基本技能	技战术运用	体能	展示或比赛	规则与裁判方法	观赏与评价	评价要点
总体要求	学练400米、跨越式跳高、实心球运动项目主要的基本动作技术、组合动作技术和完整动作技术；描述400米、跨越式跳高、实心球运动项目的动作技术要领和练习方法；了解400米、跨越式跳高、实心球运动项目的相关知识和文化，以及常见运动损伤的处理方法。	在游戏或比赛中运用400米、跨越式跳高、实心球运动项目主要的基本动作技术和组合动作技术，对400米、跨越式跳高、实心球运动项目有较完整的体验和理解。	在400米、跨越式跳高、实心球运动项目中加强对身体各肌肉耐力、力量、爆发力、协调性、灵活性等进行锻炼。	参与400米、跨越式跳高、实心球运动项目的个人或小组比赛；在比赛中正确展示该项目的动作技术，表现出相关的运动能力，以及400米、跨越式跳高、实心球项目比赛的基本礼仪。	了解400米、跨越式跳高、实心球运动项目的比赛规则、比赛秩序和成绩测试方法，学习组织班级内该运动项目的小型比赛，学会与同伴合作完成比赛场地、器材、着装的安全检查和成绩记录等。	学习如何观赏400米、跨越式跳高、实心球运动项目比赛；每学期通过现场、网络或电视观看不少于8次该运动项目的比赛，如观看班级、校队、全国或国际比赛等；了解400米、跨越式跳高、实心球运动项目的重要比赛，并能对这些比赛进行简要评价。	—
具体要求 1	1. 复习蹲踞式起跑。 2. 学习弯道跑技术动作。 3. 蹲踞式起跑与弯道跑相结合。	1. 在练习过程中掌握弯道跑技术动作。 2. 掌握从起跑到弯道跑的技术衔接。	大类（一级）：手臂肌肉速度、位移速度。 小类（二级）： 1. 指定距离练习。 2. 摆臂协调练习。 3. 俯卧撑。 4. 计时快速摆臂。	弯道跑比赛。	1. 掌握起跑规则。 2. 掌握弯道跑规则。	引导学生自主思考学习并观察规范蹲踞式起跑与弯道跑相结合的技术动作，并及时做出评价建议。	1. 蹲踞式起跑与弯道跑的技术运用与掌握。 2. 日常锻炼对弯道跑技术的运用。 3. 互帮互助。
具体要求 2	1. 蹲踞式起跑接弯道跑复习。 2. 学习弯道跑进入直道途中跑的节奏练习。	1. 进一步掌握弯道跑技术动作。 2. 掌握弯道跑与途中跑的结合技术。 3. 学会节奏的把控。	大类（一级）：位移速度、协调性。 小类（二级）： 1. 短距离跑的练习。 2. 跑的节奏练习。 3. 侧向交叉步。 4. 背向提膝后撤步。	200米的节奏性练习展示。	1. 掌握弯道进入直道的节奏规律。 2. 了解起跑及弯道规则。	1. 提出练习反思，引导学生对体能分配进行自我评价，建立合理的体能分配。 2. 在跑的过程中对技术动作做出及时评价，建立学生正确的动作评价体系。	1. 弯道与直道的节奏练习。 2. 节奏跑练习日常锻炼的运用。 3. 顽强意志。
具体要求 3	1. 复习途中跑的节奏练习。 2. 学习途中跑到最后冲刺跑的过度节奏调节。 3. 跑的专项练习。	1. 巩固途中跑的节奏。 2. 学会途中跑到虫子跑的技术衔接分配体能的战术安排。	大类（一级）：肌肉耐力、节奏感。 小类（二级）： 1. 途中跑练习。 2. 弓箭步走。 3. 定时高抬腿。 4. 前后交换退跑。	途中跑到冲刺跑的展示。	1. 掌握途中跑的规律。 2. 了解冲刺过终点的规则。	认真观察同伴的技术动作，并做出正确的评价。	1. 途中跑与冲刺跑的结合。 2. 跑步的训练方法日常锻炼的应用。 3. 自信自强，积极向上。
具体要求 4	1. 浅试400米完整技术动作。 2. 速度耐力训练。	1. 练习400米完整节奏，合理分配体能的战术练习。 2. 练习速度耐力，了解400米技术提升的重要性。	大类（一级）：肌肉耐力、位移速度、心肺耐力。 小类（二级）： 1. 400米练习。 2. 速度耐力的练习。 3. 深蹲跳。 4. 计时高抬腿。	展示400米的节奏感。	了解400米体能分配规律，以及在此过程中会出现的比赛规则。	1. 观察同步的400米节奏跑的技术动作，并做出评价。 2. 建立学生自我能力评估评价体系。	1. 完整技术动作掌握。 2. 培养锻炼意识，了解速度耐力在生活锻炼中的运用。 3. 持之以恒的意志品质。

续表

具体要求	5	1. 400米规则与执裁方法学习。 2. 速度训练。 3. 400米节奏跑。	1. 巩固400米完整节奏，合理分配体能的战术练习。 2. 了解快速训练对400米提升的重要性。	大类（一级）：位移速度、协调性、肌肉耐力、心肺耐力。 小类（二级）： 1. 400米强化练习。 2. 速度性训练。 3. 50米冲刺跑。 4. 原地摆臂。	展示400米跑的节奏，建立评价标准。	1. 了解400米比赛规则。 2. 建立如何组织比赛的流程。	通过对学生的引导建立学生对400米运动的深度认知，做到自评。	1. 节奏掌握。 2. 训练方法在日常锻炼中的运用。 3. 公平公正。
	6	400米赛。	400米比赛战术运动。	大类（一级）：位移速度、肌肉耐力、心肺耐力。 小类（二级）：比赛教学。	400米赛。	通过400米比赛掌握比赛规则与执裁流程。	1. 通过对比赛的组织建立学生对该运动的了解，规则的运用。 2. 引导学生能简单地做出合理评价。	1. 技战术运用。 2. 培养合理锻炼意识。 3. 遵守规则意识。
	7	1. 原地跨越橡皮筋落地训练。 2. 学习跨越式跳高助跑角度，进行短距离助跑。	1. 学习跨越式跳高短距助跑。 2. 跨越过杆。	大类（一级）：肌肉力量、爆发力、协调性、位移速度。 小类（二级）： 1. 原地跨跳。 2. 快速跑。 3. 俯卧撑。 4. 收腹跳。 5. 纵跳。	原地跨跳比赛。	通过练习了解跨跳规则。	通过讲解与分组训练及纠错过程，建立学生正确动作认知，并互相可以做简单的评价纠错。	1. 跨跳技术掌握。 2. 将跳跃练习方法与日常锻炼结合。 3. 勇于挑战。
	8	1. 短距离助跑起跳练习。 2. 复习原地跨跳练习。 3. 短距离助跑接跨跳练习。	1. 了解助跑给跳高带来的助力。 2. 掌握助跑到跨跳的技术转换和力的转变。	大类（一级）：肌肉力量、协调性、位移速度。 小类（二级）： 1. 助跑起跳。 2. 侧向交叉步。 3. 快速跑。 4. 波比跳。	便笺纸贴高比赛。	通过训练了解助跑到起跳的技术动作规律。	1. 通过训练与纠错，建立学生正确动作的感官意识。 2. 引导学生主动思考，促进动作自我评价与互评能力。	1. 短距离助跑与跨跳组合技术。 2. 培养学生良好的锻炼意识。 3. 互帮互助，相互协作。
	9	1. 复习短距离助跑跨跳落地训练。 2. 弹跳力训练。	1. 巩固助跑、起跳、落地的技术衔接。 2. 了解弹跳力训练的方法，对跳高的帮助。	大类（一级）：肌肉力量、协调性。 小类（二级）： 1. 助跑起跳。 2. 协调性。 3. 俯卧撑。 4. 前后左右交换跑。	短距离跨跳比赛。	了解简单的跳高比赛规则，对裁判有初步的认识。	通过简单的比赛组织，引导学生自我思考，以及对自我与他人运动能力差距的正确理解评价。	1. 跨跳技术动作，提高弹跳力与协调性的能力。 2. 日常锻炼的意识。 3. 勤思苦学，团结协作。
	10	1. 助跑距离测量方法。 2. 完整的助跑起跳节奏练习。 3. 非全力助跑跨跳练习。	1. 学习如何测量步点。 2. 完整技术的练习，加强对跳高的理解。	大类（一级）：爆发力、协调性、位移速度。 小类（二级）： 1. 完整跳高技术。 2. 协调性。 3. 30米快速跑。 4. 交换腿跳台阶。	30米快速跑比赛。	了解完整的跳高技术，初步了解跳高比赛规则，对自身能力有初步判断认定。	通过小组训练，引导学生互相观察，可以简单地互助互评，对技术动作逐步提高。	1. 助跑起跳，节奏把握。 2. 协调发展，锻炼意识。 3. 勇攀高峰，自我提升。

续表

具体要求	11	1. 复习短距离跨跳动作。2. 完整助跑跨跳练习。3. 短距离跑的专项训练。	1. 进一步加强跳高的技术衔接。2. 了解跳高技术动作发力分配战术。	大类（一级）：肌肉力量、位移速度、协调性。小类（二级）：1. 高抬腿。2. 弓箭步走。3. 弓步跳。4. 30米冲刺跑。	完整动作展示，对跨越式跳高有初步的评定准则。	学习跨越跳高的比赛规则，思考如何组织比赛。	通过训练引导学生对自己运动水平有初步了解，可以客观评价自身与他人的差距。	1. 完整技术动作。2. 丰富日常训练方法。3. 正确的自我认知。
	12	分组进行跨越式跳高比赛。	加强对跨越式跳高项目的理解。	大类（一级）：爆发力、肌肉力量、协调性。小类（二级）：比赛教学。	跨越式跳高比赛。	1. 在比赛中引导学生如何按规则执裁。2. 解决比赛中遇到的问题。	通过比赛，健全学生对跳高运动的完整鉴赏评价能力。	1. 比赛组织与技能。2. 规则意识日常运用。3. 公平公正。
	13	1. 学习持球姿势。2. 原地徒手手臂动作练习。3. 原地持球手臂动作练习。	1. 学习持球技术动作。2. 掌握手臂发力顺序与技术动作。	大类（一级）：肌肉力量、协调性、爆发力。小类（二级）：1. 摆臂练习。2. 持球摆臂。3. 原地交叉拍脚。4. 双脚左右跳。	原地展示比赛。	了解原地发力过程，对实心球出手前的规则做初步了解。	建立正确动作影像记忆，引导学生正确判断技术动作，做到简单互评。	1. 原地技术动作。2. 上肢力量练习与日常锻炼结合。3. 互帮互助。
	14	1. 复习原地手臂动作。2. 垫子上橡皮筋辅助练习。3. 原地橡皮筋辅助练习。4. 原地掷球练习。	1. 复习原地手臂动作。2. 借助橡皮筋练习发力。	大类（一级）：肌肉力量、爆发力。小类（二级）：1. 橡皮筋辅助练习。2. 垫上卧起。3. 滑雪跳。4. 俯卧登山。	50米接力比赛。	对发力做进一步的加强训练，增强学生发力顺序规律意识。	1. 建立正确客观的自我认知。2. 建立对实心球运动简单的评价标准，可以简单互评互助。	1. 原地掷球技术。2. 核心力量在日常练习的应用。3. 克服困难的意志。
	15	1. 徒手蹬地技术动作练习。2. 徒手蹬地与上肢协调配合练习。3. 持球完整技术动作练习。4. 腿部力量训练。	1. 学习蹬地技术。2. 蹬地、收复、挥臂、甩腕、全身协调发力。	大类（一级）：肌肉力量、协调性。小类（二级）：1. 完整技术。2. 保加利亚蹲。3. 原地交叉拍脚。	小组展示赛。	初步了解完整技术动作，并了解各环节发力顺序规律。	引导学生可以对完整技术动作有一定初评能力。	1. 完整动作技术。2. 协调发展的锻炼意识。3. 循序渐进，脚踏实地。
	16	1. 橡皮筋辅助发力练习。2. 掷球过杆练习。3. 橡皮筋腰腹力量训练。	1. 橡皮筋辅助发力练习。2. 借助标志物提高出手高度。	大类（一级）：肌肉力量、协调性、爆发力。小类（二级）：1. 橡皮筋辅助发力练习。2. 标志物练习。3. 两头起。4. 橡皮筋阻力训练。	鱼跃龙门赛。	了解出手高度对实心球比赛的意义，控制投掷后触犯踩线规则。	建立完整练习体系概念，引导学生建立对自身运动能力评价的能力。	1. 掷球弧度。2. 树立安全意识。3. 勇于挑战。
	17	1. 学习实心球比赛规则。2. 完整技术动作复习。3. 实心球小组技术动作展示赛。	1. 完整技术动作巩固。2. 加强实心球发力过程。	大类（一级）：肌肉力量、协调性、爆发力。小类（二级）：1. 完整技术动作。2. 原地交叉拍脚。3. 俯卧撑。4. 滑雪跳。	实心球小组技术动作展示赛。	1. 对实心球技术有初步评判能力。2. 了解实心球比赛规则，思考如何组织比赛。	建立学生对完整技术动作的评价能力。	1. 比赛规则的初步使用。2. 相关知识的运用。3. 团队协作。

续表

具体要求	18	实心球比赛。	加强对实心球项目的理解。	大类（一级）：协调性、肌肉力量、爆发力。 小类（二级）：比赛教学。	实心球比赛。	1. 在比赛中引导学生如何按规则执裁。 2. 解决比赛中遇到的问题。	通过比赛的组织过程加深学生对实心球项目的了解，以及健全对自身能力的评价。	1. 实心球技战术运用。 2. 自我情绪把控。 3. 公平公正，遵守规则。

大单元评价

核心素养	评价内容	评价方法
运动能力	400米、跨越式跳高、实心球各项技评、量评、比赛、技战术运用。	终结性评价测试、比赛、自评、师评

评价内容	评价标准	评价方式
400米技评	优秀（90～100分）：起跑动作正确，快而有力；加速动作合理，加速明显；途中跑重心平稳，节奏感强、蹬摆有力、自然、协调，冲刺撞线动作明显。 良好（80～89分）：起跑动作正确，加速跑动作较合理，加速明显；途中跑重心平稳，节奏感适中、蹬摆有力、自然、协调，有冲刺撞线动作。 合格（60～79分）：起跑动作正确，速度较快；途中跑重心平稳，节奏较稳定、蹬摆有力、有冲刺撞线动作。 继续努力（59分及以下）：起跑动作基本正确，速度慢；没有加速跑动作；途中跑重心不稳，节奏较差、蹬摆无力、无冲刺撞线动作。	自评、师评

400米量性评价（单位：min）	男子									测试
	优秀（分）			良好（分）			合格（分）			
	100	95	90	85	80	75	70	65	60	
	1.21	1.23	1.25	1.30	1.35	1.38	1.40	1.43	1.45	
	女子									
	优秀（分）			良好（分）			合格（分）			
	100	95	90	85	80	75	70	65	60	
	1.31	1.33	1.35	1.40	1.45	1.48	1.50	1.53	1.55	

评价内容	评价标准	评价方式
跨越式跳高技评	优秀（90～100）：助跑有力、节奏清楚，与起跳结合紧密，过杆时摆动腿内旋下压，落地屈膝缓冲，整体动作协调连贯，达到相应的高度。 良好（75～89）：助跑有节奏，起跳有力，过杆时摆动腿内旋下压，落地屈膝缓冲，整体动作较连贯，达到相应的高度。 合格（60～74）：助跑有一定节奏，起跳较有力，过杆动作较连贯，落地屈膝缓冲，达到相应的高度。 继续努力（59以下）：助跑节奏不清晰，起跳无力，出现迈杆动作。	自评、教师评价

跨越式跳高量性评价（单位：m）	男子											测试
	优秀（分）			良好（分）				合格（分）				
	100	95	90	89	85	80	75	74	70	65	60	
	1.13	1.11	1.08	1.06	1.03	1.01	0.98	0.96	0.93	0.91	0.88	
	女子											
	优秀（分）			良好（分）				合格（分）				
	100	95	90	89	85	80	75	74	70	65	60	
	1.10	1.07	1.05	1.02	0.99	0.96	0.94	0.91	0.88	0.85	0.83	

评价内容	评价标准	评价方式
双手从头后前掷实心球技评	优秀（90～100分）：投球时发力顺序正确，全身协调用力；出手速度快，角度适中；整体动作自然、流畅，并达到相应的远度。 良好（75～89分）：全身协调用力，出手角度适中；用力顺序较正确，整体较自然、流畅，并达到相应的远度。 合格（60～79分）：有出手角度，动作较连贯，达到相应的远度。 继续努力（59分及以下）：动作不协调、不连贯，出手角度或高或低，没有达到相应的远度。	自评、师评

续表

双手从头后前掷实心球量性评价（单位：m）	男子															测试
	优秀（分）						良好（分）				合格（分）					
	100	98	96	94	92	90	87	84	81	78	75	72	69	66	63	60	
	12.0	11.6	11.1	10.5	9.8	9.0	8.9	8.7	8.5	8.3	8.0	7.8	7.4	7.0	6.5	6.0	
	男子															
	优秀（分）						良好（分）				合格（分）					
	100	98	96	94	92	90	87	84	81	78	75	72	69	66	63	60	
	12.4	11.7	10.7	9.7	8.3	6.9	6.7	6.4	6.2	5.8	5.4	5.2	4.9	4.6	4.2	3.8	

核心素养	评价内容	评价方法
健康行为	400米、跨越式跳高、实心球各项知识技能运用、赛场情绪控制、日常锻炼情况。	清单自评、互评
评价内容	评价标准	评价方式
日常运用	优秀（90～100分）：熟练掌握所学内容，并建立良好的运动意识，对运动损伤的避免、应急处理方法有较高的见解；根据自身情况每天进行科学有效的锻炼；可以构思出有趣的锻炼方法，并带领周围人参与其中。 良好（75～89分）：基本掌握所学内容，并建立良好的运动意识，对运动损伤的避免、应急处理方法有一定的见解；根据自身情况每周进行5次科学有效的锻炼。 合格（60～79分）：基本掌握所学内容，并建立良好的运动意识，对运动损伤的避免、应急处理方法稍有了解；根据自身情况每周进行3次科学有效的锻炼。 继续努力（59分及以下）：基本掌握所学内容，有一定的运动意识，对运动损伤的避免、应急处理方法不了解；根据自身情况每周进行1次科学有效的锻炼。	自评、互评、师评

核心素养	评价内容	评价方法
体育品德	团队精神、互帮互助、自信、勇于挑战	清单自评、互评
评价内容	评价标准	评价方式
品德	优秀（90～100分）：有自信和克服困难的勇气，互相帮助、互相配合、勇于担当的品质，分析解决存在的问题，面对困难不灰心、不退缩，勇于挑战自己。 良好（75～89分）：有自信和克服困难的勇气，互相帮助、互相配合、勇于担当的品质，分析解决存在的问题，勇于挑战自己。 合格（60～79分）：有一定的自信和克服困难的勇气，互相帮助、互相配合、勇于担当的品质。 继续努力（59分以下）：自信不足和克服困难的勇气欠缺，无互相帮助、互相配合、勇于担当的品质。	自评、互评、师评

五、田径大单元5

设计者：段旭兴　　　　单位：成都东部新区五指学校

	田径大单元5
大单元目标	1. 运动能力：能够熟练掌握接力跑的传递技术，包括正确的接力棒接收和传递姿势与团队配合，提高学生个人短跑技术与速度为团队争取更好的成绩；能够掌握正确的起跳姿势和动作，经过训练提高学生的弹跳力和灵活性，有效提高跨越高度。 2. 健康行为：促使学生积极参与体育锻炼，培养学生参与运动的兴趣、爱好和习惯，积极参与各种田径项目的比赛；树立安全运动意识，预防运动损伤，形成健康的生活方式。 3. 体育品德：学生理解参与运动的重要性，在遇到困难与挑战时能克服困难、坚持到底、与同伴一起顽强拼搏；培养学生自信自律，遵守规则，具有公平竞争的意识和行为，养成正确的胜负观。

续表

内容要求	基础知识与基本技能	技战术运用	体能	展示或比赛	规则与裁判方法	观赏与评价	评价要点
总体要求	学练所学田径类运动项目的基本动作技术和组合动作技术，改进和提高完整动作技术；理解所学田径类运动项目动作技术的基本原理，以及与该运动相关的历史文化；学会制订并实施所学运动项目的学练计划。	在所学田径类运动项目的个人与小组练习和比赛中运用基本动作技术、组合动作技术和完整动作技术。	在所学田径类运动项目中提高体能水平。	积极参与班级内教学比赛，在比赛中正确并熟练运用所学田径类项目的技能。	理解所学田径类运动项目的比赛规则和裁判方法，参与所学运动项目比赛中的场地布置与器材使用、成绩测量与记录、犯规判罚、名次判定等裁判工作。	关注所学田径类运动项目比赛的相关信息，提高对该运动项目的认知；每学期通过现场、网络或电视观看不少于8次该运动项目的比赛，如观看班级、校队、全国或国际比赛等，能对某场高水平的比赛做出分析和评价。	—
具体要求 1	观赏接力跑与跳高比赛视频，分组讨论。	—	—	1. 分小组进行规则抢答赛。 2. 根据提问，分小组进行辩论赛。	基本理解、掌握4×100米接力跑和跨越式跳高规则。	通过小组讨论能对比赛中运动员技术动作、水平进行初步的点评。	1. 掌握比赛基本规则。 2. 增强安全意识。 3. 团队合作，客观评价比赛。
具体要求 2	1. 原地交接棒学练。 2. 行进间交接棒练习。	能够在练习中与队友相互配合，并选择适合彼此的交接棒方式成功完成交接棒。	大类（一级）：灵敏性、位移速度。 小类（二级）： 1. 绳梯跑。 2. 楼梯跑。 3. 快速练习。 4. 高抬腿跑。	分组推选队员进行短距离接力跑比赛。	理解并掌握4×100米接力跑交接棒规则。	分组对本组队员比赛表现进行点评，以提高比赛水平。	1. 交接棒技术与体能练习。 2. 积极参与练习。 3. 克服困难，团队协作。
具体要求 3	1. 弯道起跑学练。 2. 加速跑练习。	能够在不同道次合理利用弯道起跑技术。	大类（一级）：灵敏性。 小类（二级）：爆发力。 1. 绳梯跑。 2. 小步跑。 3. 全速跑。 4. 后蹬跑练习。	每组派出两名队员，进行小组50米跑比赛。	理解并掌握4×100米接力跑起跑规则和要求。	1. 每组结合本组情况，派出组员分别对比赛中起跑和加速跑阶段进行观察。 2. 总结观察结果进行小组汇报。	1. 弯道跑与加速跑技术。 2. 能按要求进行练习。 3. 积极勇敢。
具体要求 4	1. 弯道跑学练。 2. 变速跑练习。 3. 短距离跑交接棒练习。	1. 能够在练习中合理使用弯道跑技术。 2. 巩固提高交接棒技术。	大类（一级）：肌肉耐力、协调性。 小类（二级）： 1. 行进间高抬腿跑。 2. 400米变速跑。 3. 快速跑。 4. 接力跑。	1. 男生30秒俯卧分组撑叠加赛。 2. 女生30秒俯卧撑叠加赛。	掌握4×100米接力跑弯道跑要求。	1. 分组观察弯道跑技术掌握情况。 2. 分组对其他组弯道跑技术动作进行重点梳理和汇报。	1. 合理运用交接棒动作技术。 2. 认真练习，积极探索。 3. 勇于挑战，坚持不懈。
具体要求 5	途中跑学练。	能在练习中合理使用途中跑技术。	大类（一级）：协调性、平衡能力。 小类（二级）： 1. 车轮跑。 2. 单脚交换跳。 3. 快速跑交接棒练习。 4. 半蹲双人对抗练习。	每组派出两名队员，进行小组100米跑比赛。	—	1. 每组派出组员分别对本组比赛中途中跑阶段进行观察。 2. 总结观察结果进行小组汇报。	1. 途中跑动作技术。 2. 积极参与练习。 3. 敢于展示，不惧失败。

续表

			大类（一级）：反应能力、心肺耐力。小类（二级）：1. 反应跑游戏。2. 反应启动练习。3. 间歇折返跑游戏。4. 变速跑。	每组派出两名队员，进行小组100米跑比赛。	理解并掌握4×100米接力跑压线规则和要求。	1. 每组派出组员分别对本组比赛中冲刺跑压线阶段进行观察。2. 总结观察结果进行小组汇报。	1. 冲刺跑技术运用能力。2. 严格遵守规则。3. 尊重对手，公平竞争。
	6	1. 冲刺跑学练。2. 短距离跑交接棒练习。	1. 能够在练习中合理使用冲刺跑技术。2. 巩固提高交接棒技术。				
	7	50米接力跑练习。	能够在练习中合理使用并巩固提高交接棒技术。	大类（一级）：灵敏性、爆发力。小类（二级）：1. 绳梯跑。2. 小步跑。3. 绳梯跳。4. 直腿纵跳。	分组50米跑接力比赛。	—	—	1. 接力跑技战术的合理运用。2. 增强运动安全意识。3. 尊重对手，自律自信。
	8	50米接力跑练习。	能够在练习中合理使用并巩固提高交接棒技术。	大类（一级）：肌肉力量、平衡能力。小类（二级）：1. 半蹲跳。2. 蛙跳。3. 车轮跑练习。4. 半蹲双人对抗练习。	分小组4×100米接力跑比赛。	理解并掌握4×100米接力跑比赛规则和要求。	1. 认真观看接力比赛。2. 各小组对指定的参赛小组进行分析评价。	1. 接力跑技战术的合理运用。2. 增强运动安全意识。3. 尊重裁判和观众。
具体要求	9	4×100米接力跑。	能够在练习中合理使用并巩固提高交接棒技术。	大类（一级）：灵敏性、肌肉力量。小类（二级）：1. 绳梯跑。2. 小步跑。3. 仰卧起坐。4. 平板支撑。	分小组随机点名进行4×100米接力跑比赛。	分组4×100米接力跑的所有裁判工作，排出比赛名次。	起点发令、各棒次接力区、终点计时，各推荐一名同学对该处违规情况进行分析评价。	1. 接力跑技战术的合理运用。2. 客观分析与评价。3. 公平竞争，诚实守信。
	10	4×100米接力跑。	能够在练习中合理使用技战术进行练习和比赛。	大类（一级）：肌肉力量、爆发力。小类（二级）：1. 半蹲跳。2. 摸高跳。3. 仰卧转体。4. 平板支撑。	分小组自由协调组队进行4×100米接力跑比赛。	—	1. 认真观看接力比赛。2. 各小组对指定的参赛小组进行分析评价。	1. 接力跑技战术的合理运用。2. 积极参与练习。3. 团队合作，协调配合。
	11	4×100米接力跑。	能够在练习中合理使用技战术进行练习和比赛。	大类（一级）：灵敏性、心肺耐力。小类（二级）：1. 绳梯跑。2. 小步跑。3. 跨步跳。4. 匀速跑。	分小组自由协调组队进行4×100米接力跑比赛。	—	1. 认真观看接力比赛。2. 各小组进行互评。	1. 接力跑技战术的合理运用。2. 积极参与练习，保持情绪稳定。3. 客观公正地评价比赛。
	12	4×100米接力跑考核。	能够在比赛中合理使用技战术进行比赛。	—	分小组自由协调组队进行4×100米接力跑比赛考核。	—	1. 认真观看接力比赛。2. 各小组进行互评。	1. 考核技战术水平。2. 考核考试积极性与稳定性。3. 团队协作能力。

续表

具体要求	13	学练30°~60°夹角直线助跑、降重心、蹬地、送髋、起跳过障碍物。	能在跨越式跳高过程中合理使用助跑、起跳技术动作。	大类（一级）：柔韧性、平衡能力。 小类（二级）： 1. 拉伸腘绳肌。 2. 拉伸髋关节。 3. 跳起半蹲落地。 4. 单腿左右跳。	以组为单位进行摸高小组对抗赛。	理解并掌握跨越式跳高助跑和过杆的规则和要求。	—	1. 助跑角度与步点。 2. 积极练习，敢于探索。 3. 刻苦认真练习。
	14	在跨越式跳过橡皮筋练习中，学练过杆、落地技术动作。	能在跨越式跳高过程合理使用过杆和落地技术动作进行练习和比赛。	大类（一级）：肌肉力量、爆发力。 小类（二级）： 1. 半蹲跳。 2. 助跑摸高。 3. 收腹跳。 4. 蛙跳。	跨越式跳高过橡皮筋小组对抗比赛。	理解并掌握跨越式跳高的规则和要求。	1. 认真观看比赛。 2. 分组对比赛前3名进行助跑、起跳、过杆、落地分析。	1. 起跳与过杆及技术动作。 2. 增强安全意识。 3. 尊重对手，尊重裁判。
	15	跨越式跳高过低杆练习。	能合理流畅使用跨越式跳高助跑、起跳、过杆、落地技术动作。	大类（一级）：平衡能力、爆发力。 小类（二级）： 1. 落地半蹲跳。 2. 单脚跳。 3. 助跑摸高跳。 4. 直腿纵跳。	分小组仰卧起坐叠加赛。	体验跨越式跳高裁判工作。	1. 认真观察同学练习、分析技术动作完成情况。 2. 随时准备接受教师的随机抽问。	1. 技术动作的合理运用。 2. 正视纠错，积极练习。 3. 敢于展示自我。
	16	跨越式跳高过不同高度杆练习。	能合理流畅使用跨越式跳高助跑、起跳、过杆、落地技术动作。	大类（一级）：肌肉力量、爆发力。 小类（二级）： 1. 仰卧转体。 2. 俯卧挺身。 3. 收腹跳。 4. 弓箭步跳。	跨越式跳高小组对抗赛。	各组协作完成跨越式跳高比赛裁判工作。	认真观察比赛，对教师指定的任意一次跳高进行分析评价。	1. 技术动作的合理运用。 2. 客观分析评价比赛。 3. 敢于直面困难，勇于挑战。
	17	跨越式跳高淘汰赛。	能合理流畅使用跨越式跳高技术动作、跳出自己的最高水平。	大类（一级）：肌肉力量。 小类（二级）： 1. 仰卧两头起。 2. 俯卧挺身。 3. 收腹跳。 4. 摸高跳。	跨越式跳高个人淘汰赛。	各组协作完成跨越式跳高比赛裁判工作。	分小组进行互评。	1. 技术动作的合理运用。 2. 观赏与评价比赛。 3. 敢于直面困难，不惧挑战。
	18	跨越式跳高考核。	能合理流畅使用跨越式跳高技术动作并达到一定高度。	—	—	各组协作完成跨越式跳高比赛裁判工作。	分小组进行互评。	1. 考核技术水平。 2. 考核考试积极性与稳定性。 3. 敢于挑战，突破自我。

田径大单元5评价			
核心素养	评价内容		评价方法
运动能力	优秀（50分）：能完整快速、轻松、自然、流畅、协调、优美、高质量地完成技术动作提高运动能力，能在练习比赛中合理运用技战术，提高练习比赛成绩。 良好（40分）：能完整快速、轻松、自然、流畅、协调、高质量地完成技术动作提高运动能力，能在练习比赛中适当运用技战术，提高练习比赛成绩。 及格（30分）：能完整快速、轻松、自然、流畅、协调、高质量地完成技术动作提高运动能力。		终结性评价教师考核评价：技能＋达标

续表

健康行为	优秀（30分）：学生积极参与体育锻炼、严格遵守规则、增强运动安全意识、积极参与热身预防运动损伤、保持情绪稳定、与同学关系融洽、养成良好的行为习惯、形成健康的生活方式。 良好（25分）：学生积极参与体育锻炼、严格遵守规则、积极参与热身预防运动损伤、养成良好的行为习惯、形成健康的生活方式。 及格（20分）：学生积极参与体育锻炼、严格遵守规则、养成良好的行为习惯、形成健康的生活方式。	过程性评价 小组内观察 互评＋师评
体育品德	优秀（20分）：学生在练习与比赛中能做到公平竞争、团队合作、尊重对手、诚实守信、自律约束、尊重裁判和观众等。 及格（15分）：学生在练习与比赛中能做到公平竞争、团队合作、自律约束、尊重裁判和观众等。 良好（10分）：学生在练习与比赛中能做到公平竞争、自律约束等。	过程性评价 小组内观察 互评＋师评

六、田径大单元6

田径大单元6

七、田径大单元7

田径大单元7

八、田径大单元8

设计者：孟爽　　　　单位：成都七中东部学校

大单元目标	田径大单元8
	1. 运动能力：掌握跨栏的基本技巧，包括起跑、加速、上栏、跨栏步伐、下栏和冲刺等动作，增进身体的协调性、速度与灵活性；提升准确判断栏间距离的能力和快速过栏的技巧；学会背向滑步推铅球的正确技术，包括握球、站姿、滑步、转身和发力推球等动作，增强上肢力量、腰腿爆发力和身体协调性，提高推球的距离。 2. 健康行为：了解并遵守跨栏以及背向滑步推铅球的安全规范，执行正确的热身和拉伸动作，使用合适的防护设备；培养定期锻炼的习惯，以增强身体健康和预防运动损伤。 3. 体育品德：在训练和比赛中展现尊重、公平竞争和团队合作的精神，接受失败，积极面对挑战，保持乐观态度，并从中学习和进步。

续表

内容要求	基础知识与基本技能	技战术运用	体能	展示或比赛	规则与裁判方法	观赏与评价	评价要点
总体要求	学习和练习跨栏跑和背向滑步推铅球基本动作技术和组合动作技术，完善完整动作技术；理解跨栏跑和背向滑步推铅球动作技术的基本原理和跨栏跑、投掷类运动相关历史文化；学会制订并实施跨栏跑、投掷类的学练计划。	在跨栏跑和背向滑步推铅球的个人或小组的练习和比赛中正确运用基本动作技术、组合动作技术、完成动作技术。	在跨栏跑和背向滑步推铅球、专项体能训练的学习和练习中提高体能水平。	踊跃参与班级、年级、学校、区县等各级举行的跨栏跑和投掷类的比赛，在比赛中正确并熟练运用跨栏跑和背向滑步推铅球的技术动作。	了解跨栏跑和背向滑步推铅球的比赛规则和裁判方法，参与跨栏跑和背向滑步推铅球比赛中的场地布置与器材使用、成绩测量与记录、犯规判罚、名次判定等裁判工作。	关注跨栏跑和背向滑步推铅球比赛的相关信息，提高对该运动项目的认识；每学期通过各种方式看不少于8次相关的比赛，如观看班级内、校内、全国或国际比赛等，能对某场高水平比赛做出分析与评价。	—
具体要求 1	简介跨栏跑的发展概况、技术特点、项目设置、各项纪录等，并对高规格赛事中的跨栏跑比赛进行鉴赏。	尝试模仿越过低栏。	大类（一级）：肌肉力量、位移速度。 小类（二级）： 1. 双脚跳小栏架。 2. 单脚跳小栏架。 3. 30米跑。 4. 原地高抬腿接加速跑。	小组跨栏跑知识竞答。	跨栏跑的比赛规则。	观看跨栏跑高水平比赛。	1. 了解该项目。 2. 培养运动兴趣。 3. 保持乐观、积极的态度。
具体要求 2	1. 跨栏做练习。 2. 摆动腿、起跨腿徒手练习。	初步掌握起跨腿，摆动腿技术。	大类（一级）：灵敏性、柔韧性。 小类（二级）： 1. 跪姿单边过栏。 2. 转髋练习。 3. 跨栏坐静态拉伸。 4. 弓步伸展。	小组内部进行动作展示，选出动作最标准的同学全班展示。	跨栏跑比赛中的跨栏规则。	学生原地徒手动作的标准度。	1. 摆动腿、起跨腿技术。 2. 积极参与。 3. 团队合作。
具体要求 3	1. 栏侧摆动腿练习。 2. 栏侧起跨腿练习。	改进起跨腿，摆动腿技术。	大类（一级）：柔韧性、肌肉耐力。 小类（二级）： 1. 跨栏坐静态拉伸。 2. 弓步后拉腿。 3. 深蹲跳。 4. 跳台阶。	小组内部进行动作展示，选出动作最标准的同学全班展示。	了解跨栏违规行为：不得故意踢倒栏架或手撞倒栏架。	组内观察起跨腿与摆动腿过栏的标准度，进行组内评价。	1. 摆动腿、起跨腿技术。 2. 注重课堂安全。 3. 团队合作。
具体要求 4	1. 跨栏步完整技术动作。 2. 走或慢跑中跨过低栏。	跨栏步完整技术。	大类（一级）：肌肉耐力、协调性。 小类（二级）： 1. 间歇快速跑。 2. 交替跳台阶。 3. 小步跑。 4. 高抬腿跑。	进行60米快速跑比赛。	加深了解跨栏违规行为：不得故意踢倒栏架或手撞倒栏架。	小组内部进行跨栏步的完整度及流畅度的评价，并相互纠错。	1. 跨栏步完整动作技术。 2. 注重课堂安全。 3. 团队合作。

续表

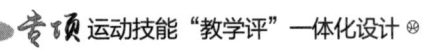

				大类（一级）：肌肉力量、爆发力。小类（二级）：1. 跳深练习。2. 仰卧举腿。3. 跪跳起。4. 蛙跳。				
	5	1. 复习跨栏步完整技术动作。2. 教学比赛。	跨栏步完整技术。	大类（一级）：肌肉力量、爆发力。小类（二级）：1. 跳深练习。2. 仰卧举腿。3. 跪跳起。4. 蛙跳。	进行跨低栏的教学比赛。	学生做裁判，进行起跑发令。	小组内部进行跨栏步的完整度及流畅度的评价，并相互纠错。	1. 摆动腿、起跨腿技术。2. 注重课堂安全。3. 积极面对挑战。
	6	站立式起跑至第一栏技术。	起跑至第一栏技术。	大类（一级）：爆发力、反应能力。小类（二级）：1. 跳深练习。2. 抗阻高抬腿。3. 不同姿势准备的发令起跑。4. 固定口令的发令起跑。	组内进行起跑的反应力比赛。	跨栏跑比赛中的起跑规则。	小组内推选一名同学进行展示，其他同学进行评价，分析优缺点。	1. 起跑至第一栏技术。2. 注重课堂安全。3. 积极面对挑战。
具体要求	7	巩固站立式起跑至第一栏技术，学习栏间跑技术。	初步掌握栏间跑3步的节奏。	大类（一级）：灵敏性、反应能力。小类（二级）：1. 小栏架侧向跳跃。2. 转体跨栏坐。3. 口令动作相反游戏。4. 原地高抬腿接起跑练习。	进行跨低栏的教学比赛。	学生在比赛过程中做裁判，判断运动员是否存在违规行为。	各组推荐一名同学展示，小组之间分享心得。	1. 起跑至第一栏技术。2. 注重课堂安全。3. 积极面对挑战。
	8	学习蹲踞式起跑至第一栏技术。	起跑至第一栏技术。	大类（一级）：爆发力、反应能力。小类（二级）：1. 蛙跳接力。2. 小碎步接加速跑。3. 不同姿势准备的发令起跑。4. 固定口令的发令起跑。	组内进行跨低栏的教学比赛。	协助教师组织比赛，知道秒表的使用方法。	教师评价同学们动作的标准度及流畅度。	1. 起跑至第一栏技术。2. 注重课堂安全。3. 积极面对挑战。
	9	1. 蹲踞式起跑至3到5栏。2. 教学比赛。	巩固栏间跑技术。	大类（一级）：肌肉力量、肌肉耐力。小类（二级）：1. 两头起。2. 交替跳台阶。3. 30米跑。4. 60米跑。	小组间进行跨5栏的比拼。	协助教师组织比赛，熟悉判罚标准。	小组内部进行技术展示，并分享交流。	1. 起跑至第一栏技术。2. 养成运动习惯。3. 勇往直前。
	10	1. 终点跑技术。2. 蹲踞式起跑全程栏。	起跑至第一栏，栏间跑的衔接。	大类（一级）：肌肉耐力、位移速度。小类（二级）：1. 追逐跑练习。2. 间歇快速跑。3. 四向弓箭步。4. 短距离接力跑。	组内进行比拼选出男女各一名，进行全班比拼。	协助教师组织比赛。	班级男女生比赛的第一名进行完整动作展示，同学们观赏。	1. 终点跑技术。2. 注意课堂安全。3. 不怕失败。

续表

	11	1. 蹲踞式起跑全程栏。 2. 教学比赛。	起跑至第一栏，栏间跑的技术衔接。	大类（一级）：灵敏性、肌肉耐力。 小类（二级）： 1. 敏捷梯灵敏性练习。 2. 小栏架侧向跳跃。 3. 追逐跑练习。 4. 间歇快速跑。	同学们踊跃参加校运会跨栏比赛。	巩固各项规则。	班级男女生比赛的第一名进行完整动作展示，同学们观赏。	1. 全程跑衔接技术。 2. 注意比赛安全，养成兴趣。 3. 迎接挑战。
	12	跨栏跑考核评价。	在考课中充分运用跨栏跑技术。	大类（一级）：肌肉力量、肌肉耐力。 小类（二级）： 1. 两头起。 2. 交替跳台阶。 3. 30米跑。 4. 60米跑。	同学们认真参与班级考核。	协助教师组织比赛。	教师对每位参与考核的同学进行评价。	评价考核。
	13	简介投掷铅球的发展概况、技术特点、项目设置、各项纪录等，并且对高规格赛事中的背向滑步推铅球技术进行鉴赏。	复习投掷实心球技术。	大类（一级）：肌肉力量、柔韧性。 小类（二级）： 1. 俯卧撑。 2. 背人跑。 3. 坐位体前屈。 4. 压肩。	小组投掷铅球知识竞答。	了解投掷铅球的比赛规则。	观看投掷运动纪录片。	1. 了解该项目。 2. 培养运动兴趣。 3. 保持乐观、积极的态度。
具体要求	14	1. 正确地握持铅球。 2. 正面推铅球。	回忆初中阶段学习的握持铅球技术以及正面推铅球技术。	大类（一级）：肌肉力量、爆发力。 小类（二级）： 1. 仰卧两头起。 2. 俯卧撑。 3. 跳深练习。 4. 深蹲跳。	组内比赛，正面推铅球推远比赛。	了解握持铅球规则。	组内同学进行展示，内部评价。	1. 正面推铅球技术。 2. 积极练习。 3. 团队合作。
	15	1. 上一步推铅球。 2. 背向滑步推铅球徒手练习。	初步练习背向滑步推铅球的完整技术。	大类（一级）：肌肉力量、柔韧性。 小类（二级）： 1. 俯卧撑。 2. 背人跑。 3. 坐位体前屈。 4. 压肩。	组内进行徒手动作比赛，比比谁的动作更标准。	了解铅球场地是由投掷圈、限制线、抵趾板和洛区组成。	组内同学进行展示，内部评价。	1. 背向滑步推铅球技术。 2. 培养运动兴趣。 3. 团队合作。
	16	预备—滑步—最后发力的背向滑步推铅球完整动作练习。	体会蹬地—送髋—转体—出手的发力技术。	大类（一级）：肌肉力量、柔韧性。 小类（二级）： 1. 跳台阶。 2. 蛙跳接力。 3. 滚雪球。 4. 跨栏坐静态拉伸。	全班蛙跳比远。	了解投掷过程中不得出圈、不得踩线。	组内推选出动作标准及流畅的同学在全班进行展示。	1. 背向滑步推铅球技术。 2. 课堂安全。 3. 乐于展示自我。
	17	预备—滑步—最后发力的背向滑步推铅球完整动作练习。	巩固背向滑步推铅球的完整动作技术。	大类（一级）：肌肉力量、灵敏性。 小类（二级）： 1. 负重深蹲。 2. 蛙跳接力。 3. 转髋练习。 4. 左右快速折返位移。	组内背向滑步推铅球比赛，选出男女优胜者，进行组间比拼。	了解铅球比赛的裁判规则，协助教师执行裁判工作。	由各组比赛胜出者作为小教师评价本组其他同学的动作。	1. 背向滑步推铅球技术。 2. 课堂安全。 3. 勇敢挑战自我。

续表

具体要求	18	背向滑步推铅球考核评价。	在考核过程中充分应用背向滑步推铅球完整技术动作。	大类（一级）：肌肉力量、爆发力。 小类（二级）： 1. 仰卧两头起。 2. 俯卧撑。 3. 跳深练习。 4. 深蹲跳。	认真参与班级考核。	了解铅球比赛的裁判规则，协助教师执行裁判工作。	教师对每位同学考核中的技术动作进行评价。	评价考核。

单元评价

核心素养	评价内容	评价方法
运动能力	跨栏跑 背向滑步推铅球 （教师评价表） A（30分）：完成动作质量好，姿势正确，部位准确，动作轻松、自然、协调、优美。 B（25分）：完成动作质量较好，姿势较正确，部位较准确，动作较轻松、自然、协调。 C（10分）：能完成动作，姿势基本正确，部位基本准确，动作不够轻松、自然、协调。 跨栏跑（参考网络资料） 男（110米栏）： 20s以内（20分） 20～22s（15分） 22～24s（10分） 24～26s（5分） 女（100米栏）： 25s以内（20分） 25～27s（15分） 27～29s（10分） 29～31s（5分） 背向滑步推铅球 男： 12米以上（20分） 10～11.99米（10分） 8～9.99米（5分） 女： 9米以上（20分） 7～8.99米（10分） 5～6.99米（5分）	终结性评价考核评价等级评价、展示或比赛评价等师评、自评
健康行为	体育锻炼意识与习惯 A（10分）：课后积极主动完成课后一小时体育锻炼。 B（6分）：课后基本完成课后半小时体育锻炼。 C（2分）：未养成良好的锻炼习惯。 健康知识与技能的掌握和运用 A（10分）：在进行体育锻炼时能充分进行热身与放松活动，具备相应的健康运动知识及良好的自我保护意识。 B（6分）：在进行体育锻炼时能进行热身与放松活动，具备基础的健康运动知识及一定的自我保护意识。 C（2分）：在进行体育锻炼时未进行热身与放松活动，不了解相应的健康运动知识及缺乏一定的自我保护意识。 情绪调控 A（10分）：在完成训练时能始终保持积极乐观的态度。 B（6分）：在完成训练时基本保持积极乐观的态度。 C（2分）：学习态度松散消极。	过程性评价观察评价、观察＋诊断等（自评＋互评）

体育品德	A（20分）：在学练和比赛中能够做到遵守规则、团结协作、文明参赛，表现出不畏困难、顽强拼搏、积极进取的体育精神。 B（12分）：在学练和比赛中基本能够做到遵守规则、团结协作、文明参赛，表现出不畏困难、顽强拼搏、积极进取的体育精神。 C（4分）：在学练和比赛中无法做到遵守规则、团结协作、文明参赛，表现出不畏困难、顽强拼搏、积极进取的体育精神。	过程性评价观察评价、书面测评等（自评＋互评）

九、田径大单元9

田径大单元9

十、田径大单元10

田径大单元10

第三节　田径大单元教学设计和课时教学设计

一、田径大单元教学设计

设计者：王琰　　单位：四川省成都市中和中学

大单元名称	田径大单元	水平	三	单元课时	18
设计思路	本单元坚持"健康第一"的课程理念，落实"立德树人"的根本任务，依据《义务教育体育与健康课程标准（2022年版）》中水平三田径项目相关内容，严格遵循该阶段学生认知、生理、心理、运动能力等特征规律；在"教学评"一体化的理念下构建以跑、跳、投为教学内容，以"学、练、赛"为抓手的大单元教学设计。本单元以学生为主体，教师为主导，引导学生积极思考协同练习，对400米、跨越式跳高、实心球项目的相关比赛规则、运动技能、战术运用、比赛组织与鉴赏等，循序渐进、由浅入深地进行教学，引导学生构建各项目自我评价、团队互评、赛事鉴赏的评价体系。通过学练结合、以赛代练的教学方法，让学生享受田径项目乐趣、增强体质、健全人格、锤炼意志的同时增强学生团队意识，培养学生挑战自我、战胜困难的优良品质，养成良好的健身的习惯。					

续表

学情分析	生理特征：本学段学生进入青春初期，身体发育处于增长高峰期，骨骼、心肺等还未发育成熟，身高、体重、肩宽、腰围等指标在12岁达到高峰后逐渐下降，肌肉力量、核心力量、柔韧性、速度等处于发展关键时期，也在向各大小肌肉群同时发展的过渡时期，因此要注意运动的合理性和科学性。 心理发展特点：此阶段学生自主意识逐渐增强，表现欲好奇心不断增加，注意力相比水平一、二阶段有显著提升，适合发展学生分析、比较的思维能力，习惯模仿实际动作，喜欢有规则且智体结合的竞赛活动，用批判的眼光看待事物，有时会对师长的常规教育有所反感与抵抗，情绪不稳定。 运动能力：通过对水平一、二的学习，学生对田径项目相关知识，运动技能有初步了解与掌握，存在个体差异，50米、立定跳远类似项目男生优于女生；柔韧性、协调性类项目女生优于男生，身体机能、力量等发育速度优于男生，在技术的掌握上也存在一定差异，适合分层教学针对性指导。 体育经验与生活经验：通过前两个水平的学习、比赛观看、交流与讨论等，对田径项目的规则、战术运用等有了一定的见解，在生活中可以依据所学项目组织适当的趣味游戏丰富运动乐趣。在规则战术的运动上还需进一步的提升，在把运动与生活锻炼结合上还需进一步思考。
教材分析	本教材选自人民教育出版社《体育与健康》(2014版) 五、六年级全一册教师用书 (43—81) (水平三) 本单元课程共设计18课时，主要内容是田径运动项目中的跑：400米耐久跑；跳：跨越式跳；投：双手从后向前掷实心球的基本技术，是田径项目不可缺少的。 跑：400米耐久跑主要掌握内容为起跑加速—途中跑—冲刺过终点—技战术运用，其中重点在于跑时动作协调、呼吸自然有节奏、步幅均匀。教师根据学生能力，通过对呼调整、弯道跑、体能分配进行合理的引导与纠正，提高学生运动水平，教会相应比赛执裁规则与方法。明确跑的练习给自身的力量、速度、耐力、灵敏等带来的健身价值。 跳：跨越式跳高主要掌握内容为助跑节奏—助跑与起跳—过杆—落地—技战术运用，其中重点在于助跑速度和节奏、助跑与起跳技术。教师依据学生能力，通过对起跳点远近、腾空过杆技术进行合理的引导与纠正，提高学生运动水平，教学相应比赛执裁规则与方法，明确跳跃对发展力量、速度、协调性等带来的健身价值。 投：双手头向后向前掷实心球主要掌握内容为蹬地—收复—挥臂—甩腕—全身协调用力—技战术运用。教师根据学生能力通过对双手掷球无法全身用力、双脚起跳、抛出球的高低进行合理的引导与纠正，提高运动水平，教会相应比赛执裁规则与方法，明确跳跃对发展力量、协调性、灵敏等带来的健身价值。
学习目标	运动能力：跑，基本掌握400米的动作，跑得轻松、自然，能够在跑中发展速度、力量、灵敏等身体素质，提高运动水平，增强心肺功能；跳，形成正确的跨越式跳高姿势，改进和提高跳跃动作技术，提高跳跃运动能力；投，基本掌握双手从后向前掷实心球的动作要领，能全身协调用力完成动作，改进投掷技术，发展力量、灵敏、协调性。 健康行为：跑，通过对400米的学习，享受跑的奔放，体验在体能达到极限，挑战自我成功后的喜悦，将课堂的知识与生活相结合，建立经常跑步的健身意识与安全运动意识；跳，通过对跨越式跳高的学习，享受跳跃运动的激情，战胜逐步提高的挑战后的喜悦，将课堂知识与生活结合，建立跳跃的健身意识与安全意识；投，通过对双手从头后向前掷实心球的学习，享受投的快乐，学会分享达成目标后的喜悦让快乐传递，将课堂知识与生活结合，建立投掷的健身意识与安全意识。 体育品德：跑，在练习、游戏、比赛中，表现出自信和克服困难的勇气及互相帮助、互相配合勇于担当的品质；跳，学会分析解决存在的问题，面对困难不灰心、不退缩，勇于挑战自己，培养顽强拼搏的意志品质；投，对解决问题的能力有所了解，养成自信、果断、互帮互助的优良品质建立良好的安全意识与习惯。

	基础知识与基本技能	技战术运用	体能	展示或比赛	规则与裁判方法	观赏与评价
总体要求	学练400米、跨越式跳高、实心球运动项目主要的基本动作技术、组合动作技术和完整动作技术；描述400米、跨越式跳高、实心球运动项目的动作技术要领和练习方法；了解400米、跨越式跳高、实心球运动项目的相关知识和文化，以及常见运动损伤的处理方法。	在游戏或比赛中运用400米、跨越式跳高、实心球运动项目主要的基本动作技术和组合动作技术，对400米、跨越式跳高、实心球运动项目有较完整的体验和理解。	在400米、跨越式跳高、实心球运动项目中加强对身体各肌肉耐力、力量、爆发力、协调性、灵活性等进行锻炼。	参与400米、跨越式跳高、实心球运动项目的个人或小组比赛；在比赛中正确展示该项目的动作技术，表现出相关的运动能力，以及400米、跨越式跳高、实心球项目比赛的基本礼仪。	了解400米、跨越式跳高、实心球运动项目的比赛规则、比赛秩序和成绩测试方法，学习组织班级内该运动项目的小型比赛，学会与同伴合作完成比赛场地、器材、着装的安全检查和成绩记录等。	学习如何观赏400米、跨越式跳高、实心球运动项目比赛；每学期通过现场、网络或电视观看不少于8次该运动项目的比赛，如观看班级、校队、全国或国际比赛等；了解400米、跨越式跳高、实心球运动项目的重要比赛，并能对这些比赛进行简要评价。

续表

具体的课次安排			
课次	学习内容	过程与方法	评价要点
1	1. 复习蹲踞式起跑。 2. 学习弯道跑技术动作。 3. 蹲踞式起跑与弯道跑相结合。 4. 弯道跑比赛。	1. 教师讲解弯道跑技术动作。 2. 纠错互评。 3. 小组练习与讨论。 4. 组织弯道跑比赛。	1. 运动能力：蹲踞式起跑与弯道跑的技术运用与掌握。 2. 健康行为：日常锻炼对弯道跑技术的运用。 3. 体育品德：互帮互助。
2	1. 蹲踞式起跑接弯道跑复习。 2. 学习弯道跑到直到进入途中跑的节奏练习。 3. 抱团游戏。	1. 讲解玩到跑进入途中跑的呼吸、跑动节奏。 2. 纠正全速跑全程的错误理解。	1. 运动能力：弯道与直道的节奏练习。 2. 健康行为：节奏跑练习日常锻炼的运用。 3. 体育品德：顽强意志。
3	1. 复习途中跑的节奏练习。 2. 学习途中跑到最后冲刺跑的过度节奏调节。 3. 跑的专项练习。 4. 5人组物资抢夺赛。	1. 讲解从途中跑过渡到冲刺跑的节奏把握。 2. 讲解专项练习对400米耐久跑的意义，训练方法。	1. 运动能力：途中跑与冲刺跑的结合。 2. 健康行为：跑步的训练方法生活锻炼的应用。 3. 体育品德：自信自强，积极向上。
4	1. 浅试400米完整技术动作。 2. 速度耐力训练。 3. 50米接力赛。	1. 讲解完整跑注意事项动作要领。 2. 有序组织学生进行速度耐力训练。 3. 分组比赛。	1. 运动能力：完整技术动作掌握。 2. 健康行为：培养锻炼意识，速度耐力在生活锻炼的运用。 3. 体育品德：持之以恒的意志品质。
5	1. 400米规则与执裁方法学习。 2. 速度训练。 3. 400米节奏跑。 4. 运送伤员赛。	1. 讲解400米比赛规则。 2. 加强400米体能分配战术运用。	1. 运动能力：节奏掌握。 2. 健康行为：训练方法在日常锻炼中的运用。 3. 体育品德：公平公正。
6	1. 组织400米比赛。 2. 技评。	1. 分小组由学生自行组织小组比赛测评。 2. 在学生比赛测评中进一步介绍比赛规则与应用，并及时纠错。	1. 运动能力：技战术运用。 2. 健康行为：培养合理锻炼的意识。 3. 体育品德：遵守规则意识。
7	1. 原地跨越橡皮筋落地训练。 2. 学习跨越式跳高助跑角度，进行短距离助跑。 3. 原地橡皮筋跨高比赛。	1. 讲解示范跨越技术动作。 2. 分组进行练习巡回纠错。 3. 讲解助跑角度及短距离助跑练习。	1. 运动能力：跨跳技术掌握。 2. 健康行为：将跳跃练习方法与日常锻炼结合。 3. 体育品德：勇于挑战。
8	1. 短距离助跑起跳练习。 2. 复习原地跨跳练习。 3. 短距离助跑接跨跳练习。 3. 便笺纸贴高比赛。	1. 讲解示范短距离助跑起跳、助跑跨跳的技术动作。 2. 分组进行训练巡回纠错。	1. 运动能力：短距离助跑与跨跳组合技术。 2. 健康行为：培养学生全面发展的锻炼意识。 3. 体育品德：互帮互助，相互协作。
9	1. 复习短距离助跑跨跳落地训练。 2. 弹跳力训练。 3. 短距离跨跳比赛。	1. 分组训练，针对薄弱动作学生重点关注。 2. 讲解简单比赛规则组织比赛。	1. 运动能力：跨跳技术动作。 2. 健康行为：弹跳力与协调性日常锻炼结合。 3. 体育品德：勤思苦学。
10	1. 助跑距离测量方法。 2. 完整的助跑起跳节奏练习。 3. 非全力助跑跨跳练习。 4. 30米跑比赛。	1. 讲解助跑距离测量方法与节奏训练。 2. 巡回指导纠正错误动作。 3. 小组互评。	1. 运动能力：助跑起跳节奏把握。 2. 健康行为：协调发展，锻炼意识。 3. 体育品德：勇攀高峰，自我提升。
11	1. 复习短距离跨跳动作。 2. 完整助跑跨跳练习。 3. 短距离跑的专项训练。 4. 学习比赛规则。 5. 跨越障碍赛。	1. 有序组织分组训练，引导学生进一步完善技术动作。 2. 讲解比赛规则，以引导为主，引导学生学会规则的同时思考如何组织比赛。	1. 运动能力：完整技术动作。 2. 健康行为：丰富日训练方法。 3. 体育品德：正确的自我认知。
12	1. 分组进行跨越式跳高比赛。 2. 技评。	有序组织比赛，并及时关注学生执裁过程。	1. 运动能力：比赛组织与技能。 2. 健康行为：规则意识日常运用。 3. 体育品德：公平公正。

续表

13	1. 学习持球姿势。 2. 原地徒手手臂动作练习。 3. 原地持球手臂动作练习。 4. 分组练习。 5. 小组动作展示赛。	1. 强调安全注意事项。 2. 讲解示范技术动作。 3. 巡回指导纠错。 4. 小组展示比赛引导学生思考如何纠正错误动作。	1. 运动能力：原地技术动作。 2. 健康行为：上肢力量练习与日常锻炼结合。 3. 体育品德：互帮互助。
14	1. 复习原地手臂动作。 2. 垫子上橡皮筋辅助练习。 3. 原地橡皮筋辅助练习。 4. 原地掷球练习。 5. 50米接力比赛。	1. 强调安全注意事项。 2. 讲解动作示范。 3. 纠正橡皮筋正确用法。 4. 巡回指导纠错。	1. 运动能力：原地掷球技术。 2. 健康行为：核心力量在日常锻炼中的应用。 3. 体育品德：克服困难的意志。
15	1. 徒手蹬地技术动作练习。 2. 徒手蹬地与上肢协调配合练习。 3. 持球完整技术动作练习。 4. 腿部力量训练。 5. 小组展示赛。	1. 强调安全注意事项。 2. 讲解动作示范。 3. 巡回指导纠错。	1. 运动能力：完整动作技术。 2. 健康行为：协调发展的锻炼意识。 3. 体育品德：循序渐进，脚踏实地。
16	1. 橡皮筋辅助发力练习。 2. 掷球过杆联系。 3. 橡皮筋腰腹力量训练。 4. 鱼跃龙门赛。	1. 强调安全注意事项。 2. 讲解动作示范。 3. 强调力量训练注意事项。	1. 运动能力：掷球弧度。 2. 健康行为：树立安全意识。 3. 体育品德：勇于挑战。
17	1. 学习实心球比赛规则。 2. 完整技术动作复习。 3. 实心球小组技术动作展示赛。	1. 强调安全注意事项。 2. 讲解规则，同时引导学生思考如何运用执裁。 3. 讲解如何判断技术动作的评价。	1. 运动能力：比赛规则的初步使用。 2. 健康行为：相关知识的运用。 3. 体育品德：团队协作。
18	1. 实心球比赛。 2. 技评。	1. 强调安全注意事项。 2. 分组进行比赛组织有序。 3. 巡回指导各组比赛及执裁过程中出现的问题。	1. 运动能力：实心球技战术运用。 2. 健康行为：自我情绪把控。 3. 体育品德：公平公正，遵守规则。

单元评价

核心素养	评价内容	评价方法
运动能力	400米、跨越式跳高、实心球各项技评、量评、比赛、技战术运用。	测试、比赛、自评、师评

评价内容	评价标准	评价方式
400米技评	优秀（90～100分）：起跑动作正确，快而有力；加速动作合理，加速明显；途中跑重心平稳，节奏感强、蹬摆有力、自然、协调，冲刺撞线动作明显。 良好（80～89分）：起跑动作正确，加速跑动作较合理，加速明显；途中跑重心平稳，节奏感适中、蹬摆有力、自然、协调，有冲刺撞线动作。 合格（60～79分）：起跑动作正确，速度较快；途中跑重心平稳，节奏较稳定、蹬摆有力、有冲刺撞线动作。 继续努力（59分以下）：起跑动作基本正确，速度慢，没有加速跑动作；途中跑重心不稳，节奏较差、蹬摆无力、无冲刺撞线动作。	自评、师评
400米量性评价	男生优秀100（分，下同）：1.21（min，下同）；95：1.23；90：1.25；良好85：1.30；80：1.35；合格75：1.38；70：1.40；65：1.43；60：1.45。 女生优秀100：1.31；95：1.33；90：1.35；良好85：1.40；80：1.45；合格75：1.48；70：1.50；65：1.53；60：1.55。	测试
跨越式跳高技评	优秀（90～100分）：助跑有力、节奏清楚，与起跳结合紧密，过杆时摆动腿内旋下压，落地屈膝缓冲，整体动作协调连贯，达到相应的高度。 良好（75～89分）：助跑有节奏，起跳有力，过杆时摆动腿内旋下压，落地屈膝缓冲，整体动作较连贯，达到相应的高度。 合格（60～74分）：助跑有一定节奏，起跳较有力，过杆动作较连贯，落地屈膝缓冲，达到相应的高度。 继续努力（59分及以下）：助跑节奏不清晰，起跳无力，出现迈杆动作。	自评、师评
跨越式跳高量性评价	男生优秀100（分，下同）：1.13（米，下同）；95：1.11；90：1.08；良好89：1.06；85：1.03；80：1.01；75：0.98；合格74：0.96；70：0.93；65：0.91；60：0.88。 女生优秀100：1.10；95：1.07；90：1.05；良好89：1.02；85：0.99；80：0.96；75：0.94；合格74：0.91；70：0.88；65：0.85；60：0.83。	测试

续表

双手从头后前掷实心球技评	优秀（90～100分）：投球时发力顺序正确，全身协调用力；出手速度快，角度适中；整体动作自然、流畅，并达到相应的远度。 良好（75～89分）：全身协调用力，出手角度适中；用力顺序较正确，整体较自然、流畅，并达到相应的远度。 合格（60～79分）：有出手角度，动作较连贯，达到相应的远度。 继续努力（59分及以下）：动作不协调、不连贯，出手角度或高或低，没有达到相应的远度。	自评、师评
双手从头后前掷实心球量性评价	男生优秀100（分，下同）；12（米，下同）；98：11.6；96：11.1；94：10.5；92：9.8；90：9.0；良好87：8.9；8：8.7；81：8.5；78：8.3；75：8.0；合格72：7.8；69：7.4；66：7.0；63：6.5；60：6。 女生优秀100：12.4；98：11.7；96：10.07；94：9.7；92：8.3；90：6.9；良好87：6.7；8：6.4；81：6.2；78：5.8；75：5.4；合格72：5.2；69：4.9；66：4.6；63：4.2；60：3.8。	测试
核心素养	评价内容	评价方法
健康行为	400米、跨越式跳高、实心球各项知识技能运用、赛场情绪控制、日常锻炼情况。	清单自评、互评
评价内容	评价标准	评价方式
日常运用	优秀（90～100分）：熟练掌握所学内容，并建立良好的运动意识，对运动损伤的避免、应急处理方法有较高的见解。根据自身情况每天进行科学有效地锻炼；可以构思出有趣的锻炼方法，并带领周围人参与其中。 良好（75～89分）：基本掌握所学内容，并建立良好的运动意识，对运动损伤的避免、应急处理方法有一定的见解；根据自身情况每周进行5次科学有效的锻炼。 合格（60～79分）：基本掌握所学内容，并建立良好的运动意识，对运动损伤的避免、应急处理方法稍有了解；根据自身情况每周进行3次科学有效的锻炼。 继续努力（59分及以下）：基本掌握所学内容，有一定的运动意识，对运动损伤的避免、应急处理方法不断；根据自身情况每周进行1次科学有效的锻炼。	自评、互评、师评
核心素养	评价内容	评价方法
体育品德	团队精神、互帮互助、自信、勇于挑战。	清单自评、互评
评价内容	评价标准	评价方式
品德	优秀（90～100分）：有自信和克服困难的勇气，互相帮助、互相配合、勇于担当的品质，分析解决存在的问题，面对困难不灰心、不退缩，勇于挑战自己。 良好（75～89分）：有自信和克服困难的勇气，互相帮助、互相配合、勇于担当的品质，分析解决存在的问题，勇于挑战自己。 合格（60～79分）：有一定的自信和克服困难的勇气，互相帮助、互相配合、勇于担当的品质。 继续努力（59分及以下）：自信不足和克服困难的勇气欠缺，无互相帮助、互相配合、勇于担当的品质。	自评、互评、师评

二、田径课时教学设计

设计者：王 琰　　　单位：四川省成都市中和中学

教学内容	跨越式跳高原地跨跳	课时	第7课
学习目标	运动能力：对跨越式跳高运动有初步了解，掌握原地跨跳动作，与助跑角度培养学生的弹跳力、协调性、正确的跨跳姿势。 健康行为：通过跨越式跳高的教学培养学生的学习兴趣，让学生养成良好的锻炼习惯，树立安全意识，懂得在练习中保护自我，能从容地面对胜负，保持良好的心态。 体育品德：培养学生的团队协作能力和不怕困难、勇往直前的体育精神，能遵守规则，在小组活动中培养自己的责任担当。			
教学重难点	重点：原地跨跳。 难点：跨跳动作协调。			

续表

课的部分	教学内容	教学组织	学生学练赛	运动负荷	学习评价
准备部分	一、课堂常规 1. 整队清点人数。 2. 宣布本节课内容，强调安全注意事项。 3. 检查着装。 4. 安排见习生。 二、热身 1. 慢跑热身。 2. 专项准备活动后。 (1) 手腕踝关节。 (2) 头部运动。 (3) 腹背运动。 (4) 膝关节运动。 (5) 收腹跳。	一、课堂常规 1. 集合整队。 2. 师生问好宣布本节课内容与安全注意事项。 3. 检查着装。 4. 安排见习生。 ●●●● ●●●● ✗✗✗✗ ✗✗✗✗ ▲ 二、热身 1. 组织圆形跑热身，调动积极性。 2. 带领学生做专项准备活动，观察学生动作是否到位。	一、课堂常规 1. 集合快静齐。 2. 向教师问好。 3. 认真听讲，了解本堂课学习内容。 二、热身 1. 按教师要求完成热身活动。 2. 节奏一直保证热身充分。	弱 中	1. 课堂纪律。 2. 锻炼意识。 3. 积极进取，尊重同伴。
设计意图	1. 课前检查，排除身上危险物品带来的损伤。 2. 建立良好的健身前热身意识。 3. 让学生有心理准备本堂课上课内容，提前有准备与思考。				
基本部分	一、学习原地跨跳 1. 教师讲解示范。 (1) 蹬。 (2) 摆。 (3) 上跳。 (4) 落地屈膝要缓冲。 2. 原地模仿练习。 3. 分组跨橡皮筋练习。	一、学习原地跨跳 1. 讲解并做示范动作。 2. 有序组织练习，在练习过程中及时指导纠错。 ●●●● ●●●● ✗✗✗✗ ✗✗✗✗ ▲ 3. 引导学生思考如何互帮互助纠正错误动作。 ●●●● ●●●● ▲ ✗✗✗✗ ✗✗✗✗	一、学习原地跨跳 1. 认真听教师讲解，跟随教师示范动作进行练习，避免受伤。 2. 动作完成到位。 3. 按教师要求分组进行训练。	强	1. 技能掌握、体能情况、比赛综合素质表现。 2. 积极参与，保护自己。 3. 团队意识。

续表

基本部分	二、学习跨越式跳高助跑角度，进行短距离助跑 1. 教师讲解示范。 2. 分组训练。	二、学习跨越式跳高助跑角度，进行短距离助跑 1. 讲解并做示范动作。 2. 有序组织练习，在练习过程中及时指导纠错。 3. 引导学生思考如何互帮互助纠正错误动作。	二、学习跨越式跳高助跑角度，进行短距离助跑 1. 认真听教师讲解，跟随教师示范动作进行练习，避免受伤。 2. 动作完成到位。 3. 按教师要求分组进行训练。	中	
	三、原地橡皮筋跨高比赛 1. 讲解比赛规则。 2. 分组进行比赛。	三、原地橡皮筋跨高比赛 1. 讲解比赛规则。 2. 有序组织比赛。 3. 引导学生对技术动作做出客观评价。 4. 每组第一名进行最终比赛。	三、原地橡皮筋跨高比赛 1. 认真听取比赛规则。 2. 按教师要求进行比赛。 3. 学会给技术动作做出评价。	中	
	四、身体素质训练 1. 俯卧撑。 男：10个 女：8个 2. 收腹跳。 3. 平板支撑。 4. 纵跳。 男：20个 女：15个	四、身体素质训练 1. 有序组织学生进行身体素质训练。 2. 纠正错误级不标准动作。	四、身体素质训练 1. 跟学教师进行身体素质训练。 2. 身体素质训练要认真。	强	
设计意图	1. 技能学习：通过教师复习，集体练习巩固学生单一与组合技术动作。 2. 分组练习：通过小组中组织练习，培养学生自主学习意识，思考练习纠错方法，教师将更多精力放在引导纠错上。 3. 比赛：通过比赛让学生在比赛中将所学技能运用展示，提高学生鉴赏能力、组织能力和团队协作能力。				

续表

结束部分	一、放松 跟随音乐进行拉伸放松。 二、课堂总结 1. 总结点评。 2. 布置作业。 3. 归还器材。	一、放松 教师带领学生，在音乐伴奏下进行身心放松。 ● ● ● ● ● ● ● ● ▲ × × × × × × × × 二、课堂总结 教师点评总结本课并布置家庭作业根据学生掌握情况，分层次练习垫球技术。 ● ● ● ● ● ● ● ● × × × × × × × × ▲	一、放松 在教师带领下主动放松。 二、课堂总结 积极进行学习、自我总结与评价，接受家庭作业回家认真落实。	弱 弱	1. 放松是否达到效果。 2. 纪律情况。 3. 总结是否贴切。

设计意图	1. 建立锻炼后要进行肌肉放松的健康锻炼意识，同时放松身心。 2. 归纳总结，潜移默化地让学生在事后做适当的归纳总结来提高自身能力。 3. 课后作业对本堂课的课后延伸，巩固课堂知识技能外做延展性思考。	
安全措施	1. 讲解本堂课涉及的安全注意事项。 2. 充分做好准备活动，避免运动损伤。 3. 在训练及比赛过程中进行巡回指导，及时制止并纠正错误动作，防止因错误动作引发不必要的运动损伤。 4. 制订如遇突发事情的处理方案，如准备好及时联系校医或其他医护人员的急救措施。	
场地器材	场地：田径场。 器材：垫子4块、橡皮筋4根、跳高架4组。	
运动负荷	群体运动密度：75%～80%。 个体运动密度：50%～60%。 平均心率：140～160次/分钟。	
课后作业	基础性作业	层次一： 1. 保加利亚蹲15×4组。 2. 双脚跳台阶20个×4组。 3. 纵跳30个×4组。 4. 跳高安全知识学习。 层次二： 1. 左右腿弓步跳20个×4组。 2. 侧向双腿来回跳20次×4组。 3. 原地腿部肌肉拉伸。 4. 跳高安全知识学习。 层次三： 1. 双脚左右跳30×4组。 2. 交换腿纵跳台阶30次×4组。 3. 动态拉伸。 4. 跳高安全知识学习。 5. 反思如何提高自身运动能力。

续表

课后作业	拓展性作业	层次一： 1. 与家人同学观看一场跳高比赛。 2. 与同学设计一个跳高趣味小游戏。
		层次二： 1. 与家人同学观看一场跳高比赛。 2. 了解简单的比赛规则。 3. 表述出跨越式跳高的技术动作。
		层次三： 1. 与家人同学观看一场跳高比赛，并写出200字感悟。 2. 与同学或家人探讨如何组织跳高比赛。 3. 了解简单的急救常识。
课后反思		

第四章　体操运动

第一节　项目介绍

体操运动是一种展现人形体极致美感、强化身心素质、激发内在潜能的综合性体育活动。其特点是融合了优雅的身姿、高超的技巧和深厚的艺术表现力。按照《义务教育体育与健康课程标准（2022年版）》可将体操项目分为技巧与器械体操和艺术性体操两大类。技巧与器械体操，如技巧运动、单双杠、高低杠等项目，主要考验参与者在支撑、旋转、跳跃、翻腾等动作中的技术水平和创新能力。而艺术性体操，如韵律操、健美操等，则更加注重音乐与动作的和谐统一。

体操运动能够充分发展学生对身体控制、方位意识判断等能力，通过技巧与器械体操的学练，可提升学生的支撑、悬垂、平衡、翻滚跳跃等技术水平及动作的准确性等；而艺术性体操则通过音乐和动作的配合，可培养提升学生的节奏感、协调性等。此外，还能有效提升肌肉力量、耐力、灵敏性等身体素质，让学生学会自尊自信，乐观应对挑战，激发学生的创造力与表现力，挖掘自身潜力，实现自我价值提升，最终达到全面育人的效果。

体操运动教学分为8个大单元展开，其中大单元1、2适合水平二教学，大单元3、4适合水平三教学，大单元5、6适合水平四教学，大单元7、8适合水平五教学。

第二节　体操大单元结构

一、体操大单元1

设计者：张玉伟　　　单位：成都高新区中和小学

体操大单元1（技巧运动＋韵律操）	
大单元目标	1. 运动能力：能在保护与帮助下或独立学习和体验前滚翻、后滚翻、仰卧推起成桥等基本动作，以及前滚翻交叉转体起立、后滚翻交叉转体挺身跳等多个动作衔接和简单组合；掌握韵律操的基本步伐和上肢动作以及衔接组合动作；能说出所学技巧和韵律操动作名称和术语；通过一般体能和专项体能练习增强学生柔韧性、协调性、平衡能力、肌肉力量等素质；掌握所学技巧和韵律操游戏中的规则和要求，能基本判断动作的对错，并尝试进行打分。 2. 健康行为：乐于参与所学体操运动项目的学练、养成良好的身体姿态；学练有一定难度的体操类运动项目时，能克服畏难情绪；能与同伴合作互助，及时给予安全提示，共同提高。 3. 体育品德：体验各种翻滚和韵律游戏带来的乐趣与成功的喜悦，在多种学练活动中增强保护自我及他人的安全意识，学会欣赏他人，懂得相互分享。

第四章 体操运动

续表

内容要求	基础知识与基本技能	技战术运用	体能	展示或比赛	规则与裁判方法	观赏与评价	评价要点
总体要求	了解体操运动，观看奥运会了解体操项目；能在保护与帮助下或独立学习和体验前滚翻、后滚翻、仰卧推起成桥等基本动作，以及前滚翻交叉转体起立、后滚翻交叉转体挺身跳等多个动作衔接和简单组合；掌握韵律操的基本步伐和上肢动作以及衔接组合动作；能说出所学技巧和韵律操动作名称和术语。	能够结合团队及个人特点，将所学技巧技术动作、韵律操基本动作、多个动作衔接和简单组合运用到个人和小组练习中。	在技巧运动学习过程中，了解技术、技能、体能间的相互关系；掌握体能发展与体操技能学习的价值关系；通过体验体操基本动作和组合动作发展一般体能和专项体能，增强学生柔韧性、协调性、平衡能力、肌肉力量等素质。	在练习、游戏、展示、比赛、生活实践中合理运用所学的主要基本动作技术、组合动作技术，完成简单的个人和团队展示赛以及专项体能挑战赛等。	理解及运用体操技巧运动、韵律操规则与裁判方法；担任组内展示或者比赛的裁判，能判断动作的对错，并尝试进行打分。	关注体操项目以及技巧运动、韵律操比赛的相关信息，学期内通过现场、网络或电视观看一定次数的技巧运动比赛，提高对该运动项目的认知；在合作练习中学会与他人合作完成动作，尊重他人观点，勇敢表达自己的想法，并开展自评互评。	—
具体要求 1	1. 体操运动的概念及基础知识。2. 欣赏体操类运动视频。3. 定向越野：收集体操项目。4. 各类滚翻动作展示。	1. 分析体操技巧动作特点。2. 前滚翻的锻炼价值。	柔韧性、下肢肌肉力量、位移速度、协调性、灵敏性：1. 压肩。2. 拉伸大腿。3. 腰部柔韧。4. 定向越野。	1. 体操基本知识竞答赛。2. 体操动作模仿赛。3. 各类滚翻动作展示。	学习体操运动规则与裁判方法。	1. 在合作练习中学会与他人合作完成动作。2. 尊重他人观点，勇敢表达自己的想法。	1. 熟悉体操运动术语。2. 知道体操运动的健身价值。3. 了解体操类运动比赛规则。
2	1. 了解技巧运动的动作分类。2. 连续前滚翻。3. 游戏：小刺猬运动会。	1. 能区分技巧类动作。2. 连续前滚翻练习中体会团身紧与滚成直线技术。	柔韧性、平衡性：1. 静态平衡。2. 沿直线滚动。3. 上肢拉伸。4. 体前屈。	1. 前滚翻动作展示。2. 保护与帮助动作展示。3. 小刺猬运动会。	学习体操运动规则与裁判方法。	让学生自我点评做得好的地方及不足，教师再进行点评与指导。	1. 滚动圆滑动作连贯。2. 积极学练，敢于探索。3. 有团队精神。
3	1. 熟悉技巧运动的动作术语。2. 前滚翻交叉转体起立。3. 游戏：功夫熊猫学本领。	练习中分析、体会前滚翻后怎样完成交叉转体起立后保持身体平衡。	柔韧性、肌肉力量、灵敏性、位移速度：1. 俯撑练习。2. 牵拉弹力带练习。3. 快速转体。4. 折返跑。	1. 前滚翻交叉转体起立、保护与帮助动作示范。2. 小组展示。3. 功夫熊猫学本领。	学习后滚翻评价标准与方法。	小评委进行点评。	1. 掌握前滚翻交叉转体起立。2. 较好地做到保护与帮助。3. 有团队精神，克服学习中的困难。
4	1. 体操运动安全锻炼常识。2. 复习前滚翻交叉转体起立。3. 障碍接力赛。	分析前滚翻交叉转体起立动作中如何改进动作质量。	核心肌肉力量：1. 平板支撑。2. 侧身支撑。3. 仰卧举腿。4. 波比跳。	1. 你来做，我来评，挑选几组愿意做示范的小组进行示范。2. 障碍接力赛。	学习前滚翻交叉转体起立评价标准与方法。	小评委进行点评。	1. 掌握滚翻技术动作及衔接。2. 积极学练，敢于展示。3. 与同伴和谐互助。
5	1. 初步学习后滚翻抱腿团身来回滚动。2. 翻掌贴肩后推手。3. 后滚翻练习。	1. 体会惯性在后滚翻动作学练中的作用。2. 观察翻掌贴肩和推手时机。	核心肌肉力量：1. 仰卧后滚。2. 仰卧起坐。3. 后手撑滚翻。4. 仰卧蹬腿。5. 推小车。	1. 仰卧传球接力。2. 腹部夹球接力。	学习后滚翻评价标准与方法。	1. 学生自我点评，了解自身优缺点。2. 教师点评与指导。	1. 掌握后滚翻技术动作。2. 主动交流与互动。3. 学练中不断完善自我。

续表

具体要求	6	1. 技巧运动健身的基础知识。2. 后滚翻完整动作。3. 滚翻接力。	1. 分析如何运用后滚翻技术。2. 如何做到快速后滚翻。	柔韧性：1. 肩部拉伸。2. 腰部柔韧。3. 屈体后坐。4. 屈体后滚翻。	1. "我是小评委"抽选几组进行展示，小评委进行点评。2. 滚翻接力比赛。	学习后滚翻评价标准与方法。	1. 观看生活中后滚翻动作运用。2. 完整动作小组互评。	1. 掌握正确的保护与帮助方法。2. 练习遇到瓶颈时保持镇定和耐心。3. 客观公正地评价自己和他人。
	7	1. 后滚翻交叉转体挺身跳。2. 游戏：穿越火线。	初步学练后滚翻交叉转体挺身跳，强化后滚翻技术。	灵敏性、肌肉力量：1. 仰卧举腿。2. 俯卧抬上体。3. 追逐跑。4. 躲闪跑。	1. 后滚翻交叉转体挺身跳教学展示。2. 穿越火线游戏。	学习后滚翻交叉转体挺身跳评价标准与方法。	通过练习与游戏引导学生对自己运动水平有初步了解，客观评价自身与他人。	1. 初步掌握后滚翻交叉转体挺身跳动作。2. 克服畏难情绪主动学练。3. 主动给同伴保护与帮助。
	8	1. 复习后滚翻交叉转体挺身跳。2. 30米冲刺跑。	后滚翻与交叉转体挺身跳的衔接配合技术。	灵敏性、肌肉力量、位移速度：1. 高抬腿。2. 纵跳。3. 弓步跳。4. 30米冲刺跑。	1. 后滚翻交叉转体挺身跳动作大比拼。2. 30米冲刺跑比赛。	学习后滚翻交叉转体挺身跳评价标准与方法。	分组对展示赛进行评分和评价。	1. 能较好完成后滚翻交叉转体挺身跳动作，动作连贯。2. 体验垫上运动的乐趣积极学练、勇于展示。3. 有较强的责任心。
	9	1. 跪姿后躺挺髋。2. 躺姿挺髋。3. 游戏：毛毛虫钻山洞。	1. 分析仰卧推起成桥技术动作的重难点。2. 学习推撑、挺髋动作技术，体会用力顺序。	柔韧性、肌肉力量：1. 上肢拉伸。2. 跪姿拉伸。3. 坐姿拉伸。4. 挺髋练习。5. 爬行练习。	1. 游戏腰下传球。2. 游戏：毛毛虫钻山洞。	学习仰卧推起成桥评价标准与方法。	同伴间互相观察，对推撑、挺髋动作技术提出改进意见、纠正动作。	1. 掌握仰卧推起成桥挺髋技术。2. 虚心请教，相互激励。3. 客观公正地评价自己与他人。
	10	1. 仰卧推起成桥——躺姿加手挺髋。2. 游戏：打龙尾。	继续学习仰卧推起成桥动作，体会抬头挺胸、两腿蹬直、两臂推直成桥技术动作。	柔韧性：1. 坐位体前屈。2. 横叉。3. 纵叉。4. 辅助下腰。	1. 保护与帮助下仰卧推起成桥躺姿加手挺髋展示。2. 游戏：打龙尾。	学习仰卧推起成桥评价标准与方法。	1. 互相观察同学动作完成情况，对错误动作提出改进意见、纠正动作。2. 公正评判自己和同伴的技术动作。	1. 掌握抬头挺胸、两腿蹬直、两臂推直动作。2. 关注学练中的安全规范，掌握正确的保护与帮助方法。3. 增强责任意识。
	11	1. 仰卧推起成桥。2. 游戏：彩虹桥。	学习有人扶的仰卧推起成桥动作，体会两脚蹬地、挺髋、伸膝的同时两手置于肩上推撑垫成桥。	平衡能力：1. 单脚平衡摸物。2. 平衡球游戏。3. 燕式平衡。4. 闭眼单脚站。	1. 有人扶的仰卧推起成桥动作展示。2. 游戏：彩虹桥。3. 平衡小达人挑战赛。	学习仰卧推起成桥评价标准与方法。	在合作练习中学会保护与帮助同伴完成仰卧推起成桥动作。	1. 动作协调、连贯，保护与帮助及时到位。2. 积极参与，认真练习。3. 积极分享。
	12	1. 仰卧推起成桥。2. 各种跳跃游戏。	巩固练习仰卧推起成桥动作，体会两脚蹬地、挺髋、伸膝的同时两手置于肩上推撑垫成桥。	肌肉耐力、爆发力：1. 单脚跳。2. 交叉跳。3. 弓步跳。4. 跳台阶。	1. 仰卧推起成桥动作展示。2. 最佳队友评选。	学习仰卧推起成桥动作欣赏与评价方法。	观看同学卧推起成桥动作做简要分析与评价。	1. 正确做出蹬地、挺髋、伸膝、推撑技术。2. 练习积极，懂得自我保护。3. 坚持到底，不断挑战自我。

续表

具体要求	13	1. 韵律操的健身价值。 2. 韵律操编排特点。 3. 韵律操基本步伐、手型、手臂动作组合。 4. 体能练习。	1. 学习、运用韵律操基本步伐、手型、手臂动作组合的基本组合方法。 2. 体验韵律操节奏变化。	柔韧性： 1. 正踢腿。 2. 侧踢腿。 3. 正压腿。 4. 侧横劈叉。 5. 纵叉。	1. 韵律操基本步伐串联展示。 2. 节奏大师。	1. 学习韵律操运动规则与裁判方法。 2. 学习韵律操的欣赏与评价方法。	学习欣赏韵律操的基本方法，展示韵律操组合练习，并做出评价。	1. 能说出基本步伐名称。 2. 体态优美。 3. 敢于展示、评价自己与他人。
	14	1. 韵律操舞蹈在我国的发展过程。 2. 韵律操"健康到到令"1～2节。 3. 体能练习。	1. 了解基本步伐的重要性。 2. 练习中运用所学基本步伐、手型、手臂动作，体验不同的组合方式。	下肢肌肉力量、协调性： 1. 原地变速跳。 2. 跳绳。 3. 蹲跳起。 4. 十字跳。	1. 韵律操组合动作展示。 2. 十字跳比赛。	学习韵律操"健康到到令"1～2节评价标准与方法。	能基本判断动作的对错，并进行评价。	1. 动作准确，动作幅度大。 2. 心情愉悦，享受运动。 3. 能正确对待批评与表扬。
	15	1. 韵律操"健康到到令"3～4节。 2. 体能练习。	体验不同的节奏变化。	协调性、肌肉力量： 1. 小马跳。 2. 后踢腿。 3. 俯身登山跑。 4. 2分钟跳绳。	1. 小组韵律操展示。 2. 2分钟跳绳计数比赛。	学习韵律操"健康到到令"3～4节评价标准与方法。	同学、小组之间相互评价动作，并指出存在的问题，提出改进办法。	1. 动作舒展，节奏感强，有弹性。 2. 能主动帮助别人，人际关系良好。 3. 敢于展示，尊重他人。
	16	1. 韵律操"健康到到令"5～6节。 2. 体能练习。	分析动作组合，了解动作重难点。	下肢肌肉力量： 1. 跳起半蹲落地。 2. 单腿左右跳。 3. 跳箱。 4. 跨越障碍。	1. 身体姿态展示。 2. 跳跃能力挑战赛。	学习韵律操"健康到到令"5～6节评价标准与方法。	通过讲解与分组练习及纠错过程，建立学生正确动作认知，并互相做简单的评价纠错。	1. 动作衔接流畅。 2. 精神饱满，积极参与游戏。 3. 勇于克服困难，不怕苦，不怕累。
	17	1. 韵律操"健康到到令"完整动作组合。 2. 创编与展示。	1. 分析小组成员技术掌握情况及表现风格。 2. 尝试创编开场和结束造型并在展示中运用队形变化。	柔韧性： 1. 体前屈。 2. 前搬腿。 3. 侧搬腿。 4. 胸腰练习。	1. 单人成套动作展示。 2. 小组成套动作展示。	学习韵律操创编方法与评价方法。	组织学生观看韵律操视频，学生结合学习内容分享体会。	1. 动作协调，姿态优美。 2. 学练认真，积极性高。 3. 勇于克服困难。
	18	1. 前滚翻交叉转体起立。 2. 后滚翻交叉转体挺身跳前后滚翻。 3. 仰卧推起成可以桥。 4. 韵律操。	1. 在考核中熟练运用所学裁判规则与方法组织考核。 2. 测试中会运用裁判方法、记录方法组织测试。	协调性、柔韧性、平衡能力： 1. 前滚翻交叉转体起立。 2. 后滚翻交叉转体挺身跳前后滚翻。 3. 仰卧推起成可以桥。 4. 韵律操。	小组分别进行考核。	学习体操运动规则与裁判方法。	1. 对小组考核情况进行简要的总结和评价，改进提高。 2. 赛后总结、交流比赛感受并客观公正地评价本人及其他同学情况，客观总结比赛胜负。	1. 掌握测试流程与方法。 2. 积极参与，信任同伴。 3. 胜任运动角色，服从安排，遵守规则，公平竞争，正确对待比赛胜负。

续表

核心素养	大单元评价 评价内容	评价方法
运动能力	1. 能说出所学技巧动作相关技术要领，熟悉体操项目健康知识，规则与裁判法。 2. 不同情境下技巧单个技术动作及组合动作（前滚翻、后滚翻、仰卧推起成桥、韵律操基本步伐等）展示。 3. 学会选择适宜的体能练习方法和手段，掌握体能测试流程和评价方法。 4. 能在比赛或展示中运用所学技术，敢于展示所学技术。	1. 等级评价（优秀、良好、合格、需要努力）。 2. 生生互评（口头评价、分值评价）。 3. 学生自评（个人展示、自身对照）。 4. 教师点评（口头评价、分值评价）。
健康行为	1. 在课内外练习中，保护与帮助以及自我保护的实施；安全、保护意识的体现。 2. 选择合适的健身方式，保持良好的身体姿态。 3. 及时调整恐惧心理，畏难心理等不良情绪，适应不同情境。 4. 养成安全锻炼习惯，每周保持一定次数的课外体育锻炼。	1. 等级评价（优秀、良好、合格、需要努力）。 2. 学生自评（记录登记）。 3. 家长点评（课后观察、记录登记）。 4. 教师点评（观察记录、口头点评、分值评价）。
体育品德	1. 在课堂上学练态度端正、自信、乐观。 2. 有较强的团队合作意识，积极运用和实施保护与帮助；练习中学会与他人合作完成动作，尊重他人。 3. 能够正确运用评价进行自评、互评，并欣赏和认同其他同学的展示或比赛。	1. 等级评价（优秀、良好、合格、需要努力）。 2. 教师点评（观察记录、口头评价）。

二、体操大单元 2

体操大单元 2

三、体操大单元 3

设计者：程玲　　　单位：成都市中和中学润和分校

	体操大单元 3（技巧运动＋韵律操）
大单元目标	1. 运动能力：让学生了解体操类项目的历史、发展和分类，能熟练掌握并正确执行一系列基本动作，包括滚翻、平衡、跳跃等，加强身体核心力量，提高协调性、平衡能力和柔韧性。 2. 健康行为：学生在体操学习中能够明确并遵守安全规则，树立自我保护意识，懂得团队协助，学会控制自己的情绪，保持积极向上的心态，培养自信心。 3. 体育品德：学生在体操学习中，能学会尊重裁判、尊重对手、遵守规则，养成积极面对困难、自信抗挫、勇于挑战困难的勇气，培养良好的体育精神。

续表

内容要求		基础知识与基本技能	技战术运用	体能	展示或比赛	规则与裁判方法	观赏与评价	评价要点
总体要求		学练前滚翻成直腿坐、侧手翻、肩肘倒立等主要的基本动作技术，以及前滚翻成直腿坐后倒仰卧推起成桥、侧手翻—直立转体—燕式平衡挺身跳等主要的组合动作技术，并描述基本要领；了解技巧运动的相关知识和文化，以及常见技巧运动损伤与处理方法。	在多种技巧运动练习中合理运用主要的基本动作技术和组合动作技术，并将创编的动作运用到个人、小组、班级的游戏或比赛中。	在技巧运动中加强体能练习，如通过横/纵叉、仰卧推起成桥练习发展柔韧性等。	参与技巧运动组合动作展示，参加小组挑战赛；在展示或比赛中做出正确、规范的动作，表现出技巧运动展示或比赛的基本礼仪。	了解技巧运动中动作连贯性与稳定性的比赛规则与裁判方法，能担任组内展示或比赛的裁判。	学习如何观赏技巧运动比赛；每学期通过现场、网络或电视观看不少于8次技巧运动比赛；了解与技巧运动有关的重要比赛，并能对这些比赛进行简要评价。	1. 学生在体操技巧中的动作是否规范、准确、流畅。 2. 学生是否能利用所学知识积极参与课外锻炼，逐步形成锻炼意识和习惯。 3. 学生是否能在保证安全的情况下勇敢挑战自我。
具体要求	1	了解体操技巧组合动作的基本知识与体操技巧保护与帮助方法。	1. 分析体操技巧的练习和比赛中，团队合作的重要性。 2. 分析技巧项目的比赛、编排、风格定位与选择的基本知识。	学习体操技巧中动作练习需要发展的体能。	比一比谁知道的体操技巧动作或组合动作名称多。	懂得欣赏体操技巧不同风格的美，了解简单的规则与裁判分工。	欣赏中国体操队比赛视频。	1. 课前检查学生收集的体操技巧知识。 2. 懂得欣赏和简单评判。
	2	模仿动物做出各种翻、滚，转体游戏。	观察每个同学创编的动作，是否合理、流畅。	1. 俯卧撑。 2. 波比跳。 3. 跪跳起。 4. 左右侧身单手支撑。	1. 各小组比赛，谁模仿的体操动作最多，动作最优美。 2. 体能比拼。	简单运用体操规则对创编动作进行评价。	分组评比展示。	1. 学习控制姿态，有体操意识。 2. 培养认真观察、尊重教练和同伴的态度。
	3	学习前滚翻。	通过模仿，体会前滚翻动作在不同场景中的运用。	1. 收腹控腿。 2. 展腹跳。 3. 双人俯卧击掌。 4. 双人牵手30米折返跑。	闯关挑战——团身紧，滚动圆滑。	学习前滚翻动作的评判要点，团身紧，滚动流畅。	1. 观看前滚翻完整动作示范。 2. 分组展示，小组长分角色评判打分。	1. 掌握基础动作要领。 2. 练习正确的用力方式和身体姿势。 3. 鼓励相互帮助、共同进步。
	4	1. 复习前滚翻。 2. 学习前滚翻成直腿坐。	掌握前滚翻，并结合已学体操技巧进行创编。	1. 平板支撑。 2. 俄罗斯转体。 3. 单脚平衡站。 4. 俯卧两头起。	1. "翻滚君"——比谁从斜板上滚下身体控制得最好。 2. 比哪组创编的动作最多，展示得最优美。	学习前滚翻成直腿坐动作的特点，并有效控制身体的平衡。	各小组内比赛并推选一名队员进行展示，同学们分角色进行评判。	1. 帮助与保护。 2. 团队协助。
	5	1. 复习前滚翻成直腿坐。 2. 仰推起成桥。	明白团队协助，注意帮助与保护是获得成功的关键。	1. 跨步走。 2. 深蹲跳。 3. 俯卧游泳。 4. 高抬腿接加速跑。	1. 小猴子爬行接力。 2. 比一比谁的桥洞最高。	了解仰卧推起成桥技术动作评判标准，并做自我检查。	优秀个人展示。	1. 掌握基础动作要领。 2. 练习正确的用力方式和身体姿势。 3. 鼓励相互帮助、共同进步。

续表

具体要求	6	1. 复习前滚翻成直腿坐。2. 复习仰推起成桥。3. 学习后倒—仰卧推起成桥组合动作。	学习后倒仰卧推起成桥，并结合已学体操技巧进行创编。	1. 双人推小车。2. 连续青蛙跳。3. 负重半蹲提踵。4. 快速跑。	运动小达人：小组为单位完成后倒—仰卧推起成桥组合动作，看哪一组完成得多，完成得好。	小组内相互评判，并进一步学习体操技巧规则。	优秀小组展示其他组评判。	1. 动作规范，身体控制好，有体操意识。2. 培养团队合作精神。
	7	1. 复习分解动作：前滚翻成直腿坐、后倒仰卧推起成桥。2. 前滚翻成直腿坐—后倒—仰卧推起成桥组合动作练习。	分析动作之间的连接转换，如何在展示中让动作更为流畅。	阶段性耐力训练：1. 跳绳。2. 快慢交替耐力跑。	组内比拼，每组推选一名同学参加全班展示。	1. 学习垫上体操比赛规则。2. 学习评价方法及标准。	1. 优秀个人展示，同学评判。2. 观看完整视频，对照自我评价。	1. 练习动作之间的流畅转换。2. 培养团队合作精神。
	8	前滚翻成直腿坐—后倒—仰卧推起成桥组合动作小组考核与展示。	—	阶段性耐力训练：1. 跳绳。2. 快慢交替耐力跑。	1. 各组小组长到教师处进行考核。2. 小组长三人一组分角色交叉对其他小组队员进行考核。	进一步强调体操技巧动作展示的流畅性，力量性，美感。	—	整套动作完成度，体操意识贯彻始终。
	9	侧手翻基础动作学习。	分析运动员心理对动作姿态的影响。	1. 平板支撑。2. 俄罗斯转体。3. 单脚平衡站。4. 俯卧两头起。	小组展示。	小组内互评、互助。	视频展示侧手翻—直立转体—燕式平衡—挺身跳组合动作，让学生进行简单评判。	1. 翻转动作的流畅。2. 克服困难的勇气。
	10	侧手翻—直立转体组合动作。	分析动作创编中，动作组合的流畅性对比赛的影响。	1. 双人推小车。2. 连续青蛙跳。3. 负重半蹲提踵。4. 快速跑。	小组展示。	小组内互评、互助。	侧手翻—直立转体组合动作。	1. 动作的自然流畅。2. 有自我保护意识。
	11	复习侧手翻—直立转体组合动作。	用语言表达侧手翻、直立转体在生活场景中的运用，模拟遇险如何自我保护和避让。	1. 俯卧撑。2. 波比跳。3. 双人收腹举腿。4. 背肌成桥。	小组展示。	1. 小组内互评、互助。2. 分组展示时，小组间运用所学规则进行打分。	1. 视频观看侧手翻—直立转体—燕式平衡—挺身跳组合动作展示建立整体认知。2. 教师带领学生对于展示内容进行现场的简要评价体验体操比赛中各角色的工作方法。	1. 动作的自然流畅。2. 有自我保护意识。3. 小组合作，共同进步。
	12	1. 复习侧手翻—直立转体组合动作。2. 学习燕式平衡—挺身跳组合动作。	根据学习的体操技巧动作进行创编，可生活化场景，并做解析、展示。	1. 竖叉、横叉。2. 俯撑开合跳。3. 平板支撑。4. 深蹲跳。	小组创编展示。	1. 小组内互评、互助。2. 分组比赛创编动作，各组代表进行现场评分。	观看视频展示，学生对照评价。	1. 身体姿态的控制。2. 安全保护。3. 小组合作。
	13	复习侧手翻—直立转体—燕式平衡—挺身跳组合动作。	—	1. 竖叉、横叉。2. 俯卧撑。3. 收腹举腿。4. 挺身跳。	组内展示，互评提高。	学习体操动作的评判规则，自我对照评判。	观看展示视频，对照自己的动作，做进一步提高。	1. 身体姿态的控制。2. 安全保护。3. 小组合作，积极参与。

续表

具体要求	14	侧手翻—直立转体—燕式平衡—挺身跳组合动作小组考核与展示。	—	1. 竖叉、横叉。 2. 俯卧撑。 3. 收腹举腿。 4. 单脚交换跳。	1. 各组小组长到教师处进行考核。 2. 小组长三人一组分角色交叉对其他小组队员进行考核。	进一步强调体操技巧动作展示的流畅性，力量性，美感。	—	整套动作完成度，体操意识贯彻始终。
	15	学练韵律操基本步伐4～5个。	学练中能够合理运用基本步伐动作技术。	1. 单脚跳、双脚跳。 2. 开合跳。 3. 并步跳。 4. 转体跳。	根据所学基本步伐动作进行展示，音乐节奏感强。	了解韵律操运动中音乐节奏、动作流畅与表现张力的比赛规则与裁判方法。	1. 观看展示完整视频。 2. 优秀学员展示。	1. 动作规范，能把控音乐节奏。 2. 积极健康的学习态度。
	16	学练韵律操上肢动作组成的8个八拍韵律操2～3个。	步伐+上下肢组合动作步伐练习。	1. 单脚跳、双脚跳。 2. 开合跳。 3. 并步跳。 4. 转体跳。	结合所学基本步伐动作和上肢动作进行展示，在比赛中展现出青春活力，音乐节奏感。	了解韵律操运动中音乐节奏、动作流畅与表现张力的比赛规则与裁判方法。	1. 观看展示完整视频。 2. 优秀小组或个人展示。	勇于展现自我。
	17	初步掌握韵律操基本动作技术和组合技术动作。	能够进行简单动作创编。	1. 单脚跳、双脚跳。 2. 开合跳。 3. 并步跳。 4. 转体跳。	能够通过所学基本动作进行简单创编，在比赛中展现出青春活力，音乐节奏感强，表现出比赛基本礼仪。	能够担任个人或组内展示或比赛的裁判，了解简单创编动作的规则。	1. 观看展示完整视频。 2. 小组互评创编动作。	1. 动作创编的流畅性。 2. 自我欣赏，敢于展示自己。
	18	发展学生所学韵律操简单动作的衔接和组合联系，进行简易创编。	6～8节拍韵律操自由创编套路。	1. 单脚跳、双脚跳。 2. 开合跳。 3. 并步跳。 4. 转体跳。	分组展示。	能够担任组内展示或比赛的裁判，对创编动作讨论进行点评。	1. 小组互评。 2. 组内欣赏。	1. 参与小组合作的积极性。 2. 尊重小组成员。 3. 懂得欣赏与评价。

大单元评价（对应大单元目标写）

核心素养	评价内容	评价方法
运动能力	1. 前滚翻成直腿坐—后倒—仰卧推起成桥组合动作考核。 2. 侧手翻—直立转体—燕式平衡—挺身跳组合动作考核。	优秀：整套动作质量好，成直线，动作的稳定性高，动作连贯，节奏感强，姿态优美，体操意识贯彻始终。 良好：能完成整套动作组合，单个动作不够规范，衔接节奏感稍差，体操姿态不够优美。 合格：不能完成组合动作，只能完成个别单个动作，缺乏体操意识。
健康行为	1. 安全意识。 2. 锻炼习惯。	观察评价、口头测评、小组评价
体育品德	1. 意志品质。 2. 尊重他人。 3. 团队精神。	课堂表现、团队展示、教师评价、小组评价

四、体操大单元4

体操大单元4

五、体操大单元 5

设计者：杨雪梅　　　　单位：四川省成都市第七中学初中学校

<table>
<tr><td colspan="8" align="center">体操大单元 5（技巧运动）</td></tr>
<tr><td rowspan="3">大单元
目标</td><td colspan="7">1. 运动能力：学生通过对本单元的学习，95%及以上的学生能够在无保护与帮助的情况下独立完成各个技巧技术动作以及组合技术动作；能够运用所学动作进行组合编排，同时能够在班级、年级的展示赛或挑战赛中大胆展示，挑战自我；能够运用所学技巧规则及评价标准有效开展自评、互评，欣赏和评价不同级别的体操比赛；通过不同的练习方法发展学生的身体控制、柔韧性、协调性、力量等各项体能，提升学生的体能水平。</td></tr>
<tr><td colspan="7">2. 健康行为：通过学习，学生能够养成良好的体操锻炼习惯，在生活中拥有正确身体姿态，运用体操技巧运动的健身知识、技术和技能进行自我锻炼，培养良好运动习惯，发展柔韧性、肌肉耐力、协调性和肌肉力量等；通过课内的展示、课外的锻炼能够有效调控自己的不良情绪，在学习与挑战过程中，增强运动的安全意识，保持乐观积极的学习心态。</td></tr>
<tr><td colspan="7">3. 体育品德：在体操的展演和竞赛活动中能够展现自信、积极、乐观、勇于拼搏的精神风貌，表现出对美好事物的欣赏和认同，同时培养意志顽强、敢于挑战自我的学习精神以及团结合作、互助友爱的学习品质。</td></tr>
<tr><td colspan="2">内容
要求</td><td>基础知识与基本技能</td><td>技战术运用</td><td>体能</td><td>展示或比赛</td><td>规则与
裁判方法</td><td>观赏与评价</td><td>评价要点</td></tr>
<tr><td colspan="2">总体
要求</td><td>学习体操项目的分类、技巧运动的特点、锻炼价值等；复习、巩固已学技巧动作，学习鱼跃前滚翻、头手倒立等难度动作，提高身体的控制能力，理解各技术动作基本原理；学会技巧运动保护与帮助等基本技能；能进行组合动作创编；制订相应的训练计划，用于指导课后锻炼。</td><td>能够结合团队及个人特点，将所学技巧技术动作、健美操动作技术运用到个人和小组练习中，同时也能够结合团队成员特点，进行小组创编技巧运动的成套动作。</td><td>在技巧运动学习过程中，了解技术、技能、体能间的相互关系；掌握体能发展与体操技能学习的价值关系；掌握发展体能的练习方法，提升自身肌肉力量耐力、协调、柔韧等素质的同时并用于指导自身课后锻炼。</td><td>参与技巧运动单个技术动作或者组合动作展示；在技巧项目中能够做到动作正确、规范和连贯，并参与小组间成套动作创编比赛或者不同类别的个人展示赛、团体展示赛以及专项体能挑战赛等。</td><td>理解体操及技巧运动比赛规则和裁判方法，担任组内展示或者比赛的裁判，能判断动作质量并正确执裁；能够以个人或小组为单位学习并进行不同类别比赛的组织与编排，并主持相应的比赛。</td><td>关注体操项目以及技巧运动比赛的相关信息，学期内通过现场、网络或电视观看一定次数的技巧运动比赛，提高对该运动项目的认知；能够选择某场高水平的竞技技巧运动比赛做出分析与评析；在课堂中能够正确欣赏和评价各类比赛。</td><td>—</td></tr>
<tr><td rowspan="3">具体
要求</td><td>1</td><td>1. 体操技巧的动作分类、动作原理、锻炼价值。
2. 技巧项目保护与帮助的原则。</td><td>分析技巧项目的比赛、编排、风格定位与选择的基本知识。</td><td>学习体操技巧要发展的体能，并结合技巧技术动作分析该动作需要发展的体能。</td><td>体操基本知识竞答赛。</td><td>学习技巧比赛规则、要求、评分规则及裁判员分工等。</td><td>观看《中国体操队——世界看我表现》纪录片。</td><td>1. 理解并进行技巧项目基本知识、规则的竞答和应用。
2. 课后进行知识的查找与补充。</td></tr>
<tr><td>2</td><td>1. 复习翻滚类技巧动作。
2. 学习远撑前滚翻。
3. 学习鱼跃前滚翻。</td><td>分析翻滚类技巧动作特点以及在成套动作展示中的作用。</td><td>腰腹力量：
1. 举腿卷腹。
2. 仰卧屈膝。
3. 仰卧交叉蹬腿。
4. 侧卧举腿。</td><td>1. 双人前滚翻配合展示。
2. 双人挺身跳接鱼跃前滚翻展示赛。
3. "滚雪球"比赛。</td><td>学习滚翻类技术动作的展示规则及评分要点。</td><td>分组对展示赛进行评分和评价。</td><td>1. 滚翻有腾空、前滚圆滑、撑垫屈臂有控制。
2. 保护与帮助合理，积极展示评价。</td></tr>
<tr><td>3</td><td>1. 学习肩肘倒立。
2. 肩肘倒立—前滚成蹲立。</td><td>分析肩肘倒立技术动作的重难点以及在展示比赛过程中的得分点。</td><td>柔韧性：
1. 立体体前屈。
2. 跪立位后屈。
3. 横叉。
4. 竖叉。</td><td>1. "高矮胖瘦"小组比赛（肩肘倒立的夹肘、伸腿髋技评）。
2. 小组合作肩肘倒立造型展示（举腿展髋3秒以上）。</td><td>学习展示赛的评价规则和展示要求；学生分工完成展示赛的组织、执裁工作。</td><td>学生之间对技术动作的完成情况，以及保护与帮助的正确性及精准性进行相互评价打分。</td><td>1. 肩肘倒立腰背挺直，前滚成蹲立团身时机合适。
2. 保护与帮助的方法和时机正确。
3. 坚持不懈，勇于挑战。</td></tr>
</table>

续表

具体要求	4	1. 复习肩肘倒立—前滚成蹲立。 2. 学习肩肘倒立—前滚成分腿起。 3. 学习肩肘倒立—经单肩后滚成半劈腿。	学习肩肘倒立的拓展练习、编排方法，确定在成套动作中的展示时机。	下肢力量： 1. 小马跳。 2. 开合跳。 3. 跨步跳。 4. 连续蛙跳。	1. "直角尺"大赛（肩肘倒立角度大比拼）。 2. 肩肘倒立时间大比拼。	学习肩肘倒立评价标准与方法。	分小组进行技术动作展示的评分。	1. 夹肘内收撑腰，伸髋挺腹腿蹬直。 2. 能够判断肩肘倒立动作质量，并能做出评价。
	5	1. 复习挺身跳。 2. 学习燕式平衡。 3. 完成手扶器械的控腿、控重心练习。	分析燕式平衡的平衡技术以及在展示中的亮点。	柔韧性： 1. 垫上跨栏坐。 2. 垫上体前屈。 3. 垫上青蛙趴。 4. 弓步后仰拉伸。	燕式平衡个人挑战赛（动作规范与时间长短决胜负）。	学习燕式平衡的评价标准与方法。	观看优秀运动员燕式平衡展示。	1. 支撑腿绷直，控制平衡，后举腿直、膝高于臀。 2. 说出燕式平衡技术的2个练习方法。
	6	1. 学习跪跳起。 2. 鱼跃前滚翻—后滚成肩肘倒立—前滚成蹲立—挺身跳（男）。 3. 前滚翻—后滚成肩肘倒立—前滚成蹲立—燕式平衡—挺身跳（女）。	分析运动员能力强弱、心理稳定性以及对手特点确定小组出场顺序。	柔韧性： 1. 弓步下压。 2. 侧压腿。 3. 后甩腰。 4. 腰旋转。	1. 空中跳跃姿势小组定格赛（以拍照的形式，设计2个跳跃动作）。 2. 组合动作展示。	技巧动作完整展示规则和要求。	1. 观看体操皇后刘璇的故事——挫折与成长。 2. 完整动作小组互评。	1. 流畅、连贯地完成2～3次组合动作。 2. 能够判断组合动作质量，并能做出评价。
	7	1. 复习技巧组合动作。 2. 学习单个技术动作的创编。 3. 所学技巧动作的重组与创编。	男女生根据成套动作特点及风格选择相应的音乐。	爆发力： 1. 抗阻提膝。 2. 抗阻摆腿。 3. 抗阻单腿画圆。 4. 抗阻横拉。	1. 技巧动作挑战赛。 2. 组合动作小组创编赛（创编2个组合动作）。	1. 技巧动作完整展示的评价要点及方法。 2. 创编展示中得分点的分析与评价方法。	1. 观看高级别体操创编和展示视频。 2. 完整组合动作的展示与评价。	1. 组合动作流畅协调，姿态优美。 2. 能够判断组合动作以及创编动作质量，并能做出评价。
	8	1. 鱼跃前滚翻—交叉转体180°—后滚成肩肘倒立—前滚成蹲立—挺身跳（男）。 2. 前滚翻—交叉转体180°—后滚成肩肘倒立—前滚成蹲立—燕式平衡—挺身跳（女）。 3. 技巧动作组合创编。	分析小组成员技术掌握及表现特点，设计比赛进出场的亮相。	协调性： 1. 提膝跳。 2. 十字跳。 3. 团身跳。 4. 分腿跳。	1. 组合技术动作展示。 2. 技巧动作组合创编展示。	按照体操组合动作评分标准进行评分，如技巧"前滚翻直角坐接肩肘倒立"（身体姿态、身体控制能力、动作的稳定性）、"鱼跃前滚翻"（腾空高度远度及空中身体姿态）等。	欣赏其他同学的展示，同时能够根据动作标准正确评价。	1. 在比赛情境中完成成套动作的展示，动作连贯、流畅，姿态优美。 2. 欣赏同伴的动作，并结合技巧动作规范做出评价。 3. 礼貌观赏，比赛前中后合理调控情绪和心理。
	9	1. 学习技巧倒立类动作的特点。 2. 有人扶持的手倒立。 3. 侧起手倒立。	探究影响技巧倒立类动作完成的因素，以及在比赛过程中如何克服这些因素。	上肢及腰腹力量： 1. 单杠支撑。 2. 慢速俯卧撑。 3. 平板支撑。 4. 肋木收腹举腿。	1. 默契挑战赛：两人一组，一人做手倒立，一人保护与帮助。 2. 比赛：跳背接力。	讲解技巧倒立类动作的评分规则和完成要求，以及保护与帮助时机的正确性与精准性。	同学、小组之间相互评价动作，并指出存在的问题，提出改进办法。	1. 蹬摆协调配合、直臂顶肩成倒立。 2. 同伴间相互配合、正确保护。 3. 调整恐惧心理，大胆做动作。

续表

具体要求	10	1. 靠墙练习手倒立和分腿手倒立。2. 手倒立前滚翻。3. 学习侧手翻。	探究手倒立在动作创编的过程中能够有哪些动作的变化和衍生，在比赛中哪些动作能够出彩加分。	平衡及下肢力量：1. 单腿站立。2. 海绵垫单脚站立。3. 单边负重单腿硬拉。4. 两人一组辅助单腿硬拉。	1. 手倒立展示赛（无保护与帮助）。2. 游戏："障碍过河"（利用体操垫）。	学习手倒立技术动作的评价要点及评分规则。	学生分组欣赏同学完成的手倒立动作，同时进行评分和总结。	1. 能够做出直臂支撑、提臀蹬摆腿动作。2. 学会保护和帮助的方法，同时能进行自我保护练习。
	11	1. 靠墙做侧起手倒立或分腿倒立。2. 复习侧手翻。3. 学习屈臂支撑的静力性练习。	技巧团队展示赛中，探究如何能够做到侧手翻整齐划一。	柔韧性：1. 坐位体前屈。2. 横叉。3. 纵叉。4. 辅助下腰。	1. 侧手翻接力赛。2. 游戏：30秒俄罗斯卷腹接力。	学习侧手翻技术动作的评价要点及评分规则。	在比赛过程中评价同学侧手翻的技术动作质量。	1. 侧手翻收腹、蹬摆快速、四肢伸直、保持平衡。2. 说出侧手翻2个及以上的辅助练习方法。
	12	1. 学习头手倒立。2. 进行有保护和帮助的头手倒立蹬摆练习。3. 练习头手倒立的自我保护方法。	讨论技巧运动中是否使用道具，以及道具的使用在展示或比赛中的意义和价值。	腰腹力量：1. 俯撑并腿两头翘起。2. 仰卧交叉腿或上下打腿。3. 俯卧两腿上下击打。4. 俯卧左右分腿交叉。	静力支撑挑战赛：选择一种已学的静力支撑动作，完成支撑并计时。	循序渐进学习不同难度静力支撑的动作评价要点的规则。	小组内对同伴选择和展示的动作进行欣赏和评价。	1. 在保护与帮助下，体会蹬摆的协调配合以及头手的支撑。2. 学会同伴间的相互保护和自我保护，克服恐惧心理。
	13	1. 在保护与帮助下进行头手倒立练习。2. 双腿慢起头手倒立。3. 双脚蹬地团身起的头手倒立。4. 头手倒立—前滚成蹲立（或成两腿交叉蹲立）。	在已学内容的基础上，结合团队队员特点，自主尝试或结伴尝试变化头手倒立的不同起法及结束方法。	平衡能力：1. 闭眼单腿站立。2. 保加利亚蹲。3. 平衡木行走。4. 单腿低跳箱。	分组展示头手倒立及头手倒立的拓展练习。	学习头手倒立技术动作的评价要点及评分规则。	在同伴展示过程中，分组对头手倒立的技术动作进行欣赏和评价。	1. 头手倒立蹬摆协调、夹肘紧腰臀固定、重心落在三角形支撑面中。2. 说出头手倒立2个及以上的辅助练习方法。
	14	1. 学习经单肩后滚成跪撑平衡。2. 在保护与帮助下反复练习经单肩后滚成跪撑平衡。	探究经单肩后滚成跪撑平衡在技巧比赛中作为亮相动作的时机。	协调性：1. 药球抛接练习。2. 药球击靶投掷。3. 熊爬。4. 猫爬。	两人一组展示经单肩后滚成跪撑平衡不同的保护与帮助。	讲解动作的评分规则和完成要求，以及保护与帮助时机的正确性与精准性。	同学、小组之间相互评价动作，并指出存在的问题，提出改进办法。	1. 注意后倒翻臀头侧屈，分腿经单肩后滚的时机。2. 学会不同的保护与帮助方法，并运用。
	15	1. 完整的经单肩后滚成跪撑平衡练习。2. 经单肩后滚成半劈腿。3. 肩肘倒立—经单肩后滚成跪撑平衡。	在做出完整的经单肩后滚成跪撑平衡前提下，结合肩肘倒立变化4个腿部的动作，应用于团队的创编中。	协调性、灵敏性：1. 乾坤大挪移：顺时针进行波比跳轮换方位练习。2. 躲避球游戏。3. 照镜子。4. 跳跃障碍。	分组展示头手倒立经单肩后滚翻成跪撑平衡及拓展练习。	学习经单肩后滚翻成跪撑平衡技术动作的评价要点及评分规则。	在同伴展示过程中，分组对经单肩后滚翻成跪撑平衡的技术动作进行欣赏和评价。	1. 跪撑平衡保持对身体的平衡及身体姿态的控制。2. 能够说出3种及以上的辅助练习方法。

续表

具体要求	16	1. 头手倒立—前滚成交叉蹲立转体180°—后滚翻—肩肘倒立—前滚成蹲立—鱼跃前滚翻—挺身跳（男）。 2. 前滚翻成直腿坐—肩肘倒立—经单肩后滚成跪撑平衡—跪立—跪跳起（女）。	分析小组成员技术掌握情况及表现风格。	腰腹力量： 1. 俯撑或侧撑的静力性练习。 2. 仰卧击足。 3. 俯卧两头起。 4. 仰卧左右分腿。	分组进行成套动作展示。	分组集体讨论组织体操比赛的方案，制定系列达标赛的要求和规则，并评选出最佳方案。	组织学生观看国内、国际体操重大赛事视频，学生结合学习内容分享体会。	1. 组合动作流畅、连贯协调、姿态优美。 2. 能够判断组合动作质量，并做出评价。 3. 在反复练习的过程中调控不良情绪。
	17	1. 技巧组合成套动作复习。 2. 技巧动作组合创编。	分析技术动作的难点和得分点、图形创编的特点，并结合成套组合动作的原则和要求进行应用。	心肺耐力： 1. 负重侧平举。 2. 负重屈臂上举。 3. 负重舞蹈动作组合。 4. 跳绳。	技巧测试模拟赛（循序渐进地进行不同形式技巧单个动作、组合动作、成套动作模拟比赛）。	组织"我是裁判"考核赛。	利用现代信息手段，录制技巧成套动作，对视频资料进行欣赏分析。	1. 在比赛情境中完成成套动作的展示，动作连贯、流畅，姿态优美。 2. 欣赏同伴的动作，并结合技巧动作规范做出评价。
	18	1. 规定成套动作考核。 2. 个人技巧展示赛。 3. 团体技巧组合创编展示赛。	根据创编的特点和风格，选择合适的服装，并决定小组成员出场顺序。	在挑战赛中发展综合体能。	学生需参加规定内容的比赛（技巧组合动作加一项身体素质），还需要根据选择参加自编新组合比赛。	确定竞赛委员会，制定技巧挑战赛的内容、组织方法、评分标准、编排秩序册、设计奖励项和颁奖仪式。	学生轮流承担不同角色的工作并参与到现场比赛中，进行欣赏评价、打分。	1. 自我展示，认真观察同伴展示。 2. 能公正、公平地进行自我评价、小组评价。 3. 在赛事中调整情绪以及对环境的适应能力。

大单元评价

核心素养	评价内容	评价方法
运动能力	1. 技巧运动知识竞答，展示评价规则实践。 2. 不同情境下技巧单个技术动作及组合动作（翻滚、支撑平衡、倒立、跳跃等）展示。 3. 学练过程中的综合体能测评。	1. 等级评价（优秀、良好、合格、需要努力）。 2. 生生互评（口头评价、分值评价）。 3. 学生自评（个人展示、自身对照）。 4. 教师点评（口头评价、分值评价）。
健康行为	1. 在课内外练习中，保护与帮助以及自我保护的实施；安全、保护意识的体现。 2. 课内外保持良好的身体姿态。 3. 及时调控恐惧心理，畏难心理等不良情绪，适应不同情境。 4. 每周保持一定次数的课外体育锻炼。	1. 等级评价（优秀、良好、合格、需要努力）。 2. 学生自评（记录登记）。 3. 家长点评（课后观察、记录登记）。 4. 教师点评（观察记录、口头点评、分值评价）。
体育品德	1. 在课堂上学练态度端正、自信、乐观。 2. 有较强的团队合作意识，积极运用和实施保护与帮助。 3. 能够正确运用评价进行自评、互评，并欣赏和认同其他同学的展示或比赛。	1. 等级评价（优秀、良好、合格、需要努力）。 2. 教师点评（观察记录、口头评价）。

六、体操大单元6

体操大单元6

七、体操大单元7

设计者：李 窑　　　　单位：成都市中和中学润和分校

<table>
<tr><td colspan="8" align="center">体操大单元7（技巧运动）</td></tr>
<tr><td>大单元目标</td><td colspan="7">1. 运动能力：积极参与不同形式滚翻动作、肩肘倒立、头手倒立、手倒立、侧手翻和技巧组合的学练，在体验中进一步认识技巧运动的锻炼价值和意义；掌握各种前（后）滚翻、后滚翻直腿起组合动作，正确做出前滚翻（鱼跃前滚翻）、肩肘倒立、头手倒立、手倒立、侧手翻动作，发展上肢、腰腹肌肉力量、灵敏性、柔韧性、爆发力、身体控制能力等，规范地完成技巧成套动作，合作完成技巧组合动作的创编；积极参加体能练习，如柔韧、协调，以及上肢力量和腹背肌力量，为学习体操运动打好基础。
2. 健康行为：知道体操项目中技巧运动的实用价值，养成体操意识；在学练时，能调控自己的情绪，主动与同伴交流；加强动作技术与生活实际的联系，理解并主动运用技巧和跳跃技术的安全知识；学会自我保护，能在生活中学以致用。
3. 体育品德：对学习技巧动作充满自信，在小组学练中，能够主动观察、相互保护与帮助，积极合作，表现出勇敢、自信、团结协作的精神；在技巧展示或比赛中，积极进取，勇于挑战自我，遵守规则，敢于担当，勇敢顽强。</td></tr>
<tr><td>内容要求</td><td>基础知识与基本技能</td><td>技战术运用</td><td>体能</td><td>展示或比赛</td><td>规则与裁判方法</td><td>观赏与评价</td><td>评价要点</td></tr>
<tr><td>总体要求</td><td>1. 基础知识：知道技巧运动的起源、项目特点、锻炼价值等；学会制订并实施学练计划：练习时间、练习内容、练习次数等。
2. 基本技能：掌握技巧运动中基本动作的保护与帮助的方法、掌握技巧组合动作及并加以运用。</td><td>1. 单个动作的练习，不同形式的滚翻组合动作、越过各种障碍的鱼跃前滚翻和倒立动作的学练。
2. 运用所学的技巧动作进行不同形式的创编。</td><td>1. 柔韧性：肩部、腰部、下肢（包括并腿体前屈、分腿体前屈、纵劈腿、横劈腿等）。
2. 上肢力量：平板支撑、俯卧撑、倒立支撑等。
3. 下肢力量：开合跳、蛙跳、小分腿跳等。
4. 多种形式的滚翻、倒立、平衡练习，发展上肢、腰腹肌肉力量、灵敏性、柔韧性、爆发力、身体控制能力等。</td><td>1. 个人规定/自编组合动作的完成。
2. 小组内组合动作的展示。
3. 班级内的组合动作展示；期末考核。</td><td>1. 规则：每一次单独动作，或每一个组合动作开始前的示意，每一个动作或一套组合动作完成后的亮相。
2. 裁判：判断动作的质量，并做出评价；担任小组长或比赛的裁判员。</td><td>学会观赏体操比赛，同时大胆展示体操组合动作；边练边赛增加学生学习兴趣，同时明确体操动作在生活中的运用；观赏体操比赛，提高同学们学习积极性；学生当裁判点评、教师当总裁判，使学生学会自评、互评、他评，同时更进一步了解体操比赛规则。</td><td>—</td></tr>
<tr><td rowspan="3">具体要求</td><td>1</td><td>技巧运动的特点和锻炼的价值。</td><td>1. 体操练习和比赛中灵活使用保护与帮助方法。
2. 在现实生活及应试中运用体操技术。</td><td>1. 背起。
2. 仰卧交换举腿。
3. 仰卧蹬小车。
4. 坐位体前屈。</td><td>游戏、教学赛，体操基本知识抢答。</td><td>学习技巧比赛规则、要求、评分规则及裁判员分工等。</td><td>1. 两人一组相互学习和评价。
2. 相互评价，观看体操类比赛视频。</td><td>1. 理解并进行技巧项目基本知识和锻炼价值。
2. 课后进行知识的查找与补充。</td></tr>
<tr><td>2</td><td>前滚翻，后滚翻。</td><td>1. 知道滚翻与平衡组合动作的编排方法。
2. 能熟练地完成滚翻与平衡组合动作，动作要规范、姿态优美、衔接流畅。</td><td>1. 仰卧踢腿。
2. 侧卧踢腿。
3. 仰卧交换举腿。
4. 坐位体前屈。</td><td>1. 两人一组滚翻展示。
2. 体能比赛。</td><td>学习前滚翻、后滚翻动作的规则与裁判方法。</td><td>1. 自己能评价自己的动作。
2. 观看同学的动作后能评价同学动作的完成度。</td><td>1. 滚翻有腾空、前滚圆滑，撑垫屈臂有控制。
2. 保护与帮助合理，积极展示评价。</td></tr>
<tr><td>3</td><td>后滚翻，直腿起。</td><td>1. 知道直腿后滚翻的动作要领和练习方法。
2. 在保护帮助下初步掌握直腿后滚翻动作。</td><td>1. 举腿卷腹。
2. 仰卧屈膝。
3. 平板支撑。
4. 俯卧撑。</td><td>1. 小组动作展示，班上进行动作展示。
2. 体能比赛。</td><td>学习体操翻滚动作及组合动作的规则与裁判方法。</td><td>1. 两人一组相互学习和评价。
2. 观看同学的动作后能评价同学动作的完成度。</td><td>1. 滚翻有腾空、前滚圆滑，撑垫屈臂有控制。
2. 保护与帮助合理，积极展示评价。</td></tr>
</table>

第四章 体操运动

续表

具体要求	4	肩肘倒立、肩肘倒立接前滚翻。	1. 能说出肩肘倒立动作要领，知道保护与帮助方法。2. 熟练掌握肩肘倒立动作，合作完成组合动作编排。	1. 两人一组推小车。2. 仰卧踢腿。3. 侧卧踢腿。4. 背起。	1. 两人一组合作展示动作。2. 体能比赛。	学习体操翻滚动作及组合动作的规则与裁判方法。	分组对动作的衔接、完成度等进行评价。	1. 肩肘倒立腰背挺直，前滚成蹲立团身时机合适。2. 保护与帮助的方法和时机正确；坚持不懈，勇于挑战。
	5	滚翻技巧动作组合练习与创编。	1. 体操练习和比赛中灵活使用保护与帮助方法。2. 在现实生活及应试中运用体操技术。3. 学会发展体能方法。	1. 立位体前屈。2. 分腿体前屈。3. 仰卧交换举腿。4. 仰卧蹬小车。	1. 小组成套动作展示。2. 体能比赛。	小组轮流当裁判打分。	分组对展示赛进行评分和评价。	1. 自我展示，认真观察同伴展示。2. 能公正、公平地进行自我评价、小组评价。
	6	鱼跃前滚翻。	1. 体操练习和比赛中灵活使用保护与帮助方法。2. 在现实生活及应试中运用体操技术。3. 学会发展体能方法。	1. 俯撑左右交替提膝。2. 仰卧屈膝分腿卷腹。3. 立位体前屈。4. 分腿体前屈。	1. 个人动作展示。2. 体能比赛。	按照体操组合动作评分标准进行评分，如技巧"前滚翻直角坐接肩肘倒立"（身体姿态、身体控制能力、动作的稳定性）、"鱼跃前滚翻"（腾空高度远度及空中身体姿态）等。	评价鱼跃前滚翻动作的稳定性、完成度。	1. 在比赛情境中完成成套动作的展示，动作连贯、流畅，姿态优美。2. 欣赏同伴的动作，并结合技巧动作规范评价动作。3. 礼貌观赏，比赛前中后合理调控情绪和心理。
	7	越过各种障碍的鱼跃前滚翻。	1. 引体练习保护与帮助方法。2. 在现实生活运用。3. 学会发展体能方法。	1. 仰卧两头起。2. 仰卧抱膝团身起。3. 俯卧撑。4. 平板支撑。	1. 鱼跃前滚翻展示比赛。2. 体能比赛。	按照体操组合动作评分标准进行评分，如技巧"前滚翻直角坐接肩肘倒立"（身体姿态、身体控制能力、动作的稳定性）、"鱼跃前滚翻"（腾空高度远度及空中身体姿态）等。	学生之间对技术动作的完成情况，以及保护与帮助的正确性与精准性进行相互评价打分。	1. 在比赛情境中完成成套动作的展示，动作连贯、流畅，姿态优美。2. 欣赏同伴的动作，并结合技巧动作规范做出评价。3. 礼貌观赏，比赛前中后合理调控情绪和心理。
	8	头手倒立。	1. 体操练习和比赛中灵活使用保护与帮助方法。2. 在现实生活及应试中运用体操技术。3. 学会发展体能方法。	1. 仰卧屈膝半身起。2. 立位体前屈。3. 分腿体前屈。4. 400m跑。	1. 头手倒立比赛。2. 体能比赛。	1. 学习头手倒立的规则与裁判方法。2. 学习体操翻滚动作及组合动作的规则与裁判方法。	分组对鱼跃前滚翻动作的稳定性、完成度进行评价。	1. 在保护与帮助下，体会蹬摆的协调配合以及投头手的支撑。2. 学会同伴间的相互保护和自我保护，克服恐惧心理。
	9	头手倒立接前滚翻。	1. 技术的应用与考核。2. 在现实生活及应试中运用体操技术。3. 学会发展体能方法。	1. 脚撑高处静力性支撑。2. 立位体前屈。3. 分腿体前屈。4. 400m跑。	1. 前滚翻接力赛。2. 体能比赛。	学习体操翻滚动作及组合动作的规则与裁判方法。	分组对动作的衔接、完成度等进行评价。	1. 在保护与帮助下，体会蹬摆的协调配合以及投头手的支撑。2. 学会同伴间的相互保护和自我保护，克服恐惧心理。

续表

具体要求	10	技巧动作组合练习与创编。	熟悉基本动作，并能运用基本动作进行创编组合，在班级展示。	1. 俯卧撑。 2. 仰卧交替肘碰膝。 3. 仰卧起坐。 4. 平板支撑。	基本动作展示与比赛。	1. 学习展示赛的评价规则和展示要求。 2. 学生分工完成展示赛的组织、执裁工作。	小组对创编动作的完成度、动作的创新进行评价。	1. 自我展示，认真观察同伴展示。 2. 能公正、公平地进行自我评价、小组评价。
	11	手倒立。	1. 知道手倒立的动作要领以及保护与帮助方法。 2. 在帮助下初步体会手倒立动作。 3. 主动保护与帮助同伴进行各种手倒立动作的学练，乐于展示和挑战自我。	1. 俯卧撑。 2. 平板支撑。 3. 纵跳。 4. 收腹跳。	1. 手倒立展示。 2. 力量、弹跳挑战赛。	1. 学习手倒立的规则与裁判方法。 2. 学习体操翻滚动作及组合动作的规则与裁判方法。	同学、小组之间相互评价动作，并指出存在的问题，提出改进办法。	1. 蹬摆协调配合、头手成等边三角形做支撑。 2. 同伴间相互配合、正确保护。 3. 调节恐惧心理，大胆做动作。
	12	侧手翻。	1. 知道侧手翻的动作要领与练习方法。 2. 在帮助下基本能完成侧手翻动作。 3. 乐于保护与帮助同伴进行侧手翻动作的学练，消除害怕心理。	1. 蹲跳起。 2. 收腹跳。 3. 仰卧起坐单腿上举。 4. 坐姿收腿。	1. 侧手翻展示。 2. 侧手翻接力赛。	1. 学习侧手翻的规则与裁判方法。 2. 学习体操翻滚动作及组合动作的规则与裁判方法。	在比赛过程中评价同学侧手翻的技术动作质量。	1. 在保护与帮助下做出3～5次侧手翻的动作。 2. 可以说出侧手翻2个及以上的辅助练习方法。
	13	复习手倒立、侧手翻。	熟悉动作，描述动作名称在班级展示、比赛。	1. 俯卧撑。 2. 平板支撑。 3. 纵跳。 4. 收腹跳。	1. 跳绳挑战赛。 2. 组合动作表演展示。	1. 学习体操比赛开始前和结束后的规则。 2. 判罚并打分。	在展示中评价同学动作的完成度，思考为什么别人可以完成。	1. 在保护与帮助下做出3～5次侧手翻的动作。 2. 可以说出侧手翻2个及以上的辅助练习方法。
	14	技巧动作组合练习与创编。	1. 初步了解体操术语的构成，懂得技巧组合动作编排的方法。 2. 能与同伴合作完成技巧组合的编排。 3. 在技巧组合编排中能积极思考，勤于练习。	1. 3分钟跳绳。 2. 俯卧撑。 3. 纵劈腿。 4. 横劈腿。	1. 俯卧撑挑战赛。 2. 组合动作表演展示。	1. 说出小组动作的得分点。 2. 打分并评价动作的质量。	小组对创编动作的难易程度、动作的整齐度进行评价。	1. 自我展示，认真观察同伴展示。 2. 能公正、公平地进行自我评价、小组评价。
	15	技巧动作组合练习与创编。	1. 初步了解体操术语的构成，懂得技巧组合动作编排的方法。 2. 能与同伴合作完成技巧组合的编排。 3. 在技巧组合编排中能积极思考，勤于练习。	1. 蹲跳起。 2. 收腹跳。 3. 立位体前屈。 4. 分腿体前屈。	1. 倒立比久。 2. 成套动作表演展示。	1. 说出小组动作的得分点。 2. 打分并评价动作的质量。	小组对创编动作的完成度、动作的创新进行评价。	1. 自我展示，认真观察同伴展示。 2. 能公正、公平地进行自我评价、小组评价。

续表

具体要求	16	技巧成套动作。	1. 能说出技巧成套动作的术语名称和连接顺序。 2. 较好地完成成套动作，动作规范、姿势正确、连接流畅。 3. 能相互观察、相互纠正动作，并积极展示自己的动作。	1. 坐姿仰卧收腹。 2. 仰卧两头起。 3. 仰卧起坐。 4. 半蹲跳。	成套动作表演展示。	1. 组织一场体操比赛。 2. 打分并评价动作的质量。	分组评价组合动作的衔接、动作的完成度、连贯性、稳定性和节奏感。	1. 自我展示，认真观察同伴展示。 2. 能公正、公平地进行自我评价、小组评价。
	17	技巧成套动作。	1. 熟悉动作小组创编队形。 2. 小组展示、比赛。	1. 俯卧撑。 2. 平板支撑。 3. 纵跳。 4. 收腹跳。	成套动作表演展示。	1. 组织一场体操比赛。 2. 打分并评价动作的质量。	分组评价组合动作的衔接、动作的完成度、连贯性、稳定性和节奏感。	1. 自我展示，认真观察同伴展示。 2. 能公正、公平地进行自我评价、小组评价。
	18	教学比赛与考核。	1. 了解考核内容与评分标准，理解考核评价的反馈功能。 2. 较好地完成技巧成套动作考核。 3. 在考核中能互相鼓励、敢于表现。	1. 俯卧撑。 2. 仰卧交替肘碰膝。 3. 仰卧起坐。 4. 平板支撑。	成套动作表演展示。	1. 掌握体操比赛前后的规则。 2. 能说出动作的得分与失分点。	1. 两人一组相互学习和评价。 2. 观看展示赛后能评价同学动作的质量。	1. 自我展示，认真观察同伴展示。 2. 能公正、公平地进行自我评价、小组评价。 3. 在赛事中调整情绪以及对环境的适应能力。

大单元评价			
核心素养	评价内容	评价方式
运动能力	1. 体操基本知识抢答，评价同学动作的规范并打分。 2. 在集体展示中，动作掌握并运用规范。 3. 学练过程中的体能测评。	1. 等级评价（优秀、良好、合格、需要努力）。 2. 生生互评（口头评价、分值评价）。 3. 学生自评（个人展示、自身对照）。 4. 教师点评（口头评价、分值评价）。
健康行为	1. 课堂内外有无体育锻炼的意识。 2. 在学练过程中，遇到困难是否有积极面对的态度以及激励同学的行为。 3. 在课内外练习中，保护与帮助以及自我保护的实施；安全、保护意识的体现。	1. 等级评价（优秀、良好、合格、需要努力）。 2. 学生自评（记录登记）。 3. 家长点评（课后观察、记录登记）。 4. 教师点评（观察记录、口头点评、分值评价）。
体育品德	1. 在团队协作时，有不怕困难，团结一致的心理。 2. 在比赛中，尊重裁判，尊重同学。 3. 集体展示时，积极主动，充满自信。	1. 等级评价（优秀、良好、合格、需要努力）。 2. 教师点评（观察记录、口头评价）。

八、体操大单元 8

体操大单元 8

第三节 体操大单元教学设计和课时教学设计

一、体操大单元教学设计

设计者：杨雪梅　　　　单位：四川省成都市第七中学初中学校

大单元名称	体操技巧运动技术的学练与展示	水平	水平四	单元课时	18
设计思路	1. **指导思想**：贯彻落实"立德树人"根本任务，以"健康第一"为指导思想，在新课标理念的指引下，充分分析学生的身心发展规律以及体操技巧运动专项技术掌握规律，合理设计和安排课堂及课内外学练内容；提高学生运动能力的同时体验体操项目的乐趣与魅力，调控不良情绪，发展良好的人际关系。 2. **整体设计**：水平四技巧运动是在复习、巩固水平二、三技巧运动的基础上，进一步学习鱼跃前滚翻、头手倒立、侧手翻等难度动作及组合动作等，提高学生对于技巧运动的那个动作和组合动作以及相应创编知识的认知，实现动作难度进阶的同时，提高学生对基本技术动作的掌握质量。本单元以引发学生的探究兴趣为起点，通过单个动作的学、练、赛，引发学生对于高层次动作的学习需求，使学生能够主动参与课堂，从而更好地夯实基础，为下一步动作组合做好准备；通过学生在学习过程中的合作探究，发展学生主动思考、团结协作能力的同时，提高学生对体操技巧组合动作的创编能力，从而发展学生的创新意识；在课堂的展示与比赛中大胆展示，并参与裁判工作，做到学以致用。 3. **教学实施**：在动作技术教学时，通过层层递进的动作组合竞赛来提高学生的动作技术水平；在技战术学练时，采用小组合作的方式进行练习以及体操技巧动作组合的二次创编，并进行展示与比赛；在技巧技术动作学练的基础上，增加不同形式的体能练习，提升学生的综合体能水平，并为展示比赛打好基础；采用拓展探究、互动交流、视频欣赏、裁判实践等多种形式让学生拓展体操知识，进一步实现对体操技巧运动的完整认知。
学情分析	1. **生理特征**：水平四学生年龄在13～15岁，该阶段学生逐渐步入青春期，其身体发育的显著特征是身高和体重的陡增，身体各器官生长发育显著，是身体形态、身体机能、运动能力发展的"高峰期"，也是身心发展的"敏感期"；该阶段学生的神经灵活性高，肌肉力量耐力相对较差，易疲劳，在心肺耐力方面，女生的无氧和有氧能力相对较弱，随着身体骨骼、肌肉和中枢神经系统的发育成熟，其协调性也会进一步得到改善。 2. **心理发展特点**：该阶段的学生大脑的兴奋过程占优势并易扩散，精力旺盛，活泼好动；思维能力迅速发展，创造性和批判性思维发展变化显著，自我意识形成并逐渐向独立成熟方面发展，认知水平与能力逐步提高。 3. **运动能力**：从基本的体能素质来看，本班学生具备较好的灵敏性、协调性，但力量素质在个体及男女之间差异性较大，尤其是上肢力量、心肺耐力均还需要进一步提升；在基本运动技能的掌握方面，根据学习计划与课程标准要求，水平四学生在水平二、三阶段已经学习并能完成前滚翻、后滚翻、仰卧推起成桥等基本技术动作，但对其技术动作基本原理、锻炼价值的认知以及技巧练习的基本保护与帮助认识还不够清晰，同时缺乏对技巧技术动作的组合运用的能力，对技巧学习的兴趣一般。 4. **体育经验与生活经验**：学生通过直接体验以及观看视频比赛等形式对体操技巧项目及相应的专项技术有一定了解，但对技巧运动在生活中的实用价值及锻炼意义缺乏深度认识，在课后能够与同伴和家人一起进行柔韧、平衡支撑等简单的技巧练习和锻炼，但是综合水平不高，无法更科学地利用技巧运动相应的学练方法指导课后练习。
教材分析	1. **教材地位**：体操技巧运动是初中人教版教材的教学内容之一，也是竞技体操的项目之一，它由翻腾、平衡、抛接等动作组成，技巧内容丰富、形式多样；而教材中地技巧运动以最简单的翻滚、平衡等动作组成，主要用以实现健身、教育教学目标，是全面达成体育课程目标的重要载体。 2. **锻炼价值**：体操（技巧）内容具有基础性、实用性、多样性等特点，技巧运动中的滚动、滚翻、跳跃等动作是人类日常生活中必不可少的自我保护性的实用技能，同时技巧运动不仅是体操运动中的基础动作，而且是其他体育项目的练习辅助手段；体操项目也能够发展力量、速度、柔韧、协调、灵敏、心肺耐力等身体素质，提高人体的平衡能力、控制能力；而且通过技巧技术动作的教学，还可以培养学生观察、分析、交流和相互保护帮助的能力，对提高团结协作、人际交往的能力都十分重要的意义。因此，根据初中学生身心发展特点，进一步激发学生体操技巧的学习兴趣，使学生通过体操学习，掌握基本技术、运用基本技能、发展专项体能，对学生的身心发展具有重要意义。
学习目标	1. **运动能力**：积极参与鱼跃前滚翻、侧手翻、头手倒立等体操技巧学练，掌握技巧运动的基本知识和技能，并在保护与帮助下，完成所学体操技巧基本动作技术和组合技术动作，感受技巧运动的乐趣；能够制订并实施学练计划，运用成套动作创编方法，理解技巧运动的比赛规则和裁判方法，并且能够利用已学的知识对自身及他人的技术动作、身体姿态做出正确评价；提高上肢、腰腹肌肉力量、柔韧性、肌肉耐力、位移速度、灵敏性、爆发力等体能。 2. **健康行为**：说出技巧运动对健康的重要性，积极参与校内外技巧活动；知道个人卫生保健、技巧运动伤病、保护与帮助、安全避险等健康知识和方法，并将其运用于日常生活中；关注自己在学练技巧时的情绪变化；积极与同伴、教师沟通和交流，适应不同环境的变化。 3. **体育品德**：在挺身跳、侧手翻等有一定难度的技巧动作技术和简单组合动作技术学练中表现出勇敢顽强、克服困难的意志品质；在技巧的展示或比赛中，自尊自信，积极进取，遵守规则，敢于担当，勇敢顽强，敢于挑战自我，尊重对手，遵守规则，团结协作，表现出文明礼貌、乐于助人的行为。

续表

	基础知识与基本技能	技战术运用	体能	展示或比赛	规则与裁判方法	观赏与评价
总体要求	学习体操项目的分类、技巧运动的特点、锻炼价值等；复习、巩固已学技巧动作，学习鱼跃前滚翻、头手倒立等难度动作，提高身体的控制能力，理解各技术动作基本原理；学会技巧运动保护与帮助等基本技能；能进行组合动作创编；制订相应的训练计划，用于指导课后锻炼。	能够结合团队及个人特点，将所学技巧技术动作、健美操动作技术运用到个人和小组练习中，同时也能够结合团队成员特点，进行小组创编技巧运动的成套动作。	在技巧运动学习过程中，了解技术、技能、体能间的相互关系；掌握体能发展与体操技能学习的价值关系；掌握发展体能的练习方法，提升自身肌肉力量耐力、协调、柔韧等素质的同时并用于指导自身课后锻炼。	参与技巧运动单个技术动作或者组合动作展示；在技巧项目中能够做到动作正确、规范和连贯；参与小组间成套动作创编比赛或者不同类别的个人展示赛、团体展示赛以及专项体能挑战赛等。	理解体操及技巧运动比赛规则和裁判方法，担任组内展示或者比赛的裁判，能判断动作质量并正确执裁；能够以个人或小组为单位学习并进行不同类别比赛的组织与编排，并主持相应的比赛。	关注体操项目以及技巧运动比赛的相关信息，学期内通过现场、网络或电视观看一定次数的技巧运动比赛，提高对该运动项目的认知；能够选择某场高水平的竞技技巧运动比赛做出分析与评析；在课堂中能够正确欣赏和评价各类比赛。
			具体的课次安排			

课次	学习内容	过程与方法	评价要点
1	1. 体操技巧项目基础知识学习（项目特点、锻炼价值、比赛规则）。 2. 技巧项目保护与帮助的原则。	学：1. 观看纪录片《中国体操队——世界看我表现》。 2. 学习技巧运动的特点、技巧项目的比赛、展示评分规则。 3. 学习技巧项目的保护帮助原则，以前滚翻为例进行示范。 练：1. 小组讨论技巧运动的基本原理、特点及比赛规则。 2. 小组讨论学习体操技巧需要进行哪些方面的体能训练。 3. 小组合作选择完成一个技术动作的展示、保护帮助及评价。 赛：体操技巧知识竞答赛。	1. 积极参与技巧知识的竞答。 2. 掌握基本的保护与帮助方法并在课堂上完成示范、评价。
2	1. 复习翻滚类技巧动作。 2. 学习远撑前滚翻。 3. 学习鱼跃前滚翻。	学：1. 学习远撑前滚翻的技术动作要领及评价要点。 2. 在远撑前滚翻的基础上，学习鱼跃前滚翻的技术动作要领及评价要点。 3. 学习远撑前滚翻及鱼跃前滚翻保护与帮助的方法。 练：1. 复习前滚翻、后滚翻。 2. 2人一组练习远撑前滚翻及鱼跃前滚翻。 3. 越过障碍物的前滚翻。 4. 分层练习：女生练习远撑前滚翻，男生练习鱼跃前滚翻。 5. 小组讨论：翻滚类技巧动作特点及在成套展示中的作用。 6. 腰腹力量发展：举腿卷腹；仰卧屈膝；仰卧交叉蹬腿；侧卧举腿。 赛：1. 双人前滚翻配合展示。 2. 双人挺身跳接鱼跃前滚翻展示赛。 3. "滚雪球"比赛。	1. 能够独立完成远滚翻3~5次；能够在保护与帮助下完成鱼跃前滚翻3~5次；能够基本做到滚翻有腾空、前滚圆滑，撑垫屈臂有控制。 2. 同伴学练时，保护与帮助合理，积极展示评价。 3. 克服畏难情绪，认真欣赏评价，勇于挑战。
3	1. 学习肩肘倒立。 2. 学习肩肘倒立—前滚成蹲立。	学：1. 学习肩肘倒立的技术动作要领。 2. 学习肩肘倒立—前滚成蹲立的技术动作要领。 3. 学习肩肘倒立及组合动作的保护与帮助的方法。 4. 学习展示赛的评价规则和展示要求。 练：1. 原地模仿双手撑腰夹肘。 2. 练习直腿后倒，翻臀举腿、手压垫。 3. 利用标志物做伸腿展髋练习。 4. 2人一组相互帮助练习肩肘倒立—前滚成蹲立。 5. 小组合作探究肩肘倒立技术动作的重难点以及在展示比赛过程中的得分点。 6. 柔韧发展：（1）立位体前屈；（2）跪立位后屈；（3）横叉；（4）竖叉。 赛：1. "高矮胖瘦"小组比赛（肩肘倒立的夹肘、伸腿展髋技评）。 2. 小组合作肩肘倒立造型展示（举腿展髋3秒以上）。 3. 学生分工完成展示赛的组织、执裁工作。	1. 练习时能基本做到肩肘倒立腰背挺直，前滚成蹲立团身时机合适；能够在保护帮助得情境下连贯完成组合动作3~5次。 2. 练习过程中保护与帮助的方法和时机正确，用力适当。 3. 坚持不懈，勇于挑战。

续表

4	1. 复习肩肘倒立—前滚成蹲立。 2. 学习肩肘倒立—前滚成分腿起。 3. 学习肩肘倒立—经单肩后滚成半劈腿。	学：1. 学习肩肘倒立拓展练习以及肩肘倒立得评价标准和方法。 2. 学习肩肘倒立的创编方法，创编腿部的变化，如屈腿、直腿、"一"字、"1"字、"0"字、"U"字等。 练：1. 复习改进肩肘倒立。 (1) 直角坐，后倒夹肘练习。 (2) 2人一组直角坐后倒脚触排球练习。 (3) 2人一组直角坐后倒举腿触排球练习。 2. 两人一组练习肩肘倒立的拓展练习。 3. 小组合作进行肩肘倒立的个人或团队创编。 赛：1. "直角尺"大赛（肩肘倒立角度大比拼）。 2. 肩肘倒立时间大比拼。	1. 独立完成2次肩肘倒立，能保持3秒及以上，夹肘内收撑腰，伸髋挺腹腿蹬；能够在比赛中展示完整动作。 2. 在展示或比赛过程中，同伴之间能够判断肩肘倒立动作质量，并能相互做出评价或自评。 3. 积极尝试，大胆展示。
5	1. 复习挺身跳。 2. 学习燕式平衡。 3. 完成手扶器械的控腿、控重心练习。	学：1. 学习燕式平衡技术动作要点及保护与帮助的方法。 2. 了解燕式平衡的易犯错误，并学习相应的辅助练习方法。 3. 观看优秀运动员的燕式平衡展示，学习燕式平衡的评价标准及方法。 练：1. 垫子折成三角形，手扶垫子做燕式平衡练习。 2. 2人一组，后举腿踢垫子练习。 3. 手扶器械做向后控腿练习。 4. 小组合作的燕式平衡创编，并分析燕式平衡的平衡技术以及在展示中的亮点：(1) 双人拉手燕式平衡；(2) 4人拉手燕式平衡；(3) 团队燕式平衡造型。 5. 连续挺身跳，练习肢体控制及跳跃能力。 6. 柔韧发展：(1) 垫上跨栏坐；(2) 垫上体前屈；(3) 垫上青蛙趴；(4) 弓步后仰拉伸。 赛：燕式平衡个人挑战赛（动作规范与时间长短决胜负）。	1. 独立完成燕式平衡，后举腿高于肩，保持3秒，能够基本做到支撑腿绷直，控制平衡，后举腿直，膝高于臀。 2. 能够在练习过程中相互保护与帮助，每个小组可完成一个燕式平衡的创编和展示。
6	1. 学习跪跳起。 2. 鱼跃前滚翻—后滚成肩肘倒立—前滚成蹲立—挺身跳（男）。 3. 前滚翻—后滚成肩肘倒立—前滚成蹲立—燕式平衡—挺身跳（女）。	学：1. 观看体操皇后刘璇的故事—挫折与成长。 2. 学习交叉转体180°技术动作。 3. 学习跪跳起技术动作。 4. 学习组合动作以及技巧动作完整展示规则和要求，并对男女进行分层。 练：1. 交叉转体180°练习。 2. 挺身跳、跪跳起练习。 3. 分男女尝试组合动作练习，2人一组，注意保护和帮助。 4. 小组合作分析运动员能力强弱、心理稳定性以及对手特点确定小组出场顺序。 5. 柔韧发展：(1) 弓步下压；(2) 侧压腿；(3) 后甩腰；(4) 腰旋转。 赛：1. 空中跳跃姿势小组定格赛（以拍照的形式，设计2个跳跃动作）。 2. 组合动作展示，小组互评。	1. 稳定地做出交叉转体180°、挺身跳、跪跳起技术动作。 2. 在保护与帮助下流畅、连贯地完成2~3次组合动作；尝试独立练习。 3. 能够判断组合动作质量，并做出评价。 4. 坚持不懈，克服畏难情绪，不怕挫折。
7	1. 复习技巧组合动作。 2. 学习单个技术动作的创编。 3. 所学技巧动作的重组与创编。	学：1. 观看高级别体操创编和展示视频。 2. 学习技巧动作完整展示的评价要点及方法。 3. 学习单个技巧动作的创编、已学技巧的组合创编方法。 4. 学习创编展示中得分点的分析与评价方法。 练：1. 分男女进行完整技巧动作练习，2人一组，逐渐减少保护与帮助。 2. 分组进行技巧动作的创编练习。 3. 根据成套动作特点及风格选择相应的音乐配合练习。 4. 爆发力发展：(1) 抗阻提膝；(2) 抗阻摆腿；(3) 抗阻单腿画圆；(4) 抗阻横拉。 赛：1. 技巧动作挑战赛。 2. 组合动作小组创编赛（创编2个组合动作）。	1. 独立完成2~4次组合动作，做到组合动作流畅协调，姿态优美。 2. 各小组能够根据已学技巧动作完成一套完整动作的创编和展示。 3. 能够判断组合动作以及创编动作质量，并做出评价。
8	1. 鱼跃前滚翻—交叉转体180°—后滚成肩肘倒立—前滚成蹲立—挺身跳（男）。 2. 前滚翻—交叉转体180°—后滚成肩肘倒立—前滚成蹲立—燕式平衡—挺身跳（女）。 3. 技巧动作组合创编。	学：1. 学习体操技巧比赛的编排、裁判分工及评分规则和要求。 2. 学习在完成难度动作时，或者失去平衡时如何进行自我保护。 练：1. 独立进行完整动作练习。 2. 分小组进行模拟比赛实践，根据人员分工的不同进行职责轮换。 3. 协调发展：(1) 提膝跳；(2) 十字跳；(3) 团身跳；(4) 分腿跳。 赛：1. 组合技术动作展示。 2. 技巧动作组合创编展示。	1. 在比赛情境中完成成套动作的展示，动作连贯、流畅，姿态优美。 2. 欣赏同伴的动作，并结合技巧动作规范评价动作。 3. 礼貌观赏，比赛前中后合理调控情绪和心理。

续表

9	1. 学习技巧倒立类动作的特点。 2. 有人扶持的手倒立。 3. 侧起手倒立。	学：1. 学习技巧倒立类动作的特点、评分规则及完成要求。 2. 学习有人扶持的手倒立技术动作要领和保护与帮助的方法以及自我保护方法。 3. 学习侧起手倒立。 练：1. 两手撑垫上标记，做蹬地、摆腿练习。 2. 2人一组，在保护与帮助下进行大幅度的蹬摆练习及靠墙手倒立。 3. 2人一组，在保护帮助下做手倒立，并用标志物引导脚尖向上伸。 4. 2人一组，练习侧起手倒立。 5. 分小组讨论：影响技巧倒立类动作完成的因素，以及在比赛过程中如何克服这些因素。 6. 上肢及腰腹力量发展：（1）单杠支撑；（2）慢速俯卧撑；（3）平板支撑；（4）肋木收腹举腿。 赛：1. 默契挑战赛：2人一组，一人做手倒立，一人保护与帮助。 2. 比赛：跳背接力。	1. 能够在保护与帮助下完成3～5次手倒立，并能独立完成靠墙手倒立；能够基本做到蹬摆配合协调，方向正，直臂顶肩。 2. 同伴间相互配合、正确保护。 3. 积极参与讨论，深入理解倒立类动作的体能要求。 4. 调节恐惧心理，大胆做动作，同伴间相互鼓励。
10	1. 靠墙练习手倒立和分腿手倒立。 2. 手倒立前滚翻。 3. 学习侧手翻。	学：1. 学习分腿手倒立以及手倒立前滚翻技术动作要领、评分规则及完成要求。 2. 学习侧手翻技术动作要领以及保护与帮助的方法。 练：1. 复习各类支撑、倒立动作，并将墙上的标志线逐步升高逐渐伸直。 2. 2人一组在保护与帮助下做分腿慢起倒立。 3. 2人一组练习手倒立前滚翻。 4. 在保护与帮助下做蹬地摆腿成侧起的分腿倒立。 5. 垫上设置标志线，引导学生手脚依次撑、落于标志线上。 6. 手倒立在动作创编的过程中能够有哪些动作的变化和衍生，在比赛中哪些动作能够出彩加分。 7. 平衡及下肢力量发展：（1）单腿站立；（2）海绵垫单脚站立；（3）单边负重单腿硬拉；（4）2人一组辅助单腿硬拉。 赛：1. 手倒立展示赛（无保护与帮助），小组点评。 2. 游戏："障碍过河"（利用体操垫）。	1. 能够在逐渐减少保护的情况下完成手倒立及组合动作，做出直臂支撑、提臂蹬摆腿动作。 2. 能在保护与帮助下基本完成侧手翻技术动作，能够基本做到蹬地摆腿快，立腰、分腿。 3. 学会保护和帮助的方法，同时能进行自我保护练习。
11	1. 靠墙做侧起手倒立或分腿倒立。 2. 复习侧手翻。 3. 学习屈臂支撑的静力性练习。	学：1. 学习侧手翻的易犯错误及纠正方法。 2. 学习侧手翻的技术动作评价要点及评分规则。 3. 学习侧手翻的拓展练习及屈臂支撑的静力性练习。 练：1. 复习靠墙做侧起手倒立或分腿倒立。 2. 4人一组借助体操垫进行练习：（1）蹬摆过方垫；（2）蹬摆过平垫；（3）蹬摆过立垫。 3. 借助橡皮进行侧手翻练习。 4. 屈臂支撑静力性练习：（1）双杠屈臂支撑；（2）屈臂平板支撑；（3）靠墙屈臂支撑。 5. 小组探究：技巧团队展示赛中，探究如何能够做到侧手翻整齐划一。 6. 力量发展：（1）仰卧蹬腿；（2）V字端腹；（3）独立平衡；（4）半蹲跳。 赛：橡皮筋挑战赛。	1. 能够独立完成侧手翻3～5次，做到收腹、蹬摆快速、四肢伸直、保持平衡。 2. 能够说出侧手翻2个及以上的辅助练习方法。 3. 同伴间相互保护与帮助，调节恐惧心理，大胆做动作。
12	1. 学习头手倒立。 2. 进行有保护和帮助的头手倒立蹬摆练习。 3. 练习头手倒立的自我保护方法。	学：1. 学习头手倒立的技术动作要领。 2. 学习头手倒立相互保护帮助及自我保护与帮助的方法。 3. 学习头手倒立等难度技巧动作时如何预防伤害事故。 练：1. 分腿体前屈的屈臂支撑练习。 2. 撑蹲开始，两腿分别架与支撑的肘关节上的静力练习。 3. 做撑手、放头、提臀练习。 4. 在保护下进行头手倒立的蹬摆及完整练习。 5. 小组讨论：技巧运动中是否使用道具，以及道具的使用在展示或比赛中的意义和价值。 6. 腰腹力量发展：（1）俯撑并腿两头翘起；（2）仰卧交叉腿或上下打腿；（3）俯卧两腿上下击打；（4）俯卧左右分腿交叉。 赛：静力支撑挑战赛：选择一种已学的静力支撑动作，完成支撑并计时。	1. 学生能够在保护与帮助下，体会蹬摆的协调配合以及头手的支撑；能够在辅助下基本完成完整动作。 2. 学会同伴间的相互保护和自我保护，克服恐惧心理。

续表

13	1. 在保护与帮助下进行头手倒立练习。 2. 双腿慢起头手倒立。 3. 双脚蹬地团身起的头手倒立。 4. 头手倒立—前滚成蹲立（或成两腿交叉蹲立）。	学：1. 学习头手倒立的技术动作评价要点及评分规则。 2. 学习头手倒立的易犯错误及辅助练习方法。 3. 学习头手倒立—前滚成蹲立（或成两腿交叉蹲立）。 练：1. 在保护与帮助下进行头手倒立以及靠墙的头手倒立。 2. 脚尖触及标志物练习。 3. 双腿慢起头手倒立。 4. 双脚蹬地团身起的头手倒立。 5. 小组合作：在已学内容的基础上，结合团队队员特点，自主尝试或结伴尝试变化头手倒立的不同起法及结束方法。 6. 平衡发展：（1）闭眼单腿站立；（2）保加利亚蹲；（3）衡木行走；（4）单腿低跳箱。 赛：分组展示头手倒立及头手倒立的拓展练习，分小组评价打分。	1. 能够独立完成头手倒立2～3次，基本做到蹬摆协调、夹肘紧腰臀固定、重心落在三角形支撑面上。 2. 同伴间保护与帮助合理准确，力度恰当。 3. 说出头手倒立2个及以上的辅助练习方法。
14	1. 学习经单肩后滚成跪撑平衡。 2. 在保护与帮助下反复练习经单肩后滚成跪撑平衡。	学：1. 学习经单肩后滚成跪撑平衡的技术动作要领。 2. 学习不通过的保护与帮助方法，并学习保护与帮助的评分规则及完成要求。 练：1. 直腿坐于垫上，进行后倒收腹举腿或仰卧躯体练习。 2. 站立做头侧屈与撑手转头练习。 3. 从仰卧屈体开始，做展髋伸腿练习。 4. 跪撑平衡练习。 5. 从肩肘倒立开始，做头侧屈与撑手、转头的配合练习及完整练习。 6. 小组探究：经单肩后滚成跪撑平衡在技巧比赛中作为亮相动作的时机。 7. 协调发展：（1）药球抛投练习；（2）药球击靶投掷；（3）熊爬；（4）猫爬。 赛：两人一组展示经单肩后滚成跪撑平衡不同的保护与帮助的方法；同学、小组之间相互评价。	1. 能够在保护与帮助下完成经单肩后滚成跪撑平衡完整动作3～5次，并与同伴一起配合展示，做到后倒翻臀头侧屈，分腿经单肩后滚圆滑。 2. 学会不同的保护与帮助方法，并在展示中运用。 3. 同学、小组之间相互评价动作，并指出存在的问题，提出改进办法。
15	1. 完整的经单肩后滚成跪撑平衡练习。 2. 经单肩后滚成半劈腿。 3. 肩肘倒立—经单肩后滚成跪撑平衡。	学：1. 学习经单肩后滚成跪撑平衡的评价要点和评分规则。 2. 学习经单肩后滚成跪撑平衡的易犯错误及辅助练习方法。 3. 学习经单肩后滚成跪撑平衡的拓展练习以及相应的组合动作。 练：1. 从仰卧屈体开始，做展髋伸腿练习。 2. 在保护与帮助下进行完整动作练习，采用信号提示推撑分腿时机。 3. 跪撑平衡及跪撑后踢腿练习。 4. 完整技术动作及组合动作练习。 5. 小组合作：做出完整的经单肩后滚成跪撑平衡前提下，结合肩肘倒立变化4个腿部的动作，应用于团队的创编中。 6. 协调、灵敏发展：（1）乾坤大挪移：顺时针进行波比跳轮换方位练习；（2）躲避球游戏；（3）照镜子；（4）跳跃障碍。 赛：分组展示头手倒立经单肩后翻成跪撑平衡及拓展练习，小组相互评价。	1. 独立完成完整技术动作3～5次，保持跪撑平衡保持对身体的平衡及身体姿态的控制。 2. 能够说出3种及以上的辅助练习方法。 3. 同学、小组之间相互评价欣赏动作。
16	1. 头手倒立—前滚成交叉蹲立转体180°—后滚翻—肩肘倒立—前滚成蹲立—鱼跃前滚翻—挺身跳（男）。 2. 前滚翻成直腿坐—肩肘倒立—经单肩后滚成跪撑平衡—跪立—跪跳起（女）。	学：1. 学习体操比赛方案的制定，赛事的组织要求等。 2. 观看国际技巧赛事，引导学生总结。 3. 学习技巧组合动作以及组合动作的评分规则。 练：1. 分男女练习技巧完整组合动作，并模拟评分实践。 2. 分析小组成员技术掌握情况及表现风格。 3. 分组集体讨论组织体操比赛的方案，制定系列达标赛的要求和规则；同时评选出最佳方案。 4. 腰腹力量发展：（1）俯撑或侧撑的静力性练习；（2）仰卧击足；（3）俯卧两头起；（4）仰卧左右分腿。 赛：分组进行成套动作展示，小组交互评价打分。	1. 能够独立完成技巧组合动作3～5次，并在比赛中进行展示，能够做到组合动作流畅、连贯协调、姿态优美。 2. 能够判断组合动作质量，并能做出评价。 3. 在反复练习的过程中调控不良情绪。
17	1. 技巧组合成套动作复习。 2. 技巧动作组合创编。	学：1. 学习创编知识、创编原则和要求。 2. 学习图形创编：合并法和分散法。 3. 学习加入音乐创编组合动作。 练：1. 技巧组合成套动作复习。 2. 分小组讨论创编方式。 3. 分组尝试创编动作，改进动作。 4. 小组合作：分析技术动作的难点和得分点、图形创编的特点，并结合成套组合动作的原则和要求进行应用。 5. 心肺耐力发展：（1）负重侧平举；（2）负重屈臂上举；（3）负重舞蹈动作组合；（4）跳绳。 赛：1. 技巧测试模拟赛（循序渐进地进行不同形式技巧单个动作、组合动作、成套动作模拟比赛）。 2. "我是裁判"考核赛。	1. 在比赛情境中完成技巧动作测试、成套动作的展示，动作连贯、流畅，姿态优美。 2. 欣赏同伴的动作，并结合技巧动作规范评价动作；完成裁判的实践考核。

续表

18	1. 规定成套动作考核。 2. 个人技巧展示赛。 3. 团体技巧组合创编展示赛。	1. 确定竞赛委员会，明确技巧挑战赛的内容、组织方法、评分标准、编排秩序册、设计奖励项和颁奖仪式。 2. 学生需参加规定内容的比赛（技巧组合动作加一项身体素质），还需要根据选择参加自编新组合比赛。 3. 每个小组根据创编的特点和风格，选择合适的服装，并决定小组成员出场顺序。 4. 学生轮流承担不同角色的工作并参与到现场比赛中，进行欣赏评价、打分。 5. 教师点评，学生互评。 6. 颁奖（个人、小组、班级）；最佳风采奖、最佳文明队伍、最具道德风尚奖。	1. 自我展示，认真观察同伴展示。 2. 能公正、公平地进行自我评价、小组评价。 3. 在赛事中调整情绪以及对环境的适应能力。

单元评价

核心素养	评价内容	评价方法
运动能力	1. 课堂技巧运动知识竞答（课堂过程性考核）。 2. 技巧挑战（课堂过程性考核＋学期末考核）： （1）单个技巧动作。 （2）组合动作。 （3）技巧成套动作。 （4）自编新组合。 3. 体能（课堂过程性考核＋学期末考核）： （1）体操一般素质挑战：柔韧素质、力量素质如引体向上等。 （2）体操专项素质挑战：静力屈臂支撑、连续挺身跳、连续跳跃空中分腿等。 4. 我是裁判考核（课堂过程性考核＋学期末考核）。	1. 等级评价（优秀、良好、合格、需要努力）。 2. 生生互评（口头评价、分值评价）。 3. 学生自评（个人展示、自身对照）。 4. 教师点评（口头评价、分值评价）。
健康行为	1. 课内（课堂过程性考核＋期末统计）： （1）体操学习过程中的姿态保持。 （2）安全意识，保护帮助及自我保护时机、准确性。 （3）各个练习学练的投入程度。 （4）面对比赛、展示以及难度技术动作学习的态度及心理调适。 2. 课外： （1）课外体育锻炼的次数。 （2）对课堂学练方法的运用。 （3）对不同练习环境的适应，心态的调整。	1. 等级评价（优秀、良好、合格、需要努力）。 2. 学生自评（记录登记）。 3. 家长点评（课后观察、记录登记）。 4. 教师点评（观察记录、口头点评、分值评价）。
体育品德	1. 团队合作意识的体现，对待学习的态度。 2. 是否遵守各项比赛的规则要求，是否服从教师及裁判员的安排，能否正确欣赏他人的展示或比赛。 3. 团队工作中责任意识的体现，对待比赛胜负的态度。	1. 等级评价（优秀、良好、合格、需要努力）。 2. 教师点评（观察记录、口头评价）。

二、体操课时教学设计

设计者：杨雪梅　　　　单位：四川省成都市第七中学初中学校

教学内容	技巧运动—侧手翻	课时	第11课
学习目标	1. 运动能力：积极参与技巧运动相关知识与技能、"橡皮筋"挑战，以及力量、协调、肌肉耐力等体能的学练，感受体操所带来的乐趣；模仿与体验不同的撑、蹬、摆等学练活动。 2. 健康行为：了解技巧运动对健康的重要性和健康安全知识，积极与同伴沟通撑、蹬、摆方法，乐于学练，在学习的过程中享受体操带来的激情和快乐，并积极展现自我；增强安全练习的意识与能力，养成良好的锻炼习惯。 3. 体育品德：按照规则和要求积极参与学练活动，敢于挑战自我，在学练中能够在教师的指导下自我调控情绪，能够主动与同伴合作交流，并做出自我保护和相互保护与帮助行为，自尊自信，尊重对手，遵守规则，团结协作。		
教学重难点	重点：蹬地、摆腿与手臂依次支撑配合。 难点：手撑地和脚落地的点落在一条直线，动作组合协调连贯。		

续表

课的部分	教学内容	教学组织	学生学练赛	运动负荷	学习评价
准备部分	一、课堂常规 1. 体育委员集合整队并报告人数，师生问好。 2. 宣布本课内容和目标。 3. 检查服装、器材，安排见习生活动。	1. 教师通过哨声指挥学生到指定地点集合，整理队伍，师生问好。 2. 宣布本课学习内容、任务及学习目标。 3. 提出课堂要求及安全注意事项。	组织：成4列横队 1. 体育委员集合，整队报告人数、事病假人员，向教师问好。 2. 认真听讲、观看视频，保持安静。 3. 接受礼仪、品德与安全教育。	80～100次/分钟	精神饱满，声音洪亮，做到快、静、齐。
准备部分	二、热身活动 1. 观看亚运会开幕式。 2. 专项热身操。	1. 组织学生进行绕垫跑，完成前踢腿、肩绕环、侧身击步等练习。 2. 观看亚运会开幕式，带领学生跟着音乐节奏，完成热身操。	队形： 1. 跟着教师的动作，完成学练，积极热身。 2. 听音乐节奏，观察、模仿教师动作，认真完成热身操。	110～135次/分钟	积极参与，乐于学练，认真模仿，充分热身。
设计意图	1. 建立良好师生关系，培养学生的自觉性和积极性，养成遵守纪律的好习惯。 2. 通过观看亚运会开幕式，创设练习情境，激发学生的学习兴趣，能快速进入练习状态。 3. 通过专项的热身操，充分活动各关节的同时，让学生做好技术动作学习的心理准备。 4. 有效活动肌肉与关节，提高学生神经兴奋性，做好身心准备。					
基本部分	一、学练直臂顶肩 1. 俯撑左右爬行。 2. 游戏"石头、剪刀、布"。 (1) 直臂支撑、腿并拢（石头）。 (2) 一腿上举（剪刀）。 (3) 直臂支撑、腿分开（布）。	1. 讲解示范直臂顶肩的动作，同时做俯撑左右爬行。强调直臂撑垫、直体挺髋，并能保持一定时间。 2. 组织学生进行"石头、剪刀、布"的快速反应游戏，引导学生从游戏中体会手推垫、直臂顶肩的感觉。	组织：4人一组，共分为10个小组 1. 认真听游戏方法，仔细观看教师示范。 2. 按照教师的提示与要求，听口令，快速反应，完成学练。	110～140次/分钟	反应迅速，动作到位。
基本部分	二、学练侧手翻 1. 支撑摆腿。 2. 蹬摆分腿落。	1. 利用挂图，组织学生自主探究，牢记口诀（左手撑地右手跟，左蹬右摆两腿分）。 2. 讲解与示范侧手翻动作技术，并讲解具体的练习要求。 3. 带领学生体会撑、蹬、摆动作，并大声喊出口诀（撑、跟、蹬、摆）。	组织：2人一组。 1. 学生认真观察教师的示范和讲解，明确练习要求，进行自主练习。 2. 利用挂图、合作探究，学有所思，认真参与学练，展现出自信、微笑的礼仪姿态，比比谁的姿态美。	110～130次/分钟	直臂顶肩、蹬地、摆腿协调连贯，辅以口诀。
基本部分	三、巧用体操垫 1. 蹬摆过方垫。 2. 蹬摆过平垫。 3. 蹬摆过立垫。	1. 教师示范和讲解利用体操垫进行练习的动作方法，并提出练习要求。 2. 指导学生利用"体操垫"4人一组，相互合作进行动作的学练。 3. 巡回指导纠错，语言提示学生技术动作及保护帮助要求。	组织：4人一组。 1. 学生认真观察教师的示范和讲解，明确练习要求，进行自主练习。 2. 练习过程中相互保护与帮助，并相互提示动作，纠正错误动作。	110～140次/分钟	1. 相互合作完成搭建，积极参与。 2. 蹬地、摆腿与手臂依次支撑配合。

续表

			组织：4名学生一组，一人保护，3人练习，依次循环。		
基本部分	四、巧用橡皮筋 1. 侧手翻翻过肩部高度橡皮筋。 2. 侧手翻翻过头部高度橡皮筋。 3. 侧手翻翻过指定高度橡皮筋。	1. 教师组织学生自主练习并挑战侧手翻翻过不同高度橡皮筋，加强动作正确性与连贯性，注意姿态优美。 2. 教师利用平板抓拍、回放、观看视频，纠正学生的错误动作。	1. 学生根据自己水平分层学练与挑战（水平相当的4名学生为一组），并能指出同伴的错误，相互帮助、指导动作。 2. 认真练习、观看视频，及时纠正错误。	110～140次/分钟	合理利用不同高度橡皮筋，练习时强化分腿、伸髋。
	五、"橡皮筋挑战赛" 基础：高度胸口。 提升：高度头顶。 终极：高度上举。	1. 组织小组内展示，相互评价。 2. 组内优秀同学推选参加个人展示赛。 3. 组织比赛之外的学生，观看比赛，并给予评价。	组织： 1. 各小组积极进行展示侧手翻。 2. 遵守比赛规则与要求，积极参与比赛。 3. 未展示的学生作为裁判角色认真评价。	110～140次/分钟	1. 相互合作积极展示，做好保护与帮助。 2. 遵守规则，勇于挑战。
	六、体能练习 1. 仰卧蹬腿。 2. V字端腹。 3. 独立平衡。 4. 半蹲跳。	1. 讲解与示范动作的练习方法。 2. 组织学生练习，提出规范练习要求。 3. 适时指导学生喊出口令，并提示学生及时调整呼吸。	组织： 1. 认真听教师讲解，看示范，明确练习方法。 2. 按要求，依次完成：仰卧蹬腿、V字端腹、独立平衡、半蹲跳。 3. 充满激情、调整呼吸。	120～160次/分钟	积极参与上肢、腰腹肌肉力量等体能的学练，动作规范。
设计意图	1. 学会学习：通过挂图、平板录制视频等不同的形式，结合教师的讲解引导，让学生建立基本技术动作概念的基础上，能够深入思考和自评互评，提升对侧手翻技术动作的认知。 2. 循序练习：通过小游戏让学生深度体会直臂顶肩，再进一步讲蹬地、摆腿等技术环节，帮助学生通过亲身体会理解技术动作；充分利用体操垫、橡皮筋等器材辅助学生练习，并设置分层，加深学生对技术动作的理解，拓展学生的思维，去除体操动作只能通过徒手练习的刻板印象，循序渐进，也强化了学生保护与帮助的安全意识。 3. 比赛应用：在橡皮筋挑战赛中，进一步巩固学生侧手翻技术动作的同时，还让学生学会观察评价，在进阶挑战中，激发学生动力，敢于挑战和展示，培养学生的自信心。					
结束部分	1. 放松身心、总结评议。 2. 归还器材、布置作业。	1. 组织学生在音乐中进行放松。 2. 课堂小结，教师评价。 3. 布置课后作业。 4. 师生再见。 5. 下课、回收器材。	组织：成4列横队。 1. 学生认真跟随教师进行放松练习。 2. 师生回顾、小结。 3. 学生自评。 4. 听清作业要求。 5. 师生再见，放回器材。	80～110次/分钟	动作舒展，身心放松；积极进行总结评价。
设计意图	1. 利用音乐进行放松，让学生身心恢复到安静状态，同时也缓解肌肉疲劳。 2. 引导学生学会归纳总结，用关键词牢记本课学练赛要求，相互帮助、善于思考。 3. 利用师评、自评和互评等多种评价方式来促进学生提高。 4. 布置课后作业让学生在家人的陪伴中将所学得以巩固。					

续表

安全措施	1. 选择软硬适中的垫子、布置好场地。 2. 充分做好准备活动，以免练习的过程中不必要地受伤。 3. 游戏时做好安全提示，以防安全事故发生。 4. 练习时，加强过程管理，强调自我安全，提醒学生相互间的保护与帮助，避免受伤。 5. 如发生突发状况，及时送往医务室。
场地器材	场地：篮球场2片。
	器材：四折垫22块、大垫子10块，音响1个，橡皮筋20根。
运动负荷	群体运动密度：75%~80%。
	个体运动密度：50%~60%。
	平均心率：150~155次/分钟。
课后作业	基础性作业： 1. 靠墙做侧起手倒立或分腿倒立。 2. 屈臂支撑静力性练习：(1) 双杠屈臂支撑；(2) 屈臂平板支撑；(3) 靠墙屈臂支撑。
	拓展性作业：探究技巧团队展示赛中，如何能够做到侧手翻整齐划一。
课后反思	

第五章　水上或冰雪运动

第一节　项目介绍

　　水上或冰雪运动是指运动员在水上或冰雪场地所从事的运动项目。其特点是运动环境低温性、形式的多样性、场地的特殊性、装备的依赖性、技术技巧的必需性、体能挑战极限性。按照《义务教育体育与健康课程标准（2022版）》，水上或冰雪运动项目可分为水上项目和冰雪项目两大类。其中，水上运动主要包括游泳、赛艇、皮划艇、水球、花样游泳、跳水等，冰雪项目主要包括速度滑冰和高山滑雪。

　　水上或冰雪项目不仅能发展学生的肌肉力量、耐力素质、柔韧素质、身体协调性、灵敏性、平衡性、反应速度、心理素质、心肺功能和耐寒适应能力，还能培养学生不怕摔跤、不怕挫折、不怕失败、战胜困难、团结拼搏的体育精神，最终提升学生水上和冰雪运动项目的技能水平、自救和救人的技能水平，达到学生全面发展的育人效果。

　　水上或冰雪运动教学分为5个大单元展，其中大单元1蛙泳适合水平二的学生，大单元2自由泳适合水平三的学生，大单元3仰泳适合水平四的学生，大单元4蝶泳适合水平五的学生，大单元5越野滑雪（滑轮）适合水平五的学生。

第二节　水上或冰雪运动大单元结构

一、水上或冰雪运动大单元1

设计者：刘晓兰　　　　单位：四川省成都高新区实验小学

	水上或冰雪运动大单元1——蛙泳
大单元目标	1. 运动能力：通过蛙泳知识的学习和蛙泳动作的练习，了解正确的动作名称并且能根据名称进行练习，形成正确的蛙泳动作姿势，发展学生的平衡和协调能力，提高学生的体能素质。 2. 健康行为：了解蛙泳在游泳动作学习中的重要作用，通过蛙泳动作的学习使学生能在水中遇到危险时自救，培养学生的求生自救意识，重视终身锻炼的意义。 3. 体育品德：培养学生敢于尝试、敢于挑战、克服困难的意志品质；在练习的过程中建立和谐的合作学习关系，培养良好的合作精神和体育品德。

续表

内容要求		基础知识与基本技能	技战术运用	体能	展示或比赛	规则与裁判方法	观赏与评价	评价要点
总体要求		了解蛙泳技术动作的名称和动作练习的方法，深入理解蛙泳动作练习的口诀：收—翻—蹬—夹；掌握水下呼吸节奏、手臂划水、腿部动作；基本了解水中自救的方法，了解心肺复苏的技能。	在游戏和比赛中运用所学过的动作：水中行走、蹬池壁滑行、扶板蹬水滑行、蛙泳完整动作练习，通过蛙泳动作的练习能在面临危险的时候采取正确的自救方式脱离危险，熟练掌握蛙泳的技术动作。	加强学生协调性、肌肉力量、柔韧性的练习；结合蛙泳的技术特点发展专项体能，如蛙跳、平板支撑、仰卧起坐、两头起、波比跳等发展学生腿部爆发力、腹背力量、手臂力量等，为蛙泳技术学练提供体能保障。	积极在个人、小组、校级的游泳比赛中，乐于参与蛙泳的游戏或者比赛，强化学生蛙泳的技术动作，巩固蛙泳技术动作。	熟悉蛙泳游戏和比赛的基本规则和要求；能够在蛙泳比赛中尝试运用规则，判断蛙泳比赛中的明显犯规行为，并尝试进行判罚。	本学期通过电视、网络、现场等方式观看不少于8次的各级各类蛙泳比赛，如奥运会蛙泳项目、世界游泳锦标赛、游泳世界杯、同学比赛等。	—
具体要求	1	1. 了解游泳运动的发展史。2. 认识和了解游泳运动项目和类别。3. 了解游泳课学习的基本要求。	—	—	1. 游泳知识集锦，学生个人回答教师提出的问题，答对同学获得奖励。2. 分小组进行知识抢答，对游泳课的基本要求提出问题，学生作答。	1. 蛙泳比赛的基本规则和要求。2. 比赛中常见的犯规动作。	1. 通过视频播放游泳比赛的视频，激发学生乐于学习的兴趣。2. 安全注意事项。3. 学生懂得自我保护。	1. 学生了解游泳运动的发展史、游泳运动的项目和类别。2. 了解游泳课的急救方法，树立游泳课安全意识。3. 正确面对水中等突发情况，知道怎样及时调节情绪，保持冷静。
	2	1. 闭气练习。2. 呼气练习。3. 水中睁眼训练。4. 游戏：水中看谁走得快又稳。	1. 能进行水中呼吸练习。2. 能在水中完成睁眼动作。3. 结合比赛检验学生水性情况。	1. 收腹跳30次。2. 高抬腿100次。3. 平板支撑90秒。4. 15米×4次折返跑。	1. 比一比，赛一赛看谁动作做得流畅与连贯。2. 学生进行稳定性的比赛，引导学生积极练习。3. 呼吸看谁做得最棒。	闭气、水中睁眼比赛。	1. 根据学生闭气、呼气练习做出正确引导。2. 根据学生的学习态度综合评价。3. 根据学生的平衡能力差异，引导学生积极练习。	1. 熟悉水性，能在水中进行呼吸训练。2. 逐步适应水中活动。3. 正确面对呛水等突发情况，及时采取措施避免发生事故。
	3	1. 复习闭气练习。2. 复习呼气练习。3. 借助扶板练习水中展体。4. 借助扶板练习水中团身浮体。	1. 在保护与帮助下进行呼吸训练，使学生逐渐适应水环境，培养和激发学生游戏活动的兴趣。2. 能在水中借助浮板做展体和团身浮体。	1. 仰卧起坐50个。2. 水中扶池边展体漂浮30秒。3. 平板支撑90秒。4. 背起100次。	1. 小组同伴之间比赛看谁的呼吸做得好。2. 借助浮板看谁水中展体做的标准。3. 借助浮板看谁水中团身浮体做的标准。	了解蛙泳动作，以及蛙泳比赛的基本规则和要求。	1. 根据学生的学习态度进行综合评价。2. 对学生的闭气、呼气情况进行总结提升。3. 对水中借助扶板进行的展体、团身浮体动作练习进行点评。4. 对认真练习的同学给予表扬，提升学生练习的积极性。	1. 能够正确说出水中闭气、呼气等动作的练习方法。2. 逐步适应水中活动。3. 对发生抽筋等情况，及时调整情绪，保持冷静，妥善处理。

续表

具体要求	4	1. 复习水中憋气和呼气。 2. 徒手练习水中展体浮体和水中团身浮体。	1. 能进行水中呼吸，并不发生呛水、耳朵进水等情况。 2. 可以在水中徒手进行展体浮体和水中团身浮体动作。	1. 平板支撑90秒。 2. 收腹跳35个。 3. 小臂举哑铃50次。 4. 15米×4次折返跑。	1. 评选出动作流畅、规范的学生，给同学们示范并给予表扬。 2. 请同学示范水中展体浮体。 3. 请同学示范水中团身浮体。	讲解蛙泳比赛中常见的裁判手势。	1. 评选出动作流畅、规范的同学，给同学们示范并给予表扬。 2. 根据学生的学习态度进行综合评价。	1. 更好地熟悉水性。 2. 积极调控情绪，克服入水困难。 3. 正确面对水中等突发情况，及时调节情绪，保持冷静。
	5	1. 水上游戏。 2. 个人挑战赛。 3. 体能练习。	1. 在水上进行漂浮的动作。 2. 水中行走稳定，用时时间短。	1. 仰卧起坐50个。 2. 背起100次。 3. 跳绳100个。 4. 高抬腿100个。	1. 评选出水上漂浮挑战赛女生5名、男生5名，并根据漂浮时间排序，进行奖励，提升学生练习的积极性。 2. 评选出水中行走30米优胜者女生5名、男生5名，并根据达到终点时间排序。 3. 综合评价学生的体能练习情况。	1. 讲解游泳比赛的规则动作及注意事项。 2. 讲解蛙泳比赛中常见的裁判手势。	1. 评选出水上漂浮挑战赛女生5名、男生5名，并根据漂浮时间排序，进行奖励，提升学生练习的积极性。 2. 评选出水中行走30米优胜者女生5名、男生5名，并根据达到终点时间排序。 3. 综合评价学生的体能练习情况。	1. 知道水上游戏的规则与方法。 2. 熟悉水上运动环境，积极参与蛙泳课堂。 3. 通过游戏比赛学生积极主动参与，敢于挑战自己，获得成功。
	6	1. 复习水中憋气和呼气。 2. 陆上蛙泳腿模仿练习。 3. 核心力量练习与游戏。	1. 能进行水中呼吸，并不发生呛水、耳朵进水等情况。 2. 能进行蛙泳的腿部蹬水动作。 3. 体能素质的提升。	1. 陆上30米冲刺跑练习5组。 2. 半蹲蛙泳跳30个。 3. 平板支撑90秒。 4. 靠墙静蹲90秒。	1. 学生分组进行水中呼吸动作的展示。 2. 学生蛙泳腿动作展示。 3. 体能练习阶段大比拼，看谁能做得标准又连贯。	讲解蛙泳比赛中腿部动作容易犯规的地方。	1. 根据学生水中呼吸的情况进行评价。 2. 学生蛙泳腿动作的准确性及连续性。 3. 综合评价学生的体能练习情况。	1. 知道蛙泳腿练习分解动作的名称掌握正确练习蛙泳腿的动作方法。 2. 养成水上锻炼的习惯。
	7	1. 陆上蛙泳腿练习。 2. 扶池边进行蛙泳腿练习。	1. 腿部动作：收腿、外翻、蹬夹动作规范。 2. 蛙泳腿练习动作连贯与协调。 3. 潜水憋气运用合理，可以有助于蛙泳动作练习。	1. 波比跳30个。 2. 仰卧起坐50个。 3. 靠墙静蹲90秒。 4. 小臂举哑铃50个。	1. 学生进行水中蛙泳腿动作展示。 2. 分组练习时同伴之间相互评价，谁的动作做得好，评选出小组代表进行小组代表大比拼。	结合比赛实例讲解蛙泳比赛中腿部犯规的情况。	1. 对学生动作完整、流畅地提出表扬。 2. 分组练习时同伴之间相互评价，谁的动作做得好，评选出小组代表进行小组代表大比拼。 3. 对认真练习的同学给予表扬，提升学生练习的积极性。	1. 知道蛙泳腿分解动作练习的名称，掌握正确练习蛙泳腿的动作方法。 2. 树立水上安全锻炼意识。 3. 克服入水困难，坚持蛙泳锻炼。

续表

具体要求	8	1. 陆上蛙泳腿模仿练习。 2. 蛙泳扶板蹬腿练习。 3. 体能练习。	1. 扶板蹬腿时注意观察收腿、外翻、蹬夹、滑行动作。 2. 蛙泳蹬水时动作节奏的把控。 3. 体能练习有助于蛙泳动作的提升。	1. 仰卧起坐50个。 2. 平板支撑90秒。 3. 水中行走20米×3组。 4. 手臂撑地抬腿100次。	1. 请蛙泳扶板蹬腿动作优秀的同学进行示范和讲解自己练习的技巧。 2. 分组练习时同伴之间相互评价，谁的动作做得好，评选出小组代表进行小组代表大比拼。	了解蛙泳有哪些大型比赛。	1. 对学生动作完整、流畅地提出表扬。 2. 分组练习时同伴之间相互评价，谁的动作做得好，评选出小组代表进行小组代表大比拼。 3. 对认真练习的同学给予表扬，提升学生练习的积极性。	1. 知道蛙泳腿收腿、外翻、蹬夹、滑行的分解动作名称。 2. 正确面对水中等突发情况，及时调节情绪，保持冷静。 3. 积极参加体能锻炼。
	9	1. 复习陆上蛙泳腿模仿练习。 2. 复习蛙泳扶板蹬水练习。 3. 蹬壁滑行比赛。	1. 蛙泳腿练习动作协调连贯。 2. 蹬壁滑行有助于蛙泳完整动作练习。	1. 背起100次。 2. 半蹲蛙跳50个。 3. 跳绳500个。 4. 负重跑50米。	1. 给予动作连贯性与正确性的优秀者表扬。 2. 蹬壁滑行比赛看谁动作做得准确并且滑行距离远，评价优秀女生5名、男生5名。	蹬壁滑行的规则是双脚蹬壁。	1. 给予动作连贯性与正确性的优秀者表扬。 2. 给予练习认真的同学表扬，并进行加分。 3. 蹬壁滑行比赛，看谁动作做得准确且滑行距离远，评选出优秀女生5名、男生5名。	1. 知道蛙泳动作名称，掌握正确练习蛙泳腿练习的方法。 2. 在水中如遇突发情况，可保持冷静，沉着地进行处理。 3. 积极参与蛙泳训练，不怕困难。
	10	1. 复习蛙泳扶板蹬水练习。 2. 蛙泳扶板蹬水与呼吸配合练习。 3. 体能练习。	1. 蛙泳扶板蹬水时注意结合口令收—翻—蹬—夹进行练习。 2. 更好地进行水中蛙泳动作练习。	1. 波比跳50个。 2. 水中追逐跑100米。 3. 负重跑50米。 4. 靠墙静蹲90秒。	1. 对蛙泳蹬腿动作能说出名称，并给同学展示蛙泳蹬腿动作。 2. 分组练习时同伴之间相互评价，指出对方蛙泳蹬水动作的优缺点。 3. 2人一组进行水中追逐跑练习，每次下水的同学10人一组。	复习蛙泳比赛的基本规则和要求。	1. 对蛙泳蹬腿动作能说出名称，并给同学展示蛙泳蹬腿动作。 2. 分组练习时同伴之间相互评价，指出对方蛙泳蹬水动作的优缺点。 3. 对体能练习认真的同学给予表扬。	1. 知道蛙泳蹬腿动作的名称，知道蛙泳扶板蹬水、呼吸配合和体能练习的方法。 2. 在水中如遇突发情况，可保持冷静，沉着地进行处理。 3. 勇于挑战自己。
	11	1. 体能练习。 2. 水上游戏。	1. 更好地进行水中蛙泳动作练习。 2. 30米扶板蹬水游远练习。	1. 水中蹲跳30次。 2. 卷腹50个。 3. 高抬腿100个。 4. 15米×4折返跑。	1. 请体能练习优秀者进行大比拼，看谁动作又好又快。 2. 30米扶板蹬水游远比赛看哪位同学最先到达终点。	30米扶板蹬水规则：手不能脱离扶板。	1. 学生能完整地完成水中蹲跳动作。 2. 分组练习时同伴之间相互比拼，谁的动作做得又快又好。 3. 对认真练习的同学给予表扬，提升学生练习的积极性。	1. 知道体能练习卷腹、水中蹲跳等练习方法。 2. 分组练习中，注意安全，观察水中情况，树立安全意识。 3. 积极参加水上游戏，懂得团队配合。

续表

具体要求	12	1. 陆上蛙泳手臂划水技术。2. 手臂力量练习。	1. 手臂划水动作练习，利于蛙泳完整动作练习。2. 力量训练利于蛙泳手臂划水动作练习。	1. 平板支撑120秒。2. 上举哑铃60个。3. 两头起100个。4. 波比跳50个。	1. 优秀的同学进行完整动作展示。2. 分组练习时同伴之间相互评价，谁的动作做得好，评选出小组代表进行小组代表大比拼。	强化蛙泳比赛中的基本规则和要求。	1. 对学生动作完整、流畅地提出表扬。2. 分组练习时同伴之间相互评价，谁的动作做得好，评选出小组代表进行小组代表大比拼。3. 对认真练习的同学给予表扬，提升学生练习的积极性。	1. 能够说出陆上蛙泳手臂划水练习的顺序。2. 水中练习面对危险时调整情绪，冷静处理。3. 积极参与体能训练，坚持水中锻炼。
	13	1. 复习蛙泳腿。2. 学习蛙泳手。3. 手臂力量练习。	1. 蛙泳腿收、翻、蹬、夹口令指导练习。2. 蛙泳手动作练习。3. 力量训练利于蛙泳手臂划水动作练习。	1. 哑铃交替弯举60个。2. 跪姿俯卧撑50个。3. 负重跑50米。4. 爬楼梯三层3组。	1. 注意培养学生使用器械中的安全意识。2. 优秀同学做示范，并说出动作练习步骤。	结合比赛实例讲解在比赛中手臂动作规范的情况。	1. 注意培养学生使用器械中的安全意识。2. 对学生练习情况进行点评及表扬。3. 对动作优秀同学进行表扬，并给同学们做示范，引导同学们向优秀同学学习。	1. 能够正确认识蛙泳腿与蛙泳手练习的名称。2. 体会蛙泳的健身价值，形成水中运动习惯。3. 练习时互帮互助。
	14	1. 手臂划水与呼吸配合。2. 水中游戏。	1. 在水中进行划水与呼吸的协调配合。2. 通过憋气训练更好地适应水环境，克服压力。	1. 背起100个。2. 小臂举哑铃60个。3. 跪姿俯卧撑50个。4. 高抬腿100个。	1. 注意培养学生使用器械中的安全意识。2. 在保护与帮助下进行憋气比赛，使学生逐渐适应水环境，培养和激发学生对游戏活动的兴趣。	比赛中裁判判罚手势（一）。	1. 观察学生对手臂划水与呼吸配合动作的掌握情况，进行点评。2. 分组练习时同伴之间相互监督和指导，并及时给予保护与帮助。3. 对认真练习的同学给予表扬，提升学生练习的积极性。	1. 能够正确说出手臂划水练习时手部动作练习的步骤。2. 适应水环境。3. 练习时同伴之间相互监督与指导，及时给予保护与帮助，学会团结合作。
	15	1. 复习蛙泳臂（臂与呼吸的配合）。2. 复习蛙泳腿与呼吸配合技术。	1. 扶板蹬腿时注意观察收腿、外翻、蹬夹、滑行动作。2. 扶板蹬水滑行30米比赛。	1. 蹬壁滑行30次。2. 水中行走30米。3. 手臂撑地抬腿100次。4. 爬楼梯三层。	1. 蹬壁滑行比赛，看谁动作做得准确且滑行距离远，评选出优秀女生5名，男生5名。2. 分4组进行扶板蹬水滑行30米比赛，每组女生、男生各2名进行比赛大比拼。	比赛中裁判判罚手势（二）。	1. 对学生动作完整、流畅地提出表扬。2. 分组练习时小组长认真带领组员练习，并选出2名（包括组长）优秀队员进行班级集体展示。3. 练习中注意安全问题，有情况及时报告教师。	1. 能够完整、流畅地完成蛙泳腿与呼吸的配合练习。2. 练习中注意安全问题，有危险时保持冷静，及时处理。3. 积极练习，不怕困难。

续表

具体要求	16	1. 复习蛙泳腿与呼吸配合技术。 2. 学习蛙泳完整配合技术。	1. 蛙泳完整动作的学练。 2. 为后面游泳动作学习奠定基础。	1. 仰卧起坐60个。 2. 背起120个。 3. 波比跳50个。 4. 平板支撑120秒。	1. 优秀的同学进行完整动作展示。 2. 分组练习时同伴之间相互评价，谁的动作做得好，评选出小组代表进行小组代表大比拼。	教师评价学生蛙泳动作的正确性。	1. 对学生动作完整、流畅地提出表扬。 2. 分组练习时同伴之间相互评价，谁的动作做得好，同伴大比拼。 3. 对认真练习的同学给予表扬，提升学生练习的积极性。	1. 能够正确说出如何更好地练习蛙泳动作，知道蛙泳腿与呼吸练习的方法。 2. 通过练习克服水中等突发情况，及时调节情绪，保持冷静。 3. 尊重裁判，尊重队友，遵守比赛规则。
	17	1. 复习蛙泳完整动作。 2. 水中体能游戏。	1. 蛙泳手臂动作、腿部动作与呼吸的完整配合。 2. 30米蛙泳比赛检验课堂学练赛成果。	1. 靠墙静蹲120秒。 2. 俯卧撑50个。 3. 水中行走30米3组。 4. 背起100个。	1. 对能够完成蛙泳动作的同学给予表扬。 2. 学生学会蛙泳的技术动作，并能说出练习的动作名称。 3. 30米蛙泳比赛，看谁动作做得准确且用时短，评选出优秀女生5名、男生5名。	学生进行蛙泳比赛裁判执裁体验。	1. 对完成蛙泳动作的同学给予表扬。 2. 蹬壁滑行比赛，看谁动作做得准确且滑行距离远，评选出优秀女生5名、男生5名。 3. 30米蛙泳比赛，看谁动作做得准确且滑行距离远，评选出优秀女生5名、男生5名。 4. 对认真练习的同学给予表扬，提升学生练习的积极性。	1. 能够正确说出蛙泳完整动作练习的步骤。 2. 正确地面对水中等突发情况，及时调整情绪，保持冷静。 3. 尊重裁判，尊重队友，遵守比赛规则。
	18	1. 娱乐竞赛。 2. 考核。	1. 30米蛙泳比赛检验学生课堂学练赛成果。 2. 学生通过单元教学掌握蛙泳动作。	1. 仰卧起坐1分钟计时。 2. 平板支撑比赛。 3. 1分钟跳绳测试。 4. 50米跑步比赛。	1. 学生分为4组进行水中漂浮大比拼，综合评价学生漂浮时长。 2. 30米蛙泳比赛，看谁动作做得准确且用时短，评选出优秀女生5名、男生5名。 3. 蛙泳动作技术考核，考核内容包括蛙泳腿、蛙泳手、完整与呼吸配合。	30米蛙泳比赛中裁判知识的讲解。	1. 学生分为4组进行水中漂浮大比拼，综合评价学生漂浮时长。 2. 30米蛙泳比赛，看谁动作做得准确且滑行距离远，评选出优秀女生5名、男生5名。 3. 蛙泳动作技术考核，考核内容包括蛙泳腿、蛙泳手、完整与呼吸配合。	1. 知道蛙泳完整的技术动作。 2. 能够积极地参与到30米蛙泳比赛中。 3. 通过比赛，提高学生自我竞争、自我挑战的意识。

大单元评价		
核心素养	评价内容	评价方法
运动能力	三星：按照考核评价标准完成蛙泳计时考核，达到优秀且动作标准连贯，动作优美，无任何犯规动作为三星。 二星：按照考核评价标准完成蛙泳计时考核，达到良好且动作标准，无犯规动作为二星。 一星：按照考核评价标准完成蛙泳计时考核，达到合格且无犯规动作为一星。	定性评价＋师评

续表

健康行为	三星：掌握并运用水中急救的方法；每周进行水上运动1~2次；能够调控好水中锻炼的情绪，体验自由泳带来的快乐；在锻炼中无安全事故发生。 二星：基本做出水中急救的方法；每周进行水上运动1次左右；能够调控好水中锻炼的情绪，体验自由泳带来的快乐；在锻炼中无安全事故发生。 一星：说得出水中急救的方法；每周进行水上运动至少1次；能够调控好水中锻炼的情绪，体验自由泳带来的快乐；在锻炼中无安全事故发生。	自评＋互评 观察评价 口头测评
体育品德	三星：克服水中恐惧，不怕苦不怕累努力拼搏；有团结合作意识；主动守规则，尊重裁判和对手。 二星：克服水中恐惧，有团结合作意识；能够守规则，尊重裁判和对手。 一星：通过努力能基本克服水中恐惧；能够守规则，尊重裁判和对手。	自评＋互评 比赛＋观察

二、水上或冰雪运动大单元2

设计者：王茹，张稚梅　　　　单位：四川省成都高新区实验小学

水上或冰雪运动大单元2——自由泳						
大单元目标	1. 运动能力：掌握自由泳的基本姿势、呼吸技巧、腿部与手臂的动作配合、转身与出发技术、节奏与速度控制等；通过练习自由泳的技术细节、高效划水技巧以及动作流畅性和节奏感的提升，提高学生的自由泳技能，锻炼学生的耐力、爆发力、柔韧性等体能素质。 2. 健康行为：以自由泳为技术载体通过多种多样的水上练习和比赛让学生树立水上运动的安全意识，面对水上运动时能调控自己情绪冷静处理，培养学生良好的水上运动和健康锻炼的习惯。 3. 体育品德：通过自由泳比赛规则的讲解与实践，让学生理解公平竞争的重要性；锻炼学生如何在水中克服自身恐惧，遇到紧急情况如何保持冷静；在自由泳游戏竞赛活动中，鼓励学生展现团队精神与合作意识。					

内容要求	基础知识与基本技能	技战术运用	体能	展示或比赛	规则与裁判方法	观赏与评价	评价要点
总体要求	了解常见的游泳类别，知道它们之间的区别。熟记自由泳口诀：两腿上下似鞭打；两臂交替把水爬；身体平稳水中趴；慢呼快吸向前滑。基本了解水中自救方法，了解心肺复苏技能。	在游戏、比赛中运用所学过的3种泳姿以及各种组合动作来解决问题，使学生学会根据不同的情况选择合适的滑行技术和路线；熟练掌握自由泳动作并学会在水下活动中运用自由泳动作。	在一般性体能训练中通过游戏、模拟比赛等方式加强协调性、柔韧性的锻炼；结合自由泳的技术特点发展专项体能。	积极参与个人、小组、校级的游泳游戏或比赛，强化蛙泳与仰泳技能；巩固自由泳技术。	熟悉蛙泳、仰泳游戏和比赛的基本规则和要求；了解自由泳的基本规则和要求；能够在自由泳比赛中尝试运用规则，判断自由泳比赛中的明显犯规行为，并尝试进行判罚。	本学期通过电视、网络、现场等方式观看不少于8次的各级各类自由泳比赛，如奥运会自由泳项目、世界游泳锦标赛、游泳世界杯、同学参赛视频等。	—
具体要求	1	1. 了解自由泳运动发展史。 2. 痉挛的预防与缓解措施。	入水前热身动作练习。	1. 卧推哑铃练习。 2. 悬浮打腿。 3. 俯身蹬地跑。 4. 静态平板支撑。	个人展示在游泳中遇到痉挛应该如何缓解。	了解泳池的国际标准（长50米，宽25米）及入水规则。	观看视频了解自由泳运动。	1. 能够正确说出如何预防痉挛。 2. 知道缓解水中痉挛的措施。 3. 正确面对水中等突发情况，及时调节情绪，保持冷静。
	2	1. 熟悉水性。 2. 入水技巧：平式入水。	1. 借助浮板进行漂浮水性等练习。 2. 平式入水动作技术。	1. 俯卧打腿练习。 2. 平衡练习。 3. 马步起踵练习。 4. 俯卧举腿练习。	个人平式入水技巧展示。	熟悉掌握平式入水的规则及判罚。	对自己和同伴平式入水动作做出正确的评价。	1. 能够正确做到利用浮板漂浮，熟悉水性。知道平式入水动作要领。 2. 养成入水前自主热身的习惯。 3. 克服入水恐惧。

续表

具体要求	3	1. 水性练习。 2. 入水技巧：坐式入水。	1. 踩水练习。 2. 坐式入水动作技术。	1. 仰卧起坐练习。 2. 水中蹬腿练习。 3. 平衡练习。 4. 水中半蹲跳练习。	个人坐式入水技巧展示。	熟悉掌握坐式入水的规则与判罚。	对自己和同伴坐式入水动作做出正确的评价。	1. 能够正确做到水中踩水漂浮。知道坐式入水动作要领。 2. 学会入水前的自我情绪调控。 3. 克服入水恐惧。
	4	1. 熟悉水性。 2. 入水技巧：站立式入水。	1. 水中高抬腿。 2. 站立式入水动作技术。	1. 俯身单手划臂练习。 2. 俯身直臂抬举练习。 3. 双手壶铃摇摆练习。 4. 两头起划船练习。	个人做站立式入水技巧展示。	熟悉掌握站立式入水的规则与判罚。	对自己和同伴站立式入水动作做出正确的评价。	1. 能够正确做到水中踩水漂浮。知道站立式入水动作要领。 2. 适应水环境。 3. 克服入水恐惧。
	5	1. 双臂划水练习。 2. 换气技巧练习。 3. 观看划水教学视频。	1. 划水发力顺序。 2. 双臂交换划水要点。 3. 划水两次换气一次。	1. 水中负重蹬腿与划水。 2. 陆地打腿练习。 3. 支撑开合跳。 4. 收腿跳跃练习。	1. 陆地个人划水动作展示。 2. 个人划水换气配合展示。	—	对自己和同伴进行划水技术动作做出正确的评价。	1. 能够正确掌握双臂划水技术动作，熟练掌握换气技巧。 2. 形成水上锻炼的意识。 3. 克服换气的心理恐惧。
	6	1. 双臂划水节奏练习。 2. 向下打腿练习。 3. 观看自由泳打腿教学视频。	1. 划水节奏。 2. 向下打水，不离开水面。	1. 上肢哑铃练习。 2. 腿部负重深蹲练习。 3. 手掌触膝练习。 4. 静态平板支撑练习。	个人双臂划水节奏展示。	—	对自己和同伴划水节奏做出正确的评价。	1. 能够正确掌握双臂划水技术动作，熟练掌握换气技巧。 2. 适应水上运动环境，养成水上锻炼习惯。 3. 克服水下换气的心理恐惧。
	7	1. 向上打腿练习。 2. 手脚协调配合练习。	1. 上下打腿力度一致。 2. 手臂划水与双腿打水方向相反。	1. 快速蹬腿与划水练习。 2. 柔韧练习。 3. 仰卧举腿。 4. 俯卧击掌。	个人陆地手脚配合节奏展示。	向上打腿小组赛。	同学之间相互进行评价。	1. 能够正确掌握打腿技术动作，熟练掌握手脚协调配合。 2. 适应水上运动环境，养成水上锻炼习惯。 3. 养成遇到困难，保持冷静的心理素质。
	8	1. 复习打腿练习。 2. 换气练习。 3. 呼吸管配套练习。	打腿和换气协调配合。	1. 俯卧踢腿练习。 2. 动态平板支撑练习。 3. 对角背起练习。 4. 跷跷板练习。	小组20米自由泳比赛。	正确掌握自由泳比赛规则。	各小组之间进行互评。	1. 正确掌握换气技术动作，熟练掌握换气节奏。 2. 适应水上运动环境，养成水上锻炼习惯。 3. 克服水下换气的心理恐惧。

续表

具体要求	9	1. 换气节奏练习。 2. 翻滚转身练习。 3. 观看翻滚转身教学视频。	翻滚转身蹬池壁动作流畅。	1. 波比跳练习。 2. 团身卷腹练习。 3. 交替抬举手脚练习。 4. 背起举腿。	个人翻滚转身技术动作展示。	翻滚转身的动作技巧比赛。	1. 同学之间相互做出正确的评价。 2. 观看视频，让学生说出翻滚转身的技巧。	1. 能够正确掌握滚翻转身技术动作。 2. 适应水上运动环境，养成水上锻炼习惯。 3. 克服心理恐惧，勇往直前。
	10	1. 深化自由泳手臂与腿部的动作配合。 2. 自由泳呼吸与动作协调配合。	手脚、呼吸协调配合。	1. 两头起打腿练习。 2. 深蹲＋转肩。 3. 屈膝卷腹练习。 4. 抬腿画圈练习。	请学生说出自由泳中手脚如何有节奏地协调配合。	—	观赏同伴自由泳动作，并做出评价。	1. 能够正确掌握双臂划水技术动作与换气技巧。 2. 适应水上运动环境，养成水上锻炼习惯。 3. 克服水下换气的心理恐惧。
	11	1. 自由泳技术细节复习与巩固。 2. 游泳后放松与恢复技巧。 3. 观看自由泳比赛视频。	完整自由泳技术动作巩固。	1. 自由泳甩臂练习。 2. 交替抬举手臂练习。 3. 慢速直腿下放练习。 4. 对侧平板支撑练习。	学生们展示在上完游泳课后，该如何进行放松。	观看比赛视频，了解比赛规则与判罚。	1. 同学之间相互评价。 2. 教师补充说明。	1. 能够正确掌握自由泳技术动作。 2. 学会在比赛中能够调整赛前情绪和心态。 3. 了解比赛规则及判罚，克服入水恐惧。
	12	1. 深化全身协调配合练习。 2. 25米自由泳练习。	水中协调性与平衡感练习。	1. 转体练习。 2. 深蹲伸展手臂练习。 3. 自由泳支撑抱水练习。 4. 抬腿拉伸练习。	小组展示25米自由泳。	了解入水规则。	1. 各小组之间进行相互评价。 2. 教师补充说明。	1. 能够独立完成25米自由泳。 2. 适应水上运动环境，养成水上锻炼习惯。 3. 积极克服在水下会遇到的一些状况，并保持冷静。
	13	1. 巩固自由泳的完整动作流程，包括入水、划水、打腿、呼吸配合、翻滚转身技巧。 2. 观看直播比赛。	1 提高自由泳短距离练习中的持续游进能力。 2. 巩固自由泳技术细节，优化动作配合。	1. V字抬腿练习。 2. 半波比跳练习。 3. 波比跳＋团身卷腹练习。 4. 两头起手臂划水练习。	个人分解动作展示。	观看直播比赛，深化了解不同形式的比赛规则。	同学对分解动作进行评价。	1. 能够正确掌握双臂划水技术动作，熟练掌握换气技巧。 2. 树立水上安全运动的意识。 3. 克服水下换气的心理恐惧。
	14	1. 深化自由泳转身技巧。 2. 30米自由泳练习和冲刺练习。 3. 水中自救与应急处理。	在正式比赛的情况下，如何进行抗干扰练习。	1. 腿部负重深蹲练习。 2. 快速蹬腿与划水练习。 3. 收腿跳跃练习。 4. 俯身直臂抬举练习。	分小组展示水中自救与应急处理。	熟练掌握自由泳终点冲刺技巧。	小组进行30米自由泳比赛，并互相点评。	1. 能够正确掌握自由泳技术动作，熟练完成30米自由泳。 2. 面对水下突发情况，保持冷静并完成自救。 3. 摆脱困难，克服恐惧。

续表

具体要求	15	1. 讲解比赛中的心理调适技巧。 2. 观看短视频：各种游泳比赛运动员在比赛前如何调整自己的心态，对比赛结果的看法。 3. 了解心肺复苏。	自由泳比赛规则与战术，教授学生如何在比赛中合理运用战术。	1. 俯身蹬山跑。 2. 动态平板支撑练习。 3. 背起举腿练习。 4. 平衡练习。	个人分享如何在比赛中保持冷静与自信。	—	同学进行评价与补充。	1. 能够冷静面对水下突发情况。 2. 了解心肺复苏技术。 3. 克服水下突发状况带来的恐惧。
	16	1. 模拟比赛场景，让学生在模拟环境中进行自由泳技术的综合运用。 2. 小组50米自由泳比赛。	练习比赛中可能出现的各种突发情况应对技巧。	1. 水中快速转身练习。 2. 水中高抬腿练习。 3. 水中半蹲跳练习。 4. 水中负重蹬腿与划水。	小组50米自由泳比赛。	严格遵守比赛规则，清楚比赛判罚。	小组评价比赛规范性。	1. 能够正确掌握双臂划水技术动作；熟练掌握换气技巧。 2. 适应水上运动环境，形成水上运动习惯。 3. 克服换气的心理恐惧。
	17	1. 回顾自由泳技术要点。 2. 50米自由泳计时赛。	学生如何在比赛中调整技术动作，以适应不同的比赛环境。	1. 卧推哑铃练习。 2. 悬空打腿。 3. 俯身蹬山跑。 4. 静态平板支撑。	小组50米自由泳计时赛。	严格按照自由泳比赛规则进行判罚。	计时成绩的公布与个别同学的战术指导。	1. 能够积极主动参与小组比赛，熟练掌握自由泳裁判规则及判罚。 2. 适应水上运动环境，形成水上运动习惯。 3. 培养不怕困难，努力拼搏的精神。
	18	1. 对学生进行自由泳技能考核。 2. 根据考核结果进行综合评价，给予针对性地反馈与建议。	—	1. 抬腿拉伸练习。 2. 屈膝卷腹练习。 3. 交替打腿练习。 4. 交替抬举手脚练习。	分组考核。	技能考核中，按照既定标准进行评估，确保公平公正。	1. 观赏学生的技能考核表现，给予肯定与建议。 2. 注重学生的参与热情与团队合作精神。	1. 能够独立完成自由泳考核。 2. 养成坚持水上锻炼的习惯。 3. 克服紧张的情绪，能够调整心态，正确面对考核。

大单元评价

核心素养	评价内容	评价方法
运动能力	三星：按照考核评价标准完成自由泳计时考核，达到优秀且动作标准连贯，动作优美，无任何犯规动作为三星。 二星：按照考核评价标准完成自由泳计时考核，达到良好且动作标准，无犯规动作为二星。 一星：按照考核评价标准完成自由泳计时考核，达到合格且无犯规动作为一星。	定性评价＋师评
健康行为	三星：熟练掌握心肺复苏技术并能够进行急救；每周进行水上运动1～2次；能够调控好水中锻炼的情绪，体验蛙泳带来的快乐；在锻炼中无安全事故发生；积极参与体育课堂或其他各级各类的蛙泳比赛与展示中。 二星：基本掌握心肺复苏技术；每周进行水上运动1次左右；能够调控好水中锻炼的情绪并体验蛙泳带来的快乐；主动参与班级或课堂的展示或比赛。 一星：了解心肺复苏技术；每周进行水上运动至少1次；能够调控好水中锻炼的情绪并体验蛙泳带来的快乐；在锻炼中无安全事故发生；能够参与班级或课堂的展示或比赛。	自评＋互评 观察评价 口头测评
体育品德	三星：能够克服水中恐惧，在练习中不怕苦不怕累努力拼搏，团结合作；主动守规则，尊重裁判和对手。 二星：能够克服水中恐惧，不怕苦不怕累；能与他人合作；能够守规则，尊重裁判和对手。 一星：通过努力能基本克服水中恐惧；能够守规则，尊重裁判和对手。	自评＋互评 比赛＋观察

三、水上或冰雪运动大单元 3

设计者：周瑞　　　　单位：成都市泡桐树小学（天府校区）

\	水上或冰雪运动大单元3——仰泳							
大单元目标	1. 运动能力：通过大单元学习，学生能够掌握仰泳的基本姿势、动作要领和呼吸技巧，提高游泳能力，提升速度、力量以及心肺功能。 2. 健康行为：通过学习和比赛欣赏，培养良好的游泳习惯以及生活和学习习惯，形成健康的生活态度，提高学生的健康水平，增强学生遇到危险时的自救能力。 3. 体育品德：通过游泳大单元的学习，锤炼学生的意志品质，培养团队协作精神，增强自信心，树立积极向上的体育精神。							
内容要求		基础知识与基本技能	技战术运用	体能	展示或比赛	规则与裁判方法	观赏与评价	评价要点
总体要求		了解常见的游泳类别，知道它们之间的区别；基本掌握仰泳的技术要领，能够熟练地游完50米仰泳；掌握水中自救方法，了解水中急救及心肺复苏技能。	在游戏、比赛中运用所学过的4种泳姿以及各种组合动作来解决问题，使学生学会根据不同的情况选择合适的滑行技术和路线；熟练掌握仰泳动作，并学会在水中运动中运用仰泳动作。	一般性体能训练中通过游戏、模拟比赛等方式加强协调性、柔韧性的锻炼；结合仰泳的技术特点发展专项体能。	积极参与个人、小组、校级的游泳游戏或比赛，强化蛙泳技能；巩固仰泳技术。	了解4种泳姿的游戏和比赛的基本规则及要求，能够在仰泳比赛中尝试运用规则，判断比赛中的明显犯规行为，并尝试进行判罚；能够自行组织班级小组比赛。	通过电视、网络、现场等方式观看不少于8次的各级各类仰泳比赛，并对比赛进行评价，形成观后感。	—
具体要求	1	1. 了解仰泳运动项目的发展。 2. 增强水下锻炼的安全意识。	—	1. 下蹲。 2. 收腹。 3. 跳。 4. 俯卧撑。	小组讨论展示水中有哪些自救方法。	了解游泳比赛的基本规则。	欣赏仰泳比赛，进行技术分析并讲述从中学到的安全与技能知识。	1. 正确说出仰泳项目的发展史。 2. 适应水环境，能够说出水下自救的方法。 3. 文明观看教学视频。
^	2	1. 复习自由泳动作。 2. 进行自由泳分层小组比赛。	自由泳的转身训练。	1. 15米往返跑。 2. 高抬腿跑。 3. 开合跳。 4. 仰卧举腿。	小组比赛，自由泳转身技术动作。	了解自由泳犯规的动作。	观看自由泳比赛的视频，观赏转身的技术运用。	1. 熟悉掌握自由泳转身的技术要领。 2. 熟悉水中运动环境，调节自我状态。 3. 相互帮助，能够帮助不熟练的同学纠正错误动作。
^	3	1. 蛙泳100米耐力游。 2. 仰泳陆地打腿练习。	蛙泳的到边技术运用。	1. 接力游100米。 2. 仰卧举腿。 3. 腿部柔韧练习。 4. 小推车。	小组进行蛙泳耐力游比赛。	了解仰泳项目的犯规动作。	观看自由泳比赛的视频，观赏自由泳到边技术运用。	1. 能够游完蛙泳100米，知道仰泳打腿的动作要领。 2. 适应水上运动环境，养成水上锻炼习惯。 3. 克服身体疲劳坚持练习。

续表

具体要求	4	1. 仰泳练习。2. 仰泳水中练习打腿。	100米、200米自由泳的体能分配。	1. 仰卧起坐。2. 单腿平衡。3. 高抬腿。4. 波比跳。	小组之间进行仰泳比赛。	了解仰泳比赛各裁判的站位。	观看200米蛙泳比赛，按段计时分析运动员在比赛中的体能分配。	1. 能够正确按照仰泳漂流方法漂出5米。2. 适应水上运动环境，养成水上锻炼习惯。3. 克服身体疲劳，坚持练习。
	5	1. 水下仰泳打腿训练。2. 仰泳打腿测试、分组。	仰泳水下出发技术运用。	1. 波比跳。2. 水中进行跑步训练。3. 平板支撑。4. 臀桥。	小组进行仰泳打腿接力比赛。	了解仰泳比赛中检录裁判的职责和要求。	在家观看400米仰泳比赛，按段计时分析运动员在比赛中的体能分配。	1. 仰泳水中打腿20米。2. 养成水中运动的锻炼习惯。3. 团结合作，遵守比赛规则。
	6	分层教学：1. 自由泳200米练习＋仰泳打腿巩固。2. 仰泳打腿纠错＋复习。	仰泳呼吸运用技巧。	1. 自由泳200米耐力游。2. 水中瑜伽。3. 开合跳。4. 平板支撑。	小组25米自由泳接力比赛。	仰泳比赛中起点裁判的职责和要求。	观看仰泳比赛总结出发的技术运用。	1. 能够顺利游完200米自由泳。2. 积极参与课堂，学会调整赛前情绪。3. 克服身体疲劳，坚持锻炼。
	7	仰泳水中打腿复习＋展示。	仰泳途中游体力分配技巧。	1. 水中瑜伽。2. 水中拉伸。3. 仰卧举腿。4. 开合跳。	仰泳打腿技术动作分小组展示，小组评价。	仰泳比赛中裁判的职责和要求。	观看仰泳比赛总结到边的技术运用。	1. 能够正确做出仰泳打腿的技术动作。2. 能够冷静处理水中意外情况。3. 积极分享，乐于展示。
	8	教学比赛：分小组进行仰泳水中打腿比赛。	仰泳的体力分配。	1. 俯卧撑。2. 瑞士球训练。3. 高抬腿。4. 开合跳。	小组自行组织比赛。	学生自行组织安排比赛、裁判。	观看仰泳比赛，总结到边转身的判断（一）。	1. 能够积极参与小组比赛。2. 养成水中运动的锻炼习惯。3. 遵守规则，尊重对手与裁判。
	9	1. 陆地仰泳划手动作学习。2. 巩固仰泳水中打腿。	仰泳呼吸的使用技巧。	1. 哑铃训练。2. 水中收腹跳。3. 腿部柔韧练习。4. 仰卧举腿。	小组展示仰泳划手动作，相互纠错。	记录裁判登记时间的规则和方法。	观看仰泳比赛，总结到边转身的判断（二）。	1. 能够掌握仰泳划手动作要领。2. 体验仰泳运动的快乐，养成锻炼习惯。3. 能够帮助同学完成。
	10	1. 复习陆地仰泳划手技术动作。2. 水下仰泳划手练习。	仰泳的到边技术运用。	1. 水中平衡训练。2. 俯卧撑。3. 高抬腿。4. 开合跳。	小组展示水下仰泳划手动作及评价。	仰泳比赛中终点裁判的职责和要求。	观看仰泳比赛并总结手脚协调配合的技术运用。	1. 所有同学能够正确掌握仰泳划手动作要领；部分同学能够掌握仰泳水下划手技术动作。2. 适应水中环境，乐于进行仰泳锻炼。3. 用于展示，客观评价。

第五章　水上或冰雪运动

续表

具体要求	11	1. 水下仰泳划手练习。 2. 加浮板打腿＋划手配合练习。	仰泳途中游体力和呼吸的运用。	1. 卧推哑铃练习。 2. 悬空打腿。 3. 俯身蹬山跑。 4. 静态平板支撑。	小组展示打腿＋划手技术动作。	仰泳比赛中裁判长的职责和要求。	观看仰泳比赛中裁判的手势运用。	1. 所有同学能够掌握仰泳水下划手技术动作。 2. 能够自主进行入水前的热身活动，养成正确的运动习惯。 3. 客观公正执裁。
	12	1. 巩固打腿划手配合动作。 2. 展示仰泳完整动作并评价分组。	了解仰泳接力交接棒技战术。	1. 俯卧撑。 2. 水哑铃训练。 3. 俯身蹬山跑。 4. 静态平板支撑。	小组展示仰泳完整动作并对同学进行评价。	仰泳比赛中仲裁委员会的职责和要求。	观看仰泳比赛中裁判的手势运用。	1. 所有同学掌握仰泳划手和打腿配合动作要领。 2. 积极调整情绪，正确面对比赛和展示。 3. 积极展示，公平竞争。
	13	分层教学： 1. 不借助外力仰泳完整动作练习。 2. 加浮板仰泳完整动作练习。	仰泳接力交接棒技战术运用。	1. 平板支撑。 2. 开合跳。 3. 俯身蹬山跑。 4. 静态平板支撑。	分层进行展示、晋级。	仰泳裁判的各种手势。	小组收集、整理比赛安排相关要求。	1. 部分同学掌握仰泳的完整技术动作。 2. 养成水中运动的锻炼习惯。 3. 能够帮助同学纠错，协作学习。
	14	巩固仰泳完整动作，纠偏辅差。	公开水域救人和自救的原则及方法（一）。	1. 仰泳200米耐力游。 2. 200米自由泳打腿。 3. 俯身蹬山跑。 4. 静态平板支撑。	小组合作，互帮互助。	整理游泳比赛裁判职责，分小组提前进行教学比赛安排。	查阅正式游泳比赛组织安排。	1. 能够基本掌握仰泳的技术动作。 2. 关注水中情况，养成水中锻炼的安全意识。 3. 帮助同学进行纠错，积极分享。
	15	展示、比赛： 1. 分小组展示仰泳技术动作。 2. 分层进行仰泳接力比赛。	公开水域救人和自救的原则及方法（二）。	1. 水中接力赛。 2. 仰卧起坐。 3. 俯身蹬山跑。 4. 静态平板支撑。	小组进行仰泳展示、比赛、评价。	小组自行组织安排比赛。	观看中国队接力比赛视频，并总结接力比赛的重点。	1. 完成水中仰泳比赛。 2. 养成水中运动的锻炼习惯，和健康的生活习惯。 3. 积极展示，乐于分享，团结协作。
	16	教学比赛： 分小组进行蛙泳、自由泳、仰泳混合接力比赛。	接力比赛中棒次的安排。	1. 接力赛。 2. 平板支撑。 3. 俯身蹬山跑。 4. 静态平板支撑。	小组进行混合接力比赛、评价。	小组自行组织安排比赛。	收集公开水域救人视频并总结。	1. 小组合作完成仰泳接力比赛，掌握接力比赛的棒次安排。 2. 养成水中运动的锻炼习惯。 3. 遵守比赛规则，尊重裁判与对手。

续表

具体要求	17	水中自救方法教学、水中救人原则和方法教学。	公开水域救人和自救的原则及方法（三）。	1. 水中10米往返跑。 2. 开合跳。 3. 俯身蹬山跑。 4. 静态平板支撑。	自救和救人知识竞答。	知识竞答。	收集公开水域救人视频并总结（二）。	1. 能够掌握水中自救和救人的方法和原则。 2. 熟练做出水中自救和救人的动作。 3. 培养珍爱生命的意识。
	18	1. 对学生进行仰泳技能考核。 2. 根据考核结果进行综合评价，并给予针对性的反馈与建议。	—	1. 仰卧起坐练习。 2. 水中蹬腿练习。 3. 平衡练习。 4. 水中半蹲跳练习。	小组考核。	技能考核中，按照既定标准进行评估，确保公平公正。	观赏学生的技能考核表现，给予肯定与建议。	1. 能够独立完成仰泳考核。 2. 克服紧张的情绪，能够调整心态，正确面对考核。 3. 能够帮助同伴完成考核。

大单元评价

核心素养	评价内容	评价方法
运动能力	三星：按照考核评价标准完成仰泳计时考核达到优秀且动作标准连贯，动作优美，无任何犯规动作为三星。 二星：按照考核评价标准完成仰泳计时考核达到良好且动作标准，无犯规动作为二星。 一星：按照考核评价标准完成仰泳计时考核达到合格且无犯规动作为一星。	等级评价： 定性评价 ＋师评
健康行为	三星：能够快速适应水环境，不怕水；每周进行水上运动2~3次；能够调控好水中锻炼的情绪体验自由泳带来的快乐；在锻炼中无安全事故发生。 二星：经过练习能够适应水环境；每周进行水上运动1次左右；能够在比赛或展示中积极调控情绪. 5. 在锻炼中无安全事故发生。 一星：每周进行水上运动至少1次；在锻炼中无安全事故发生。	自评＋互评 观察评价 口头测评
体育品德	三星：克服水中恐惧，不怕苦不怕累努力拼搏；有团结合作意识；主动守规则，尊重裁判和对手。 二星：克服水中恐惧，有团结合作意识；能够守规则，尊重裁判和对手。 一星：通过努力能基本克服水中恐惧；能够守规则，尊重裁判和对手。	自评＋互评 比赛＋观察

四、水上或冰雪运动大单元4

设计者：宋单单　　　　单位：四川省成都高新区实验小学

	水上或冰雪运动大单元4——蝶泳
大单元目标	1. 运动能力：掌握蝶泳的多种打腿练习、划手动作、呼吸技巧，能结合打腿和划手动作完成蝶泳练习，通过练习蝶泳的身体配合技术提高学生的协调和心肺耐力。 2. 健康行为：培养学生的安全游泳意识，养成游泳前后卫生消毒的习惯，并能初步制订自己的游泳练习内容进行锻炼，感受游泳的益处和健身效用。 3. 体育品德：培养学生相互合作、相互保护的体育品格，通过了解和组织参与蝶泳比赛，让学生能初步识别蝶泳的比赛犯规动作，促进学生自觉遵守规则、尊重对手、尊重裁判的意志品质；比赛中锻炼学生胜不骄败不馁的坚韧品质和意志。

内容要求	基础知识与基本技能	技战术运用	体能	展示或比赛	规则与裁判方法	观赏与评价	评价要点
总体要求	认识蝶泳运动，了解它的功能与作用；熟练掌握蝶泳腿部打水动作；尝试蝶泳完整动作。	能够在教学活动中运用蝶泳腿部打水动作，能够在游戏和比赛中运用蝶泳动作。	各种水上游戏比赛发展学生腿部肌肉力量，提高水中位移速度和全身协调性。	积极参与班内教学比赛，并在比赛中尝试运用完整的蝶泳技术。	了解蝶泳项目的比赛规则与要求。	通过各种媒介进行蝶泳项目或所学冰雪项目的欣赏与学习。	—

续表

具体要求	1	1. 了解蝶泳理论学习与安全注意事项。 2. 理解蝶泳比赛规则。 3. 认识相关运动原理。	—	1. 深蹲。 2. 俯卧撑。 3. 仰卧举腿。 4. 开合跳。	分组比赛知识问答，看哪个组回答的正确率最高。	蝶泳比赛规则。	观看蝶泳比赛和技术分析视频，并讲述从中学到的安全与技能知识。	1. 熟练掌握蝶泳的专项热身动作。 2. 知晓游泳安全注意事项，树立水上运动安全意识。 3. 关心自身和他人安全。
	2	陆上练习蝶泳打腿和划手基本动作。	蝶泳的打腿和划手技术。	1. 仰卧两头起。 2. 跳高低箱。 3. 斜身引体。 4. 俯卧两头起。	比一比哪些同学的动作更像海豚，且标准度更高。	蝶泳入水规则（一）。	能正确比划蝶泳打腿动作和划手动作。	1. 了解蝶泳打腿基本知识，能在陆地上简单完成打腿动作。 2. 熟知游泳安全注意事项，树立水上运动安全意识。 3. 练习打腿，培养顽强毅力。
	3	水性训练。	漂浮的技巧，在此基础上尝试做打腿或划手技术。	1. 平板支撑。 2. 俯卧登山跑。 3. 波比跳。 4. 提踵。	比一比哪些同学掌握了漂浮技巧，并在漂浮过程中做出海豚样的摆动。	蝶泳入水规则（二）。	学生互评漂浮动作的规范性。	1. 了解水性练习时为了克服怕水心理。 2. 学会利用浮板将身体漂浮。 3. 培养顽强意志品质。
	4	蝶泳腿打腿（海豚腿）加呼吸训练。	利用浮板做打腿技术，尝试换气。	1. 深蹲。 2. 30米冲刺跑。 3. 悬垂举腿。 4. 深蹲跳。	比一比哪些同学打腿的幅度大且游的距离更远。	蝶泳静态闭气规则（一）。	教师分别检查蝶泳打腿动作并点评。	1. 了解蝶泳打腿类海豚摆尾动作。 2. 养成坚持水上锻炼的良好习惯。 3. 锻炼坚持的品质。
	5	运用浮板打腿。	俯卧，两手扶打腿板前缘，连续做1—2—3—4，1—2—3—4有节奏地打腿练习。	1. 俯卧撑。 2. 仰卧起坐。 3. 跳台阶。 4. 单脚跳。	比一比哪些同学划手的幅度大且动作规范。	蝶泳静态闭气规则（二）。	评选动作流畅者为速进选手。	1. 说出用浮板练习打腿的方法，自主完成浮板与打腿结合动作。 2. 树立水上运动安全意识。 3. 培养相互合作的团队意识。
	6	水下大幅度打腿。	模仿海豚，在水下做打腿动作——两臂位于体侧，摆动打腿，像海豚的尾巴一样。	1. 弓箭步跳。 2. 开合跳。 3. 仰卧举腿。 4. 高抬腿。	比一比哪些同学游得快，且动作规范。	蝶泳动态闭气规则（一）。	评选打腿协调配合且动作流畅者为速进选手。	1. 说出水下大幅度打腿方法，能借助浮板独立完成水下打腿。 2. 树立水上运动安全意识。 3. 有独立自主、坚持拼搏的品格。

续表

具体要求	7	垂直打海豚腿。	采用垂直的姿势做蝶泳打腿动作，头部上仰，两臂位于体侧；加大身体动作幅度，注意力集中在臀部；为了加强爆发力，应用力打腿，使身体从深处提升到尽可能的高处，并尽量更长时间地保持在"水上"的姿势。	1. 弹力带辅助引体向上。 2. 平板支撑。 3. 深蹲。 4. 跳箱子。	比比哪些同学打腿后游得出水高度更高，优生展示。	蝶泳动态闭气规则（二）。	评选打腿有力、协调配合且动作流畅者为速进选手。	1. 知道垂直打腿的要点，完成两人相互辅助的垂直打腿动作。 2. 适应水环境，养成坚持水上锻炼的习惯。 3. 有团队合作意识。
	8	运用浮板划手（水）。	利用浮板，由单手划臂过渡到双手划臂。	1. 俯卧撑。 2. 波比跳。 3. 斜身引体。 4. "小推车"。	比比哪些同学能利用浮板划到终点，小组展示。	出水规则（一）。	评选划手力度最大且动作标准者为力量型选手。	1. 知道划手的正确技术，利用浮板完成单手和双手划臂。 2. 适应水环境，养成坚持水上锻炼的习惯。 3. 有团队合作意识。
	9	反蝶泳腿练习。	仰卧，做反蝶泳打腿练习。陆地结合水下以及组合形式的练习。	1. 利用弹力带辅助做引体向上（优生可不用弹力带）。 2. 俯卧两头起。 3. 提踵。	可利用浮板做仰卧与水面的打腿练习，优生展示。	出水规则（二）。	评选组数多、次数多者为力量型强者。	1. 完成反蝶泳技术。 2. 适应水环境，养成坚持水上锻炼的习惯。 3. 有团队合作与竞争意识。
	10	螺丝刀练习。	依次做4次俯卧蝶泳打腿、4次右侧打腿、4次反蝶泳打腿、4次左侧打腿，重复进行，尽量保持连续打腿。	1. 半蹲。 2. 深蹲。 3. 提踵。 4. 两头起。	用螺丝刀组合比赛20米游，分组展示。	蝶泳比赛的罚分规则（一）。	评选打腿从容、身体协调者为速进选手。	1. 知道螺丝刀技术要领，掌握螺丝刀打腿技术。 2. 适应水环境，养成坚持水上锻炼的习惯。 3. 坚持的意志品格。
	11	运用浮板做蝶泳腿打腿配合划手换气练习。	打腿技术动作与划手动作的协调配合规范。	1. 立定跳远。 2. 俯卧两头起。 3. 俯卧两头起。 4. 波比跳。	20米距离比打腿和划手游姿速度，分组展示。	蝶泳比赛的罚分规则（二）。	评选打腿、划手从容，身体协调者为速进选手。	1. 划手和打腿的协调配合。 2. 适应水环境，养成坚持水上锻炼的习惯。 3. 专注力强。
	12	手臂交叉海豚打腿。	两臂交叉，前伸，做打腿动作，在上踢时做吸气动作；在下踢时将头埋入水中。	1. 俯卧撑。 2. 平板支撑。 3. 开合跳。 4. 收腹跳。	利用打腿和换气30米距离比赛。	蝶泳比赛取消成绩的判罚（一）。	评选打腿、换气从容，身体协调者为速进选手。	1. 知道手臂交叉打腿技术要点，掌握手交叉打腿技术。 2. 养成下水前自主热身的习惯，树立水上运动安全意识。 3. 有团队合作意识。

续表

具体要求	13	蝶泳手脚配合练习，学习3次腿一次划手练习。	两臂前伸成流线型俯卧，打水3次，第四次边打水边做蝶泳划水和吸气动作。	1. 跳箱子。2. 坐姿左右腿上下摆腿。3. 仰卧两头起。4. 立定跳远。	小组内比赛推选出动作流畅速度快的学生进行班级PK赛。	蝶泳比赛取消成绩的判罚（二）。	动作协调正确，体会完整动作。	1. 知道手脚配合的基本技巧，掌握手脚配合与换气配合。2. 面对比赛结果积极调整情绪，用积极心态面对比赛结果。3. 有互帮互助的品格。
	14	2—2—2划手与打腿练习。	左手划水两次，右手划水两次，双手同时划水两次，保持有节奏地打腿，保持流线型。	1. 波比跳。2. 登山跑。3. 50米跑。4. 引体向上。	比一比50米距离用2—2—2组合动作谁游得更快。	蝶泳比赛成绩计算方法（一）。	2—2—2一组划手后游出距离远者为"大海豚"。	1. 掌握2—2—2划手节奏。2. 积极调整比赛情绪，展现良好的比赛状态。3. 有互帮互助的品格。
	15	骑浪强化练习。	3～4次打腿后，结合划手使头部最高限度抬出水面吸气后入水。	1. 仰卧两头起。2. 俯卧的两头起。3. 弓箭步跳。4. 作为提前屈。	3打腿＋1划手动作泳姿，30米距离比赛。	蝶泳比赛成绩计算方法（二）。	动作流畅且游出距离远者为"骑浪高手"。	1. 了解骑浪练习技术，掌握打腿和划手撇和动作。2. 积极调整比赛情绪，展现良好的比赛状态。3. 有友谊第一、比赛第一的体育精神。
	16	划手动作与打腿动作组合的1上8下。	做1次划臂和正常的蝶泳腿配合，然后做呼吸动作；之后做水下蝶泳打腿动作8次，保持身体的流线型。重复进行。	1. 波比跳。2. 登山跑。3. 跳台阶。4. 平板支撑。	小组内比赛推选出动作流畅速度快的学生进行班级PK赛。	游泳装备要求。	动作的连续性和身体控制能力强者为节奏大师。	1. 了解1上8下技术要领。2. 完成1上8下划手与打腿动作配合。3. 有坚持不懈的品质。
	17	分小组进行30m蝶泳比赛。	做好体能分配，保持优先，若暂时落后，不要心慌，保持泳姿追赶。	1. 蛙跳。2. 深蹲。3. 俯卧撑。4. 俯卧两头起。	每组评选速度最快者，各组进行1V1对决赛，胜利次数多的队伍获胜。	尝试利用所学蝶泳比赛规则进行判罚（一）。	相互观赏30米蝶泳比赛，并尝试点评。	1. 知晓基本比赛规则完成短距离约30米蝶泳比赛。2. 积极调整比赛情绪，展现良好的比赛状态。3. 有友谊第一、比赛二的体育精神。
	18	分小组进行50m蝶泳比赛。	做好体能分配，保持优先，若暂时落后，不要心慌，保持泳姿追赶。	1. 引体向上。2. 两头起。3. 深蹲跳。4. 跳台阶。	每组评选速度最快者，各组进行1V1对决赛，胜利次数多的队伍获胜。	尝试利用所学蝶泳比赛规则进行判罚（二）。	相互观赏30米蝶泳比赛，并尝试点评。	1. 完成50米蝶泳比赛。2. 积极调整比赛情绪，展现良好的比赛状态。3. 有胜不骄、败不馁的品质。

续表

大单元评价		
核心素养	评价内容	评价方法
运动能力	三星：根据蝶泳比赛量表进行评价，达到优秀且蝶泳动作流畅，换气有节奏、无犯规动作者为三星。 二星：根据蝶泳比赛量表进行评价，达到良好且蝶泳动作较流畅，无犯规动作为二星。 一星：根据蝶泳比赛量表进行评价，达到合格且动作标准无犯规为一星。	等级评价 定性评价 ＋师评＋生评
健康行为	三星：每天坚持1小时的游泳相关体育锻炼，有正确的安全游泳意识，并能做到游泳前后认真消毒。 二星：每周有3次游泳相关的1小时体育锻炼，有正确的安全游泳意识，并能做到游泳前后消毒。 一星：每周有1次游泳相关的体育锻炼，有正确的安全游泳意识。	自评＋互评 观察评价 ＋诊断评价
体育品德	三星：积极参与组织比赛，学生能自觉遵守比赛规则，尊重对手尊重裁判；练习和比赛中学生主动做到相互合作、相互保护；展现出胜不骄、败不馁的坚韧品质。 二星：能参与比赛并做到遵守规则，尊重裁判尊重对手；练习和比赛中学生做到相互合作、相互保护；完成坚持练习和比赛，展示不放弃的意志品质。 一星：能参与比赛尊重裁判尊重对手；练习和比赛中能做到接受同学的保护，能完成合作练习。	自评＋互评 比赛＋观察

五、水上或冰雪运动大单元5

设计者：肖涵　童本金　　　　　单位：四川省成都高新区实验小学

<table>
<tr><td colspan="8" align="center">水上或冰雪运动大单元5——越野滑雪</td></tr>
<tr><td colspan="2">大单元目标</td><td colspan="6">1. 运动能力：学生积极参与越野滑雪（滑轮）运动项目学练，形成运动兴趣，学生的肌肉力量、肌肉耐力、协调性及平衡能力等体能状况得到发展；了解越野滑雪（滑轮）项目的知识，学练越野滑雪（滑轮）项目的技战术，并能在体育展示或比赛中运用。
2. 健康行为：学生能够将雪上运动的健康与安全知识和技能运用于日常生活中；通过参与越野滑雪（滑轮）运动，学会调控情绪，适应冰雪、日晒等自然环境的能力增强；学生形成主动参与雪上体育锻炼的习惯。
3. 体育品德：在自然环境的挑战下参与越野滑雪（滑轮）运动，能够形成迎难而上、自信乐观、越挫越勇和勇于争先的体育精神；能够形成遵守规则、公平竞争的意识；能够乐于助人、赞美同伴和直面输赢。</td></tr>
<tr><td colspan="2">内容要求</td><td>基础知识与基本技能</td><td>技战术运用</td><td>体能</td><td>展示或比赛</td><td>规则与裁判方法</td><td>观赏与评价</td><td>评价要点</td></tr>
<tr><td colspan="2">总体要求</td><td>学练越野滑雪（滑轮）运动的基本动作技术和组合动作技术；认识越野滑雪和越野滑雪（滑轮）器材、装备；了解项目的相关知识和文化，学习雪上项目运动中的自我保护，以及安全滑行的行为守则等基础知识。</td><td>在游戏和比赛中运用越野滑雪（滑轮）基本动作技术和组合动作技术，在竞速滑行游戏中独立完成滑行，并完成个人竞速赛、小组接力赛等。</td><td>知道越野滑雪运动需要的体能及学练方法，在越野滑雪（滑轮）项目运动中乐于加强体能练习。</td><td>在越野滑雪（滑轮）游戏和比赛中敢于展示运动技能，并积极参与各种形式的技能展示和比赛；在比赛中做出正确动作，表现出基本礼仪。</td><td>了解越野滑雪（滑轮）的基本规则和要求；能知道违反安全竞争和公平竞争的行为；能对常见犯规动作进行判断与判罚。</td><td>了解越野滑雪的顶级赛事，学习如何观赏越野滑雪比赛每学期通过现场、网络或电视观看越野滑雪比赛或越野滑雪（滑轮）比赛不少于8次；能对某场比赛情况做简要评价。</td><td>—</td></tr>
<tr><td rowspan="2">具体要求</td><td rowspan="2">1</td><td>1. 了解越野滑雪的运动发展。
2. 越野滑雪的训练方法及夏季训练方法。
3. 观看冬奥会越野滑雪比赛。</td><td>结合个人特点选择一种冬奥会越野滑雪项目进行深入了解。</td><td>1. 双脚前后跳30次×2组。
2. 双脚左右跳30次×2组。
3. 滑雪跳20次×3组，每侧保持3秒平衡。
4. 波比跳20次×2组。</td><td>分组越野滑雪知识抢答，比一比哪一组回答的正确率更高。</td><td>了解冬奥会越野滑雪比赛分类与规则，学习裁判判罚手势。</td><td>观赏冬奥会比赛中的越野滑雪动作，能够说出这项运动的特别之处。</td><td>1. 能够说出越野滑雪运动的发展历程及2种以上的训练方法。
2. 养成运动前自主热身的运动习惯。
3. 团结合作。</td></tr>
</table>

110

续表

具体要求	2	1. 旱地滑雪与越野滑雪的关系。 2. 认识越野滑雪（滑轮）的器材与器材、护具的穿戴。 3. 滑轮上的平衡训练。	对比越野滑雪和（滑轮）的特点，理解（滑轮）与越野滑雪在发力、滑行等环节上的相同点。	1. 单足平衡训练30s×4组。 2. 平衡—双杖支撑滑行。 3. 俯卧两点支撑12次×2组。 4. 深蹲12次×2组。	1. 装备穿戴竞速赛。 2. 器材平衡挑战赛。	关于装备的规则和要求。	能够主动评价同伴的动作是否规范，好看。	1. 能够阐述旱地滑雪与越野滑雪的关联，准确识别越野滑雪（滑轮）的器材及护具，并能正确穿戴。 2. 树立户外运动的体育锻炼意识。 3. 能够与同伴有效合作，相互帮助，共同进步。
	3	1. 越野滑雪（滑轮）的降速技巧——犁式制动及制动原理。 2. 传统式越野滑雪（滑轮）双杖同推动作学练。	1. 将犁式制动技术运用到实际滑行中。 2. 将双杖同推技术运用到滑行中。	1. 波比跳。 2. 深蹲跳。 3. 仰卧同侧手交替摸脚后跟。 4. 50米快速跑。	优生展示双杖同推技术运用提高滑行效率。	—	能够评价同伴的制动技术优缺点。	1. 能够清晰地阐述越野滑雪（滑轮）的降速技巧——犁式制动及其制动原理。熟练掌握传统式越野滑雪（滑轮）双杖同推动作。 2. 树立滑雪运动的安全意识。 3. 勇于挑战，不怕困难。
	4	传统式越野滑雪（滑轮）双杖同推100米直线追逐赛。	将双杖同推技术运用到平地直线滑行比赛中。	1. 俯卧上身抬起。 2. 腹卧划船。 3. 腹卧划臂。 4. 折返跑。	分组进行双杖同推滑行比赛。	比赛规则，运用双杖同推技术进行100米竞速赛。	能够评价同伴在追逐赛上的动作表现和运动精神表现。	1. 掌握传统式越野滑雪（滑轮）双杖同推100米直线追逐赛的基本规则与技巧。 2. 养成户外锻炼习惯。 3. 在比赛中，展现公平竞争的精神，与队友积极沟通合作。
	5	传统式越野滑雪（滑轮）两步交替滑行动作学练以及对身体素质发展的影响。	将两步交替滑行动作运用到滑行中。	1. 左右前后跳。 2. 对侧前后手碰脚。 3. 俯卧撑。 4. 100米快速跑。	分组展示。	—	观看1次冬奥会越野滑雪传统式个人竞速赛比赛，并能够对赛况进行描述与评价。	1. 能够准确描述传统式越野滑雪（滑轮）两步交替滑行动作的技术要点。 2. 梳理户外滑雪安全意识。 3. 学练过程中，能够相互学习、互相帮助、团结合作。
	6	传统式越野滑雪（滑轮）两步交替滑行100米直线追逐赛。	将两步交替滑行动作运用到平地直线滑行比赛中。	1. 位移速度。 2. 对侧肘碰膝垫步跳。 3. 50米冲刺跑。 4. 100米障碍跑。	分组比赛。	比赛规则，运用两步交替滑行技术进行100米竞速赛。	能够评价同学在教学比赛中的动作规范性和竞技精神。	1. 掌握传统式越野滑雪（滑轮）两步交替滑行的技巧，了解直线追逐赛的比赛规则。 2. 逐步适应冰雪环境。 3. 尊重对手，遵守规则，团结合作。

续表

具体要求	7	越野滑雪（滑轮）弯道滑行、跨一步同推滑行学练及动作原理。	将跨一步同推动作和转弯动作运用到滑行中。	1. 动态侧向伸展。 2. 后交叉弓步。 3. 燕式平衡。 4. 俯卧撑。	优生展示。	—	能够评价同伴的技术动作规范性。	1. 能说出越野滑雪（滑轮）弯道滑行、跨一步同推滑行的动作原理，能做出越野滑雪（滑轮）弯道滑行、跨一步同推滑行的动作。 2. 养成户外锻炼习惯。 3. 在动作学练过程中，能够相互学习、互相帮助，展现良好的团队合作精神和体育道德风尚。
	8	1. 冬奥会上的越野滑雪接力赛。 2. 越野滑雪（滑轮）4×100米规定动作接力赛。	结合个人和团队特点，将双杖同推、两步交替、跨一步同推、转弯等滑行技战术运用到团队比赛中。	1. 50米冲刺跑。 2. 折返跑。 3. 燕式平衡。 4. 波比跳。	分组接力。	了解冬奥会滑雪接力比赛规则。	观看1场冬奥会越野滑雪接力赛，并能做出赛况描述和选手评价。	1. 掌握冬奥会越野滑雪接力赛4×100米规定动作接力赛的比赛规则。 2. 学会赛前情绪调控。 3. 尊重对手，积极合作，共同追求优异成绩。
	9	1. 传统式越野滑雪雪上学练：熟悉装备与基本技术动作上雪体验、单脚雪道外制动、穿板起身。 2. 滑降与制动的雪上体验与学练。	将所学技术动作运用到真实雪面和雪道中。	1. 碎步跑。 2. 原地军步走。 3. 垫步直腿跳。 4. 振臂跳。	1. 优生展示。 2. 集体趣味赛。	教师提醒滑降时的安全出发规则。	能够评价同伴在雪地上的表现。	1. 掌握传统式越野滑雪装备与基本技术动作。 2. 树立运动损伤应急意识。 3. 尊重教练指导，积极向上，团结合作。
	10	自由式越野滑雪（滑轮）自由式滑行学练（侧向蹬踏）与动作基本原理。	能够将自由式越野滑雪侧向蹬踏技术融入学练活动中。	1. 俯卧两点支撑。 2. 单腿半蹲。 3. 燕式平衡。 4. 200米跑。	1. 分组练习。 2. 优生展示。	了解自由式滑雪违规动作。	能够评价侧向蹬踏技术与两步交替技术基本原理及区别。	1. 能够说出自由式越野滑雪（滑轮）自由式滑行及侧向蹬踏动作原理，能提至少2种有效的训练方法。 2. 树立户外活动安全意识。 3. 能够互相借鉴，协作共进，团结互助。
	11	自由式越野滑雪（滑轮）自由式滑行100米直线追逐赛。	将自由式滑行动作运用到陆地训练——100米直道比赛中。	1. 跪姿俯卧撑。 2. 仰卧同侧手交替摸脚后跟。 3. 仰卧剪刀腿交叉。 4. 跳绳。	100米自由式越野滑轮分组竞速赛。	能够判断场上选手动作是否规范。	能够评价同伴在比赛中的表现。	1. 掌握自由式越野滑雪（滑轮）自由式滑行动作要领，理解动作发力特点原理。 2. 积极调控情绪。 3. 尊重他人，相互学习，共同提高。

续表

具体要求	12	自由式越野滑雪（滑轮）Offset平地动作学练以及动作发力特点原理。	将Offset动作运用到平地学练活动中。	1. 俯卧上身抬起。 2. 腹卧划船。 3. 腹卧划臂。 4. 200米跑。	优生展示。	了解规范的Offset动作特点。	能够评价同伴雪仗支撑位置，与蹬踏协调性等动作表现。	1. 掌握自由式越野滑雪（滑轮）Offset平地动作要领，理解动作发力特点原理。 2. 树立运动损伤与简单自救的意识。 3. 在学练过程中，尊重他人，相互学习，共同提高，展现出良好的体育道德风尚和团队合作精神。
	13	越野滑雪（滑轮）弯道滑行、爬坡滑行学练及动作特点。	将所学侧蹬滑行、爬坡技术运用到特定场地学练中。	1. 左右前后跳。 2. 对侧前后手碰脚。 3. 弯道跑。 4. 侧滑步。	优生展示Offset动作在爬坡时的运用。	—	回家观看越野滑雪比赛，总结在比赛中运动员在不同雪道情况下运用了哪些技术。	1. 掌握越野滑雪（滑轮）弯道滑行与爬坡滑行的动作特点，理解其动作原理。 2. 树立安全意识。 3. 积极互助，共同进步，团队协作。
	14	自由式越野滑雪（滑轮）一步一撑动作学练及蹬踏与撑地特点。	将自由式越野滑雪（一步一撑）技术动作，运用到陆地学练中。	1. 对侧肘碰膝垫步跳。 2. 50米冲刺跑。 3. 开合跳。 4. 俯卧撑。	分小组学练。	了解自由式越野滑雪（滑轮）一步一撑动作的判罚规则。	评价自己在一步一撑动作上的表现，以及预期。	1. 能够掌握自由式越野滑雪（滑轮）一步一撑动作。 2. 学会运用户外损伤处理技巧。 3. 展现出积极向上的学习态度，乐于助人，团队协作。
	15	自由式越野滑雪（滑轮）规定动作4×100米接力赛。	结合个人和团队成员特点，将（一步一撑）动作运用到陆地训练——小组接力赛中。	1. 动态侧向伸展。 2. 后交叉弓步。 3. 燕式平衡。 4. 100米跑。	分小组进行越野滑雪滑轮接力比赛。	学生能够担任班级自由式越野滑雪接力赛的比赛的裁判。	观看班级比赛，对自己小组的表现进行评价。	1. 基本掌握自由式越野滑雪（滑轮）接力赛规定动作，熟练接力配合方法。 2. 遵守规则，尊重对手，展现团队合作精神和体育道德。
	16	自由式越野滑雪（滑轮）两步一撑动作学练及蹬踏与撑地特点。	将自由式越野滑雪（两步一撑）技术动作，运用到陆地学练中。	1. 50米冲刺跑。 2. 折返跑。 3. 俯卧撑。 4. 仰卧举腿。	优生展示。	了解自由式越野滑雪（滑轮）两步一撑动作的判罚规则。	回家观看越野滑雪比赛，欣赏解说对比赛及选手的描述。	1. 掌握传统式越野滑雪（滑轮）两步交替滑行的技巧。 2. 形成户外体育锻炼的习惯。 3. 展现公平竞赛精神，尊重对手，团队合作，展现良好的体育道德风尚。

续表

具体要求	17	自由式越野滑雪（滑轮）4×400米接力赛。	结合个人和团队成员特点，将自由式越野滑雪基本技术动作及组合动作运用到陆地训练——小组接力赛中。	1. 波比跳。 2. 深蹲跳。 3. 100米跑。 4. 仰卧举腿。	分组进行需要过弯道的接力比赛。	学生能够自主制定比赛规则，并担任班级自由式越野滑雪接力赛的比赛的裁判。	观看班级比赛，尝试实时解说正在比赛的组及队员表现。	1. 掌握自由式越野滑雪（滑轮）4×400米接力赛的比赛规则。 2. 树立户外运动安全意识。 3. 在接力赛中，展现团队协作、公平竞争和尊重对手的体育精神。
	18	1. 冬奥会越野滑雪集体出发比赛。 2. 自由式越野滑雪（滑轮）校园越野10人一组集体出发追逐赛。	结合个人特点，将自由式越野滑雪完整动作运用到陆地训练——长距离追逐赛中。	1. 400米间歇跑。 2. 俯卧撑。 3. 400米跑。 4. 波比跳。	分组进行长距离越野比赛。	学生能够自主制定比赛规则，并担任班级自由式越野滑雪接力赛的比赛的裁判。	观看比赛，熟悉冬奥会越野滑雪集体出发项目比赛中的运动礼仪、规则及裁判的判罚方法。	1. 掌握冬奥会越野滑雪集体出发比赛规则，掌握自由式越野滑雪（滑轮）校园越野追逐赛技巧。 2. 形成户外运动习惯。 3. 尊重对手，公平竞争。
	19	1. 自由式滑雪自由式滑行内刃发力学练。 2. 自由式越野滑雪——自由式滑行100米平地出发计时赛。	将自由式滑行动作运用到雪上平地比赛中。	1. 碎步跑。 2. 原地军步走。 3. 垫步直腿跳。 4. 振臂跳。	分组比赛。	掌握越野滑雪间隔出发计时赛的比赛规则。	评价自己及同伴在雪地比赛中的表现。	1. 掌握自由式滑雪自由式滑行内刃发力的动作原理及至少2种训练方法。 2. 养成户外运动的良好习惯。 3. 在学练过程中，能积极交流、协作互助，体现团队精神。
	20	自由式越野滑雪Offset爬坡与滑降趣味赛。	将自由式越野滑雪组合动作运用到雪上坡面滑行中。	1. 弓箭步。 2. 波比跳。 3. 收腹跳。 4. 高抬腿。	分组比赛。	熟练掌握雪上运动的安全参与规则。	观看冬奥会自由式越野滑雪30公里个人赛，深入感受这项运动的体能要求与精神价值。	1. 掌握Offset爬坡与滑降比赛规则，了解动作原理，并能提出至少2种有效训练方法。 2. 养成良好的户外运动习惯和健康的生活习惯。 3. 在比赛中，积极交流、相互鼓励，展现团队协作精神和良好的体育道德风尚。

大单元评价		
核心素养	评价内容	评价方法
运动能力	在100米传统式越野滑轮双杖同推+自由式越野滑轮一步一撑折返竞速赛过程中： 三星：30s内完成，滑行、转弯、制动无违例动作，无失误，动作流畅、快速。 二星：35s内完成，滑行、转弯、制动无违例动作，无摔倒，动作转换流畅。 一星：40s内完成，滑行、转弯、制动无违例动作，无摔倒，能够完成动作转换。	师评 +定性评价 +定量评价

续表

健康行为	三星：每周参与一次越野滑轮运动，每年参与不少于2次滑雪运动；能够乐于参与滑轮/滑雪运动，学会调整情绪；在锻炼中无安全事故发生。 二星：每月参与至少2次越野滑轮运动，每年参与不少于1次滑雪运动；在锻炼中无安全事故发生。 一星：能够体会参与滑轮/滑雪运动的快乐，调整情绪；在锻炼中无安全事故发生。	自评 观察评价 口头测评
体育品德	三星：积极主动参与户外等自然环境中的运动，不怕苦、不怕累顽强拼搏；在比赛中能够表现出勇于争先的竞技精神，团队合作欣赏他人；遵守规则、尊重对手，公平竞争，直面成败。 二星：能够参与户外等自然环境中的运动，不怕苦、不怕累；在比赛中能够勇于争先，有团队意识；遵守规则、尊重对手。 一星：通过努力能够克服在雪地、户外等自然环境中运动时的辛苦与困难，并勇于参加比赛和冰雪项目练习。	互评＋自评 比赛＋观察

第三节　水上或冰雪运动大单元教学设计和课时教学设计

一、水上或冰雪运动大单元教学设计

设计者：刘晓兰　　　　单位：四川省成都高新区实验小学

大单元名称	蛙泳		水平	二	单元课时	18
设计思路	本单元设计以《义务教育体育与健康新课程标准（2022年版）》中的"健康第一"和"教会、勤练、常赛"的课程理念为指导，选择蛙泳的相关教学内容进行运动技能教学。根据水平二学生的生理和心理发展特点以及教学内容的特殊性设置了蛙泳大单元的相关目标、教学内容、学练方法及观赏评价内容，共计18个课时。 本单元内容以学习正确的技术动作、树立水上安全意识、培养水上运动习惯及自我保护意识开展教学活动。在大单元教学过程中以评价为推动、关注学生个体、遵循从理念到实践再到运用的学、练、赛、评过程，注重学生在复杂的情境中利用已学知识技能解决问题、增长生活经验等方面能力的培养。 综上所述，本单元的教学设计以学生发展出发，以情境教学为主要方式，通过"学练赛评"教学方式提高学生掌握、运用蛙泳所学的技术动作脱离危险，树立学生的自我安全意识，养成坚持锻炼的健康的生活习惯。					
学情分析	生理特征：水平二学生年龄较小，在课堂上能够短时间集中注意力，听教师讲授内容。学生的身体、心理处于发展的平稳时期，身体的各项机制比如协调性、灵敏性、肌肉力量、耐力等处于发展的快速时期，需要在练习的过程中多设计一些游戏类项目，吸引学生参与的积极性。 心理发展特点：学生感知觉的无意性和情绪性比较突出。容易被新鲜事物所吸引，喜欢并参与的体育活动项目多，感知动作的要领不够深入，学习时容易被相近的练习内容产生负迁移，专注力不够，自我评价和对他人的评价开始形成。 运动能力：通过水平一基本运动技能的学习，学生的心肺耐力、肌肉力量、柔韧性、协调性、反应能力有一定的基础。学生的对抗意识开始增强，乐于参与一些具有对抗性的比赛，但是规则意识还需要强化，学生对游戏和比赛教学有很浓的兴趣，为蛙泳的学习打下基础。 体育经验与生活经验：通过水平一基本运动技能的学习，学生有一定的规则意识且部分学生参与过校外的游泳培训班，部分学生对蛙泳有一定的基础，大多数学生观看过电视里的蛙泳比赛对蛙泳的知识有一定的认识。					
教材分析	本单元的教学内容选自《义务教育体育与健康新课程标准（2022年版）》中水上或冰雪项目中的蛙泳运动项目。蛙泳是模仿青蛙运动形态形成的游泳动作，是最常见也比较容易学习的一种游泳姿势，它既能促进学生身体健康又能保证学生生命安全，特别适合年龄比较没有游泳基础的初学者学习。蛙泳学习首先要克服对水环境的恐惧心理，其次是树立水上安全意识，因此在大单元教学中以"趣"为引导帮助学生克服恐惧；以"赛"为方式通过各种小比赛让学生在比赛中养成遵守水上活动规则，保障自身安全的目的；通过"学"和"练"让学生形成端正的身体姿态、正确的游泳姿势、提高水上运动的能力。					
学习目标	1. 运动能力：通过蛙泳动作的练习，能在游戏或比赛中运用相应的动作参与到活动当中；通过体能动作的练习，提高学生体能状况，为游戏或比赛提供体能基础。 2. 健康行为：通过蛙泳动作的教授，学生养成正确锻炼的意识，能在面对危险时运用蛙泳动作进行自救，摆脱困境；形成正确的蛙泳动作姿势，发展学生的平衡和协调的能力。 3. 体育品德：培养学生敢于尝试、敢于挑战的品格；在练习的过程中建立和谐的合作学习关系，培养良好的合作精神和体育品德。					

续表

	基础知识与基本技能	技战术运用	体能	展示或比赛	规则与裁判方法	观赏与评价
总体要求	了解游泳的名称及动作技术,知道不同动作之间的区别;熟练地记住蛙泳动作练习的口诀:收—翻—蹬—夹;掌握水下呼吸节奏、手臂划水、腿部动作;基本了解水中自救的方法,了解心肺复苏的技能。	在游戏和比赛中运用所学过的动作,如水中行走、蹬壁滑行、扶板蹬水滑行、蛙泳完整动作进行练习,通过蛙泳能在面临危险的时候采取正确的自救方式脱离危险,熟练地掌握蛙泳的技术动作。	在体能训练中通过游戏、模拟比赛的方式,加强学生协调性、肌肉力量、柔韧性的练习;结合蛙泳的技术特点发展专项体能,如蛙跳、平板支撑、仰卧起坐、背起、波比跳蹬发展学生腿部爆发力、腹背力量、手臂力量蹬,为蛙泳技术提供体能保障。	积极参与个人、小组、校级的游泳比赛中,乐于参与蛙泳的游戏或者比赛,强化学生蛙泳的技术动作,巩固蛙泳技术动作。	了解蛙泳技术动作的名称和动作练习的方法,熟悉蛙泳游戏和比赛的基本规则和要求;能够在蛙泳比赛中尝试运用规则,判断蛙泳比赛中的明显犯规行为,并尝试进行判罚。	本学期通过电视、网络、现场等方式观看不少于 8 次的各级各类蛙泳比赛,如奥运会蛙泳项目、世界游泳锦标赛、游泳世界杯、同学比赛等。

具体的课次安排

课次	学习内容	过程与方法	评价要点
1	1. 播放 PPT,了解游泳运动的发展史。 2. 认识和了解游泳运动项目和类别。 3. 讲解游泳课学习的基本要求。	1. 室内课。 2. 观看 PPT,结合教师的实践经验讲解本课。	1. 学生了解游泳运动的发展史、游泳运动的项目和类别。 2. 了解游泳课的急救方法,树立游泳课安全意识。 3. 正确面对水中等突发情况,知道怎样及时调节情绪,保持冷静。
2	1. 闭气练习。 2. 呼气练习。 3. 水中睁眼训练。 4. 游戏:水中行走,看谁走得快又稳。	1. 手扶池边或拉同伴的手,进行闭气和呼气的训练。 2. 相关安全注意事项讲解。 3. 手扶池边行走。	1. 熟悉水性,能在水中进行呼吸训练。 2. 逐步适应水中活动。 3. 正确面对呛水等突发情况,及时采取措施避免发生事故。
3	1. 复习闭气练习。 2. 复习呼气练习。 3. 借助扶板练习水中展体。 4. 借助扶板练习水中团身浮体。	1. 学生在水中练习闭气和呼气动作。 2. 水中进行完整呼吸的配合。 3. 在水中借助扶板进行肢体动作。 4. 在水中借助扶板进行团身浮体动作。	1. 能够正确说出水中闭气、呼气等动作的练习方法。 2. 逐步适应水中活动。 3. 对发生抽筋等情况,及时调节情绪,保持冷静,妥善处理。
4	1. 复习水中憋气和呼气。 2. 徒手练习水中展体浮体和水中团身浮体。	1. 集体练习水中憋气和呼吸。 2. 分组徒手练习水中展体浮体。 3. 分组徒手练习水中团身浮体。 4. 体能练习。	1. 更好地熟悉水性。 2. 积极调控情绪,克服入水困难。 3. 正确面对水中等突发情况,及时调节情绪,保持冷静
5	1. 水上游戏。 2. 个人挑战赛。 3. 体能练习。	1. 水中漂浮 20 秒挑战赛。 2. 水中行走 30 米,看谁走得稳定又快速。 3. 分组练习仰卧起坐和背起,2 人一组,交替进行。	1. 知道水上游戏的规则与方法。 2. 熟悉水上运动环境,积极参与蛙泳课堂。 3. 通过游戏比赛学生积极主动参与,敢于挑战自己,获得成功。
6	1. 复习水中憋气和呼气。 2. 陆上蛙泳腿模仿练习。 3. 核心力量练习与游戏。	1. 集体练习水中憋气和呼吸。 2. 分组进行陆上蛙泳腿练习。 3. 集体练习半蹲蛙泳跳,注意不要完全蹲下跳起,半蹲的动作连续向前跳跃。	1. 知道蛙泳腿练习分解动作的名称掌握正确练习蛙泳腿的动作方法。 2. 养成水上锻炼的习惯。
7	1. 陆上蛙泳腿练习。 2. 扶池边进行蛙泳腿练习。	1. 集体进行练习,注意及时纠正蛙泳腿的动作。 2. 分组扶池边进行蛙泳腿练习。	1. 知道蛙泳腿分解动作的名称掌握正确练习蛙泳腿的动作方法。 2. 树立水上安全锻炼的意识。 3. 克服入水困难,坚持蛙泳锻炼。

第五章 水上或冰雪运动

续表

8	1. 陆上蛙泳腿模仿练习。 2. 蛙泳扶板蹬腿练习。 3. 体能练习。	1. 分组进行陆上蛙泳腿模仿练习。 2. 水中扶板蹬腿练习。 3. 分组练习仰卧起坐和平板支撑，2人一组，交替练习。	1. 知道蛙泳腿收腿、外翻、蹬夹、滑行的分解动作名称。 2. 正确面对水中等突发情况，及时调节情绪，保持冷静。 3. 积极参加体能锻炼。
9	1. 复习陆上蛙泳腿模仿练习。 2. 复习蛙泳扶板蹬水练习。 3. 蹬壁滑行比赛。	1. 集体进行练习，注意纠蛙泳腿动作节奏。 2. 2人一组进行扶板蹬水练习。 3. 组织学生进行蹬壁滑行比赛。	1. 知道蛙泳体动作名称，掌握正确练习蛙泳腿练习的方法。 2. 在水中如遇突发情况，可保持冷静，沉着地进行处理。 3. 积极参与蛙泳训练，不怕困难。
10	1. 复习蛙泳扶板蹬水练习。 2. 蛙泳扶板蹬水与呼吸配合练习。 3. 体能练习。	1. 集体进行练习，注意纠蛙泳腿动作节奏及蛙泳腿与呼吸配合动作节奏的错误。 2. 分组进行练习，1人旁边保护与帮助，1人进行练习。 3. 波比跳。	1. 知道蛙泳蹬腿动作的名称，知道蛙泳扶板蹬水与呼吸配合、体能练习的方法。 2. 在水中如遇突发情况，可保持冷静，沉着地进行处理。 3. 勇于挑战自己。
11	1. 体能练习。 2. 水上游戏。	1. 水中蹲跳30次×3组。 2. 卷腹。 3. 分小组进行30米扶板蹬水游远比赛。	1. 知道体能练习卷腹、水中蹲跳等练习方法。 2. 分组练习中，注意安全观察水中情况，树立安全意识。 3. 积极参加水上游戏，懂得团队配合。
12	1. 陆上蛙泳手臂划水技术。 2. 手臂力量练习。	1. 陆上进行蛙泳手臂划水动作的练习。 2. 平板支撑。 3. 上举哑铃。	1. 能够说出陆上蛙泳手臂划水练习的顺序。 2. 水中练习时面对危险时调整情绪冷静处理。 3. 积极参与体能训练，坚持水中锻炼。
13	1. 复习蛙泳腿。 2. 学习蛙泳手。 3. 手臂力量练习。	1. 复习动作时，10人一组相互进行监督，交替练习，注意练习中相互指导。 2. 集体学练蛙泳手。 3. 分为4组练习蛙泳手。 4. 哑铃交替弯举。 5. 跪姿俯卧撑。	1. 能够正确认识蛙泳腿与蛙泳手练习的名称。 2. 体会蛙泳的健身价值，形成水中运动习惯。 3. 练习时互帮互助。
14	1. 手臂划水与呼吸配合。 2. 水中游戏。	1. 集体学练手臂划水与呼吸配合。 2. 学生2人一组进行手臂划水与呼吸配合的练习。 3. 水中憋气，看谁坚持得最久，注意保证学生安全。	1. 能够正确说出手臂划水练习时手部动作练习的步骤。 2. 适应水环境。 3. 练习时同伴之间相互监督与指导，及时给予保护与帮助，学会团结合作。
15	1. 复习蛙泳臂（臂与呼吸的配合）。 2. 复习蛙泳腿与呼吸配合技术。	1. 分成4组，选出一名小组长带领组员进行蛙泳臂与呼吸配合技术的练习。 2. 分成4组，选出一名小组长带领组员进行蛙泳腿与呼吸配合技术的练习。	1. 能够完整、流畅地完成蛙泳腿与呼吸的配合练习。 2. 练习中注意安全问题，有危险时保持冷静，及时处理。 3. 积极练习，不怕困难。
16	1. 复习蛙泳腿与呼吸配合技术。 2. 学习蛙泳完整配合技术。	1. 集体复习蛙泳腿与呼吸配合技术。 2. 集体学练蛙泳完整技术动作。 3. 分为4组进蛙泳完整配合技术。 4. 学生2人一组进行练习，1人监督1人练习，并给予指导。	1. 能够正确说出如何更好地练习蛙泳动作，知道蛙泳腿与呼吸练习的方法。 2. 通过练习克服水中等突发情况，及时调节情绪，保持冷静。 3. 尊重裁判，尊重队友，遵守比赛规则。
17	1. 复习蛙泳完整动作。 2. 水中体能游戏。	1. 复习蛙泳完整动作。 2. 水中蹬壁划水比赛。 3. 30米蛙泳比赛。	1. 能够正确说出蛙泳完整动作练习的步骤。 2. 正确地面对水中等突发情况，及时调整情绪，保持冷静。 3. 尊重裁判，尊重队友，遵守比赛规则。
18	1. 娱乐竞赛。 2. 考核。	1. 水中漂浮大比拼。 2. 30米蛙泳比赛。 3. 蛙泳动作技术考核。	1. 知道蛙泳完整的技术动作。 2. 能够积极地参与到30米蛙泳比赛中。 3. 通过比赛，提高学生自我竞争、自我挑战的意识。

续表

单元评价		
核心素养	评价内容	评价方法
运动能力	三星： 1. 流利地讲出蛙泳练习的基本动作要领和蛙泳的注意事项。 2. 1分40秒内完成30米蛙泳计时考核。 3. 蛙泳动作标准连贯，动作优美，无任何犯规动作。 二星： 1. 讲得出蛙泳动作的基本要领和蛙泳的注意事项。 2. 2分钟内完成30米蛙泳计时考核。 3. 蛙泳动作标准，无犯规动作。 一星： 1. 讲得出蛙泳动作的基本要领。 2. 2分20秒内完成30米蛙泳计时考核。 3. 30米蛙泳无犯规动作。	等级评价： 定性评价 ＋师评
健康行为	三星： 1. 能够说出水中急救的方法，熟练掌握呛水急救技术并能够进行急救。 2. 每周进行水上运动1～2次。 3. 能够调控好水中锻炼的情绪体验蛙泳带来的快乐。 4. 在锻炼中无安全事故发生。 二星： 1. 说出水中急救的方法，熟练掌握水中呛水急救技术。 2. 每周进行水上运动1次左右。 3. 能够调控好水中锻炼的情绪并体验蛙泳带来的快乐。 4. 在锻炼中无安全事故发生。 一星： 1. 说出水中急救的方法，了解水中抽呛水急救技术。 2. 每周进行水上运动至少1次。 3. 能够调控好水中锻炼的情绪并体验蛙泳带来的快乐。 4. 在锻炼中无安全事故发生。	自评＋互评 观察评价 口头测评
体育品德	三星： 1. 表现出强大的克服水中恐惧、不怕苦不怕累、努力拼搏的意志力。 2. 在水上活动中表现出强大的正向的团结合作意识。 3. 主动守规则，尊重裁判和对手。 二星： 1. 表现出克服水中恐惧、不怕苦不怕累、努力拼搏的意志力。 2. 在水上活动中表现出团结合作意识。 3. 能够守规则，尊重裁判和对手。 一星： 1. 通过努力能基本克服水中恐惧。 2. 在水上活动中表现出团结合作意识。 3. 能够守规则，尊重裁判和对手。	自评＋互评 比赛＋观察

二、水上或冰雪运动课时教学设计

设计者：刘晓兰　　　　单位：四川省成都高新区实验小学

教学内容	1. 复习蛙泳腿。 2. 学习蛙泳手。 3. 手臂力量练习。	课时	13～18课时
学习目标	运动能力：学生掌握正确的蛙泳手、蛙泳腿的技术动作，学生根据蛙泳的动作名称进行练习，通过练习发展学生的平衡和协调能力。 健康行为：通过教师的讲授建立学生令行禁止、听从指挥的体育课堂常规，掌握正确的蛙泳腿、蛙泳手的动作。 体育品德：培养学生敢于挑战的品格，在练习的过程中建立和谐的合作学习关系，培养良好的合作精神和体育品德。			
教学重难点	重点：学生在练习过程中保持动作的规范性及连贯性。 难点：身体动作的协调性。			

续表

课的部分	教学内容	教学组织	学生学练赛	运动负荷	学习评价
准备部分	一、课堂常规 1. 体育委员整队，报告人数。 2. 师生问好，宣布本次课的内容与要求。 3. 检查服装。 4. 安排见习生。 5. 强调安全问题。 二、热身 1. 组织学生安全有序地在池边折返跑5圈，教师巡视安全。 2. 专项准备活动。 徒手操（4×8拍） （1）头部运动。 （2）扩胸运动。 （3）振臂运动。 （4）体转运动。 （5）弓步压腿。 （6）仆步压腿。 （7）绕膝运动。 （8）绕环运动。 （9）伸展运动。 陆上复习蛙泳腿练习： （1）30次水中有固定支撑蛙泳腿练习为1组，完成2～3组练习。 （2）趴在浮板上练习做蛙泳腿30次为1组，完成2～3组练习。	课堂常规 ○○○○○○○ ○○○○○○○ ×××××××× ×××××××× ▲ 练习中队列队形： ○○○○○○○ ○○○○○○○ ×××××××× ×××××××× ▲	一、课堂常规 1. 集合快静齐。 2. 向教师问好。 3. 学生精神饱满，认真听讲，积极回答。 4. 明确学习目标。 5. 听从指挥，注意安全。 二、热身 1. 认真听讲跟随教师动作进行热身。 2. 积极投入热身活动中。 3. 节奏一致，注意安全。 4. 积极认真地进行模仿教师动作练习，同时进行热身活动。	小 中	1. 能够正确认识体育的常规要求。 2. 正确面对水中等突发情况，及时调节情绪，保持冷静。 3. 能自觉地遵守体育的行为规范。
设计意图	1. 培养学生和教师间和谐融洽的关系，培养学生自我锻炼的终身意识，遵守体育课堂常规要求。 2. 通过蛙泳腿动作的练习，激发学生练习的关注度，熟悉水性，养成正确的蛙泳动作。 3. 通过热身活动的练习有效活动肌肉与关节，提高学生神经兴奋性，做好身心准备。					
基本部分	一、激趣引趣，引导学生了解蛙泳手部动作要领 陆上模仿手部动作练习（站池边模仿练习）。 二、水中体验、掌握蛙泳手部动作技术 水中蛙泳手部动作练习： 1. 扶池边进行练习。 2. 蹬池边进行练习。 三、通过自主练习进一步提高掌握蛙泳手部动作技术 自主练习体会、提高掌握蛙泳手部动作技术。	1. 组织（站池边）： ○○○○○○○ ○○○○○○○ ×××××××× ×××××××× ▲ 2. 组织： （1）站水中练习。 （2）水中行走练习。 3. 自主分散练习。	1. 了解动作要领积极模仿、体验动作，思考动作的要点。 2. 通过集体的自主练习方式，积极思考动作的要点、体验、掌握蛙泳手部动作技术，并自我展示动作，回答教师问题。 3. 自主体会动作的重难点，并在练习中积极提高蛙泳手部动作技术。	中	1. 能够正确认识蛙泳腿与蛙泳手练习的名称，熟悉掌握蛙泳上肢动作；知道通过哑铃交替弯举、跪姿俯卧撑锻炼手臂力量。 2. 树立游泳前充分热身的安全意识，积极调整情绪，适应水上运动环境。 3. 练习时同伴之间相互监督与指导，及时给予保护与帮助。
设计意图	1. 学会学习：通过扶池边进行划水练习、蹬壁划水进行练习，学生在练习中可以找到练习的有效方法，通过自主练习培养学生独立思考的能力。 2. 循序练习：蛙泳动作练习有递进，学生通过水中行走熟悉水性，再进行扶池边划水、蹬壁划水练习，提高学生动作练习的熟练度，可以更加有效地练习动作，提高学生蛙泳技术动作练习的正确性。 3. 个人练习：在自主练习阶段学生可以结对帮扶，与小组同伴一起练习划水动作，增加动作的熟练度，同时同伴间相互观察与指正，能培养学生的主人翁意识。					

续表

结束部分	1. 水中放松 3 分钟。 2. 起水整队集合。 3. 总结本节课的情况。 4. 布置课后作业。	1. 组织。 ○○○○○○○ ○○○○○○○ ××××××× ××××××× ▲ 2. 要求： (1) 不能嬉戏打闹，充分放松。 (2) 组织快静齐。	1. 认真跟随教师口令进行练习。 2. 总结时认真思考。 3. 及时提出疑问，待教师解答。	中	1. 能够知道水中放松的方法。 2. 掌握正确进行放松的动作与练习方法。 3. 及时做好本课的经验回顾，做好经验积累。
设计意图	1. 通过热身活动的组织，让学生的身心得到沉浸式地放松，生理心理恢复到正常状态。 2. 用关键语句：手臂夹水往外划，埋头呼吸有节奏，让学生记住本课练习的关键点，更好地引用到动作练习中。 3. 课后延伸：水中的划水动作需要我们手臂力量的练习，要通过一些体能训练，如俯卧撑、举哑铃等方式增强手臂力量，更好地练习蛙泳动作。					
安全措施	1. 在进行蛙泳学习前做好热身活动，在身体健康的情况下进行蛙泳动作的练习。 2. 进行蛙泳动作练习前后遵守游泳安全和卫生守则，防止发生意外事故和传染病。 3. 在上课中如身体有不适感觉，比如抽筋、呛水、耳朵进水、头晕或皮肤过敏等情况及时报告教师，并寻求医务人员帮助。					
场地器材	场地：游泳池 1 块。					
	器材：扶板 35 个，音响、话筒 1 套。					
运动负荷	群体运动密度：70%～75%。					
	个体运动密度：50%～55%。					
	平均心率：130～160 次/分钟。					
课后作业	基础性作业：蛙跳 30 次/2 组，平板支撑 1 分钟/2 组。					
	拓展性作业：观看蛙泳的动作视频 10 分钟，观看蛙泳比赛 5 分钟。					

第六章　中华传统体育运动

第一节　武　术

一、项目介绍

武术是中华传统体育类运动，其特点是以中华文化为理论基础，以技击方法为基本内容，以套路、格斗、功法为主要运动形式，旨在塑造人的传统体育。按照《义务教育体育与健康课程标准（2022年版）》，中华传统体育类运动项目中的武术类运动项目可分为武术套路（单练、对练、集体演练）、武术格斗（徒手格斗、器械格斗）、武术功法（柔功、硬功、内功、轻功、感知功）。

武术能够发展学生的协调性、灵敏性、想象力、记忆力、柔韧性等能力；通过武术运动项目的教学可以帮助学生理解中华传统体育文化的内涵，提升学生的武术运动技术水平；培养学生吃苦耐劳、勇敢无畏、自尊自信、顽强拼搏的体育精神，增强学生民族自信心和自豪感，最终达到传承中华传统文化、立身正直、尚武崇德的育人效果。

武术教学分为5个大单元，其中大单元1、2适合水平二教学，大单元3适合水平三教学，大单元4适合水平四教学，大单元5适合水平五教学。

二、武术大单元结构

（一）武术大单元1

设计者：张强　　　　单位：宜宾市戎州实验小学
设计者：龙鑫　　　　单位：宜宾市筠连县沐爱中心校

武术大单元1——长拳	
大单元目标	1. 运动能力：学生能在游戏中体验学习、掌握长拳的基本动作，了解武术基本功动作练习方法，能将所学的武术知识与技能运用于实际生活中进行展示和比赛；知道学练长拳武术需要的体能要求，发展学生平衡、协调、灵敏、上下肢力量；了解武术运动的项目起源与发展、基本礼仪、安全行为，能说出武术专业术语，具有较好的武术表现力。 2. 健康行为：通过本单元学习，提高学生对武术（长拳）学练赛的兴趣，了解武术对身体的影响，养成良好的锻炼习惯；学生学会控制情绪，与同伴友好相处，保持良好的心态，努力适应不同的环境，并在参与所学武术项目的游戏时表现出自我安全防护的行为。 3. 体育品德：在各种武术体验和学练活动中，不断挑战和突破自己，积极进取、顽强拼搏、团结互助、增强武德修养；在游戏和比赛中遵守规则、尊重对手、诚信自律、自尊自信；在情境学习中，体会中华武术精神，树立爱国情怀。

续表

内容要求	基础知识与基本技能	技战术运用	体能	展示或比赛	规则与裁判方法	观赏与评价	评价要点
总体要求	在课堂教学及游戏里学练长拳基本功和简单组合动作，以及长拳段前一级、二级、三级的动作；能基本讲出武术基本动作的术语，准确地讲出武术项目的起源、基本礼仪、安全行为要求。	让学生在游戏、比赛、练习中运用长拳基本动作与简单组合动作；理解并运用所学动作的攻防含义。	了解长拳运动所需要的体能，掌握3~4种简单练习方法，能够积极参与体能练习；发展学生的柔韧性、协调性、肌肉力量、爆发力。	在课堂学习和游戏过程中，能勇敢地展示所学的基本动作和简单组合动作，并积极参与多种形式的展示与比赛。	知道长拳项目的基本规则和要求，能够掌握基本的裁判方法，正确评判所学长拳技术动作。	知道长拳项目比赛和表演的观看方式与路径，每学期通过网络或现场观看不少于8次的比赛或表演。	—
具体要求	1. 初步了解长拳的起源和发展、基本礼仪、安全行为学习，知道武术的攻防含义。 2. 武术基本功（压腿、压肩）练习。 3. 内功训练：包括呼吸、气沉丹田等练习。	了解武术的基本技能，在游戏中运用武术基本礼仪进行交流学习。	了解学习长拳所需要的体能和身体素质要求，能积极参与体能练习。 1. 加速跑。 2. 变向跑。 3. 立卧撑。 4. 平板支撑。	积极展示武术基本礼仪与精气神展示。	了解长拳基本礼仪动作和体现精气神的规范动作。	通过网络了解长拳的基本礼仪，并能对学习过程中同学的武术礼仪动作做出正确的评价。	1. 身体各部分能协调配合用力。 2. 积极参与，动作准确。 3. 能做到坚持不懈。
2	1. 学练长拳的基本手型：拳、掌、勾等。 2. 体能练习：腰腿功夫。	在游戏中正确运用拳、掌、勾等手型，知道手型的攻防含义。	1. 双人俯卧支撑击掌。 2. 高拱桥。 3. 矮拱桥。 4. 背翘起。	分小组展示长拳的3个以上基本手型。	了解正确的长拳基本手型动作和易犯错误的扣分点。	通过网络观看长拳的基本功训练方法，能对同学的动作和视频里的动作做出简单的评价。	1. 动作准确，能体现武术精气神。 2. 积极参与，定期练习。 3. 团结互助，能做到坚持不懈。
3	1. 学练长拳基本步型包括弓步、马步、仆步、虚步、歇步等。 2. 游戏：体能练习（平衡和跳跃）。	在游戏和学练中运用基本步型，了解步型的攻防含义。	1. 单脚连续跳跃。 2. 快速踩跑道线接力赛。 3. 一分钟速度绳练习。 4. 高抬腿练习。	组内敢于展示所学基本步型动作。	了解长拳基本步型规则和裁判方法，以及易犯错误的扣分点。	和父母一起观看长拳基本步型训练视频，能简单评价动作的规范性。	1. 动作准确，能体现武术精气神。 2. 积极参与，定期练习。 3. 团结互助，能做到坚持不懈。
4	学练长拳拳法包括冲拳、劈拳、砸拳、撩拳、栽拳、斩拳等。	在游戏和学练中运用基本拳法，了解手法的攻防含义。	1. 站桩。 2. 仰卧起坐。 3. 俄罗斯转体。 4. 深蹲。	组内敢于展示：2个以上的基本动作，每组推选一名学生参与班级比赛。	了解长拳基本手法规则和裁判方法，以及易犯错误的扣分点。	通过网络和电视观看长拳基本拳法的训练方法，能对同学的动作做出简单的评价。	1. 动作准确，能体现武术精气神。 2. 积极参与，态度端正。 3. 团结互助，尊重对手。
5	1. 学练武术基本功组合动作：推掌、摆掌、撩掌、劈掌、穿掌、挑掌、砍掌、亮掌。 2. 身体素质练习。	在游戏和学练中运用掌法类组合动作，了解该部分技术动作的攻防含义。	1. 跳箱训练。 2. 50米短距离冲刺。 3. 仰卧起坐。 4. 持实心球两头起。	敢于展示掌法类组合动作。	能正确评判长拳中的掌法技术动作。	利用网络搜索掌法类组合动作的训练方法和动作示范。	1. 动作标准、连贯，能体现武术的精气神特点。 2. 积极参与，定期练习。 3. 团结互助，自尊自行。

续表

具体要求	6	1. 学练长拳基本步法：上步、退步、盖步、插步、行步、跃步、击步等步法。 2. 武术基本功练习：武术肩功训练。	能在游戏中运用长拳基本步法，知道步法的练习能够提高动作的流畅性和攻击防守的能力。	1. 背后拉皮筋牵引练习。 2. 悬垂练习。 3. 蛙跳练习。 4. 柔韧身体前屈拉伸练习。	组内敢于展示2个以上基本步法动作，每组推选一名学生参与班级比赛。	了解长拳基本步法规则和裁判方法，以及易犯错误的扣分点。	通过网络和电视观看长拳基本步法的训练方法，能对同学的动作做出简单的评价。	1. 长拳的步法轻快、稳固，不掀脚，不拔跟，使下盘扎实有力。 2. 积极参与，有安全意识。 3. 能做到坚持不懈。
	7	学练长拳武术基本功正踢腿、侧踢腿、里合腿、外摆腿，了解该部分技术动作的攻防含义。	在游戏中正确运用正踢腿、侧踢腿、里合腿、外摆腿。	1. 徒手爬行接力赛。 2. 蚂蚁倒爬接力赛。 3. 仰卧起坐。 4. 持实心球两头起。	分组展示武术基本的4种腿法：正踢腿、侧踢腿、里合腿、外摆腿。	了解武术基本功腿法的正确动作，并能评判其功力水平的高低。	比赛过程中能认真观赏同学的动作，并能做出简单的评价。	1. 正踢腿、侧踢腿、里合腿、外摆腿动作要轻快有力，上身保持正直。 2. 积极参与，自我保护。 3. 团结协作，责任意识。
	8	学练长拳基本动作：弹踢、蹬腿、踹腿。	能在游戏：群龙争霸中运用长拳的屈伸性腿法，并知道其攻防含义。	1. 竖叉。 2. 横叉。 3. 燕式平衡。 4. 耐力跑。	1. 分组展示学练长拳基本动作。 2. 集体展示学练长拳基本动作。 3. 游戏：群龙争霸。	了解长拳屈伸性腿法的正确动作，并能做出正确评判。	通过网络和电视观看基本的掌法训练方法。	1. 弹腿小腿弹出轻快有力，力达脚尖；蹬腿脚尖勾起用脚跟猛力蹬出；踹腿脚尖勾起用脚底猛力踹出。 2. 积极参与。 3. 能做到坚持不懈。
	9	学练长拳段前一级（前5个动作）基本动作；了解该部分技术动作的攻防含义。	能在练习和游戏中运用长拳段前一级动作。	1. 分小组手牵手围成圈仰卧起坐。 2. 分小组围成圈俯卧支撑传递实心球。 3. 蛙跳。 4. 50米冲刺跑。	长拳段前一级展示和比赛。	了解长拳段前一级比赛规则，能对长拳段前一级动作做出正确评判。	通过网络和电视观看长拳段前一级比赛或表演。	1. 动作标准、连贯，能体现武术的精气神特点。 2. 积极参与，认真练习。 3. 团结互助，能做到坚持不懈。
	10	1. 学练长拳动作（长拳段前一级剩下5个动作）。 2. 完整动作学练。	能在学习和游戏中运用长拳段前一级组合动作，了解该部分技术动作的攻防含义。	1. 平板支撑。 2. 俯地登山跑。 3. 波比跳。 4. 立定跳远练习。	勇敢展示长拳段前一级组合动作。	了解长拳段前一级比赛规则，能对长拳段前一级动作做出正确评判。	通过网络和电视观看长拳段前一级比赛或表演。	1. 动作标准、连贯，能体现武术的精气神特点。 2. 积极参与，认真练习。 3. 团结互助，能做到坚持不懈。
	11	长拳段前一级分组展评考核。	能正确地运用长拳段前一级的基本动作，了解该部分技术动作的攻防含义。	1. 考评结束的学生800米耐力训练。 2. 平板支撑。 3. 横叉。 4. 竖叉。	分组勇敢展示段前一级的单个动作和组合动作。	能对同学所做动作进行正确评判。	认真观看同学展示，自评互评。	1. 动作标准、连贯，能体现武术的精气神特点。 2. 积极参与，安全意识。 3. 积极进取，自尊自信。
	12	学练长拳的基本手型手法和步型步法组合。	在游戏和学练中运用基本手型手法和步型步法组合，了解该部分技术动作的攻防含义。	1. 平板支撑。 2. 俄罗斯转体练习。 3. 蛙跳练习。 4. 柔韧身体前屈拉伸练习。	敢于展示和创编1~2个基本手型手法和步型步法组合动作。	能正确评判长拳基本手型手法和步型步法。	通过现场或网络观看长拳基本手型手法和步型步法组合表演。	1. 动作标准、连贯，能体现武术的精气神特点。 2. 态度端正，安全意识。 3. 积极进取，坚持到底。

续表

具体要求	13	游戏中学习长拳段前二级基本动作（前5个动作）。	能在学习和游戏中运用长拳段前二级动作，了解该部分技术动作的攻防含义。	1. 深蹲。 2. 箭步蹲。 3. 收腹举腿。 4. 50米冲刺跑。	长拳段前二级展示和比赛。	理解长拳段前二级比赛规则，能给所学动作做出正确评判。	通过网络和电视观看长拳段前二级比赛或表演。	1. 动作标准、连贯，能体现武术的精气神特点。 2. 积极参与，安全意识。 3. 团结协作，自尊自信。
	14	1. 游戏中学习长拳段前二级基本动作（剩下动作）。 2. 基本功练习。	能在学习和游戏中运用长拳段前二级动作，了解该部分技术动作的攻防含义。	1. 竖叉。 2. 横叉。 3. 燕式平衡。 4. 耐力跑。	1. 长拳段前二级展示。 2. 站桩比久和接力比赛。	理解长拳段前二级比赛规则，能所学动作做出正确评判。	通过网络和电视观看长拳段前二级比赛或表演。	1. 动作标准、连贯，能体现武术的精气神特点。 2. 态度端正练习。 3. 团结互助，能做到坚持不懈。
	15	1. 游戏中学习长拳基本动作（段前三级拳操前5个动作）。 2. 趣味游戏：马步双击掌。	能在学习和游戏中运用长拳段前三级动作，了解该部分技术动作的攻防含义。	1. 俯卧撑。 2. 引体向上。 3. 举哑铃。 4. 50米冲刺跑。	敢于展示长拳段前三级的单个或组合动作。	理解长拳段前三级比赛规则，能所学动作做出正确评判。	通过网络和电视观看长拳段前三级比赛或表演。	1. 动作标准、连贯，能体现武术的精气神特点。 2. 态度端正练习。 3. 团结互助，能做到坚持不懈。
	16	游戏中学习长拳基本动作（段前三级拳操剩余动作）。	能在学习和游戏中运用长拳段前三级动作，了解该部分技术动作的攻防含义。	1. 背后拉皮筋牵引练习。 2. 低单杠悬垂练习。 3. 波比跳。 4. 立定跳远练习。	敢于展示长拳段前三级的单个或组合动作。	理解长拳段前三级比赛规则，对所学动作做出正确评判。	通过网络和电视观看长拳段前三级比赛或表演。	1. 动作标准、连贯，能体现武术的精气神特点。 2. 态度端正练习。 3. 团结互助，能做到坚持不懈。
	17	考核与评价： 1. 长拳理论测试（术语＋起源发展）。 2. 长拳基本功组合动作考核。	在理论测试和展评中思考长拳动作的攻防要领，以及组合动作的原理。	知道学习长拳技能所需要的身体素质，并乐于参与。 1. 柔韧练习：竖叉、横叉。 2 平衡练习：单脚站立、平衡板练习。 3. 箭步蹲。 4. 收腹举腿。	敢于展示所学的长拳基本功组合动作技能。	了解长拳比赛规则，动作质量评分和动作演练评分标准，能协助教师承担部分裁判工作。	和父母一起观看一次长拳的比赛或表演。	1. 动作标准、连贯，能体现武术的精气神特点。 2. 态度端正练习。 3. 团结互助，能做到坚持不懈。
	18	考核与评价： 长拳（段前一级、二级或段前三级拳操）任抽一级考核。	在考核中运用长拳段前一级、二级或段前三级所学的技术技能，了解该部分技术动作的攻防含义。	知道长拳段前一级、二级或段前三级技能所需要的身体素质并乐于参与。 1. 速度。 2. 柔韧性。 3. 耐力。 4. 爆发力。	敢于展示所学的长拳段前一级、二级或段前三级技能。	了解长拳比赛规则，能协助教师承担部分裁判工作。	观看完整的长拳段前一级、二级或段前三级比赛或表演。	1. 动作标准、连贯，能体现武术的精气神特点。 2. 态度端正练习。 3. 团结互助，能做到坚持不懈。

续表

	大单元评价	
核心素养	评价内容	评价方法
运动能力	1. 武术长拳的起源发展、基本知识、基本礼仪理论测试。 闭卷考试，合计50题，每题2分，合计100分。该项目测试占总成绩的30%。 2. 长拳基本功组合动作考核100分。学生任选4个动作自由组合创编。该项目测试占总成绩的30%。 3. 长拳现场展示考核：100分，该项目测试占总成绩的40%。长拳（段前一级、二级或段前三级拳操）任选一级考核。 优秀：90～100分 良好：75～89分 及格：60分以上	终结性评价 等级评价、 考核评价 展示或 比赛评价等
健康行为	优秀：能自主制订训练计划，能做到一周训练5次，正确对待输赢，情绪调控好，能与同伴合作完成比赛，体育锻炼中未发生安全事故，学会控制情绪，和同伴友好相处，学习过程中能保持良好的心态，努力适应不同的环境。 良好：有自己的训练计划在家长的监督下做到一周训练3次，在学习过程中态度端正，能自我保护，有安全意识。 及格：在家长的监督下做到一周训练3次，态度较为端正，在教师和家长的引导下能够自我调节情绪，受伤后能正确处理。	过程性评价 观察评价、 口头测评等 （师评＋自评 ＋他评）
体育品德	优秀：积极参与学、练、赛，自尊自信、不怕困难、坚持不懈、遵守规则、文明礼貌、公平竞争、友好合作。 良好：在与强队比赛时稍有畏难情绪，积极进取、遵守规则、文明礼貌、公平竞争。 及格：能参加水平相当的比赛，遵守规则、文明礼貌、公平竞争。	过程性评价 观察评价、 书面测评等 （师评＋自评 ＋他评）

（二）武术大单元2

武术大单元2

（三）武术大单元3

设计者：孙旺　杨世伟　　　单位：宜宾三江新区第一实验小学校

	武术大单元3——长拳
大单元目标	运动能力：通过本单元武术项目学习，学生能掌握长拳的基本功、基本动作以及长拳一段单练、对练套路；发展学生的协调性、灵敏性、力量、反应能力等体能，能阐述所学动作的基本要领；了解长拳的相关知识和文化，以及常见长拳运动损伤的处理方法。 健康行为：通过本单元学习，提高学生对武术长拳的兴趣，认识武术长拳对于发展身心健康的重要性，学会情绪调控、健康知识运用等，树立安全意识，预防运动损伤，养成良好的体育锻炼意识与习惯。 体育品德：通过武术长拳的学练，培养学生不断挑战和突破自我，积极进取、顽强拼搏、团结互助、崇尚武德、热爱祖国的精神；培养学生遵守规则、尊重对手、诚信自律的体育道德和自尊自信、勇担责任、文明礼貌的体育品格。

续表

内容要求	基础知识与基本技能	技战术运用	体能	展示或比赛	规则与裁判方法	观赏与评价	评价要点
总体要求	了解长拳的相关知识与文化，以及常见的长拳运动损伤处理方法；学练并掌握长拳的基本功（正踢腿、外摆腿、里合腿、大跃步前穿等）、基本动作（马步格挡、弓步劈掌、提膝勾手、抡臂砸拳、提膝穿掌）、基本组合动作和长拳一段单练套路与对练套路，并能描述所学动作的基本要领。	理解长拳基本动作的攻防含义；能在比赛或表演中，进行单招对拆，能展示长拳一段对练套路，并在比赛中运用。	在学练长拳项目中，加强体能的训练，如通过冲拳、马步、弓步换跳、金鸡独立等练习，发展学生的上下肢力量、协调性、平衡性等身体素质。	能够积极参与并组织武术比赛；在比赛或展示中运用正确、标准的长拳基本动作技术、组合动作技术和套路，表现出长拳展示或比赛的基本礼仪，以及良好的体育品德。	知晓长拳的比赛规则与方法，如比赛扣分标准、比赛场地规格、易犯错误动作等。	学习如何正确、有效地观赏与评价长拳比赛，每学期通过线上或者线下至少观看10次长拳类比赛或表演，知晓长拳项目的重大赛事，能对所观赏比赛进行简要评价。	—
具体要求 1	1. 武术相关知识。 2. 武术文化欣赏。 3. 武德和安全教育。 4. 学习武术相关规则，抱拳礼。 5. 长拳基本手法。	学习基本手法的攻防含义。	1. 俯卧击掌。 2. 俯卧移动。 3. 高抬腿。 4. 立卧撑。	展示抱拳礼。	了解长拳的场地规格。	观看同学展示，并进行简单评价。	1. 正确理解长拳相关规则与礼仪动作准确、连贯。 2. 积极主动参与学习。 3. 诚实守信，能做到坚持不懈。
2	学习长拳基本腿法： 1. 正踢腿。 2. 侧踢腿。 3. 里合腿。 4. 外摆腿。 5. 单拍脚。 6. 弹腿。 7. 蹬腿。	学习基本腿法的攻防含义，以及作用。	1. "推小车"。 2. 平板支撑。 3. 50米冲刺跑。 4. 坐位体前屈。	分小组进行基本功大赛。	能根据动作要领，正确评判所学腿法动作。	观看同学展示，并进行简单评价。	1 理解攻防含义，动作准确连贯。 2 积极参与展示、评价。 3. 诚实守信，能做到坚持不懈。
3	1. 学习长拳一段单练套路基本手型"拳、掌、勾"。 2. 学习长拳一段动作基本步型、步法、腿法"弓步、马步、虚步"。 3. 利用长拳中的基本手型、步型、步法进行攻防。	了解所学动作的攻防含义，并能把技术应用到练习和比赛中。	1. 正踢腿。 2. 外摆腿。 3. 俯卧撑。 4. 俯卧击掌。	1. 个人展示。 2. 小组集体比赛。	能根据动作要求，对所学手型、步型、步法等进行正确评判。	观看CCTV－5《中华武林大会》，学习运动员运用的手法。	1. 动作准确、连贯，理解攻防含义。 2. 积极主动参与学习、展示和评价。 3. 团结协作，勇往直前，不畏困难。
4	1. 复习武术基本功：正踢腿、里合腿、外摆腿。 2. 学习大跃步前穿、翻身跳。	理解大跃步前穿、翻身跳的攻防含义，并在比赛与展示中运用。	1. 俯卧撑。 2. 俯卧击掌。 3. 往返跑。 4. 坐位体前屈。	比一比，赛一赛：分组学练、展示。	能根据动作要领，正确评判所学技术。	观看同学展示，并进行简单评价。	1. 动作准确、连贯，理解攻防含义。 2. 积极主动参与学习、展示和评价。 3. 团结协作，勇往直前，不畏困难。

续表

具体要求	5	1. 复习大跃步前穿、翻身跳。 2. 学习长拳：预备式、马步格挡、弓步劈掌。	理解预备式、马步格挡、弓步劈掌的攻防含义，并在比赛与展示中运用。	1. 深蹲跳。 2. 支撑开合。 3. 俯卧登山跑。 4. 俯卧撑。	比一比，赛一赛：分组学练、展示。	能根据预备式、马步格挡、弓步劈掌的动作要领，正确评判所学技术。	观看同学展示，并进行简单评价。	1. 动作准确、连贯，理解攻防含义。 2. 积极主动参与学习、展示和评价。 3. 团结协作，勇往直前，不畏困难。
	6	1. 复习预备式、马步格挡、弓步劈掌。 2. 学习长拳：提膝勾脚、抢臂砸拳。	理解提膝勾脚、抢臂砸拳的攻防含义，并分组演练所学动作的攻与防，在比赛与展示中运用。	1. 正踢腿。 2. 外摆腿。 3. 俯卧撑。 4. 俯卧登山。	比一比：小组传功赛。	了解长拳技术动作的评判方法与技巧。	通过线上或线下形式观看武术长拳比赛，并进行简要评价。	1. 动作准确、连贯，理解攻防含义。 2. 积极主动参与学习、展示和评价，做到自我保护。 3. 团结协作，勇往直前，不畏困难。
	7	1. 复习预备式、马步格挡、弓步劈掌、提膝勾脚、抢臂砸拳。 2. 学习长拳： （1）提膝穿掌＋仆步穿掌。 （2）马步格挡＋弓步冲拳。	把技术用在分组练习中去"假想敌"对抗赛互帮互学。	1. 俯卧平移。 2. 俯卧支撑。 3. 高抬腿。 4. 快速跑。	对抗赛。	了解长拳技术动作的动作质量评判方法与技巧。	队员之间相互评价。	1. 动作准确、连贯，理解攻防含义。 2. 积极主动参与学习、展示和评价，做到自我保护。 3. 团结协作，勇往直前，不畏困难。
	8	学习基本组合动作： 1. 马步格挡＋弓步劈掌。 2. 抢臂砸拳＋正踢腿。	理解所学动作的攻防含义，并在展示中进行演练。	1. "推小车"。 2. 坐位体前屈。 3. 单脚跳台阶。 4. 一分钟仰卧起坐。	比一比：拳掌接力赛。	了解长拳技术动作的演练水平评判方法与技巧。	观看同学展示，并进行简单评价。	1. 动作准确、连贯，理解攻防含义。 2. 积极主动参与学习、展示和评价，做到自我保护。 3. 团结协作，勇往直前，不畏困难。
	9	学习武术长拳基本动作：仆步抡拍。	理解所学动作的攻防含义，并在展示中进行演练。	1. 俯卧击掌。 2. 高抬腿。 3. 单脚支撑跳。 4. 一分钟仰卧起坐。	分组展示点评，师生互评。	学习比赛的相关礼仪。	通过线上或线下形式观看武术比赛，并进行简要评价。	1. 动作准确、连贯，理解攻防含义。 2. 积极主动参与学习、展示和评价，做到自我保护。 3. 团结协作，勇往直前，不畏困难。

续表

具体要求	10	1. 并步抱拳。 2. 弓步看掌。 3. 弓步冲拳。 4. 马步格挡。 5. 弓步劈掌。 6. 抱拳弹踢。	单招对拆：弓步冲拳与马步格挡，进攻与防守。	1. 正踢腿。 2. 外摆腿。 3. 马步冲拳击打沙袋。 4. 收腹跳。	1. 个人展示。 2. 小组比赛。 3. 长拳一段前6个动作连贯展示。	了解长拳一段动作中的常见犯规：抱拳礼中拳与掌的方向，弓步冲拳，平拳或立拳等。	观看CCTV-5《中华武林大会》，寻找本课所学动作在比赛中的运用。	1. 动作准确、连贯，理解攻防含义。 2. 积极主动参与学习、展示和评价，做到自我保护。 3. 团结协作，勇往直前，不畏困难。
	11	1. 双峰贯耳。 2. 并步收掌。 3. 虚步护身掌。 4. 马步格挡。 5. 弓步冲拳。 6. 弓步双架掌。	马步格挡结合弓步冲拳，防守后的进攻。	1. 正踢腿。 2. 外摆腿。 3. 马步冲拳击打沙袋。 4. 收腹跳。	1. 个人展示。 2. 小组集体比赛。 3. 长拳一段7—12动作完整展示。	了解长拳一段动作中常见的犯规：双峰贯耳中手的方向，架掌中手的方向等。	观看CCTV-5《中华武林大会》，寻找本课所学动作在比赛中的运用。	1. 动作准确、连贯，理解攻防含义。 2. 积极主动参与学习、展示和评价，做到自我保护。 3. 团结协作，勇往直前，不畏困难。
	12	1. 提膝勾手。 2. 弓步闪身。 3. 并步收掌。 4. 虚部护身掌。 5. 右弓步分掌。 6. 并步抱拳。	提膝勾手与弓步闪身相结合的拆招对练。	1. 正踢腿。 2. 外摆腿。 3. 马步冲拳击打沙袋。 4. 平板支撑。	1. 个人展示。 2. 小组集体比赛。 3. 长拳一段13—18动作完整展示。	了解长拳一段动作中常见的犯规：虚步重心的位置、提膝勾手中勾手的指尖方向。	观看CCTV-5《中华武林大会》，寻找本课所学动作在比赛中的运用。	1. 动作准确、连贯，理解攻防含义。 2. 积极主动参与学习、展示和评价，做到自我保护。 3. 团结协作，勇往直前，不畏困难。
	13	长拳一段基本动作考核。	理解所学基本动作的攻防含义。	1. 左右脚正踢腿20次。 2. 左右脚外摆腿20次。 3. 一分钟仰卧起坐。 4. 平板支撑。	1. 动作正确、完整、有力道，能说出攻防含义，得10分。 2. 动作失误2次、力道一般，能说出攻防含义，得8分。 3. 动作失误大于4次、无力道，能说出攻防含义，得6分。	了解长拳一段的基本评判标准与技巧，能协助教师完成部分裁判工作。	1. 学生自评。 2. 组长小结。 3. 教师点评。	1. 动作准确、连贯，理解攻防含义。 2. 积极主动参与学习、展示和评价，做到自我保护。 3. 团结协作，勇往直前，不畏困难。
	14	长拳一段单练套路考核。	理解所学基本动作的攻防含义。	1. 上肢力量，20格云梯练习，4轮。 2. 引体向上。 3. 下肢力量练习：原地弓步跳。 4. 行进间弓步跳。	能完整演练出长拳一套单练套路，并说出攻防含义。	了解长拳一段的基本评判标准与技巧，能协助教师完成部分裁判工作。	观看CCTV-5《中华武林大会》，寻找本课所学动作在比赛中的运用。	1. 动作准确、连贯，刚劲有力、舒展大方，理解攻防含义。 2. 积极主动参与学习、展示和评价，自我保护意识。 3. 公平公正，尊重对手，不畏困难，规则意识。

续表

具体要求	15	1. 复习长拳一段单练套路。 2. 长拳一段对练套路基础知识。 3. 学练长拳一段对练套路（起势、弓步冲拳、弓步格挡、弓步劈掌、弓步双架）。	理解所学对练套路的攻防含义，并在对练中运用。	1. 弓步换跳，25次/组，2组。 2. 俯卧撑，20次/组，2组。 3. 俯地登山跑，25次/组，2组。 4. 50米冲刺跑，1组。	正确展示所学长拳一段对练套路。	了解长拳一段对练套路的比赛规则。	通过网络或电视观看一场长拳比赛，并做出简要评价。	1. 动作准确、连贯，刚劲有力，舒展大方，理解攻防含义。 2. 积极主动参与学习、展示和评价，自我保护意识。 3. 坚持不懈，规则意识。
	16	1. 复习长拳一段对练套路（起势、弓步冲拳、弓步格挡、弓步劈掌、弓步双架）。 2. 学练长拳一段对练套路（抱拳弹踢、提膝勾手、双峰贯耳、弓步闪身、虚步护身掌、收势）。	理解所学长拳一段对练套路攻防含义，并在对练、比赛中进行运用。	1. 收腹跳，15次/组，2组。 2. 波比跳，15次/组，2组。 3. 平板支撑，90秒/组，1组。 4. 高抬腿，40次/组，2组。	积极、正确展示本课所学长拳一段对练套路。	了解长拳一段对练套路的犯规动作。	通过网络或电视观看一场长拳一段对练套路表演或比赛，并做出简要评价。	1. 动作准确、连贯，刚劲有力，舒展大方，理解攻防含义。 2. 积极主动参与学习、展示和评价，自我保护意识。 3. 坚持不懈，规则意识。
	17	完整练习长拳一段对练套路。	理解长拳一段技术动作的攻防含义，并在比赛、对练中运用。	1. 扎马步，1分钟/组，2组。 2. 仰卧起坐，20次/组，2组。 3. 开合跳，30次/组，2组。 4. 俯卧撑20次/组，2组。	积极参与、并正确展示完整的长拳一段对练套路的表演或展示。	能理解长拳一段对练套路的评判标准与评判办法。	通过网络或电视观看一场长拳比赛，并做出简要评价。	1. 动作准确、连贯，刚劲有力，舒展大方，理解攻防含义。 2. 积极主动参与学习、展示和评价，自我保护意识。 3. 坚持不懈，规则意识。
	18	考核（长拳基本功、基本动作、长拳一段单练套路与对练套路）。	理解所学武术动作的攻防含义，并在比赛、展示、对练中运用。	—	积极参与考核，正确展示所学武术技术动作。	了解长拳比赛的比赛规则与方法，正确评判所学武术套路动作。	了解并通过网络或电视观看至少一场长拳的重要比赛（世界武术锦标赛、武术套路世界杯、亚运会、全国武术套路冠军赛）。	1. 动作准确、连贯，刚劲有力，舒展大方，理解攻防含义。 2. 积极主动参与学习、展示和评价，自我保护意识。 3. 坚持不懈，规则意识，团结协作。

大单元评价			
核心素养	评价内容		
运动能力	1. 武术长拳的相关文化与知识。 闭卷测试：30道题（25道单选，每题3分；5道问答题；每题5分，共计100分）。占总成绩30%。 2. 长拳基本功、基本动作、基本组合动作考核，满分100分，其中基本功30分，基本动作30分，基本组合动作40分。占总成绩30%。 3. 长拳一段单练套路和对练套路各50分，共计100分。占总成绩40%。			结果性评价（等级评价、展示或比赛评价、考核评价等）
健康行为	优秀：能制订适合自己的训练计划并自觉完成一周五次的训练，在学练赛时态度端正、积极主动、情绪稳定，掌握自我保护的方法。 良好：在教师的指导下自己制订了训练计划并自觉完成一周3次的训练，在学练赛时态度端正、比较积极；在教师的引导下能自我调节情绪，有安全意识，发生运动损伤时知道正确的处理方法。 及格：在教师和家长的监督下能完成一周2次的训练；在学练赛时，能基本完成，无安全事故。			过程性评价观察评价、口头测评等（师评＋自评＋他评）

体育品德	优秀：积极参与游戏与比赛、展示出自尊自信、不怕困难、遵守规则、文明礼貌、公平竞争、友好合作的体育精神和品德。 良好：比赛时稍有畏难情绪，积极进取、遵守规则、文明礼貌、公平竞争。 及格：能参加水平相当的比赛，遵守规则、文明礼貌、公平竞争。	过程性评价（师评＋自评＋他评）观察评价、书面测评等

（四）武术大单元4

设计者：周远行　　　　单位：宜宾市人民路小学校

<table>
<tr><td colspan="8" align="center">武术大单元4——长拳二段、健身南拳</td></tr>
<tr><td>大单元目标</td><td colspan="7">1. 运动能力：通过练习、体能小游戏比赛与展示等促使肌肉与韧带伸展性及弹性得以提升，增进关节活动的幅度以及灵活性，推动柔韧性、速度、灵敏性、力量等体能的发展；学生可以准确说出长拳二段和健身南拳的名称和专业术语，清楚每个动作的攻防含义并且能够运用所学内容去参与创编、武术演练、对练等活动，在对抗过程中知晓如何自我保护，初步了解裁判规则与方法展开武术评价；敢于展示自己，积极地向家长进行展示或者邀约家长共同进行练习。
2. 健康行为：提升对于学练武术的兴趣，体悟内外合一、形神兼备的武术哲学理念，能够主动完成课外武术锻炼，养成良好的锻炼习惯；养成良好的生活习惯，提升体能水平以及增强自我保护能力；了解常见的武术运动损伤的处理方式与预防措施，并能够消除肌肉疲劳；能积极正确地对待健身长拳、健身南拳演练中的胜负情况以及裁判评分，将武术比赛中体会到的情绪控制运用到实际生活中，帮助保持良好的心态，与同伴友好相处，努力适应不同的环境，强化社会适应能力。
3. 体育品德：通过小组合作与问题探究学习等途径，塑造学生积极进取、勇敢坚毅的团队精神；在学习中注重武德培育，让学生树立点到即止观念，养成尊重规则、尊重他人、诚信自律和公平竞争的素养；在实战演练中能精神饱满、斗志昂扬，乐于展示且文明礼貌，增强对抗与竞争意识，树立正确胜负观，体现追求卓越、坚韧不拔的意志品质。</td></tr>
<tr><td>内容要求</td><td>基础知识与基本技能</td><td>技战术运用</td><td>体能</td><td>展示或比赛</td><td>规则与裁判方法</td><td>观赏与评价</td><td>评价要点</td></tr>
<tr><td>总体要求</td><td>在课堂教育及游戏里学练长拳二段和健身南拳的成套组合动作；能基本讲出所学武术基本动作的术语；能准确地指导长拳二段和健身南拳的起源、基本礼仪、安全行为要求、裁判知识、比赛方法。</td><td>能熟练、标准地将所学武术单个技术动作、组合技术动作在课堂中进行练习与运用，并能在对练或比赛中体悟武术动作的相生相克，根据对方的武术特点制订有效的攻防技巧，例如，面对对手进攻，先使用马步架掌再衔接横打，先防守再进攻。</td><td>明白长拳二段和健身南拳所需要的体能条件，如力量、爆发力、灵活性、平衡性、协调性、耐力，而且每一项要求都了解一种基本的练习方法。</td><td>通过学习长拳二段和健身南拳建立起自信心，敢于展示自己，通过参与班级内比赛或者小组间的展示与比赛，在提升自信的同时巩固所学技能。</td><td>了解长拳二段和健身南拳项目比赛的基础规则及要求，诸如开始或暂停、口令及手势等；有能力进行套路组合动作的观赏和简单且正确的评定。</td><td>清楚长拳二段和健身南拳项目比赛和表演的观看方式与路径，每学期通过网络或现场观看不少于8次所学内容的比赛或表演。</td><td>—</td></tr>
<tr><td>具体要求</td><td>1</td><td>学习武术基本理论知识与规范，掌握抱拳礼相关知识：
1. 知晓抱拳礼的内在含义。
2. 掌握正确的抱拳礼姿态。
3. 了解长拳二段、健身南拳相关文化知识。</td><td>知晓在武术训练时、武术比赛上场和下场时、与他人初次见面交流武术时、向长辈或教师请教武术问题时、在武术表演开始和结束时应当行抱拳礼表达对他人的尊重和敬意，同时也展示了自己的修养和素质。</td><td>上肢力量练习：
1. 平板支撑。
2. 支撑摸肩。
下肢力量练习：
1. 马步。
2. 小碎步接30米冲刺。
柔韧素质练习：
1. 坐位体前屈。
2. 俯姿挺身。</td><td>1. 学生礼仪组内展示自评。
2. 以组为单位进行班级展示自评与组间互评。
3. 教师点评。</td><td>理解武术比赛中的武术礼仪规则与要求。</td><td>通过多媒体网络了解拳术的基本礼仪，并能对学习过程中同学的礼仪动作做出正确的评价。</td><td>1. 动作自然、流畅，利落、干脆、形神兼备。
2. 积极参与，我保护意识。
3. 勇往直前，尊重他人。</td></tr>
</table>

续表

具体要求	2	1. 复习武术基本理论知识与抱拳礼。 2. 学习长拳二段：预备式；1－2抢虚步栽拳、提膝穿掌。	理解攻防含义： 1. 虚步栽拳的攻防含义：当对方用腿踢来时，可以提膝、用右勾手往下格挡住对方的来腿，起到防守的作用；同时，左拳可随时出击，攻击对方。 2. 提膝穿掌的攻防含义：在实际应用中，左手可下拦对方的攻击，右手穿掌攻击对方喉部或肋部；其动作要求提膝与穿掌同时完成，提膝要注意格挡避开对方腿最厉害的小腿部分，而去挡膝盖以上的腿上臂，化解对方的腿法发力，随后右手迅速穿掌进行攻击；在比赛或展示中运用。	上肢力量练习： 1. 宽距俯卧撑。 2. 窄距俯卧撑。 核心力量练习： 1. 仰卧起坐。 2. 侧平板支撑。 速度体能练习： 1. 小碎步接冲刺跑。 2. 30米后退跑转身接冲刺跑。	1. 学生组内展示自评。 2. 以组为单位进行班级展示自评与组间互评。 3. 教师点评。	学习武术得分规则：根据运动员的动作难度、技术水平、表现力等因素进行评分，例如，完成高难度动作，动作规范、流畅、有力的运动员可能会获得更高的分数。	通过网络或电视观看长拳二段的训练方法，能对同学的动作和视频里的动作做出简单的评价。	1. 动作协调，通过转体和绕环全身发力，眼神专注于目标。 2. 学练态度端正，积极参与，具有安全意识。 3. 坚持不懈，互帮互助，尊重他人。
	3	1. 复习预备式及1－2节。 2. 学习长拳二段第一套3－4节：仆步穿掌、虚步挑掌。	理解攻防含义： 1. 仆步穿掌的攻防含义是：避开对方上面的攻击，攻击对方的下盘。当对方攻击上半身时，我方通过仆步降低身体重心，同时用左掌穿出，攻击对方的腿部或裆部等下盘部位。 2. 虚步挑掌的攻防含义是：左手躲开对方上面的攻击，挑打对方的面部；在实际应用中，当对方用拳或掌攻击我方上部时，我方先用左手进行格挡或拨开对方的攻击，随即右手经下划弧向上挑起，攻击对方的面部；在比赛或者展示中运用。	下肢力量练习： 1. 跳跃深蹲。 2. 换腿箭步蹲。 核心力量练习： 1. 平板支撑极限挑战。 2. 侧平板支撑。 3. 俄罗斯转体。	1. 学生组内展示自评。 2. 以组为单位进行班级展示自评与组间互评。 3. 教师点评。	学习武术评分规则：武术评分满分为10分，其中动作规格分值为6.8分，演练水平分值为3分，创新难度分值为0.2分。要想获得高分不仅演练水平要好，还有难度和创新。	和父母一起通过网络观看少年基本步型训练视频，能做出简单的评价。	1. 动作平衡、协调。 2 学练积极认真，具有安全意识。 3. 团结协作，尊重对手，勇往直前。

续表

具体要求	4	1. 复习1—4动作。 2. 学练长拳基本功："踢""打"。	了解1—4动攻防含义，并在比赛或展示中运用。	上肢力量练习： 1. 小推车。 2. 俯卧划船。 速度练习： 1. 30米、60米、90米快速跑。 柔韧素质练习： 1. 坐位体前屈。 2. 俯姿挺身。 3. 攻栏步拉伸。 4. 下犬式。	1. 学生组内展示自评。 2. 以组为单位进行班级展示自评与组间互评。 3. 教师点评。	学习武术比赛评分规则：武术比赛中对武术规格要求很严，手型、步型、手法、步法、身法、腿法：与规格要求轻微不符者，每出现一次扣0.05分；与规格要求显著不符者，每出现一次扣0.1分；与规格要求严重不符者，每出现一次扣0.2分。	通过网络或电视观看长拳二段基本步法的训练，能对同学的动作做出简单的评价。	1. 动作协调，上下肢配合默契、高度适中，重心稳定，动作速率与节奏分明。 2. 积极参与，具有安全意识。 3. 团结协作，尊重对手，规则意识。
	5	1. 复习长拳二段1—4节。 2. 学习第5—6节马步击掌、叉步双摆掌。	理解攻防含义： 1. 马步击掌的攻防含义主要是以左小臂格挡对方的来拳，随即用右掌猛力击打对方的胸、腹部。 2. 叉步双摆掌的攻防含义通常表现为：当对方从正面进攻时，通过转身和双摆掌的动作，化解对方的攻击并寻找反击的机会；在比赛或展示中运用。	上肢力量练习： 1. 俯卧撑。 2. 引体向上。 协调素质练习： 1. 1分钟、2分钟跳绳。 2. 燕式平衡。 柔韧素质练习： 1. 立位体前屈。 2. 立位分腿体前屈。 3. 牛面式。	1. 学生组内展示自评。 2. 以组为单位进行班级展示自评与组间互评。 3. 教师点评。	武术器械类比赛评分标准学习：凡握刀持剑和刀、剑运动时，刀刃、剑刃触及手、臂、身、腿者，均按动作规格分值予以扣分。刀、剑不分者，按器械方法不明予以扣分。	通过网络或电视观看长拳二段基本步法的训练，能对同学的动作做出简单的评价。	1. 动作上下协调，自然连贯，节奏分明，重心控制稳定，身形不能晃动。 2. 情绪稳定，态度端正，具有安全意识。 3. 团结协作，坚持不懈。
	6	1. 复习长拳二段1—6节动作。 2. 学习长拳基本功：摔、拿。	了解1—6动攻防含义，并在比赛或展示中运用。	上肢力量练习： 1. 俯卧撑交替摸肩。 2. 墙壁俯卧撑。 协调素质练习： 1. 交叉步。 2. 倒退跑。 柔韧素质练习： 1. 立位分腿体前屈。 2. 坐位体前屈。 3. 新月式。	1. 学生组内展示自评。 2. 以组为单位进行班级展示自评与组间互评。 3. 教师点评。	学习武术比赛评分规则：比赛中凡劲力充足，用力顺达，力点准确，手眼身法步协调（器械项目还需身械协调），动作干净利落者，给予满分。凡与要求轻微不符者，扣0.1~0.5分；显著不符者，扣0.6~1分；严重不符者扣1.1~2分。	比赛过程中能认真观赏同学的动作，并能做出简单的评价。	1. 手型规范，指尖和掌心方向正确，眼神注视前方与冲拳方向一致。 2. 具有安全意识，训练积极。 3. 团结协作，勇敢突破，诚实守信。

续表

具体要求	7	1. 复习长拳二段1—6节动作。 2. 学习长拳二段7—8砸拳侧踹、撩拳收抱。	理解攻防含义： 1. 弓步击掌的攻防含义主要是以左手搂开对方攻来的腿或拳，随即出右掌击打对方的胸、腹部。 2. 转身踢腿马步盘肘的攻防含义为：当对方抓住我方左肩时，我方迅速屈肘将其手臂锁住，同时右手臂迅速搂住其脖颈；在比赛或展示中运用。	上肢力量练习： 1. 俯卧划船。 2. 宽距俯卧撑。 速度素质练习： 1. 短距离冲刺跑。 2. 高抬腿跑。 柔韧素质练习： 1. 仆步压腿。 2. 横叉。	1. 学生组内展示自评。 2. 以组为单位进行班级展示，并进行自评与组间互评。 3. 教师点评。	学习武术比赛评分规则：凡符合精神饱满，节奏分明，风格突出，内容充实，结构合理，变化多样，布局匀称的要求者，给予满分。凡与要求轻微不符者，扣 0.1～0.5 分；显著不符者，扣 0.6～1 分；严重不符者，扣 1.1～2 分。	通过网络或电视观看基本的拳法训练方法。	1. 动作连贯，发力突然，呼吸配合相得益彰，发力呼气，收力吸气。 2. 积极参与练习，具有安全意识。 3. 团结协作，不怕困难。
	8	1. 复习1—8节完整长拳二段。 2. 讲解考核方式与组织安排。	理解所学长拳二段的攻防含义，运用所学长拳二段进行实战对练。	协调素质练习： 1. 象限跳。 2. 1/3分钟跳绳。 速度素质练习： 1. 追逐跑。 2. 变向跑。	小组自行展示与评价。	学习武术裁判规则与方法：由评判动作规格和演练水平的裁判员共同组成，裁判长负责对起收势不符、重做、出界、平衡时间不足等情况进行扣分。	通过网络或电视观看长拳二段比赛或表演。	1. 动作标准。 2. 专注度高。 3. 尊重教师。
	9	期中考核：长拳二段考核与展示。	运用所学长拳二段动作进行实战对练。	速度素质练习 1. 台阶跑。 2. 追逐跑。 耐力素质： 限时跑。 柔韧素质： 1. 龙式拉弓。 2. 仆步压腿。	3人一组进行展示过关，其余同学分组进行动作规格和演练水平打分，最终取平均分作为成绩。	学习武术套路比赛的时间规则。	通过网络或电视观看长拳二段比赛或表演。	1. 评价准确，能指出扣分点。 2. 严肃认真。 3. 公平公正，规则意识，不畏困难。
	10	1. 学习相关理论知识。 2. 练习南拳1—2动起势和架桥双架拳。	理解架桥双架拳的攻防含义，并在比赛或展示中运用。	协调素质： 1. 模仿动物跑。 2. 倒退慢跑。 耐力素质练习： 1. 头尾接龙间歇跑。 2. 限时跑。	1. 学生组内展示自评。 2. 以组为单位进行班级展示，并进行自评与组间互评。 3. 教师点评。	学习武术套路比赛场地规格要求。	观察展示同学身体各部分是否协调配合，如手脚、眼神等是否同步。	1. 动作规范，手型和步型的正确到位，眼神和动作配合协调。 2. 认真积极，情绪调控。 3. 公平公正，规则意识，不畏困难。
	11	1. 复习健身南拳1—2节动作。 2. 学习健身南拳3—4缠桥切掌、麒麟步双蝶掌。	理解缠桥切掌、麒麟步双蝶掌的攻防含义，并在比赛或展示中运用。	体能：多种形式的 20 米往返跑（绕、跨、抱、抬垫子等动作）。	1. 学生组内展示自评。 2. 以组为单位进行班级展示，并进行自评与组间互评。 3. 教师点评。	学习武术比赛常见的犯规行为包括出界、攻击违规部位、使用禁用技术等。	通过网络观看动缠桥切掌、麒麟步双蝶掌组合动作的训练方法和动作示范。	1. 主动转腰发力，顺畅连接动作，动作连贯、流畅，手脚配合协调。 2. 认真积极，情绪调控。 3. 公平公正，规则意识，不畏困难。
	12	1. 复习健身南拳1—4节动作。 2. 学习健身南拳5—6动踩腿撞拳、挡桥冲拳。	理解踩腿撞拳、挡桥冲拳的攻防含义，并在比赛或展示中运用。	速度素质练习： 1. 接力跑。 2. 高抬腿跑。 上肢力量素质练习： 1. 快速冲拳。 2. 俯卧划船。 3. 动态俯卧撑。	1. 学生组内展示自评。 2. 以组为单位进行班级展示，并进行自评与组间互评。 3. 教师点评。	学习武术比赛的裁判组成。	通过现场或网络观看长拳二段基本步法组合表演。	1. 发力顺畅，转腰、送肩传导力量，身形平衡，重心平稳。 2. 认真积极，情绪调控。 3. 公平公正，规则意识，不畏困难。

续表

具体要求	13	1. 复习健身南拳1—6节动作。2. 学习健身南拳7—8闪身虎爪、上步抽拳。	理解闪身虎爪、上步抽拳的攻防含义，并在展示或比赛中运用。	上肢力量练习：1. 小推车。2. 俯卧划船。速度练习：30米、60米、90米快速跑。柔韧素质练习：1. 坐位体前屈。2. 俯姿挺身。3. 攻栏步拉伸。4. 下犬式。	1. 学生组内展示自评。2. 以组为单位进行班级展示，并进行自评与组间互评。3. 教师点评。	学习武术比赛的场地要求和评分细则。	通过网络或电视观看长拳二段比赛或表演。	1. 动作速率快，连接顺畅。2. 认真积极，情绪调控。3. 公平公正，规则意识，不畏困难。
	14	1. 复习健身南拳1—8节动作。2. 学习健身南拳9动架桥双砸拳。	理解架桥双砸拳的攻防含义，并在展示或比赛中运用。	上肢力量练习：1. 平板支撑。2. 支撑摸肩。下肢力量练习：1. 马步。2. 小碎步接30米冲刺。柔韧素质练习：1. 坐位体前屈。2. 俯姿挺身。	1. 学生组内展示自评。2. 以组为单位进行班级展示，并进行自评与组间互评。3. 教师点评。	根据评分细则，能正确评判所学动作。	通过网络或电视观看长拳二段完整动作比赛或表演。	1. 动作规范协调、发力和呼吸配合，做到手到、眼到、声到。2. 认真积极，情绪调控。3. 公平公正，规则意识，不畏困难。
	15	巩固、复习健身南拳。	了解所学技术动作的攻防含义，并在展示或比赛中运用。	上肢力量练习：1. 俯卧撑。2. 引体向上。协调素质练习：1. 1分钟、2分钟跳绳。2. 燕式平衡。柔韧素质练习：1. 立位体前屈。2 立位分腿体前屈。3. 牛面式。	组内展示，组内互评。	学习武术比赛的场地要求和评分细则。	通过网络或电视观看长拳二段完整动作比赛或表演。	1. 动作标准。2. 专注度高。3. 尊重教师。
	16	期末考核：健身南拳的考核与展示。	理解健身南拳的攻防含义，并在展示中运用。	协调素质练习：1. 模仿动物跑。2. 倒退慢跑。耐力素质练习：1. 头尾接龙间歇跑。2. 限时跑。	3人一组班级展示，其余学生分组打分。	学习健身南拳相关裁判方法与要求，能协助教师完成部分裁判工作。	通过网络或电视观看长拳二段完整动作比赛或表演。	1. 展示学生按比赛要求完成所有程序。2. 认真积极，情绪稳定，具有安全意识。3. 评分学生严肃认真，公平公正，评价准确，能指出扣分点。
	17	复习长拳二段和健身南拳。	理解健身南拳的攻防含义，并在展示中运用。	协调素质练习：1. 模仿动物跑。2. 倒退慢跑。耐力素质练习：1. 头尾接龙间歇跑。2. 限时跑。	小组内个人展示。	学习健身南拳相关裁判方法与要求，能协助教师完成部分裁判工作。	邀请父母前来观看自己的拳法比赛。	1. 展示学生按比赛要求完成所有程序。2. 认真积极，情绪稳定，具有安全意识。3. 评分学生严肃认真，公平公正，评价准确，能指出扣分点。
	18. 班级武林大会（由各小组武林大会选出来的人员进行班级展演评比）。	长拳二段和健身南拳展示。	理解所学武术动作的攻防含义，并在展示中运用。	上肢力量练习：1. 宽距俯卧撑。2. 窄距俯卧撑。核心力量练习：1. 仰卧起坐。2. 侧平板支撑。速度体能：1. 小碎步接冲刺跑。2. 30米后退转身接冲刺跑。	年级展示，其他班级分组打分。	学习武术套路比赛相关裁判方法与要求，能协助教师完成部分裁判工作。	和父母一起通过现场或直播观看一次长拳的比赛或表演，并做出简要的评价。	1. 展示学生按比赛要求完成所有程序。2. 认真积极，情绪稳定，具有安全意识。3. 评分学生严肃认真，公平公正，评价准确，能指出扣分点。

续表

大单元评价		
核心素养	评价内容	评价方法
运动能力	1. 武术长拳二段和健身南拳的起源发展、基本知识、基本礼仪理论测试。闭卷考试，合计50题，每题2分，合计100分制。该项目测试占总成绩的30%。 2. 长拳二段和健身南拳组合动作考核100分制。学生任选4个动作自由组合创编。该项目测试占总成绩的30%。 3. 长拳二段和健身南拳现场展示考核：100分制。该项目测试占总成绩的40%。	结果性评价等级评价（优、良、及格）展示或比赛评价等
健康行为	优秀：了解武术对身体的影响，在课堂上学练时极认真，能根据自己实际情况制订训练计划；每周在家锻炼5次，对待输赢情绪调控好，能与同伴合作完成比赛，适应能力强；体育锻炼中未发生安全事故。 良好：了解武术对身体的影响，在课堂上锻炼时能主动完成，在教师的帮助下制订训练计划；每周回家锻炼3次，每次60分钟，对待输赢情绪调控良好，能与同伴合作完成比赛，适应能力较强；体育锻炼中未发生安全事故。 及格：了解武术对身体的影响，能基本完成课堂上的学练；在家长的监督下每周回家锻炼2次，每次30分钟，对待输赢时在教师的引导下调节情绪，能与同伴合作完成比赛，适应能力一般；体育锻炼中未发生安全事故。	过程性评价 观察评价、口头测评等 自评＋他评＋师评
体育品德	优秀：武术体验和学练活动中能不断挑战和突破自己，体现出武德修养，自尊自信、不怕困难、遵守规则、文明礼貌、公平竞争、友好合作，有很强的责任心。 良好：在武术教学中体现出武德修养，能尊重师长、尊重对手，在与强队比赛时有畏难情绪但是在教师的引导下能克服，积极进取、遵守规则、文明礼貌、公平竞争，有较强的责任心。 及格：能参加队员水平相当的比赛，遵守规则、文明礼貌、公平竞争，有爱国情怀。	过程性评价 观察评价、书面测评等 自评＋他评＋师评

（五）武术大单元5

设计者：刘立　　　　单位：四川省江安中学校

武术大单元5——二十四式简化太极拳						
大单元目标		1. 运动能力：通过学练武术二十四式简化太极拳，学生能掌握二十四式简化太极拳技术动作；发展学生的协调性、灵敏性、力量、反应能力等体能，能描述所学动作的基本要领；了解二十四式简化太极拳的相关知识和文化，以及太极拳的价值与功效。 2. 健康行为：通过二十四式简化太极拳的学习，提高学生对太极拳的兴趣，认识太极拳对于发展身心健康的重要性，学会情绪调控、健康知识运用等，树立安全意识，养成良好的体育锻炼意识与习惯。 3. 体育品德：通过二十四式简化太极拳的学练，培养学生不断挑战和突破自我，积极进取、顽强拼搏、团结互助、崇尚武德、热爱祖国的精神；树立学生遵守规则、尊重对手、诚信自律的体育道德和自尊自信、勇担责任、文明礼貌的体育品格。
内容要求	基础知识与基本技能	技战术运用	体能	展示或比赛	规则与裁判方法	观赏与评价	评价要点
总体要求	学练二十四式简化太极拳，身体基本姿势（头部：头、顶、项，上肢：肩、肘、腕、掌、拳，躯干：胸背、腰脊、臀部、下肢），理解二十四式简化太极拳的动作要点、健身价值，了解二十四式简化太极拳的发展历程。	理解二十四式简化太极拳动作的攻防含义，并在课堂展示中演练运用。	通过学练太极拳，提高柔韧与耐力、增强关节肌肉力量、促进身体协调。	敢于展示所学动作技术，积极参加班级、小组等比赛，完整演练二十四式简化太极拳。	理解太极拳的基本比赛规则与裁判方法，评分标准；能对太极拳基本动作做出正确的评判。	关注、了解太极拳比赛相关信息，通过网络或者现场观看太极拳赛事（世界太极拳锦标赛、全国太极拳公开赛等），每学期观看不少于6次。能简单对运动员的表现做出评价。	—
具体要求1	1. 太极拳的基本手型和步法介绍。 2. 起势的学习与练习。	理解太极拳手型、步法的攻防含义。	1. 慢跑10分钟，提高心肺功能。 2. 靠墙静蹲30秒/次（3组）。 3. 仰卧两头起12次/组（3组）。 4. 俯卧撑15次/组（3组）。	小组展示。	了解太极拳比赛分类。	了解太极拳的观看途径。	1. 理解攻防含义，动作准确、连贯。 2. 积极主动参与学习能够坚持不懈，积极参与展示、评价。 3. 坚持不懈，团结进取。

续表

	2	学练左右野马分鬃。	运用左右野马分鬃动作，将对手手臂外拨，同时用手臂攻击对手的腹部。	1. 平板支撑30秒/次（3组）。 2. 仰卧两头起12次/组（3组）。 3. 深蹲15次/组（3组）。 4. 俯卧撑15次/组（3组）。	小组展示。	了解太极拳比赛场地规格要求。	观看同学展示，并进行简要评价。	1. 理解攻防含义，动作准确、连贯。 2. 积极主动参与学习能够坚持不懈，积极参与展示、评价。 3. 坚持不懈，团结奋进，尊重对手。
	3	1. 复习左右野马分鬃。 2. 学练白鹤亮翅。	理解所学动作左右野马分鬃、白鹤亮翅的攻防含义，并在展示、演练中运用。	1. 深蹲15次/组（3组）。 2. 仰卧两头起12次/组（3组）。 3. 弓步交叉跳20次/组（2组）。 4. 平板支撑30秒/次（3组）。	小组展示。	学习太极拳比赛的裁判方法与比赛规则。	观看同学展示，并进行简要评价。	1. 理解攻防含义，动作准确、连贯。 2. 积极主动参与学习能够坚持不懈，积极参与展示、评价，具有安全意识。 3. 坚持不懈，团结奋进，尊重对手，自信自强。
具体要求	4	1. 复习纠正所学动作。 2. 学练左右搂膝拗步、手挥琵琶动作。	理解所学动作搂膝拗步、手挥琵琶的攻防含义，并在展示、演练中运用。	1. 俯卧撑15次/组（3组）。 2. 深蹲跳10次/组（3组）。 3. 仰卧两头起12次/组（3组）。 4. 俯卧撑15次/组（3组）。	小组展示。	学习太极拳比赛的裁判方法与比赛规则。	观看同学展示，并进行简要评价。	1. 理解攻防含义，动作准确、连贯。 2. 积极主动参与学习能够坚持不懈，积极参与展示、评价，具有安全意识。 3. 坚持不懈，团结奋进，尊重对手，自信自强。
	5	1. 复习纠正所学动作。 2. 学练左右倒卷肱。	理解所学动作左右倒卷肱的攻防含义，并在展示、演练中运用。	1. 俯卧撑15次/组（3组）。 2. 单脚跳10次/组（3组）。 3. 平板支撑30秒/次（3组）。 4. 仰卧两头起15次/组（3组）。	小组展示。	学习太极拳比赛的裁判方法与比赛规则。	观看同学展示，并进行简要评价。	1. 理解攻防含义，动作准确、连贯。 2. 积极主动参与学习能够坚持不懈，积极参与展示、评价，具有安全意识。 3. 坚持不懈，团结奋进，尊重对手，自信自强。
	6	1. 复习纠正所学动作。 2. 学练左揽雀尾、右揽雀尾。	理解所学动作左揽雀尾、右揽雀尾的攻防含义，并在展示、演练中运用。	1. 平板支撑30秒/次（3组）。 2. 仰卧两头起15次/组（3组）。 3. 俯卧两头起15次/组（3组）。 4. 蛙跳10次/组（3组）。	小组展示。	学习太极拳比赛的裁判方法与比赛规则。	通过线上或者线下观看一场二十四式简化太极拳比赛，能说出自己知道的技术动作名称。	1. 理解攻防含义，动作准确、连贯。 2. 积极主动参与学习能够坚持不懈，积极参与展示、评价，具有安全意识。 3. 坚持不懈，团结奋进，责任意识，自信自强。

续表

具体要求	7	1. 复习纠正所学动作。2. 学练单鞭、云手、高探马动作。	理解所学动作单鞭、云手、高探马的攻防含义，并在展示、演练中运用。	1. 单脚站立40秒/次（4组）。2. 俯卧两头起15次/组（3组）。3. 深蹲跳10次/组（3组）。4. 俯卧撑15次/组（3组）。	小组展示。	学习太极拳比赛的裁判方法与比赛规则。	通过线上或者线下观看一场二十四式简化太极拳比赛，能说出自己知道的技术动作名称。	1. 理解攻防含义，动作准确、连贯。2. 积极主动参与学习能够坚持不懈，积极参与展示、评价，具有安全意识。3. 坚持不懈，团结奋进，责任意识，自信自强。
	8	复习纠正所学动作，加强动作的连贯性。	理解所学技术动作的攻防含义，并在展示、演练中运用。	1. 折返跑接力游戏。2. 俯卧撑15次/组（3组）。3. 深蹲跳10次/组（3组）。4. 靠墙静蹲30秒/次（3组）。	小组展示。	学习太极拳比赛的裁判方法与比赛规则。	观看同学展示，并进行简要评价。	1. 理解攻防含义，动作准确、连贯。2. 积极主动参与学习能够坚持不懈，积极参与展示、评价，具有安全意识。3. 坚持不懈，团结奋进，责任意识，自信自强。
	9	1. 复习纠正所学动作。2. 期中检测，完整练习所学太极拳技术动作。	理解所学技术动作的攻防含义，并在展示、演练中运用。	1. 有氧跳绳3分钟/次（3组）2. 俯卧撑15次/组（3组）。3. 深蹲跳10次/组（3组）。4. 单脚站立40秒/次（4组）。	小组展示。	能对所学太极拳技术动作进行初步评判，可以协助教师完成部分裁判工作。	观看同学展示，并进行简要评价。	1. 理解攻防含义，动作准确、连贯。2. 积极主动参与学习能够坚持不懈，积极参与展示、评价，具有安全意识。3. 坚持不懈，团结奋进，责任意识，自信自强。
	10	1. 复习纠正所学动作。2. 学练右蹬脚、双峰贯耳、转身左蹬脚。	理解所学技术动作右蹬脚、双峰贯耳、转身左蹬脚的攻防含义，并在展示、演练中运用。	1. 单脚站立40秒/次（4组）。2. 俯卧撑15次/组（3组）。3. 平板支撑30秒/次（3组）。4. 深蹲跳10次/组（3组）。	小组展示。	学习太极拳比赛评分标准与要求。	观看同学展示，并进行简要评价。	1. 理解攻防含义，动作准确、连贯。2. 积极主动参与学习能够坚持不懈，积极参与展示、评价，具有安全意识。3. 坚持不懈，团结奋进，责任意识，自信自强。
	11	1. 复习纠正所学动作。2. 学练左下势独立、右下势独立、左右穿梭动作。	理解所学技术动作左下势独立、右下势独立的攻防含义，并在展示、演练中运用。	1. 单脚站立40秒/次（4组）。2. 靠墙静蹲1分钟/次（3组）。3. 波比跳12次/组（3组）。4. 平板支撑30秒/次（3组）。	小组展示。	学习太极拳比赛评分标准与要求。	观看同学展示，并进行简要评价。	1. 理解攻防含义，动作准确、连贯。2. 积极主动参与学习能够坚持不懈，积极参与展示、评价，具有安全意识。3. 坚持不懈，团结奋进，责任意识，自信自强。

续表

具体要求	12	1. 复习纠正所学动作。 2. 学练左右穿梭动作。	理解左右穿梭动作的攻防含义，并在展示、演练中运用。	1. 平板支撑30秒/次（3组）。 2. 波比跳12次/组（3组）。 3. 单脚站立40秒/次（4组）。 4. 仰卧两头起15次/组（3组）。	小组展示。	学习太极拳比赛评分标准与要求。	观看同学展示，并进行简要评价。	1. 理解攻防含义，动作准确、连贯。 2. 积极主动参与学习能够坚持不懈，积极参与展示、评价，具有安全意识。 3. 坚持不懈，团结奋进，责任意识，自信自强。
	13	1. 复习纠正所学动作。 2. 学练海底针、闪通臂。	理解所学技术动作海底针、闪通臂的攻防含义，并在展示、演练中运用。	1. 俯卧撑20次/组（3组）。 2. 平板支撑30秒/次（3组）。 3. 仰卧两头起15次/组（3组）。 4. 半蹲跳15次/组（3组）。	小组展示。	学习太极拳比赛评分标准与要求。	观看同学展示，并进行简要评价。	1. 理解攻防含义，动作准确、连贯。 2. 积极主动参与学习能够坚持不懈，积极参与展示、评价，具有安全意识。 3. 团结奋进，勇往直前，自信自强。
	14	1. 复习纠正所学动作。 2. 学练转身搬拦捶、如封似闭。	理解所学技术动作转身搬拦捶、如封似闭的攻防含义，并在展示、演练中运用。	1. 俯卧空中击掌10次/组（3组）。 2. 半蹲跳15次/组（3组）。 3. 平板支撑30秒/次（3组）。 4. 单脚跳15次/组（4组）。	小组展示。	能根据太极拳比赛评判标准正确评判所学动作。	观看同学展示，并进行简要评价。	1. 理解攻防含义，动作准确、连贯。 2. 积极主动参与学习能够坚持不懈，积极参与展示、评价，具有安全意识。 3. 团结奋进，勇往直前，自信自强。
	15	1. 复习纠正所学动作。 2. 学练十字手、手势动作。	理解所学技术动作的攻防含义，并在展示、演练中运用。	1. 俯卧撑15次/组（3组）。 2. 单脚跳15次/组（4组）。 3. 波比跳12次/组（3组）。 4. 平板支撑30秒/次（3组）。	小组展示。	了解太极拳常见的犯规动作。	通过线上观看一场太极拳世界锦标赛视频，能做出简要评价。	1. 理解攻防含义，动作准确、连贯。 2. 积极主动参与学习能够坚持不懈，积极参与展示、评价，具有安全意识。 3. 团结奋进，勇往直前，自信自强。
	16	复习纠正二十四式简化太极拳前半段动作。	理解所学技术动作的攻防含义，并在展示、演练中运用。	1. 靠墙静蹲1分钟/组（3组）。 2. 波比跳12次/组（3组）。 3. 平板支撑30秒/组（3组）。 4. 仰卧两头起15次/组（3组）。	小组展示。	能根据太极拳比赛评判标准正确评判所学动作。	观看同学展示，并进行简要评价。	1. 理解攻防含义，动作准确、连贯。 2. 积极主动参与学习能够坚持不懈，积极参与展示、评价，具有安全意识。 3. 团结奋进，勇往直前，自信自强。

具体要求	17	复习纠正二十四式简化太极拳后半段动作，加强动作的连贯、协调。	理解所学技术动作的攻防含义，并在展示、演练中运用。	1. 深蹲跳 10次/组（3组）。 2. 平板支撑 30秒/组（3组）。 3. 仰卧两头起 15次/组（3组）。 4. 俯卧两头起 15次/组（3组）。	小组展示。	能根据太极拳比赛评判标准正确评判所学动作。	通过线上观看一场二十四式简化式太极比赛视频，能做出简要评价。	1. 理解攻防含义，动作准确、连贯。 2. 积极主动参与学习能够坚持不懈，积极参与展示、评价，具有安全意识。 3. 团结奋进，勇往直前，自信自强。
	18	考核：完整演练二十四式简化太极拳。	理解二十四式简化太极拳的攻防含义，并在演练、展示中运用。	体能比赛： 1. 波比跳比赛：每分钟完成次数多者获胜。 2. 平板支撑比赛：支撑时间久者获胜。 3. 俯卧撑比赛：数量多者获胜。 4. 跳绳比赛：一分钟内完成数量多者获胜。	小组展示。	能根据太极拳比赛评判标准正确评判所学动作，并能担任部分裁判工作。	观看同学展示，并做出简要评价。	1. 理解攻防含义，动作准确、连贯。 2. 积极主动参与学习能够坚持不懈，积极参与展示、评价，具有安全意识。 3. 团结奋进，勇往直前，自信自强。

大单元评价

核心素养	评价内容	评价方法
运动能力	1. 太极拳起源发展、基本知识、基本礼仪理论测试。闭卷考试，合计50题，每题2分，合计100分制。该项目测试占总成绩的30%。 2. 二十四式简化太极拳现场展示考核：100分制。该项目测试占总成绩的70%。	结果性评价等级评价、展示或比赛评价考核评价等
健康行为	优秀：了解太极拳的健身价值，在课堂上学练时积极认真，能根据自己实际情况制订训练计划；每周在家锻炼5次，对待输赢情绪调控好，能与同伴合作完成比赛，适应能力强；体育锻炼中未发生安全事故。 良好：了解太极拳的健身价值，在课堂上锻炼时能主动完成，在教师的帮助下制订训练计划；每周回家锻炼3次，每次60分钟，对待输赢情绪调控良好，能与同伴合作完成比赛，适应能力较强；体育锻炼中未发生安全事故。 及格：了解太极拳的健身价值，能基本完成课堂上的学练；在家长的监督下每周回家锻炼2次，每次30分钟，对待输赢时在教师的引导下调节情绪，能与同伴合作完成比赛，适应能力一般；体育锻炼中未发生安全事故。	过程性评价（师评＋自评＋他评）观察评价、口头测评等
体育品德	优秀（90～100分）：在太极拳的学练活动中能不断挑战和突破自己，体现出武德修养，自尊自信、不怕困难、遵守规则、文明礼貌、公平竞争、友好合作，有很强的责任心。 良好（75～89分）：在太极拳的学练活动中体现出武德修养，学习态度认真；能尊重师长、尊重对手，在与强队比赛时稍有畏难情绪但是在教师的引导下能克服；积极进取、遵守规则、文明礼貌、公平竞争，有较强的责任心。 及格（60～79分）：在太极拳的学练活动中基本能按要求完成任务；能参加队员水平相当的比赛，遵守规则、文明礼貌、公平竞争；有爱国情怀。	过程性评价（师评＋自评＋他评）观察评价、书面测评等

三、武术大单元教学设计和课时教学设计

（一）武术大单元教学设计

设计者：李源颖　巫远龙　　　　单位：宜宾市人民路小学校

大单元名称	武术大单元3——长拳	水平	水平三	单元课时	18课时
设计思路	本单元坚持"健康第一"和"教会、勤练、常赛"的课程理念，结合水平三学生身心发展特点和已有的武术基础、运动能力。依据《义务教育体育与健康课程标准（2022年版）》中中华传统体育运动水平三长拳的具体要求，设计从长拳的相关文化知识、基本功、基本动作等单一技术动作过渡到基本组合动作，再逐渐深入套路长拳一段单练和对练18节课时的大单元。在"教学评"一体化的理念下以"学、练、赛"为抓手，循序渐进，帮助学生系统掌握长拳的相关基础技能与基础知识、提高体能、了解相关规则与裁判方法，学会观赏和评价以及技战术的应用。通过过程性评价和终结性评价相结合、评价主体的多元化，关注学生的成长，以评促学、以评促练，传承中华传统文化，激发学生的爱国主义情怀，培养学生尊师重道、厚德载物、团结奋进、自强不息、自尊自信、坚持不懈的武术精神，为学生的终身体育打下基础。					
学情分析	生理特征：该阶段学生年龄为11~12岁，正处于青春期发育的早期阶段，身体会发生很多变化，如身高快速长高，体重迅速增加，性器官开始发育，第二性征出现；力量、速度、反应能力等身体素质有了明显提升。 心理发展特点：该阶段学生自我意识开始增强，社交兴趣增加，独立意识与性别意识增强，情绪开始出现多变与不稳定，有了自己的想法和问题，男生课堂表现欲较强，女生积极性不高，对于体育课堂出现了"惰性"。 运动能力：该阶段学生在水平二已经学习了长拳基本功和简单的组合动作，以及长拳段前一级、二级、三级动作，对于长拳的基础知识与技能有了一定的了解与掌握。 体育经验与生活经验：学生在水平二武术大单元的学习中，已经初步掌握了武术长拳项目的基础知识与技能，同时，学生体能的发展也有了明显的进步；通过网络、线下途径，武术传播范围广，学生了解、模仿学习武术技术动作的渠道增多，为进一步学习武术奠定了基础。					
教材分析	中华武术国之精粹，武术运动既能强身健体，又能够培养学生吃苦耐劳、勇敢无畏、自尊自信、顽强拼搏的体育精神；培育学生民族自信心和民族自豪感。本单元教学内容长拳，选自《义务教育体育与健康课程标准（2022版）》中华传统体育类运动项目武术类水平三，共设计18个教学课时。长拳一段分为单练套路和对练套路两个部分，通过武术长拳一段的教学，可以发展学生的协调性、灵敏性、想象性、记忆性、柔韧性等能力；提升学生理解中华传统体育文化的能力和武术运动技术水平，让学生在体验中学习武术的刻苦、坚毅、文明、谦虚等高尚武德。					
学习目标	1. 运动能力：通过本单元武术项目学习，学生了解长拳的相关知识和文化，能描述所学动作的基本要领，掌握长拳的基本功、基本动作以及长拳一段单练、对练套路，并把所学知识和技能运用到比赛和日常生活当中，发展学生的协调性、灵敏性、力量、反应能力等身体素质。 2. 健康行为：通过本单元学习，提高学生对武术项目的兴趣，认识武术运动对于发展身心健康的重要性，学会情绪调控、健康知识运用等，树立安全意识，预防运动损伤以及常见长拳运动损伤的处理方法，养成良好的体育锻炼意识与习惯。 3. 体育品德：通过武术项目的学练，培养学生不断挑战和突破自我，积极进取、顽强拼搏、团结互助、崇尚武德、热爱祖国的精神；树立学生遵守规则、尊重对手、诚信自律的体育道德和自尊自信、勇担责任、文明礼貌的体育品格。					
总体要求	基础知识与基本技能	技战术运用	体能	展示或比赛	规则与裁判方法	观赏与评价
	了解长拳的相关知识与文化，以及常见的长拳运动损伤处理方法；学练并掌握长拳的基本功（外摆腿、正踢腿、里合腿、大跃步前穿等）、基本动作（马步格挡、弓步劈掌、提膝勾手、抡臂砸拳、提膝穿掌）、基本组合动作和长拳一段单练套路与对练套路，并能描述所学动作的基本要领。	理解长拳基本动作的攻防含义；能在比赛或表演中，进行单招对拆，能展示长拳一段对练套路，并在比赛中运用。	在学练长拳项目中，加强体能的训练，如通过冲拳、马步、弓步换跳、金鸡独立等练习，发展学生的上下肢力量、协调、平衡等。	积极展示所学长拳内容，在展示或比赛中，正确、标准地运用长拳基本动作技术和套路。	知晓长拳的比赛规则与方法，如比赛判罚标准、比赛场地规格、常犯规动作等。	学习如何正确、有效地观赏与评价长拳比赛，每学期通过线上或者线下至少观看10次长拳类比赛或表演，知晓长拳项目的重大赛事，能对所观赏比赛进行简要评价。

续表

具体的课次安排				
课次	学习内容	过程与方法	评价要点
1	1. 武术相关知识。 2. 武术文化欣赏。 3. 安全武德教育。 4. 学习武术相关规则、抱拳礼及攻防含义。 5. 身体素质练习。	1. 教师导入，认识中华传统体育——武术运动的起源及发展。 2. 通过信息化视频欣赏了解中国武术文化博大精深，武术套路中蕴涵着我国传统文化民俗知识。 3. 学习抱拳礼，培养学生在学习中相互尊重，树立健康意识和自我保护安全意识。 4. 情景贯穿，讨论学习：学生相互讨论分享，总结发言，培养学生爱国主义精神，树立起尚武精神。 5. 上肢力量练习，柔韧素质练习。 6. 教师组织学生放松拉伸，总结点评，布置课后作业。	1. 激发学生对武术文化认识力，自觉参与学习，在武术教学时，要时刻提醒学生感受中华传统文化，融入武术练习的情景。 2. 树立安全意识，认真学习，参与锻炼。 3. 体现勇担责任、文明礼貌、自尊自强、尊重他人的武术精神与品德。
2	1. 热身活动：梅花桩热身游戏。 2. 武术基本功（正踢腿、里合腿、外摆腿、大步跃前穿、翻身跳）练习。 3. 双人攻防对练。 4. 小组基本功大赛。 5. 身体素质练习。 6. 放松活动。	1. 教师情景导入，通过语文课《满江红》引出岳飞及岳家军抗金主题，介绍梅花桩的使用。 2. 教师带领学生进行运用梅花桩与体操棒的热身活动。 3. 学练正踢腿、里合腿、外摆腿、大步跃前穿、翻身跳，并通过小组探究学习与练习。 4. 结合梅花桩练习与展示。 5. 基于情景导入的身体素质补偿性练习游戏。 6. 教师组织学生放松拉伸，总结点评，布置课后作业。	1. 武术基本功的掌握。 2. 自主练习，积极思考，具有安全意识。 3. 团队协作，配合默契，尊重他人，坚持不懈。
3	1. 热身活动：长江黄河游戏。 2. 复习武术基本手型与步伐。 3. 学习长拳：预备式、马步格挡、弓步劈掌。 4. 比一比，赛一赛：分组学练、展示。 5. 身体素质练习。 6. 静力放松拉伸。	1. 教师讲解游戏规则，学生分为两队，学生积极参与游戏。 2. 教师演示长拳成套动作。 3. 复习武术基本手型、正踢腿、里合腿、外摆腿、大步跃前穿、翻身跳等基本动作。 4. 重点讲解示范马步格挡、弓步劈掌动作，慢动作演示，教师背面示范，学生跟练为主。（整套动作要求学生熟悉动作名称）。 5. 增加动作具备的攻防意义演示，提高学生学练积极性。 6. 上肢力量、核心力量练习。 7. 教师组织学生放松拉伸，总结点评，布置课后作业。	1. 预备式、马步格挡、弓步劈掌的掌握比如动作到位、有力。 2. 积极思考，具有安全意识。 3. 团队意识，配合默契，具有胜不骄、败不馁的优秀品质。
4	1. 热身游戏：开火车（S形跑）。 2. 复习预备式及马步格挡、弓步劈掌。 3. 学习长拳：提膝勾脚、抡臂砸拳。 4. 比一比：小组传功赛。 5. 身体素质练习。 6. 放松拉伸。	1. 教师讲解规则，学生积极参与游戏。伴随音乐进行"开火车"热身游戏。 2. 教师带领复习上节课内容。 3. 教师讲解、示范教学长拳：提膝勾脚、抡臂砸拳。教师背面示范，学生跟练。 4. 学生分组演练，根据实际练习情况，集体纠错或个别纠错。组织素质练习，并引导学生增强安全意识。 5. 比一比：小组传功赛。 6. 下肢力量、核心力量练习。 7. 教师组织学生放松拉伸，总结点评，布置课后作业。	1. 长拳：提膝勾脚、抡臂砸拳的掌握。 2. 积极锻炼，具有安全意识。 3. 顽强的意志力。
5	1. 热身游戏：喊数抱团。 2. 复习长拳：提膝勾脚、抡臂砸拳、马步格挡、弓步劈掌。 3. 学习长拳：提膝穿掌。 4. 身体素质练习。 5. 放松拉伸。	1. 教师讲解规则，学生积极参与游戏。 2. 利用手型变换游戏使同学熟悉武术中的手型及术语，并与学过的前几节动作进行衔接与复习。 3. 分组练习，"假想敌"对抗互帮互学。 4. 教师组织学生展示，师生互评。 5. 上肢力量、柔韧素质练习，语言激励。 6. 教师组织学生放松拉伸，总结点评，布置课后作业。	1. 长拳：提膝穿掌的掌握，并在分组比赛中合理运用。 2. 日常生活的锻炼。 3. 坚持不懈。

续表

6	1. 复习长拳分解动作。 2. 学习基本组合动作：马步格挡＋弓步冲拳、马步格挡＋弓步劈掌。 3. 拓展：配乐熟练动作展示。 4. 比一比：拳掌接力赛。	1. 教师讲解游戏规则，学生避免碰撞，分清"黄金"（黄色标识牌）"红宝石"（红色标识牌）后，反应迅速，动作敏捷。 2. 根据教师的示范进行分节复习。 3. 集体巩固并熟练掌握组合动作的演练。 4. 比一比：拳掌接力赛。 5. 上肢力量、柔韧素质练习，语言激励。 6. 教师组织学生放松拉伸，总结点评，布置课后作业。	1. 理解、掌握武术动作口令和动作，强化口令动作的一致性，并掌握基本组合动作。 2. 分组学练积极认真。 3. 顽强拼搏，尊重对手，团结协作。
7	1. 热身游戏"黄金红宝石争夺战"。 2. 学习基本组合动作：抡臂砸拳＋正踢腿、提膝穿掌＋仆步穿掌。 3. 身体素质练习。 4. 比一比：隔空对抗赛。 5. 放松与拉伸。	1. 教师讲解游戏规则，学生避免碰撞，分清"黄金"（黄色标识牌）"红宝石"（红色标识牌）后，反应迅速，动作敏捷。 2. 组织学生跟练长拳组合动作明确考核标准。 3. 分组展示点评，师生互评。 4. 上肢力量、柔韧素质练习，语言激励。 5. 比一比：隔空对抗赛。 6. 教师组织学生放松拉伸，总结点评，布置课后作业。	1. 基本组合动作：抡臂砸拳＋正踢腿、提膝穿掌＋仆步穿掌的掌握，感受到手眼相顾、形神兼备。 2. 认真参与，具有安全意识。 3. 团结协作，积极进取，挑战自我。
8	学习长拳一套动作基本手型"拳、掌、勾、格挡"。	1. 学习"拳、掌、勾、格挡"基本动作，集体练习。 2. 活动：用"拳、掌、勾"代替"石头剪刀布"。 3. 长拳中的进攻与防守，2人一组，一人出拳，一人格挡练习。 4. 体能练习：正踢腿20次×2组，外摆腿20次×2组。	1. 掌握长拳一段基本手型，明白攻防含义。 2. 培养锻炼意识，明白基本手型在长拳中的重要性。 3. 互帮互助，友好交流，自尊自信。
9	学习长拳一套动作基本步型、步法、腿法"弓步、马步、虚步"。	1. 学习长拳一套基本步型腿法步法"弓步、马步、虚步"，集体练习，小组练习。 2. "弓步、马步、虚步"代替"石头剪刀布"。 3. 基本步型与手型相结合，自主创编。 4. 体能练习：正踢腿20次×2组，外摆腿20次×2组。	1. 掌握长拳一段基本步型、步法、腿法，明白攻防含义。 2. 培养锻炼意识，积极主动参与学练。 3. 互帮互助，友好交流，自尊自信。
10	学习长拳一套1—6动作： 1. 并步抱拳。 2. 弓步看掌。 3. 弓步冲拳。 4. 马步格挡。 5. 弓步劈掌。 6. 抱拳弹踢。	1. 学习长拳一套1—6动作，教师示范，学生集体练习，体会攻防含义。 2. 分小组练习。 3. 小组展示。 4. 体能练习：正踢腿20次×2组，外摆腿20次×2组，马步冲拳击打体操垫。	1. 学生明确长拳一段1—6动作名称、方法、顺序，并能选出两个动作进行攻防、拆招。 2. 培养锻炼意识，积极主动参与学练。 3. 互帮互助，友好交流，自尊自信。
11	学习长拳一段7—12动作：双峰贯耳、并步收掌、虚步护身掌、马步格挡、弓步冲拳、弓步双架掌。	1. 复习长拳一段1—6动作。 2. 学习长拳7—12动作，教师示范，学生集体练习。 3. 分组练习并讨论攻防含义。 4. 小组展示，总结攻防含义。 5. 体能练习：正踢腿20次×2组，外摆腿20次×2组，马步冲拳击打体操垫。	1. 学生明确长拳一段7—12动作名称、方法、顺序，并能选出两个动作进行攻防、拆招。 2. 培养锻炼意识，积极主动参与学练。 3. 互帮互助，友好交流，自尊自信。
12	学习长拳一段12—18动作：提膝勾手、弓步闪身、并步收掌、虚部护身掌、右弓步分掌、并步抱拳。	1. 复习长拳一段1—12动作。 2. 学习长拳一段12—18动作。 3. 分组练习并讨论攻防含义。 4. 小组展示，总结攻防含义。 5. 体能练习：正踢腿20次×2组，外摆腿20次×组，马步冲拳击打体操垫。	1. 学生明确长拳一段13—18动作名称、方法、顺序，并能选出两个动作进行攻防、拆招。 2. 培养锻炼意识，积极主动参与学练。 3. 互帮互助，友好交流，自尊自信。
13	长拳一套动作考核。	1. 集体复习长拳一段动作。 2. 小组创编队形。 3. 小组展示全套动作。 4. 小组展示至少一处攻防含义。	1. 小组5人展示总错误次数低于5次，各小组成员至少掌握两处攻防含义并能拆招。 2. 培养锻炼意识，积极主动参与创编。 3. 互帮互助，友好交流，自尊自信，尊重他人。

续表

14	长拳一段运动损伤。	1. 学生尝试说出武术练习中哪些部位容易受伤。 2. 出示运动损伤的图片。 3. 讲解受伤原因以及保护救治措施。 4. 小组讨论：学生总结如何预防武术中的运动损伤。 5. 学生演示运动损伤处理程序（脚踝扭伤、流鼻血）。	1. 认识什么是运动损伤，如何避免运动损伤，发生运动损伤后如何处置。 2. 具有安全意识。 3. 互相帮助。
15	1. 热身游戏：剪刀石头布。 2. 复习长拳一段单练套路。 3. 学习长拳一段对练套路相关知识。 4. 学练长拳一段对练套路（起势、弓步冲拳、弓步格挡、弓步劈掌、弓步双架）。 5. 学生展示。 6. 体能练习。 7. 放松与总结。	1. 教师讲解游戏规则与方法。 2. 教师带领学生集体复习长拳一段单练套路。 3. 教师讲解长拳一段对练套路相关知识。 4. 分解练习长拳一段对练套路。 5. 完整练习长拳一段对练套路前半段。 6. 分组练习，教师指导纠错。 7. 学生展示。 8. 体能训练： （1）弓步换跳，25次/组，2组。 （2）俯卧撑，20次/组，2组。 （3）俯地登山跑，25次/组，2组。 （4）50米冲刺跑，1组。 9. 放松与总结，布置课后作业。	1. 学生能正确掌握本节课所学长拳一段对练套路技术动作，认识长拳一段对练套路相关文化知识，对练配合默契，动作舒展大方。 2. 学习热情高涨，敢于展示自己，认真完成课堂任务。 3. 坚持到底，积极进取，责任意识。
16	1. 热身活动。 2. 复习所学长拳一段对练套路前半段。 3. 学练长拳一段对练套路后半段（抱拳弹踢、提膝勾手、双峰贯耳、弓步闪身、虚步护身掌、收势）。 4. 学生展示。 5. 体能训练。 6. 放松与总结。	1. 带领学生完成热身活动：慢跑、关节活动、专项热身（踢腿、马步、冲拳）。 2. 教师带领学生复习长拳一段对练套路前半段，并纠错。 3. 学练长拳一段对练套路后半段：教师示范、分解教学、完整练习。 4. 分组练习，教师巡视指导。 5. 学生展示，生生互评，师生互评。 6. 体能训练： （1）收腹跳，15次/组，2组。 （2）波比跳，15次/组，2组。 （3）平板支撑，90秒/组，1组。 （4）高抬腿，40次/组，2组。 7. 放松与总结，布置课后作业。	1. 学练长拳一段对练套路后半段动作的正确性，武术动作精气神的体现、攻防的实践与理解。 2. 敢于展示自己，具有安全意识。 3. 不畏困难，坚持不懈，团结协作。
17	1. 热身活动：搏击操。 2. 完整练习长拳一段对练套路。 3. 学生展示：谁是武林盟主。 4. 体能训练（武功秘籍）。 5. 放松与总结。	1. 教师带领学生进行热身活动。 2. 集中完整练习长拳一段对练套路。 3. 分组练习，教师巡视指导纠错。 4. 谁是武林盟主：每个小组派两名同学参加武林大会，展示长拳一段对练套路，根据师生投票，选出武林盟主。 5. 体能训练： （1）扎马步，1分钟/组，2组。 （2）仰卧起坐，20次/组，2组。 （3）开合跳，30次/组，2组。 （4）俯卧撑20次/组，2组。 6. 放松与总结，布置课后作业。	1. 完整练习长拳一段对练套路动作的正确性，攻防的实践与理解，武术动作精气神的体现。 2. 积极参与，敢于展示自己，具有安全意识。 3. 团结协作，勇往直前，尊重他人。
18	1. 热身活动：围绕篮球场边线慢跑，中间穿插高抬腿、前踢腿、弓步走等。 2. 考核（长拳基本功、基本动作、长拳一段单练套路与对练套路）。 3. 放松与总结。	1. 组织学生进行热身活动。 2. 组织学生分组进行考核。 3. 放松与总结，布置课后作业。	1. 对长拳学习内容的掌握程度，武术技术动作精气神的体现。 2. 积极参与，敢于展示自己，具有安全意识。 3. 团结协作，勇往直前，尊重他人。

续表

单元评价		
核心素养	评价内容	评价方法
运动能力	1. 武术长拳的相关文化与知识。 闭卷测试：30道题（25道单选，每题3分；5道问答题；每题5分，共计100分）。占总成绩的30%。 2. 长拳基本功、基本动作、基本组合动作考核，满分100分，其中基本功30分，基本动作30分，基本组合动作40分。占总成绩的30%。 3. 长拳一段单练套路和对练套路各50分，共计100分。占总成绩的40%。	终结性评价等级评价、展示或比赛评价、书面测评等
健康行为	优秀：能制订适合自己的训练计划并自觉完成一周5次的训练，在学练赛时态度端正、积极主动、情绪稳定，掌握自我保护的方法。 良好：在教师的指导下自己制订训练计划并自觉完成一周3次的训练，在学练赛时态度端正、比较积极、在教师的引导下能自我调节情绪，有安全意识，发生运动损伤时知道正确的处理方法。 及格：在教师和家长的监督下能完成一周2次的训练，在学练赛时，能基本完成，无安全事故。	过程性评价（师评＋自评＋他评）观察评价、书面测评等
体育品德	优秀：积极参与游戏与比赛、展示出自尊自信、不怕困难、遵守规则、文明礼貌、公平竞争、友好合作的体育精神和品德。 良好：比赛时稍有畏难情绪，积极进取、遵守规则、文明礼貌、公平竞争 及格：能参加水平相当的比赛，遵守规则、文明礼貌、公平竞争。	过程性评价（师评＋自评＋他评）观察评价、书面测评等

（二）武术课时教学设计

设计者：杨世伟　　　　单位：宜宾三江新区第一实验小学校

教学内容	武术大单元——长拳	课时	第17课
学习目标	运动能力：通过本课的学习，学生能掌握完整的长拳一段对练套路；能够理解并掌握长拳一段技术动作的攻防作用；发展学生的协调性、灵敏性、力量、反应能力等体能，能描述所学动作的基本要领。 健康行为：通过本课学习，提高学生对武术项目的兴趣，认识武术运动对于发展身心健康的重要性，学会情绪调控、健康知识运用等，树立安全意识，预防运动损伤，养成良好的体育锻炼意识与习惯。 体育品德：通过武术项目的学练，培养学生不断挑战和突破自我，积极进取、顽强拼搏、团结互助、崇尚武德、热爱祖国的精神；树立学生遵守规则、尊重对手、诚信自律的体育道德和自尊自信、勇担责任、文明礼貌的体育品格。			
教学重难点	重点：2人一组对练配合默契，动作到位。 难点：节奏把控，武术"精气神"。			

课的部分	教学内容	教学组织	学生学练赛	运动负荷	学习评价
准备部分	1. 课堂常规。 2. 情景导入：展示武打明星对打图片。 3. 热身活动： (1) 游戏：我说你做。 (2) 搏击操。	1. 组织学生整队集合。 2. 展示武打明星对打照片，引入课堂主题。 3. 讲解游戏规则与方法，组织学生游戏。 4. 组织学生进行搏击操活动。	1. 集合快静齐。 2. 积极参与师生互动。 3. 认真听讲游戏规则与方法，安全、有序进行游戏。 4. 认真跟着教师做搏击操。	中	1. 集合快静齐。 2. 认真听讲。 3. 积极进取。
设计意图	1. 通过展示武打明星照片，激发同学们武术热情，营造良好的课堂氛围。 2. 游戏环节，提升课堂的乐趣，提升同学们参与活动积极性。 3. 搏击操，对热身游戏的补充，使得身体得到充分热身，预防运动损伤。				

续表

基本部分	1. 复习长拳一段单练套路。 2. 教师邀请同学配合示范完整长拳一段对练套路。 3. 分组练习长拳一段对练套路。 4. 巡视指导。 5. 武林大会：每个大组派两名同学参加武林大会长拳一段对练展示比赛，每个大组派两名同学出任评委，组成本次武林大会的裁判，对参赛选手进行打分。 6. 体能练习游戏：武功秘籍。将学生分成人数相等的10个小组，篮球场两底线各站5个小组，且两两对应站立，球场中线摆放了五个标志桶，两个组一个标志桶，标志桶下摆放任务卡（体能练习项目：扎马步、仰卧起坐、开合跳、4俯卧撑），口令发出后，每队派出一名前去抢夺任务卡，并将任务卡内容带回小组，带领同学完成相应任务，每位同学需完成一次任务。	1. 组织学生跟随教师进行长拳一段单练套路复习。 2. 邀请学生配合教师动作示范。 3. 学生2人一组进行长拳一段对练套路练习。 4. 教师巡视指导，发现问题，及时纠正。 5. 教师讲解比赛规则与方法，并组织学生进行比赛。 6. 教师讲解体能训练要求与方法，并组织学生开始体能活动。	1. 学生认真完成长拳一段复习。 2. 认真观看，积极配合教师完成对练示范。 3. 积极参与，认真完成对练练习。 4. 认真练习，不懂就问，两人配合默契，积极参与。 5. 学生积极参加活动，敢于展示，能正确地对参赛同学进行评分。 6. 根据要求完成任务卡内容，注意练习安全。	中 中 大	1. 动作标准流畅、舒展大方，有精气神，动作路线正确、动作到位。 2. 注意力集中，安全意识。 3. 配合默契，尊重同伴，尊重他人，自立自强。
设计意图	进行武林大会和武林秘籍活动，首先可以提升课堂的趣味性，让学生更好地融入课堂，去沉浸式体验武术，通过让学生比赛，培养学生展示、比赛的能力，让学生做评委、裁判，可以培养学生观赏与评价能力，以武术秘籍游戏来开展体能训练，在秘籍中设置多种体能训练内容，促进学生体能的全面发展。					
结束部分	1. 放松：八式太极拳。 2. 总结与评价。 3. 回收器材、布置作业。	1. 教师带领学生练习八式太极。 2. 教师总结本次课堂。 3. 布置课后作业。	1. 学生认真跟随教师进行放松。 2. 认真听教师总结，做好自我反思与总结。 3. 协助教师回收器材。	小	1. 全身放松。 2. 认真听讲，积极自我反思。
设计意图	1. 通过动态和静态放松，让学生身心得到有效的放松，生理心理恢复到正常状态。 2. 引导学生学会归纳总结，用关键词牢记本课学练赛要求：遵守规则，团队协作，善于思考。				
安全措施	1. 检查服装。 2. 检查器材。 3. 强调课堂安全。				
场地器材	场地：1个篮球场。				
	器材：标志桶5个。				
运动负荷	群体运动密度：75%。				
	个体运动密度：55%。				
	平均心率：约150次/分钟。				

续表

课后作业	基础性作业： 1. 练习长拳一段单练套路3遍。 2. 仰卧起坐男生30个一组，共3组；女生25个一组，共3组。 3. 俯卧撑男生15个一组，共3组；女生10个一组，共3组。 4. 打桩练习。 拓展性作业： 层次一：观看一场长拳对练比赛视频，并能进行简单评价；了解简单的比赛规则。 层次二：观看一场长拳对练比赛视频，并写一篇观后感。 层次三：观看一场长拳对练比赛，并反思自己的不足，制订一个训练计划。
课后反思	

第二节　其他民族民间传统体育运动

其他民族民间传统体育运动

第七章　新兴体育运动

第一节　时尚运动项目

一、项目介绍

新兴体育运动中的时尚运动项目，指的是在国际上较为流行、在国内开展不久或国内外新创的、具有大众运动色彩且深受青少年喜爱的体育活动。这些项目通常形式新颖，具有较强的时尚性和挑战性，如花样跳绳、轮滑、滑板、极限飞盘、跆拳道、独轮车、小轮车、飞镖等。这些时尚运动项目不仅具有娱乐性，还能够锻炼身体，提高身体素质，同时也能够培养青少年的团队合作精神和竞争意识。

时尚运动项目是随着社会发展与健康生活需求而衍生出来的，除了与其他运动具有共同的育人价值和能力要求外，在增进学生对不同国家和地域体育文化的了解，激发学生的求知欲与探索欲、好奇心与冒险精神等方面具有独特的育人价值，有助于锻炼学生力量、速度、平衡、柔软等多方面的身体素质，培养学生参与体育运动的兴趣，增强学生的创新意识，增强学生对新鲜事物的接受能力与适应能力，最终达到时尚运动类运动项目的育人效果。

本章共介绍了4种时尚运动运动项目，分别为轮滑、跆拳道、极限飞盘和花样跳绳。根据运动项目的难易程度和学生身心发展规律，建议轮滑大单元在水平二开展，跆拳道大单元在水平三开展，极限飞盘大单元在水平四开展，花样跳绳大单元在水平五开展。

二、时尚运动项目大单元结构

（一）轮滑大单元

轮滑大单元

（二）跆拳道大单元

设计者：雷信阳　毛勤霞　　　　单位：四川大学附属实验小学

<table>
<tr><td colspan="8" align="center">跆拳道大单元</td></tr>
<tr><td rowspan="3">大单元目标</td><td colspan="7">1. 运动能力：通过跆拳道基本技术动作的学练与运用，学生对跆拳道知识、跆拳道比赛规则有一定的了解，并能掌握跆拳道所学基本动作要领及练习方法，通过一些专项练习提高学生的速度、力量、协调性，加强学生的防身能力。</td></tr>
<tr><td colspan="7">2. 健康行为：激发学生对跆拳道运动兴趣的培养，提高学生参加跆拳道所学内容的表演及比赛的兴趣与爱好，采用多样的教学方法，结合游戏与竞赛从而进一步培养学生自主学习、探究学习、合作学习的能力。</td></tr>
<tr><td colspan="7">3. 体育品德：培养跆拳道"以礼始、以礼终"的礼仪教育，培养学生坚韧、忍耐、自立、自信的意志品质，学生养成礼让、谦逊、宽容的高尚品德。</td></tr>
<tr><td colspan="2">内容要求</td><td>基础知识与基本技能</td><td>技战术运用</td><td>体能</td><td>展示或比赛</td><td>规则与裁判方法</td><td>观赏与评价</td><td>评价要点</td></tr>
<tr><td colspan="2">总体要求</td><td>了解跆拳道发展历史，掌握跆拳道基本礼仪，学习跆拳道基本腿法和比赛规则裁判方法。</td><td>能够将所学的跆拳道基本动作运用到实战中。</td><td>在跆拳道运动中，加强体能练习，知道跆拳道运动需要的体能简单学练方法，乐于参与体能游戏。</td><td>小组或个人能够大胆自信展示所学动作，敢于参与实战比赛。</td><td>学习跆拳道的比赛规则和裁判方法，掌握常见动作的得分规则。</td><td>观赏、评价小组或同伴的动作展示，欣赏跆拳道精彩比赛，并做出简要评价。</td><td>—</td></tr>
<tr><td rowspan="6">具体要求</td><td>1</td><td>了解跆拳道的历史与文化，学习跆拳道礼仪，学习跆拳道格斗势及基本技术（正踢、侧踢）。</td><td>正确运用格斗势。</td><td>柔韧性、下肢力量：
1. 正踢。
2. 侧踢。
3. 里合。
4. 外摆。</td><td>格斗势及跆拳道基本技术的个人或小组比赛。</td><td>初步了解跆拳道的裁判手势。</td><td>观赏跆拳道的发展历史、师评、生评格斗势及基本技术。</td><td>1. 掌握跆拳道的发展历史及礼仪。
2. 格斗势正踢、侧踢正确。</td></tr>
<tr><td>2</td><td>学习跆拳道基本技术（里合、外摆），学习弹踢，掌握膝关节的发力。</td><td>弹腿在跆拳道实战中的运用。</td><td>柔韧性、下肢力量：
1. 正踢。
2. 侧踢。
3. 里合。
4. 外摆。</td><td>班级内展示弹踢，小组比赛弹踢技术。</td><td>学习弹踢在实战中得分的裁判方法。</td><td>欣赏并评价同伴弹踢动作。</td><td>掌握弹腿动作的爆发力。</td></tr>
<tr><td>3</td><td>复习弹踢，弹踢击靶练习，下肢力量训练。</td><td>两人运用弹踢演练，体会实战中弹踢的运用。</td><td>下肢力量：
1. 蛙跳。
2. 深蹲。
3. 背人跑。
4. 左右弓步。</td><td>小组、集体展示弹踢击靶。</td><td>掌握弹踢在实战中得分的裁判方法。</td><td>通过击靶的声音和位置，评价同伴的弹踢力度和弹踢部位的准确性。</td><td>动作标准，明白弹腿的重要性。</td></tr>
<tr><td>4</td><td>学习横踢腿，柔韧练习。</td><td>学习横踢腿在实战中的使用场合。</td><td>柔韧性：
1. 正压。
2. 侧压。
3. 横叉。
4. 竖叉。</td><td>班级内展示、小组比赛横踢腿。</td><td>学习实战中横踢腿的得分方法。</td><td>欣赏评价同学的横踢腿。</td><td>力点正确。</td></tr>
<tr><td>5</td><td>横踢腿与移动步法的组合练习。</td><td>两人一组实战演练，体会横踢腿在实战中的运用。</td><td>反应能力、位移速度、协调性：
1. 高抬腿。
2. 单腿提膝。
3. 交叉跑。
4. 抱腿跳。</td><td>小组比赛移动步法与横踢腿的组合方法。</td><td>学习横踢腿的裁判方法。</td><td>欣赏并评价同学的移动步法与横踢腿的组合。</td><td>动作迅速，步法灵活，横踢有力。</td></tr>
<tr><td>6</td><td>复习移动步法与横踢组合，灵活运用移动步法。</td><td>两人运用横踢腿实战练习。</td><td>肌肉力量、柔韧性、协调性：
1. 正踢。
2. 侧踢。
3. 里合。
4. 外摆。
5. 横踢。</td><td>优生展示步法与横踢的组合。</td><td>学习有效的步法与横踢组合的正确动作。</td><td>欣赏跆拳道横踢与步法组合动作，提高自身技术动作。</td><td>动作协调到位，反应迅速，移动够快。</td></tr>
</table>

续表

具体要求	7	学习左右横踢组合技术。	小组探讨左右横踢在实战中如何运用。	反应能力、位移速度、爆发力： 1. 左右滑步。 2. 收腹跳。 3. 立卧撑跳。 4. 面对面提膝。	左、右横踢连续击靶最多小组和个人进行展示。	左右横踢的裁判方法及常见的错误动作。	欣赏并评价同学左右横踢动作，改善自身动作。	动作标准，敢于挑战速度。
	8	复习左右横踢技术，加强动作协调性，单一技术动作的反应靶练习。	两人实战时在合适时机运用左右横踢。	位移速度、爆发力、耐力： 1. 左右滑步。 2. 收腹跳。 3. 立卧撑跳。 4. 面对面提膝。	集体、小组展示左右横踢技术。	左右横踢技术及单一动作的使用方法。	欣赏、评价小组展示动作。	敢于尝试自己从未横踢的高度和对移动靶的横踢。
	9	学习后横踢撤步反击、后横踢迎击。	在实战中能够运用后横踢撤步反击、后横踢迎击。	协调性、灵敏性、位移速度： 1. 敏捷圈进进出出。 2. 敏捷梯开合。 3. 敏捷圈进三退二。 4. 敏捷圈侧边单脚跳。	教师与学生展示实战中后横踢撤步反击、后横踢迎击。	掌握后横踢撤步反击、后横踢迎击的得分方法。	欣赏教师与同学的实战，领悟动作的攻防意义。	步法灵活，反应敏捷。
	10	学习后踢。	掌握后踢在实战中运用的时机。	下肢力量： 1. 单腿跳。 2. 背人跑。 3. 接力赛。 4. 50米冲刺。 5. 10米抱人。	小组展示后踢动作。	学习后踢在实战中的使用方法、裁判方法。	观看视频，欣赏经典后踢动作。	发力连贯，快速力点准确，回防速度快。
	11	复习后踢，学习后撤步后踢。	在两人实战中，能够抓住时机进行后踢。	腰腹肌力量： 1. 仰卧起坐。 2. 仰卧爬山。 3. 背起。 4. 俯身登山。	优生展示后踢动作，两人小组展示后踢在实战中的运用。	学习后踢在实战中的使用方法、裁判方法。	观察同学的展示，反思自身动作不足。	动作连贯，摆动较小，击打成直线。
	12	学习下劈。	掌握下劈的进攻部位，敢在实战中尝试下劈。	下肢力量、协调性、腰背肌力量： 1. 单腿跳。 2. 蛙跳。 3. 仰卧登山。 4. 仰卧举腿。	小组及个人展示下劈动作。	学习下劈的裁判方法。	观看视频，欣赏奥运会比赛中下劈动作集锦。	力点准确，收腿力量控制。
	13	强化下劈动作，灵敏性练习。	两人实战中，能够抓住时机进行下劈。	爆发力、协调性： 1. 小碎步。 2. 侧滑步。 3. 交叉步。 4. 分腿跳。 5. 30米冲刺。	优生展示下劈动作。	下劈的裁判方法及得分。	欣赏并评价同学的下劈动作，改善自身不足。	判断准确，动作规范，发声洪亮，击打效果明显。
	14	学习侧踢。	了解侧踢在实战中使用方法。	上肢力量、位移速度： 1. 俯卧撑。 2. 侧滑步。 3. 上步、撤步。 4. 前垫步、后垫步。	教师、小组展示侧踢动作。	侧踢动作的规范，实战中侧踢的裁判方法。	观察、欣赏教师及同学动作，评价动作优点与不足。	大小腿夹紧头，大小腿直线踢出。

续表

具体要求	15	复习侧踢。	侧踢在实战中的运用。	腰腹肌肉力量、爆发力： 1. 两头起。 2. 左右提膝。 3. 屈腿跳。 4. 50米冲刺。	两人小组展示实战的侧踢技术。	实战中侧踢的得分标准。	观看侧踢的经典比赛视频。	大小腿成一直线，收腿有弹性。
	16	单个动作的速度、力量及实战运用。	不同场景的单个动作实战迎击练习。	上肢力量、协调性： 1. 俯卧撑。 2. 立卧撑提膝。 3. 俯卧登山。 4. 仰卧登山。	优秀组单个动作技术的迎击展示。	再次复习单个动作的裁判方法。	生生观察互评动作的规范性。	1. 动作到位。 2. 实战时敢于与对手拼搏不畏惧，积极动脑思考进攻时机。
	17	实战。	实战比赛中能够发挥已学动作。	发挥协调性、肌肉力量： 1. 跳马提膝。 2. 单腿跳。 3. 鸭子步。 4. 蛙跳。	优生组实战比赛展示。	掌握常见的跆拳道动作裁判方法。	欣赏跆拳道经典比赛，评价本班实战比赛。	1. 正确观看比赛，并在小组内对比赛进行简要的评价。 2. 参与比赛人员能够有正确的胜负观。
	18	考核。	灵活准确地运用所学动作进行实战。	反应能力、位移速度、爆发力： 1. 侧滑步。 2. 前后垫步。 3. 收腹跳。 4. 分腿跳。	每一组在考核时进行展示。	学生轮流当实战比赛的裁判员。	观察和赏析同学技术动作，简单评价同学动作技术。	考核时面对对手大胆自信，胜不骄败不馁。

大单元评价

核心素养	评价内容	评价方法
运动能力	基本步法：跳换步、前进步、后退步、后撤步。 基本腿法：横踢、侧踢、下劈、后踢。 组合步法：后横踢撤步反击、后横踢迎击。 优秀：学生能够正确说出跆拳道所学动作的练习方法和动作名称，所学内容动作协调连贯、标准、有力，在实战中能够灵活运用。 良好：学生能够正确说出跆拳道所学动作的练习方法和动作名称，所学内容动作协调连贯、标准、有力，在实战中运用能力一般。 合格：学生能够正确说出跆拳道所学动作的练习方法和动作名称，所学动作能够基本完成，无法在实战中灵活运用。	定量评价 +师评 +生评
健康行为	优秀：课堂上能与同伴积极合作完成练习、比赛，对待输赢积极调控情绪；每天在家坚持1小时跆拳道练习，体育锻炼中能够注意安全事宜。 良好：课堂上能与同伴合作完成练习、比赛，对待输赢较好地保持调控稳定；每周在家练习3次跆拳道锻炼，体育锻炼中能够注意安全事宜。 合格：课堂上与同伴合作完成练习、比赛，质量一般，对待输赢能控制情绪；每周在家练习1次跆拳道锻炼，体育锻炼中能够注意安全事宜。	观察评价、口头测评等
体育品德	优秀：在小组练习中积极帮助同伴，鼓励同伴，练习时坚持不懈，不怕苦不怕累；在比赛或者展示中敢于挑战，自信乐观，有正确的胜负观，胜不骄败不馁。 良好：在小组练习中积极帮助同伴，缺乏对同伴动作的评价及鼓励，练习时坚持不懈，偶有负面情绪，在比赛或者展示中敢于挑战，自信乐观，有正确的胜负观。 合格：小组练习中能够帮助同伴完成动作练习，练习时偶有畏难情绪；需要在教师或同学的鼓励下展示自己，比赛时偶有偏激行为。	观察评价 +生评 +师评

（三）极限飞盘大单元设计

设计者：冉吉林　孟雪晴　　　单位：四川大学附属实验小学明德学校

极限飞盘大单元						
大单元目标	运动能力： 1. 掌握基础掷盘技巧：学生将学会并掌握基本的掷盘姿势、动作要领和用力方法，从被动地模仿转变为能够主动、准确地完成掷盘动作。 2. 提高接盘稳定性：学生能够正确判断飞盘的飞行轨迹，提高接盘的准确性和稳定性，实现从被动等待到主动接盘的转变。 3. 增强身体协调性：通过极限飞盘的基础训练，学生的身体协调性将得到提高，能够在运动中更加自如地控制身体，实现从被动到主动的身体运动。 健康行为： 1. 培养运动兴趣：激发学生对极限飞盘的兴趣和热爱，从浅层的尝试和体验转变为深入了解和参与这项运动。 2. 形成运动习惯：通过持续的练习和训练，帮助学生形成稳定的运动习惯，将极限飞盘融入日常生活，从浅层的运动体验深入日常的行为模式中。 3. 学会运动自我保护：学生将学习如何在运动中保护自己，避免受伤，从浅层的运动参与转变为深入的运动安全意识和自我保护能力。 体育品德： 1. 培养团队合作精神：通过极限飞盘的团队训练，培养学生的团队合作精神和协作能力，从消极的个体参与者转变为积极的团队贡献者。 2. 增强比赛意识：引导学生树立比赛意识，从消极的参与者转变为积极的竞争者，学会在比赛中展现自己的能力和风采。 3. 培养良好体育道德：教育学生遵守比赛规则，尊重对手和裁判，培养良好的体育道德风尚，从消极的行为习惯转变为积极的道德风尚。					
内容要求	基础知识与基本技能	技战术运用	体能	展示或比赛	规则与裁判方法	观赏与评价	评价要点
总体要求	1. 学习极限飞盘运动起源、发展历史和运动的特点及飞盘器材与场地要求。 2. 掌握正确的握盘、投掷姿势、接盘技巧、移动与步伐及比赛规则。	1. 学习简单的进攻配合与传球方式。 2. 理解并实践空间利用与时机把握。 3. 掌握基本的防守站位与盯人策略。 4. 学习如何阻断对手的进攻路线。	1. 耐力训练：进行适度的长跑与有氧运动，提升耐力水平。 2. 柔韧性与协调性训练：通过拉伸与协调性练习，预防运动损伤。 3. 飞盘专项体能投掷与接盘的连续动作训练：增强肌肉耐力。 4. 场地移动与反应速度训练：提升场上反应能力。	1. 组织学生进行个人技能展示，如投掷距离、接盘准确性等。 2. 鼓励学生进行小组配合展示，培养团队合作精神。 3. 组织小型模拟比赛，让学生体验比赛氛围。 4. 对比赛过程进行点评与指导，帮助学生发现不足并改进。	1. 详细介绍极限飞盘比赛的规则与要求。 2. 通过案例分析，帮助学生理解规则的实际应用。 3. 入门讲解基本的裁判手势与口令。 4. 培养学生基本的裁判意识与观察能力。	1. 组织学生观看极限飞盘比赛录像，感受比赛氛围。 2. 分析比赛中的技战术运用与裁判判罚，提升理解水平。 3. 鼓励学生对观看的比赛进行评价，发表个人看法。 4. 开展小组讨论与交流，分享学习心得与体会。	—
具体要求1	1. 极限飞盘比赛的基本规则与价值观。 2. 比赛场地的介绍与布置。 3. 安全装备与防护措施。 4. 极限飞盘运动的精神。	尝试2人一组2米投接盘练习。	1. 10米折返跑。 2. 50米快速跑。 3. 反应球练习。 4. 下肢力量组合练习。	2米定点飞盘接力。	了解极限飞盘的基本规则。	1. 介绍飞盘相关赛事。 2. 观看比赛视频。	在练习时做到安全避险。

续表

具体要求	2	1. 示范与讲解正确的握盘方式。 2. 学习接盘的4种基本方法。 3. 学习与练习基本站姿。 4. 投掷前的准备动作。	1. 2人一组2米投接组合盘练习。 2. 3人三角2米投接盘组合练习。	1. 深蹲。 2. 仰卧腿举。 3. 单脚站立。 4. 跳跃练习。	一分钟3人三角2米投接盘比赛。	根据规则判断队友投盘后脚是否有移动。	通过视频了解投接飞盘的方式。	1. 接、握盘的技术正确。 2. 在练习时做到安全避险。
	3	1. 分解正手投掷动作。 2. 投掷力度与距离的掌握。 3. 投掷准确性的练习。	2人一组5米直线投掷，双手接飞盘组合练习。	1. 深蹲跳练习。 2. 抓举练习。 3. 投掷练习。 4. 12米折返。	5米飞盘打准练习。	根据规则判断队友投盘后脚是否有移动。	通过视频了解投接飞盘的分解动作。	1. 在练习时做到安全避险。 2. 正手投掷动作掌握。
	4	1. 分解反手投掷动作。 2. 对比正手与反手的差异。 3. 反手投掷的准确性与稳定性练习。	2人一组2米正反手投掷飞盘，双手接盘组合练习。	1. 杠铃划船。 2. 动态伸展。 3. 平衡感训练。 4. 下肢力量组合练习。	1. 复习正手5米投掷3组。 2. 反手5米投掷练习3组。	1. 是否掌握分解动作。 2. 是否了解正反手的差异。	观察同伴投掷盘动作结合教师的示范进行评价。	1. 在练习时做到安全避险。 2 掌握反手投掷动作。
	5	1. 短距离、中距离、长距离的投掷练习。 2. 投掷力度的调整与控制。 3. 投掷后的跟随动作与身体平衡。	1. 分距离3米、5米练习。 2. 5米投准练习。 3. 10米投准练习。	1. 长跑间歇性训练。 2. 10米折返跑。 3. 反引力训练。 4. 下肢力量组合练习。	1. 短距离3米投掷练习3组。 2. 中距离5米投掷练习3组。 3. 长距离10米投掷练习3组。 4. 投掷力度控制练习3～5组。	是否能够控制投掷的力度。	观察同伴投掷盘动作，并结合教师的示范进行评价。	1. 在练习时做到安全避险。 2. 力量的控制掌握。
	6	1. 双手接盘时手部的协调与稳定性。 2. 接盘后的连贯动作与转身。 3. 学习变向和转身的技巧。	接盘动作连贯与转身。	1. 平板支撑。 2. 俄罗斯转体。 3. 12米折返跑。 4. 下肢力量组合练习。	双手接盘练习。	1. 根据学生的动作判断是否标准。 2. 学生身体协调性。	观察同伴双手接飞盘动作结合，并结合教师的示范进行评价。	1. 在练习时做到安全避险。 2. 接盘后转身快速。
	7	1. 示范与讲解单手接盘的基本技巧。 2. 单手接盘的练习与稳定性提升。 3. 单手接盘与快速反击的结合。	1. 判断飞盘的轨迹。 2. 合适的站位。 3. 正确的手型。 4. 准确的时机。	1. 手腕环绕、抓握练习。 2. 捏握训练。 3. 10米折返跑。 4. 下肢力量组合练习。	1. 单手接盘的手型练习。 2. 单手接盘练习。	1. 根据学生的动作判断是否标准。 2. 学生身体协调性。	观察同伴单手接飞盘动作，并结合教师的示范进行评价。	1. 在练习时做到安全避险。 2. 掌握单手接盘技术。
	8	1. 学习如何判断飞盘的飞行轨迹。 2. 接盘时的预判与调整。 3. 不同飞行轨迹飞盘的接盘练习。	1. 观察起始动作。 2. 跟踪旋转。 3. 判断速度与弧线。 4. 注意风力与风向。	1. 长跑间歇性训练。 2. 10米折返跑。 3. 反引力训练。 4. 下肢力量组合练习。	1. 练习预判接盘。 2. 判断飞盘的轨迹。	1. 是否能够顺利接盘。 2. 是否能够判断飞盘的轨迹。	观察同伴投接飞盘动作，并结合教师的示范进行评价。	1. 在练习时做到安全避险。 2. 能根据飞盘的落点快速反应。

续表

具体要求	9	1. 多种接盘练习，提高稳定性。 2. 反应球练习，提升反应速度。 3. 结合实战场景的接盘练习。	1. 视觉追踪练习。 2. 反应球训练。 3. 眼手协调练习。	1. 敏捷梯练习、敏捷圈练习。 2. 10米折返跑。 3. 反引力训练。 4. 下肢力量组合练习。	1. 单手接盘练习3组。 2. 双手接盘练习3组。 3. 课堂检测：使用多种接盘方式接盘。	根据实战场景的接盘评判。	观察同伴投接飞盘动作进行评价。	1. 在练习时做到安全避险。 2. 多种方式接盘的灵活运用。
	10	1. 学习正确的起跑姿势与技巧。 2. 转身与急停的动作要领。 3. 起步加速与快速变向练习。	1. 降低重心。 2. 身体姿态。 3. 变向与变速。 4. 全力冲刺。	1. 阻力起跑训练。 2. 短距离冲刺训练。 3. 变向跑训练。 4. 反应球训练。	1. 起跑姿势练习3~5组。 2. 转身与急停练习3~5组。	1. 起跑姿势是否标准。 2. 加速与变速。	观察同伴的动作进行评价。	1. 在练习时做到安全避险。 2. 接盘后的急停和传盘后的急起。
	11	1. 侧向移动的基本步伐与技巧。 2. 侧向移动在防守与进攻中的应用。 3. 侧向移动的连贯性与稳定性练习。	1. 防守应用：拦截飞盘、盯防对手、配合队友。 2. 进攻应用：摆脱防守、创造空间、接应队友。	1. 单脚站立、跳跃练习。 2. 进行侧向移动。 3. 侧向变向跑。 4. 反应球训练。	1. 基本步伐组合练习3~5组。 2. 模拟实战中使用侧向移动。	1. 正确完成侧向移动步伐。 2. 在进攻或防守中练习侧向移动。	观察同伴的动作进行评价。	1. 在练习时做到安全避险。 2. 侧向移动的快慢。
	12	1. 后退步伐的基本要领与技巧。 2. 后退步伐在防守中的应用。 3. 后退步伐与转身、急停的结合练习。	1. 保持适当的防守距离。 2. 快速调整防守位置。 3. 提高防守稳定性。	1. 后退步伐训练。 2. 原地转身、移动中转身。 3. 双脚急停。 4. 单脚急停。	1. 后退步伐练习3~5组。 2. 防守练习。	1. 掌握后退步伐的基本动作要领。 2. 了解在防守中如何应用。	观察同伴的动作进行评价。	1. 在练习时做到安全避险。 2. 后退步伐的快慢。
	13	1. 在移动中进行投掷与接盘的综合练习。 2. 移动中保持身体平衡与稳定性。 3. 实战模拟场景下的移动与技能结合练习。	1. 流畅的抛接盘。 2. 移动中保持身体平衡。	1. 核心力量训练。 2. 下肢力量训练。 3. 动态平衡训练。 4. 快速启动练习。	攻防区域，四人一组（2V2）模拟实战。	1. 是否能够流畅的抛接盘。 2. 在实战移动和技能是否相结合。	观看同伴的比赛，对同伴在比赛中运用技术战术情况进行分析。	1. 在练习时做到安全避险。 2. 移动中接盘的稳定性。
	14	1. 学生分组并确定各自的角色（如投手、接盘手、防守者等）。 2. 角色职责与配合要点的讲解。	1. 清楚各个角色的分工。 2. 制订攻防战术。	1. 10米折返跑。 2. 组合步伐练习。 3. 快速启动练习。 4. 4个100米跑。	分配好人员进行站位。	学习各角色的职责及队友间的配合。	观看极限飞盘比赛。	1. 在练习时做到安全避险。 2. 清楚地知道各个角色的职责。
	15	1. 组织小型对抗赛，让学生体验比赛氛围。 2. 观察学生在比赛中的表现，指出问题。	三人3米飞盘投掷练习。	1. 10米折返跑。 2. 组合步伐练习。 3. 动态平衡训练。 4. 800米。	攻防比赛（3V3）。	1. 学生是否投入比赛。 2. 是否能够发现问题。	学生间相互评价并反思调整。	1. 在练习时做到安全避险。 2. 在比赛中灵活运用所学飞盘技术动作。
	16	1. 组织小型对抗赛。 2. 通过案例分析，让学生理解团队协作在比赛中的作用。	1. 技巧：清晰表达、倾听他人、相互信任、及时反馈。 2. 比赛时的沟通技巧。	1. 10米折返跑。 2. 组合步伐练习。 3. 动态平衡训练。 4. 15米快速跑。	小组对抗赛。	1. 是否能够清晰地了解团队协作的重要性。 2. 相互沟通。	观看比赛视频。	1. 在练习时做到安全避险。 2. 在比赛时能用简洁的语言表达意思。

续表

具体要求	17	1. 组织小型对抗赛。 2. 对小型比赛进行总结与反思。 3. 针对学生在比赛中出现的问题进行针对性训练。	1. 技巧：清晰表达、倾听他人、相互信任、及时反馈。 2. 有针对性地进行反思。	1. 10米折返跑。 2. 组合步伐练习。 3. 动态平衡训练。 4. 急停变向。	小组对抗赛。	1. 对比赛情况是否有明确的总结与反思。 2. 有针对性地进行投、接、跑动练习。	1. 针对比赛中出现的问题进行分析并解决。 2. 对学生给予相应的鼓励。	在练习时做到安全避险。
	18	1. 组织班级比赛。 2. 培养学生的兴趣，增加竞赛规则的相关知识。 3. 提高比赛欣赏水平。	提高学生对飞盘兴趣。	1. 10米折返跑。 2. 组合步伐练习。 3. 急停急转练习。 4. 15米快速跑。	比赛时灵活运用飞盘动作技术。	学习竞赛知识。	赛后观看比赛视频，分析自己的不足。	在练习时做到安全避险。

大单元评价		
核心素养	评价内容	评价方法
运动能力	学生能够掌握极限飞盘运动中比较复杂的投掷技巧、接盘技术和简单的战术配合，并在比赛情境中灵活应用；学生应初步形成在极限飞盘学习和比赛中分析问题和解决问题的能力，包括判断飞行轨迹、选择最佳投掷角度、准确判断对手动向等；通过极限飞盘的学习与训练，学生的一般体能和专项体能水平应得到明显提高，包括反应能力、速度、灵活性、耐力和爆发力等。	定量评价＋展示或比赛评价
健康行为	学生在参与极限飞盘运动时，应充分热身，佩戴合适的防护装备，并遵循规范的动作技巧，避免身体碰撞；根据自身体能合理安排运动强度，避免过度疲劳，掌握常规的急救处理措施，并及时就医。	观察评价＋口头测评
体育品德	需要培养学生诚实守信、自我判罚的精神，严格遵守比赛规则，保持自律；做到尊重对手、积极合作，培养团队合作精神；面对挑战时，不放弃、积极拼搏，传递正能量。	观察评价＋生评＋师评

（四）花样跳绳大单元1

设计者：李晴　张鹏　　　单位：成都市望江楼小学

花样跳绳大单元1							
大单元目标	1. 运动能力：能说出跳长绳的动作术语，能做出进绳时机、起跳点位置及方法、跑动路线、跳绳节奏等技术动作，并在比赛中运用。 2. 健康行为：说出1～2个跳长绳的健身作用，面对动作失误时，能在教师引导下调整好情绪继续学练，在课后能正确选择安全的运动场地，约好同伴，完成3～5分钟跳长绳自主学练作业。 3. 体育品德：在学练活动与小组计时比赛中，互帮互助，尊重同伴，不断挑战自我，逐步增强遵守规则与团结合作意识，体验体育运动带来的乐趣。						
内容要求	基础知识与基本技能	技战术运用	体能	展示或比赛	规则与裁判方法	观赏与评价	评价要点
总体要求	了解花样跳绳中摇绳和移动的要领，学练花样跳绳基本技术动作、组合动作技术。	在花样跳绳中运用所学的基本动作完成1分钟"8"字跳长绳。	在花样跳绳项目中提高自身体能。	积极运用所学技能参与校内外各级比赛。	知道花样跳绳的基本规则和要求、裁判的基本术语、简单判断动作的标准与准确计时/计数的裁判方法等。	关注花样跳绳运动项目的相关信息，提高对花样跳绳运动项目的认知。	—
具体要求	1	了解摇绳区、落绳区、移动路线等区域。	掌握"8"字跳长绳的移动路线。	灵敏性、反应能力： 1. "8"字绕环跑。 2. 移动躲闪。 3. 反口令练习。 4. 变向跑。	小组赛：场地知识问题抢答。	利用标志物理解移动路线。	"8"字跳长绳场地及裁判知识。	1. 利用标志物理解移动路线。 2. 观察评价，口头测验。

续表

具体要求	2	2人一组摇绳。	掌握摇绳的节奏。	协调性、肌肉耐力： 1. 十字象限跳。 2. 一分钟立卧撑。 3. 连续纵跳摸高。 4. 双摇跳绳。	2人一组摇绳展示。	绳的材质。	学生互评：组内互相观察与评价。 口头测验：摇绳技巧。	1. 摇绳节奏的把握。 2. 两人协调配合。
	3	学习长绳中间原地并脚跳。	跳绳者与摇绳者之间的配合。	柔韧性： 1. 静力性拉伸。 2. 被动性拉伸。 3. 动力性拉伸。 4. PNF拉伸。	小组比赛。	学生计数裁判。	1. 以各小组规定时间内个数进行小组评价。 2. 组内总结后同伴互评。	1. 在绳中掌握节奏并脚跳。 2. 跳绳者与摇绳者之间的配合。
	4	学习多人一起长绳中间原地并脚跳。	多人在绳中掌握节奏并脚跳。	肌肉耐力： 1. 十字象限跳。 2. 一分钟立卧撑。 3. 连续纵跳摸高。 4. 双摇跳绳。	小组比赛。	学生进行计数、场地裁判。	学生自评：学生练习多人绳中并脚跳后总结评价。 比赛评价：根据小组多人跳绳连续跳个数进行评价。	1. 多人在绳中掌握节奏并脚跳。 2. 跳绳者与摇绳者之间的配合。
	5	1. 学习长绳中间原地单脚跳。 2. 跳跃游戏。	跳绳者与摇绳者之间的配合。	核心力量与下肢爆发力： 1. 仰卧核心卷腹。 2. 仰卧屈膝卷腹。 3. 原地快频小碎步。 4. 原地快频高抬腿。	小组比赛。	学生进行计数、场地裁判。	学生自评：学生练习长绳中间原地单脚跳后总结评价。 比赛评价：根据小组长绳中间原地单脚跳个数进行评价。	1. 在绳中掌握节奏并脚跳。 2. 跳绳者与摇绳者之间的配合。
	6	学习长绳中间原地单脚跳1～2次后跑出。	在绳中单脚跳后掌握跑出时机。	下肢爆发力： 1. 俯身登山跑。 2. 箭步走。 3. 原地间歇高抬腿。 4. 深蹲。	小组比赛。	学生进行计数、场地裁判。	学生自评：学生练习出绳后总结评价。 比赛评价：根据小组在规定时间内跳的个数进行评价。	1. 在绳中单脚跳后掌握跑出时机。 2. 跳绳者与摇绳者之间的配合。
	7	学习跳长绳：正面跑入跳。	摇绳节奏要均匀，跑入时机要合适。	敏捷性： 1. "8"字绕环跑。 2. 移动躲闪。 3. 反口令练习。 4. 变向跑。	小组比赛。	学生进行计数、场地裁判。	学生自评：学生练习跑跳入绳后总结评价。 比赛评价：根据小组在规定时间内跳的个数进行评价。	1. 摇绳节奏要均匀，跑入时机要合适。 2. 绳着地瞬间迅速跳入，然后判断绳将再次着地时及时跳起。
	8	复习正面跑入跳长绳。	摇绳与跳绳的配合。	速度： 1. 小步跑。 2. 车轮跑。 3. 后蹬跑。 4. 加速跑。	小组比赛。	学生进行计数、场地裁判。	学生自评：学生练习正面跑跳入绳后总结评价。 比赛评价：根据小组在规定时间内跳的个数进行评价。	1. 跳得协调、轻松。 2. 摇绳与跳绳的配合。
	9	学习侧面跑入跳长绳。	掌握进绳时机，选好进行绳的位置。	下肢力量及爆发力： 1. 俯身登山跑。 2. 箭步走。 3. 原地间歇高抬腿。 4. 深蹲。	小组展示。	学习边线裁判知识。	学生自评：学生练习侧面跑跳入绳后总结评价。 比赛评价：根据小组在规定时间内跳的个数进行评价。	1. 绳子打地时，抓紧时机进绳，要迅速、果断。 2. 掌握进绳时机，选好进行绳的位置。

续表

具体要求	10	复习侧面跑入跳长绳。	掌握进出绳时机。	上肢力量及核心力量： 1. 胸前击掌俯卧撑。 2. 跪姿快速俯卧撑。 3. 仰卧卷腹。 4. 侧卧卷腹。	小组比赛。	学生进行计数、场地边线裁判。	学生自评：学生练习侧面跑跳长绳后总结评价。 比赛评价：根据小组在规定时间内跳的个数进行评价。	1. 掌握跳绳位置。 2. 掌握进出绳时机。
	11	学习侧面跑入同边跑出跳长绳。	摇绳节奏均匀。	核心力量： 1. 仰卧抬臀。 2. 空中蹬车。 3. 仰卧抬腿。 4. 触膝卷体。	小组展示。	学生进行计数、场地边线、评分裁判。	学生自评：学生练习侧面跑跳入绳和出绳后总结评价。 小组展示评价：根据小组合作练习跳的动作进行评价。	1. 跑入时机适当。 2. 摇绳节奏均匀。
	12	复习侧面跑入同边跑出跳长绳。	摇绳节奏均匀。	肌肉力量、肌肉耐力、爆发力： 1. 一分钟立卧撑。 2. 连续纵跳摸高。 3. 双摇跳绳。 4. 原地间歇高抬腿。	小组比赛。	学生进行计数、场地边线、评分裁判。	学生自评：学生练习侧面跑跳入绳和出绳后总结评价。 比赛评价：根据小组在规定时间内跳的动作进行评价。	1. 跑入时机适当。 2. 摇绳节奏均匀。
	13	学习"8"字跳长绳。	掌握进绳时机、起跳点位置及方法、跑动路线、跳绳节奏。	速度： 1. 小步跑。 2. 车轮跑。 3. 后蹬跑。 4. 加速跑。	小组展示。	学生进行计数、场地边线、评分裁判。	学生自评：学生练习总结评价。 比赛评价：根据小组在规定时间内跳的动作进行评价。	1. 掌握进绳时机、起跳点位置及方法、跑动路线、跳绳节奏。 2. 摇绳人与跳绳人的协调配合。
	14	学习"8"字跳长绳。	根据摇绳的速度调整入绳步伐的节奏。	上肢力量及核心力量： 1. 胸前击掌俯卧撑。 2. 跪姿快速俯卧撑。 3. 仰卧卷腹。 4. 侧卧卷腹。	小组展示。	学生进行计数、场地边线、评分裁判。	学生自评：学生合作练习后总结评价。 比赛评价：根据小组在规定时间内跳的动作进行评价。	1. 二步一跳。 2. 根据摇绳的速度调整入绳步伐的节奏。
	15	学习"8"字跳长绳。	入绳区间的时机"绳摇过低于身高"至"绳子打地"。	速度： 1. 小步跑。 2. 车轮跑。 3. 后蹬跑。 4. 加速跑。	小组展示。	学生进行计数、场地边线、评分裁判。	学生自评：学生合作练习后总结评价。 比赛评价：根据小组在规定时间内跳的动作进行评价。	1. 入绳的时机"绳摇过低于身高"至"绳子打地"。 2. 出绳的时机"过绳后落地后紧接出绳"。
	16	学习"8"字跳长绳。	摇绳人与跳绳人的协调配合。	灵敏性、协调性： 1. "8"字绕环跑。 2. 移动躲闪。 3. 反口令练习。 4. 变向跑。	分小组进行比赛。	学生进行计数、场地边线、评分裁判。	学生自评：学生小组配合练习后总结评价。 比赛评价：根据小组在规定时间内跳的个数进行评价。	1. 同脚起落的位置。 2. 摇绳人与跳绳人的协调配合。

续表

具体要求	17	学习"8"字跳长绳。	摇绳的节奏，过绳的时机。	核心力量： 1. 仰卧举腿卷腹。 2. 侧卧举腿卷腹。 3. 仰卧抬腿。 4. 空中蹬车。	挑战赛。	学生进行计数、场地边线、评分裁判。	学生自评：学生小组配合练习后总结评价。 比赛评价：根据小组在规定时间内跳的个数进行评价。	1. 摇绳的动作方法，摇绳时顺利通过。 2. 摇绳的节奏，过绳的时机。
	18	"8"字跳长绳。	掌握进绳时机、起跳点位置及方法、跑动路线、跳绳节奏。	灵敏性： 1. "8"字绕环跑。 2. 移动躲闪。 3. 反口令练习。 4. 变向跑。	1. 分组进行1分钟比赛。 2. 5分钟跳集体长绳的测试。	轮换裁判：学生进行计数、场地边线、评分裁判。	学生自评：学生小组配合练习后总结评价。 比赛评价：根据小组在规定时间内跳的个数进行评价。	1. 掌握进绳时机、起跳点位置及方法、跑动路线、跳绳节奏。 2. 摇绳人与跳绳人的协调配合。

大单元评价

核心素养	评价内容	评价方法
运动能力	学生能够掌握所学花样跳绳中"8"字跳长绳比较复杂的动作技术和同伴配合，并在比赛情境中予以运用，初步形成花样跳绳学习和比赛中分析问题和解决问题的能力，一般体能和专项体能的水平明显提高。	方式：定性评价＋定量评价＋师评 方法：等级评价
健康行为	根据日常技术学习和上课情况对学生进行评价每天回家坚持1小时体育锻炼，对待输赢情绪调控好，能与同伴合作完成比赛，体育锻炼中未发生安全事故。 每周回家锻炼3次，每次60分钟，对待输赢情绪调控良好，能与同伴合作完成比赛，体育锻炼中未发生安全事故。 每周回家锻炼2次，每次30分钟，对待输赢情绪调控良好，能与同伴合作完成比赛，体育锻炼中未发生安全事故。	自评＋互评 观察＋诊断
体育品德	能够调控练习和比赛中产生的情绪，克服困难、坚韧不拔，具有合作精神和竞争意识，表现出遵守规则、相互尊重、自尊自信、奋发向上的体育精神和品格。	自评＋互评 比赛＋观察

（五）花样跳绳大单元2

设计者：赵轩　汪涛　　　　单位：成都市望江楼小学

	花样跳绳大单元2
大单元目标	1. 运动能力：学生能够掌握所学花样跳绳运动比较复杂的动作技术和多种配合，并在比赛情境中予以运用，初步形成花样跳绳学习和比赛中分析问题和解决问题的能力。 2. 健康行为：学会安全地参与花样跳绳运动，能预防和简单处理花样跳绳运动中常见的运动损伤。 3. 体育品德：能够调控练习和比赛中产生的情绪，克服困难、坚韧不拔，具有合作精神和竞争意识，表现出遵守规则、相互尊重、自尊自信、奋发向上的体育精神和品格。

内容要求	基础知识与基本技能	技战术运用	体能	展示或比赛	规则与裁判方法	观赏与评价	评价要点
总体要求	了解花样跳绳运动的发展简史以及所蕴含的文化价值；能预防和简单处理花样跳绳运动中常见的运动损伤；能做出短绳与短绳、长绳与长绳之间合作的同步组合摇跳动作。	学生能够掌握所学花样跳绳运动比较复杂的动作技术和多种配合。	一般体能和专项体能的水平明显提高，如肌肉力量、肌肉耐力、协调性、平衡能力、位移速度等。	能在比赛情境中予以运用，初步形成花样跳绳学习和比赛中分析问题和解决问题的能力。	进一步了解花样跳绳比赛的基本规则，较准确地计数并掌握正确的判罚方法。	观看高水平花样跳绳比赛并进行简要评价。	—

续表

具体要求	1	1. 了解花样跳绳的发展历史和特点。 2. 花样跳绳基础动作复习。	能采用已会的花样跳绳动作进行简单组合。	上肢肌肉力量： 1. 哑铃弯举。 2. 引体向上。 3. 斜身引体。 4. 杠铃弯举。	在练习中积极大胆展示已知、已会的花样跳绳动作。	能帮助同伴进行计数。	学习观赏、简单评价同伴技术动作。	能做出较为简单的跳绳技术动作。
	2	1. 学习连续双摇跳。 2. 了解常见的运动损伤预防及处理。	能在已掌握的花样跳绳技术动作基础上加入连续双摇跳进行简单组合创编。	协调性和肌肉耐力： 1. 开合跳。 2. Bosu左右跳。 3. 平板支撑。 4. 靠墙静蹲。	15秒连续双摇跳展示。	能进行15秒计时，帮助同伴较为准确地计数。	同伴相互评价连续双摇跳动作的标准度。	能利用连续双摇跳进行简单的组合创编。
	3	学习固定交叉单摇跳。	能在已掌握的花样跳绳技术动作基础上加入固定交叉单摇跳进行简单组合创编。	灵敏性： 1. 变向跑。 2. 追逐跑。 3. 反口令练习。 4. 游戏：打鸭子。	20秒固定交叉单摇跳展示。	能进行20秒计时，帮助同伴较为准确地计数。	同伴相互评价固定交叉单摇跳动作的完成度，以及提出改进建议。	能利用固定交叉单摇跳进行简单的组合创编。
	4	继续学习固定交叉单摇跳。	能采用连续双摇跳和固定交叉单摇跳进行组合创编。	上肢肌肉力量： 1. 俯卧撑。 2. 引体向上。 3. 双杠臂屈伸。 4. 吊单杠。	30秒固定交叉单摇跳比赛。	学习担当计数裁判。	同伴相互评价，指出同伴跳得快或慢的原因。	能利用固定交叉单摇跳进行简单的组合创编。
	5	学习交替交叉单摇跳。	能在已掌握的花样跳绳技术动作基础上加入交替交叉单摇跳进行简单组合创编。	上肢肌肉耐力： 1. 平板三头推举。 2. 站姿杠铃过头伸展。 3. 俯卧撑。 4. 引体向上。	20秒交替交叉单摇跳展示。	能进行20秒计时。	同伴相互评价，能指出同伴存在的跳绳技术问题。	能利用交替交叉单摇跳进行简单的组合创编。
	6	继续学习交替交叉单摇跳。	能采用固定交叉单摇跳和交替交叉单摇跳进行组合练习。	柔韧性： 1. 翻书式拉伸。 2. 站姿体前屈。 3. 摸肩伸展。 4. 单手拉杆。	30秒交替交叉单摇跳比赛。	能进行30秒计时和计数。	同伴相互评价，比赛胜利或失败的原因，以及如何改进。	能利用交替交叉单摇跳进行简单的组合创编。
	7	学习固定交叉后单摇跳。	能在已掌握的花样跳绳技术动作基础上加入固定交叉后单摇跳进行简单组合创编。	心肺耐力： 1. 1000米跑。 2. 12分钟跑。 3. 1分钟跳绳。 4. 1500米跑。	30秒固定交叉后单摇跳展示。	能进行30秒计时和计数。	同伴相互评价固定交叉后单摇跳技术动作的完成度。	能利用固定交叉后单摇跳进行简单的组合创编。
	8	继续学习固定交叉后单摇跳。	能采用固定交叉单摇跳和固定交叉后单摇跳进行组合练习。	上肢肌肉耐力： 1. 平板三头推举。 2. 站姿杠铃过头伸展。 3. 俯卧撑。 4. 引体向上。	30秒固定交叉后单摇跳比赛。	能进行30秒计时和计数。	同伴相互评价固定交叉后单摇跳技术的掌握情况，以及分享改进办法。	能利用固定交叉后单摇跳进行简单的组合创编。
	9	学习集体单长绳"8"字跳。	会进行集体单长绳"8"字跳的摇绳，掌握进出绳时机及节奏。	核心力量： 1. 壶铃单腿硬拉。 2. 直腿硬拉。 3. 侧平板支撑。 4. 山羊挺身。	3分钟集体单长绳"8"字跳比赛。	学习担当计时、计数裁判。	小组总结、相互评价在集体单长绳"8"字跳比赛中遇到的问题，以及如何解决。	能利用集体单长绳"8"字跳进行简单的组合创编。

续表

	10	学习"一带一"单摇跳。	在"一带一"单摇跳中两人保持节奏一致。	平衡能力： 1. 闭眼单腿站立。 2. 走平衡木。 3. 单腿横跳。 4. 弓箭步行走。	1分钟"一带一"单摇跳比赛。	学习担当计时、计数裁判。	小组同伴相互评价，在1分钟"一带一"单摇跳比赛中遇到的问题，以及如何改进。	能利用"一带一"单摇跳进行简单的组合创编。
	11	学习"一带一"反摇跳。	能在"一带一"单摇跳中加入"一带一"反摇跳进行组合练习。	心肺耐力： 1. 1000米跑。 2. 12分钟跑。 3. 一分钟跳绳。 4. 1500米跑。	1分钟"一带一"反摇跳比赛。	能担当计时、计数裁判。	小组同伴相互评价，在1分钟"一带一"反摇跳比赛中遇到的问题，以及如何改进。	能利用"一带一"反摇跳进行简单的组合创编。
	12	学习"一带二"单摇跳。	在"一带二"单摇跳中保持良好的节奏与配合。	上肢肌肉力量： 1. 平板三头推举。 2. 站姿杠铃过头伸展。 3. 俯卧撑。 4. 引体向上。	1分钟"一带二"单摇跳比赛。	能担当计时、计数裁判。	小组同伴相互评价在1分钟"一带二"单摇跳比赛中遇到的问题，并给出解决办法。	能利用"一带二"单摇跳进行简单的组合创编。
	13	学习"一带二"反摇跳。	能在"一带二"单摇跳中加入"一带二"反摇跳进行练习。	背部肌肉力量： 1. 引体向上。 2. 坐姿划船。 3. 俯身杠铃划船。 4. 单臂哑铃划船。	1分钟"一带二"反摇跳比赛。	能担当计时、计数裁判。	同伴相互评价在"一带二"反摇跳比赛中遇到的问题，并给出解决办法。	能利用"一带二"反摇跳进行简单的组合创编。
具体要求	14	学习两人摇绳一人跳。	在两人摇绳一人跳中，三人保持良好的节奏。	灵敏性： 1. 变向跑。 2. 追逐跑。 3. 反口令练习。 4. 游戏：打鸭子。	1分钟两人摇绳一人跳比赛。	能担当计时、计数裁判。	同伴相互评价摇绳者和跳绳者技术动作完成情况，提出改进意见。	能利用两人摇绳一人跳进行简单的组合创编。
	15	学习多人同步跳长绳。	在多人同步跳长绳中，能把握摇绳与跳绳节奏，掌握摇绳方法。	位移速度： 1. 起跑练习。 2. 30米跑。 3. 50米跑。 4. 不同方向的起跑。	3分钟多人同步跳长绳比赛。	学习担当计时、计数裁判。	小组相互评价彼此的摇绳与跳绳问题，能给出改进意见。	能利用多人同步跳长绳进行简单的组合创编。
	16	个人花样跳绳组合动作创编考核。	采用连续双摇跳、固定交叉单摇跳、交替交叉单摇跳、固定交叉后摇跳等动作进行组合创编。	肌肉耐力： 1. 平板三头推举。 2. 站姿杠铃过头伸展。 3. 俯卧撑。 4. 引体向上。	采用规定动作＋个人自选动作进行创编不超过1分15秒的比赛内容进行比赛。	能担当计数裁判、计时裁判。	同伴相互评价，能对同伴的创编动作做出点评，并交流成功与不足之处。	能利用已学的动作进行组合创编。
	17	集体花样跳绳组合动作创编考核。	采用集体多人同步跳长绳和"8"字跳长绳等集体动作进行花样跳绳动作组合创编。	柔韧性： 1. 翻书式拉伸。 2. 站姿体前屈。 3. 摸肩伸展。 4. 单手拉杆。	采用规定集体动作＋其他集体动作进行创编不超过1分15秒的比赛内容进行比赛。	能担当计数裁判、计时裁判。	小组相互评价，能对其他小组的创编动作做出点评，并交流成功与不足之处。	能利用已学的动作进行组合创编。
	18	花样跳绳书面考核。	知道花样跳绳的基础知识与技能掌握情况。	知道发展一般体能与专项体能的练习方式。	敢于参加课堂内外的花样跳绳展示与比赛。	能担当计数裁判、计时裁判。	能对同伴的花样跳绳练习与比赛进行点评及提出自己的建议。	花样跳绳理论知识掌握。

续表

大单元评价		
核心素养	评价内容	评价方法
运动能力	学生能够掌握所学花样跳绳运动比较复杂的动作技术和多种配合，并在比赛情境中予以运用，初步形成花样跳绳学习和比赛中分析问题和解决问题的能力，一般体能和专项体能的水平明显提高。	等级评价、展示或比赛评价等
健康行为	学会安全地参与花样跳绳运动，能预防和简单处理花样跳绳运动中常见的运动损伤。	观察评价、口头测评等
体育品德	能够调控练习和比赛中产生的情绪，克服困难、坚韧不拔，具有合作精神和竞争意识，表现出遵守规则、相互尊重、自尊自信、奋发向上的体育精神和品格。	观察评价、书面测评等

二、时尚运动运动项目大单元教学设计和课时教学设计

（一）轮滑

1. 轮滑大单元教学设计

设计者：余遥　　　　单位：四川大学附属实验小学

大单元名称	轮滑			水平	二	单元课时	18
设计思路	在本单元教学中技术动作以启发为主，由易到难，循序渐进；从轮滑的起源发展来激发学生的学习兴趣，并教会学生如何进行自我保护，为轮滑教学做好铺垫，学习滑行和停止的方法，慢慢并过渡到2~3个的动作组合，让学生有成功的快乐体验，并通过游戏法来激发学生学习兴趣；关注学生的个体差异，落实因材施教区别对待的教学原则，使每个学生学有所得，学有所乐，学有所获；教学中充分发挥评价激励机制功能，关注学生的个体差异与进步，使每一位学生都能体验到成功的喜悦，促进学生的全面发展。						
学情分析	生理特征：水平二的学生，属于人体发育的童年时期，总的说来，身体发育处于相对平稳阶段，身高、坐高、体重、胸围、肩宽、骨盆宽等指标男生均自9~10岁开始突增，女生均自8~9岁开始突增，女生均早于男生。 心理发展特点：活泼好动、好奇心强、喜欢尝试是他们的天性。学习时容易被新颖的内容所吸引，兴趣十分广泛，几乎任何游戏活动都喜欢。 运动能力：体能和身体素质正处于发展的关键时期，需要通过系统的体育教学来提高他们的运动技能和身体素质。 体育经验与生活经验：轮滑是一种健康生活方式，是一种社交与互动的手段，也可以成为一种新的出行选择；轮滑带来的挑战与突破，能够激发人们的勇气和毅力，促进个人成长与进步。						
教材分析	轮滑运动目前在我国十分流行，深受年轻人的喜爱；轮滑具有娱乐性、休闲性和实用性的特点，不仅能够培养学生参与体育运动的兴趣，增强学生的创新意识，还能增强学生对新鲜事物的接受能力和适应能力。						
学习目标	运动能力：做出轮滑的基本动作，并能进行自主学练和自我展示，在游戏和比赛中运用；说出所学运动项目的基本动作术语、相应的规则和要求；每学期观看不少于8次所学新兴体育类运动项目的比赛。 健康行为：在所学新兴体育类运动项目的学练中，与同伴积极沟通和交往；比赛发挥失常时，能在教师指导下自我调控情绪；知道所学项目的安全避险和运动伤病预防等知识和方法，增强安全锻炼的意识和能力。 体育品德：按照规则和要求参与轮滑的游戏与比赛，遇到困难时能努力克服和继续坚持学练，表现出文明礼貌、团结合作的行为，能接受比赛的结果。						
总体要求	基础知识与基本技能	技战术运用	体能	展示或比赛	规则与裁判方法	观赏与评价	
^^	在轮滑游戏中学练滑行、滑停等基本动作和简单组合动作。	在轮滑游戏中运用所学的基本动作和简单组合动作。	知道轮滑运动需要的体能简单学练方法，乐于参与体能游戏。	知道轮滑运动需要的体能简单学练方法，乐于参与体能游戏。	在轮滑游戏中敢于展示所学的运动技能，并参与小型轮滑比赛。	知道轮滑游戏与比赛的基本规则和要求、裁判的基本术语。	

续表

具体的课次安排			
课次	学习内容	过程与方法	评价要点
1	1. 轮滑运动起源和发展。 2. 会穿戴轮滑鞋及护具。	1. 视频学习轮滑的起源和发展。 2. 问答回顾知识。 3. 教师示范穿戴轮滑鞋具护具。 4. 学生练习。	1. 基本掌握轮滑运动的起源和发展（问答测试）。 2. 能正确穿戴轮滑鞋和护具。
2	1. 学习裁判术语。 2. 初步掌握站立和平衡。	1. 教师示范裁判方法和术语。 2. 教师示范站立和保持平衡。 3. 分小组练习。 4. 优生展示、经验分享。	1. 基本掌握轮滑的裁判方法（问答测试）。 2. 能稳定站立，身体保持平衡10秒。
3	1. 踏步练习。 2. 学习摔跤后的自我保护。	1. 教师引导"穿上轮滑鞋怎么行走"。 2. 学练踏步。 3. 优生示范。 4. 小组展示。	1. 能踏步走10～25米。 2. 摔跤后能自己站起。
4	1. 学习直道滑行——蹬地、收摆腿。 2. 了解内"8"字停止法。	1. 教师示范直道滑行。 2. 学生练习，强调蹬地、收摆腿动作。 3. 优生示范。 4. 问题引导"怎么停下来"。 5. 介绍"8"字停止法。 6. 学生学练直道滑行和"8"字停止法。	1. 能直道滑行5米及以上。 2. 能初步使用"8"字停止法停下。
5	1. 学习直道滑行——摆臂技术。 2. 基本掌握内"8"字停止法。	1. 教师示范直道滑行。 2. 摆臂动作练习。 3. 学练直道滑行，强调摆臂技术。 4. 学生学练直道滑行和"8"字停止法。	1. 直道滑行技术正确，并能滑行5米及以上。 2. 能基本掌握"8"字停止法停下。
6	直线滑道技术和"8"字停止法考核。	1. 复习直道滑行和"8"字停止法。 2. 分组考核。	能正确面对失败和考试。
7	1. 学习弯道滑行——入弯技巧。 2. 了解"T"形停止法。	1. 视频学习弯道滑行。 2. 教师讲解示范。 3. 学生练习，强调要点。 4. 小组练习。 5. 学习"T"形停止法。	1. 能基本完成一个入弯弯道滑行，基本控制好速度，滑行稳定。 2. 尝试"T"形停止法。
8	1. 学习弯道滑行——弯道滑行。 2. 基本掌握"T"形停止法。	1. 教师强调弯道技术中弯道滑行技巧，学生练习。 2. 控制速度，基本掌握"T"形停止法。	1. 完成至少一个弯道滑行。 2. 用"T"形停止法停下。
9	1. 学习弯道滑行——弯道摆臂技术。 2. 掌握"T"形停止法。	1. 控制滑行速度，体验正确摆臂动作，蹬摆结合。 2. 复习巩固"T"形停止法。	1. 能够模仿掌握摆臂动作，蹬摆动作流畅、协调。 2. 熟练运用"T"形停止法。
10	弯道滑道技术考核和"T"字停止法。	1. 分组复习弯道滑行技术和"T"字停止法。 2. 考核。	观察优生的动作，学习改进，积极面对考核情况。
11	1. 直道滑行和弯道滑行技术的结合。 2. 停止法的应用。	1. 直道滑行＋入弯技术＋弯道滑行3个技术动作结合起来尝试练习。 2. 学生思考采取适当的方式停止。	1. 能基本完成直道加弯道滑行动作，控制速度，动作协调。 2. 运用正确的停止法。
12	学练V字滑行绕标。	1. 教师示范V字滑行绕标动作。 2. 摆放距离较远，个数较少的标志物。	能连续绕过1～2个标志物。
13	1. 学练V字滑行绕标。 2. 学习平行滑行绕标。	1. 学生复习巩固V字滑行绕标。 2. 教师示范平行滑行绕标，引导学生体验两种滑行的共同之处。	1. 练习V字滑行绕标，动作协调、滑行流畅。 2. 体验并基本完成平行滑行绕标，绕过1～2个标志物。
14	组合动作： "V"字滑行绕标＋平行滑行绕标＋"8"字滑停法。	1. 学生学习组合动作。 2. 分组尝试，组内成员帮扶。 3. 优生示范，其余学生观察学习。	1. 敢于克服恐惧，速度适中。 2. 动作自然舒展，动作变换自然舒展。

续表

15	组合动作： 直道滑行绕标＋平行滑行绕标＋"8"字滑停法。	1. 学生学习组合动作。 2. 分组尝试，组内成员帮扶。 3. 优生示范，其余学生观察学习。	1. 敢于克服恐惧，速度适中。 2. 动作自然舒展，动作变换自然舒展。
16	组合动作： 弯道滑行绕标＋平行滑行绕标＋"T"形滑停法。	1. 学生学习组合动作。 2. 分组尝试，组内成员帮扶。 3. 优生示范，其余学生观察学习。	1. 敢于克服恐惧，速度适中。 2. 动作自然舒展，动作变换自然舒展。
17	组合动作的创编。	学生自行分组，根据所学过的动作自行选择，组合创编。	分组进行创编，至少包括3个所学习过的轮滑动作。
18	考核	考核学习过的组合动作，学生根据自身学习情况选择考核内容。	动作流畅，速度适中，能掌控自己的身体，滑行技术规范、准确。

单元评价			
核心素养	评价内容		评价方法
运动能力	学生能展现出滑行的稳定性，能够保持平衡，无摇晃现象；起步和停止时速度控制得当，变速流畅，转弯时动作流畅，半径适当，能够轻松完成急转弯，不偏离轨道；能够完成组合动作且动作连贯，具有观赏性；初步形成轮滑学练和比赛中分析问题、解决问题的能力。		等级评价、展示或比赛评价等
健康行为	学生知道并掌握基本的护具穿戴，能够安全地参与轮滑练习，知道摔倒和受伤时应该如何处理，能够有效预防常见的运动损伤，在轮滑比赛中情绪稳定，积极参与。		观察评价、口头测评等
体育品德	学生能够与同伴合作完成比赛，有竞争意识，做到遵守规则，文明礼貌，表现出尊重对手、不怕困难、乐于助人的体育精神。		观察评价、书面测评等

2. 轮滑课时教学设计

设计者：刘语涵　　　　单位：四川大学附属实验小学

教学内容	1. 踏步练习。 2. 摔跤后的自我保护。				课时	第3课
学习目标	运动能力：说出原地踏步的动作要领，知道轮滑动作的练习方法，通过多样化的学练，提升学生对身体的控制能力，通过游戏教学，提升学生学习兴趣，加速运动技能的形成；通过各种形式的比赛，搭建技能掌握和运用的途径。 健康行为：善于与同伴合作，与同伴友好相处，主动交流、能情绪饱满地参加到练习和游戏中；能在运动中做好安全方面的自我检查，与他人保持安全距离。 体育品德：在学练和游戏中与同伴友爱互助，遵守纪律，文明礼貌，不怕困难，努力坚持学练；遵守游戏规则，具有诚实守信、勇于担当、坚持不懈、乐于助人的意志品质。					
教学重难点	重点：保持身体平衡，平稳踏步移动。 难点：向前踏步过程中做到稳，学会重心平稳转移。					
课的部分	教学内容	教学组织	学生学练赛		运动负荷	学习评价
准备部分	1. 慢跑操场2圈。 2. 原地徒手操。 3. 专项热身运动： 下蹲15次； 并腿跳20次； 开合跳20次； 半蹲跳15次。	组织学生成散点队形，口令指挥学生完成准备活动。	学生根据教师的口令完成练习，进行热身。		中	听令而动，动作到位，充分热身。
设计意图	1. 明确目标：建立良好师生关系，培养学生的自觉性和积极性，养成遵守纪律的好习惯。 2. 练习激趣：激发学生的学习兴趣，能积极进行热身为后续的练习做准备。					

续表

基本部分	1. 穿好轮滑护具复习保持平衡站立30秒。 2. 学练"原地踏步"。 3. 学练"向前踏步"。 4. 游戏：飞机起飞。每组选出一名同学来抓人，快被抓住时可说出"起飞"并需要做出相应动作（单脚支撑），如果没有保持住，则飞机坠机，该名学生淘汰。起飞后想回到地面时必须说出"降落"双腿落地。	1. 教师组织学生穿好轮滑护具，进行原地平衡练习。 2. 教师讲解和示范原地踏步组织学生进行尝试。 3. 教师示范正确动作，并讲解技术动作要点，组织学生分组、分场地练习。 4. 教师讲解游戏规则并对学生进行分组，组织学生自行开始游戏，提示学生注意游戏中的安全。	1. 学生穿好轮滑护具进行原地调整，找到穿鞋站立的平衡感。 2. 学生观察示范动作并听教师讲解动作。 3. 学生大胆尝试，感受向前踏步时的身体平衡，组内优生进行帮扶。 4. 学生认真倾听游戏规则，根据教师口令完成分组和开始游戏，尽力完成相应动作。	大	1. 掌握正确穿轮滑护具的要领。 2. 双脚交替抬腿跑步踏步，重心左右转移，且轮子同时落地。 3. 速度适中，身体平衡，重心稳定。 4. 遵守规则，积极参赛。
设计意图	培养学生体育核心素养，在课堂中感受学、练、赛，教师及时评价反馈，学生能够获得体验感、成就感，在小组练习及比赛中互帮互助，加强团队合作意识。				
结束部分	1. 快速整理：比一比哪组同学最快地完成护具脱下与整理。 2. 放松与拉伸。 3. 课堂小结。 4. 师生再见。	1. 教师组织学生回收器材。 2. 教师播放音乐，带领学生拉伸。 3. 课堂小结。 4. 师生再见。	1. 学生快速整理护具。 2. 放松拉伸。 3. 认真听总结，分享收获，总结不足。 4. 师生再见。	小	1. 迅速整理，护具不遗漏。 2. 拉伸到位。 3. 积极分享。
设计意图	培养学生主动整理回收器材，养成运动后拉伸的好习惯，学会反思与总结。				
安全措施	1. 遵守体育课堂纪律、游戏规则。 2. 充分热身，做好肌肉与关节活动。 3. 课中练习与比赛保持好安全距离，防止相互影响。 4. 教师准备好场地及所需器材。 5. 如发生突发状况，及时送往医务室。				
场地器材	场地：田径场。 器材：轮滑护具若干、垫子若干。				
运动负荷	群体运动密度：75%。 个体运动密度：50%。 平均心率：150～160次/分钟。				
课后作业	基础性作业：原地单腿站立10秒×4组。 拓展性作业： 1. 根据不同节奏的音乐进行踏步练习，并尝试在踏步练习中增加转向等动作。 2. 在网上查询双脚直线慢速滑行动作视频，并记录要点，进行尝试。				
课后反思					

（二）跆拳道

1. 跆拳道大单元教学设计

设计者：毛勤霞　　　　单位：四川大学附属实验小学

大单元名称	跆拳道		水平	三	单元课时	18
设计思路	本单元根据学生的学习兴趣和需求，通过"学、练、赛、评"一体化教学；指导学生会学跆拳道黄带阶段的运动技能，在课堂中利用小组合作、小组竞赛等多种方式让学生进行充分的练习，巩固和运用跆拳道黄带的运动知识、技术动作和裁判方法；参与到多种形式的展示或比赛，激发学生参与到跆拳道的兴趣，让学生体验跆拳道黄带阶段的运动魅力，领悟跆拳道运动的精神和礼仪，锻炼学生刻苦学习、不怕挑战的精神。					
学情分析	生理特征：小学高段学生的生理发育已经接近成熟，身高、体重等各方面都有明显的增长。他们的骨骼硬度小但韧性大，关节的转动范围大但牢固性较差，肌肉耐力差且容易疲劳。 心理发展特点：小学本单元授课对象是小学高段学生，他们热爱运动，乐于尝试新兴项目。 运动能力：小学高段学生的运动能力有了明显的提高，他们能够进行一定的有氧运动，但对于高强度、高负荷的运动仍有一定的难度。在跆拳道学练中，根据学生的实际情况合理安排运动负荷，逐步提高他们的运动能力。 体育经验与生活经验：本大单元的教学对象是小学高段学生，他们具备一定的跆拳道基本素养，在水平一和水平二，学习过跆拳道白带和白黄带的技术动作，对跆拳道白带和白黄带的步法和腿法有基本了解。学生有较强的学习能力，但自我控制能力不足，需要教师时刻关注其行为表现。					
教材分析	跆拳道是一项新兴体育运动项目，它利用拳脚展现身体潜在的力量，强调"礼义廉耻、忍耐克己、百折不屈"的精神，从而深受广大学生热爱，其中包含腿法、步法、步法组合、腿法组合等动作。跆拳道共有十级，其中十级为最低，一级为最高。级位的划分主要通过腰带的颜色来区别，分别是十级白带、九级白黄带、八级黄带、七级黄绿带、六级绿带、五级绿蓝带、四级蓝带、三级蓝红带、二级红带、一级红黑带。练习跆拳道可以增加身体柔韧性和协调性，提高腿部力量。					
学习目标	运动能力：通过跆拳道动作的学练与运用，使学生对跆拳道段知识有一定的了解，能掌握跆拳道基本动作要领及练习方法，通过一些专项练习发展学生的速度、力量、协调性，并能在跆拳道展示或比赛中进行运用。 健康行为：激发学生对跆拳道运动兴趣的培养，提高学生参加跆拳道的表演及比赛的兴趣与爱好，采用多样的教学方法，结合游戏与竞赛，从而进一步培养学生自主学习、探究学习合作学习的能力。 体育品德：跆拳道项目注重礼仪教育，其宗旨是"以礼始、以礼终"，从而培养学生坚韧、忍耐、自立、自信的意志品质，使学生养成礼让、谦逊、宽容的高尚品德。					
总体要求	基础知识与基本技能	技战术运用	体能	展示或比赛	规则与裁判方法	观赏与评价
	学练跆拳道的腿法，如弹踢、横踢、侧踢、后踢、下劈；步法：后滑步、前滑步等；主要的基本动作技术和步法组合：左、右横踢连续击靶训练组合动作技术，并描述基本要领和练习方法；了解跆拳道常见运动损伤的处理方法。	在跆拳道的综合练习、游戏、展示、比赛中运用两人对练组合动作技术。	在跆拳道运动中加强体能练习。如①跑：倒跑、转身跑、起身跑、跨步跑、反应跑；②跳：转身跳、蹲跳、蛙跳、单脚跳；③提膝：单腿提膝、高抬腿；④游戏：鸭子步；⑤柔韧性：横叉、竖叉。	参与不同形式的跆拳道的展示或比赛，如步法、腿法的展示和脚靶训练、两人对练训练等；在展示和比赛中做出正确、规范、连贯、流畅的动作，表现出该运动项目的基本礼仪。	了解跆拳道项目比赛的基本规则、常见的犯规动作及裁判方法，如比赛服装要求、比赛场地要求、出界、所学动作完成标准等；参与组织班级内的比赛，并能承担比赛的裁判工作。	学习如何观赏跆拳道运动项目的比赛或者表演；每学期通过现场、网络或电视观看跆拳道运动的比赛或表演，如观看班级、校队、全国比赛等；了解跆拳道的重要比赛，并能对这些比赛进行简要评价。
具体的课次安排							
课次	学习内容		过程与方法			评价要点
1	了解跆拳道的历史与文化，学习跆拳道礼仪，学习跆拳道格斗势及基本技术（正踢、侧踢）。		1. 视频学习跆拳道的历史与文化。 2. 问答回顾知识。 3. 教师示范、学生练习。 4. 个别辅导，提出动作重点，纠正学生易犯错误。			1. 通过问答掌握跆拳道的发展历史及礼仪。 2. 正确做出格斗势，正踢、侧踢出腿迅速，重心移动快。

续表

2	学习跆拳道基本技术（里合、外摆），学习弹踢，掌握膝关节的发力。	1. 讲解示范2~3遍。 2. 模仿练习各2遍。 3. 集体练习、分组练习。 4. 个别辅导正误对比。	掌握弹腿在将要接触目标时，膝关节的快速抖动，体会动作的爆发力。
3	复习弹踢，弹踢击靶练习，下肢力量训练。	1. 空击练习，配合发声。 2. 打靶练习—固定靶练习巩固定型，互换练习。 3. 行进间练习，体会动作要领。 4. 个别辅导。	腹肌收紧，大小腿夹紧，脚背绷直，力达脚尖。
4	学习横踢腿，柔韧练习。	1. 讲解示范2~3遍。 2. 模仿练习各2遍。 3. 集体练习、分组练习。 4. 个别辅导，正误对比。	膝关节夹紧，向前提膝，尽量走直线支撑脚外旋180°髋关节往前顺，身体与大小腿成一直线，力点在正脚背。
5	横踢腿与移动步法的组合练习。	1. 教师讲解示范动作。 2. 学生两人一组练习。 3. 教师巡视指导。	动作迅速、步法灵活，横踢有力标准。
6	复习移动步法与横踢组合，灵活运用移动步法。	1. 两人一组单一动作固定靶（弹踢、横踢）。 2. 单一动作反应靶的练习：①前踢；②横踢。 3. 两人一组步法＋横踢。	动作协调到位，反应迅速，速度够快。
7	学习左右横踢组合。	1. 教师讲解示范左右脚横踢的动作技术，学生模仿练习。 2. 分别进行练习左脚、右脚连续横踢（10秒—20秒—30秒）。 3. 下肢力量和柔韧练习。	1. 学生在（10秒—20秒—30秒）内连续横踢的个数和横踢的高度进行评价。 2. 学生在体能到达极限时是否敢于挑战自我进行评价。
8	复习左右横踢技术，加强动作协调性，单一技术动作的反应靶练习。	1. 学习左右脚横踢的动作技术。 2. 分别进行练习左脚、右脚连续横踢准度练习（固定不同高度的连续横踢和移动的不同高度横踢）。	敢于尝试自己从未横踢的高度和对移动靶的横踢的准确的。
9	学习后横踢撤步反击、后横踢迎击。	1. 学生自主探讨运用横踢反击的方式，教师点评分析。 2. 学习后横踢撤步反击、后横踢迎击。 3. 2人一组持靶练习。 4. 教师巡视指导。	步法灵活，撤步反应迅速，动作规范，强攻及反击意识强。
10	学习后踢。	1. 讲解示范2~3遍。 2. 模仿练习各2遍。 3. 集体练习、分组练习。 4. 个别辅导，正误对比。	转身、提腿、出腿、发力连贯快速，掌握击打的力点，回防速度快。
11	复习后踢，学习后撤步后踢。	1. 讲解示范1~2遍。 2. 集体行进间练习。 3. 分组练习。 4. 个别辅导。	转身、提腿连贯，转体时身体摆动较小，击打成直线踢出。
12	学习下劈。	1. 教师讲解示范动作。 2. 学生徒手练习。 3. 2人一组持靶练习。 4. 学生练习踢护具。	右腿提腿后向上送髋高举过头，右脚脚面绷直，快速下压。
13	复习下劈。	1. 教师讲解动作易错点，学生集体练习。 2. 持靶人根据不同的方位、角度，突然支靶，打靶同学迅速起腿5分钟一组，共3组，交换练习。 3. 下肢力量加强练习。	判断准确，动作规范发声洪亮，击打效果明显。
14	学习侧踢。	1. 讲解示范2~3遍。 2. 模仿练习各2遍。 3. 集体练习、分组练习。 4. 个别辅导，正误对比。	大小腿直线踢出，直线收。
15	复习侧踢。	1. 教师讲解动作易错点，学生集体练习。 2. 持靶人根据不同的方位、角度，突然支靶，打靶同学迅速起腿5分钟一组，共3组，交换练习。 3. 上肢力量加强练习。	大小腿充分折叠，左脚跟及时向前转动至攻击目标，展髋后大小腿成一直线，收腿有弹性。

续表

16	单个动作的速度、力量及实战运用。	1. 脚靶练习单一动作，固定靶练习。 2. 结合步法练习单一动作。 3. 行进间脚靶练习，互相换人练习。 4. 2人一组实战练习。	实战时敢于与对手拼搏，不畏惧，积极动脑思考进攻时机合适的进攻防守动作。
17	实战。	1. 复习跆拳道黄带动作。 2. 分小组进行练习。 3. 分小组进行实战练习。 4. 小组选出裁判进行值裁。	1. 正确观看比赛，并在小组内对比赛进行简要的评价。 2. 参与比赛人员能够有正确的胜负观。
18	考核。	1. 单项技术考核。 2. 组合技术考核。 3. 比赛意识的考核。	根据考核内容考核标准进行评价。

单元评价

核心素养	评价内容	评价方法
运动能力	基本步法：跳换步、前进步、后退步、后撤步。 基本腿法：横踢、侧踢、下劈、后踢。 组合步法：后横踢撤步反击、后横踢迎击。 优秀：学生能够正确说出跆拳道所学动作的练习方法和动作名称，所学内容动作协调连贯、标准、有力，在实战中能够灵活运用。 良好：学生能够正确说出跆拳道所学动作的练习方法和动作名称，所学内容动作协调连贯、标准、有力，在实战中运用能力一般。 合格：学生能够正确说出跆拳道所学动作的练习方法和动作名称，所学内容动作能够基本完成，无法在实战中灵活运用。	定量评价 ＋师评 ＋生评
健康行为	优秀：课堂上能与同伴积极合作完成练习、比赛，对待输赢积极调控情绪；每天在家坚持1小时跆拳道练习，体育锻炼中能够注意安全事宜。 良好：课堂上能与同伴合作完成练习、比赛，对待输赢较好地保持调控稳定；每周在家练习3次跆拳道锻炼，体育锻炼中能够注意安全事宜。 合格：课堂上与同伴合作完成练习、比赛，质量一般，对待输赢能控制情绪；每周在家练习1次跆拳道锻炼，体育锻炼中能够注意安全事宜。	观察评价、口头测评等
体育品德	优秀：在小组练习中积极帮助同伴，鼓励同伴，练习时坚持不懈，不怕苦不怕累；在比赛或者展示中敢于挑战，自信乐观，有正确的胜负观，胜不骄败不馁。 良好：在小组练习中积极帮助同伴，缺乏对同伴动作的评价及鼓励，练习时坚持不懈，偶有负面情绪，在比赛或者展示中敢于挑战，自信乐观，有正确的胜负观。 合格：小组练习中能够帮助同伴完成动作练习，练习时偶有畏难情绪；需要在教师或同学的鼓励下展示自己，比赛时偶有偏激行为。	观察评价 ＋生评 ＋师评

2. 跆拳道课时教学设计

设计者：雷信阳　　　单位：四川大学附属实验小学

教学内容	左、右横踢组合靶	课时	第7课
学习目标	运动能力：学生掌握跆拳道的基本腿法组合，连续左、右横踢的技巧。 健康行为：在左、右连续横踢练习遇到失败时能够保持稳定的情绪。 体育品德：在连续横踢敢于挑战自我，突破自己的极限，当同伴出现困难时，及时给予帮助、鼓励。		
教学重难点	重点：左、右横踢的技巧体能的训练。 难点：学生在左、右连续横踢的平衡性。		

续表

课的部分	教学内容	教学组织	学生学练赛	运动负荷	学习评价
准备部分	一、课堂常规 1. 班长集合整队。 2. 师生相互问好。 3. 检查人数及服装。 4. 宣布本次课的任务和要求。 5. 安排见习生。 二、热身 1. 慢跑：围绕训练场地慢跑两圈，活动全身关节。 2. 专门性准备活动。 原地： 提膝15秒×3组，高抬腿15秒×3组，提膝俯卧撑跳15秒×3组。 3. 压腿。 (1) 并腿前屈。 (2) 分腿侧压。 (3) 对足前屈。 (4) 脚趾脚背。 (5) 横叉竖叉。	队形： 要求： (1) 迅速集合。 (2) 认真听讲。 (3) 在教师的指导下认真完成热身活动。	一、课堂常规 1. 集合快静齐。 2. 向教师问好。 3. 学生精神饱满认真听讲，积极回答。 4. 明确学习目标。 5. 听从指挥、注意安全。 二、热身 1. 认真听讲，跟随教师手势报数。 2. 积极跟做。 3. 节奏一致，注意安全。 4. 积极认真地进行模仿教师动作进行热身。	中	1. 学生精神状态饱满程度。 2. 学生是否认真做热身活动。 3. 热身动作规范，柔韧拉伸时尽力做到最大限度。
设计意图	1. 学生充分专项热身提高注意力、为比赛做好准备。 2. 理解跆拳道专项准备活动对技术动作的学习的重要性。 3. 积极参与准备活动，遵守课堂要求，培养学生的集体意识。				
基本部分	基本腿法组合介绍与示范。 左、右横踢技巧讲解与练习。 连续击靶训练方法及注意事项（强调训练中的注意事项，如保持平衡、准确击打等）。 体能练习 (长跑、大腿力量训练、小腿力量训练、腰腹力量训练)。	一、组织队形 二、 三、 长跑：进行3分钟的长跑练习，提高学生的耐力水平。 大腿力量训练：进行深蹲、跳跃等练习，增强腿部力量。 小腿力量训练：进行提踵、跳绳等练习，提高小腿爆发力。 腰腹力量训练：进行仰卧起坐、平板支撑等练习，增强核心力量。	1. 学生学习跆拳道左右脚横踢技术。 2. (1) 学生分组进行左、右横踢的模仿练习。 (2) 学生两两配对，进行相互练习 3. (1) 学生分组进行连续击靶训练，教师指导并纠正动作。 4. 学生在教师的带领下进行（耐力、下肢力量、腰腹力量）训练。	中高 高	1. 学生认真听讲，积极模仿练习。 2. 认真思考左右横踢的动作要领，快速领悟动作。 3. 与同伴合作练习积极、负责。 1. 持靶时不掉靶，根据同伴需求提供合适位置的靶。 2. 练习者及时调整自己动作，将动作做标准。 1. 体能练习时鼓励自己，坚持完成。 2. 练习动作标准、规范。
设计意图	由教师的基本腿法组合介绍与示范，激发学生学习跆拳道左右横踢的学习兴趣，并了解左右连续横踢动作的要领。通过教师的讲解和分组练习体会连续左右横踢的技术动作，提高学生练习兴趣；学生也可以根据同伴的水平进行灵活地设置移动靶，做到因材施教，让学生提高练习的成就感，从而培养学生喜爱跆拳道的兴趣。在体能练习中针对左右连续横踢技术的体能要求进行设计，从而提高学生针对练习横踢这个技术动作的专项运动技能的体能储备，为后期更好地完成技术动作打下坚实的体能基础。				

结束部分	1. 互相放松。 2. 课上小结。 3. 布置回收器材。 4. 布置下节课内容。 5. 师生再见。	一、组织 全队集体进行。 二、要求 1. 放松认真。 2. 各自收回器材。	1. 学生跟着音乐进行放松拉伸练习。 2. 小组互评。	低	认真听讲、放松，积极帮忙回收器材。
设计意图	对本次进行学生进行自我总结，发现问题利用群体力量进行问题的探讨解决，培养学生善于总结善于思考的习惯。					
安全措施	1. 充分做好准备活动，避免练习的过程中不必要地受伤。 2. 连续左右横踢时，注意身体的平衡性，防止脚踝受伤。 3. 练习时，学生学会观察场上同学位置，注意左右同伴距离。 4. 如发生突发状况，及时送往医务室。				
场地器材	场地：篮球场1块。 器材：脚靶40个、护具40个、音响1个。				
运动负荷	群体运动密度：75%。 个体运动密度：65%。 平均心率：140～160次/分钟。				
课后作业	基础性作业：基本腿法组合和左、右横踢技巧。 拓展性作业：体能练习，如长跑、深蹲等，提高身体素质。				
课后反思					

（三）极限飞盘

1. 极限飞盘大单元教学设计

设计者：孟雪晴　　　　单位：四川大学附属实验小学明德学校

大单元名称	极限飞盘	水平	四	单元课时	18
设计思路	该极限飞盘大单元设计着重于基础技能与入门知识的培养；通过引入极限飞盘的起源、特点以及基本规则，激发学生的兴趣和好奇心；在教师的示范与讲解下，学生将系统学习掷盘、接盘、跑位等基础技能，并理解基础战术概念；分组练习与小组比赛相结合，让学生在实践中巩固知识，提升技能；注重安全教育，确保学生在安全的环境中享受运动的乐趣；整个设计旨在为学生打下坚实的基础，培养他们对极限飞盘的兴趣和热情，为后续深入学习做好充分准备。				
学情分析	极限飞盘这个项目建议在七年级进行开展。 一、生理特征 身体发育：七年级学生正处于青春期初期，身体发育迅速，身高、体重等生理指标快速增长。他们的骨骼、肌肉和关节还在不断发育中，因此身体灵活性和耐力较好，适合进行极限飞盘等体育活动。 协调性：虽然七年级学生的身体协调性相比小学生有所提高，但相对于成年人仍有一定的差距。在极限飞盘学习中，他们需要逐渐提高手眼协调、身体平衡等能力。 二、心理发展特点 自我意识增强：七年级学生开始更加关注自己的表现和他人的评价。在极限飞盘学习中，他们可能会对自己的技能水平产生一定的焦虑或担忧，但同时也会因为取得进步而受到鼓舞。 情感波动大：由于年龄特点和心理发展水平，七年级学生的情感波动较大。在极限飞盘学习中，他们可能会因为成功而兴奋，也会因失败而感到沮丧。教师需要关注他们的情感变化，及时给予鼓励和支持。 三、运动能力 七年级学生应熟练掌握跑、跳、投、掷等基本运动技能。这些技能是参与各种体育活动的基础，也是提高运动水平的关键。 七年级学生的运动能力是一个综合素质的体现，包括身体素质、运动技能和心理素质等多个方面。通过积极的锻炼和学习，他们可以不断提高自己的运动能力并享受运动的乐趣。 四、体育经验与生活经验 基础运动能力：七年级学生已经具备了一定的基础运动能力，如跑动、跳跃、投掷等。这些基础运动能力是他们学习极限飞盘的基础。 技能储备：在极限飞盘学习方面，七年级学生可能还没有太多的技能储备。因此，他们需要从基础技能开始学习，如正确的掷盘姿势、接盘技巧等。在教学过程中，教师需要注重基础技能的训练和巩固。				

续表

教材分析	极限飞盘，作为一项充满活力和团队协作精神的运动项目，正逐渐成为学生们热衷参与的体育活动。对于七年级的学生而言，旨在为他们提供一个新的学习项目，从基础技能到入门知识，逐步引导他们走进极限飞盘这项运动。在上课内容上，我们首先介绍极限飞盘的起源、发展及其独特的魅力，使学生们对这项运动有一个基本的认识。随后，我们详细讲解了掷盘技巧、接盘技巧以及跑动与站位等基础技能，通过图文并茂地展示和生动的案例，让学生们能够直观地理解和掌握这些技能要点。同时，我们还介绍了极限飞盘比赛的基本规则、战术概念以及安全注意事项等入门知识，为学生们未来参与比赛和深入学习打下坚实的基础。通过本内容的学习，七年级的学生们将能够迅速掌握极限飞盘的基础技能和入门知识，培养对这项运动的兴趣和热爱，为他们在后续的学习和比赛打下坚实的基础。
学习目标	运动能力： 1. 掌握基础掷盘技巧：学生将学会并掌握基本的掷盘姿势、动作要领和用力方法，从被动地模仿转变为能够主动、准确地完成掷盘动作。 2. 提高接盘稳定性：学生能够正确判断飞盘的飞行轨迹，提高接盘的准确性和稳定性，实现从被动等待到主动迎盘的转变。 增强身体协调性：通过极限飞盘的基础训练，学生的身体协调性将得到提高，能够在运动中更加自如地控制身体，实现由被动到主动的身体运动。 健康行为： 1. 培养运动兴趣：激发学生对极限飞盘的兴趣和热爱，使他们从浅层的尝试和体验转变为深入了解和参与这项运动。 2. 形成运动习惯：通过持续的练习和训练，帮助学生形成稳定的运动习惯，将极限飞盘融入日常生活，从浅层的运动体验深入日常的行为模式中。 3. 学会运动自我保护：学生将学习如何在运动中保护自己，避免受伤，从浅层的运动参与转变为深入的运动安全意识和自我保护能力。 体育品德： 1. 培养团队合作精神：通过极限飞盘的团队训练，培养学生的团队合作精神和协作能力，使他们从消极的个体参与者转变为积极的团队贡献者。 2. 增强比赛意识：引导学生树立比赛意识，从消极的参与者转变为积极的竞争者，学会在比赛中展现自己的能力和风采。 3. 培养良好体育道德：教育学生遵守比赛规则，尊重对手和裁判，培养良好的体育道德风尚，从消极的行为习惯转变为积极的道德风尚。

总体要求	基础知识与基本技能	技战术运用	体能	展示或比赛	规则与裁判方法	观赏与评价
	1. 极限飞盘运动简介。 2. 飞盘器材介绍。 3. 比赛场地与设施。 4. 正确的握盘与投掷姿势。 5. 接盘技巧性，提升接盘成功率。 6. 移动与步伐。	1. 学习简单的进攻配合与传球方式。 2. 理解并实践空间利用与时机把握。 3. 掌握基本的防守站位与盯人策略。 4. 学习如何阻断对手的进攻路线。	1. 耐力训练。 2. 柔韧性与协调性训练。 3. 飞盘专项体能投掷与接盘的连续动作训练，增强肌肉耐力。 4. 场地移动与反应速度训练，提升场上反应能力。	1. 组织学生进行个人技能展示。 2. 鼓励学生进行小组配合展示，培养团队合作精神。 3. 组织小型模拟比赛，让学生体验比赛氛围。 4. 对比赛过程进行点评与指导。	1. 详细介绍极限飞盘比赛的规则与要求。 2. 通过案例分析，帮助学生理解规则的实际应用。 3. 讲解基本的裁判手势与口令。 4. 培养学生基本的裁判意识与观察能力。	1. 组织学生观看极限飞盘比赛录像，感受比赛氛围。 2. 分析比赛中的技战术运用与裁判判罚。 3. 鼓励学生对观看的比赛进行评价。 4. 开展小组讨论与交流，分享学习心得与体会。

具体的课次安排

课次	学习内容	过程与方法	评价要点
1	1. 极限飞盘比赛的基本规则与价值观。 2. 比赛场地的介绍与布置。 3. 安全装备与防护措施。 4. 2人间的飞盘游戏体验。	1. 了解极限飞盘的基本规则。 2. 尝试2人一组2米投接盘练习。 3. 10米折返跑。 4. 2米定点飞盘接力。	1. 10米折返跑能做到快速转身。 2. 了解极限飞盘的基本规则。 3. 能够完成飞盘游戏。
2	1. 示范与讲解正确的握盘方式。 2. 学习与练习基本站姿。 3. 投掷前的准备动作。 4. 学习接盘的4种基本方法。	1. 2人一组2米投接组合练习。 2. 3人三角2米投接盘组合练习。 3. 一分钟3人三角2米投接盘比赛。 4. 体能练习。	1. 能够掌握正确的握盘知识。 2. 了解学习接盘的4种基本方法。
3	1. 讲解正手投掷动作。 2. 投掷力度与距离的掌握。 3. 投掷准确性的练习。	1. 2人一组4米直线投掷，双手接飞盘组合练习。 2. 4米飞盘打准练习。	1. 掌握正手投掷动作。 2. 投掷时飞盘能够稳定地进行飞行并准确地传到队友手中。

续表

4	1. 分解反手投掷动作。 2. 对比正手与反手的差异。 3. 反手投掷的准确性与稳定性练习。	1. 2人一组2米正反手投掷飞盘，双手接盘组合练习。 2. 复习正手5米投掷3组。 3. 反手5米投掷练习3组。	1. 掌握反手投掷动作。 2. 投掷时，飞盘能够稳定地进行飞行，并准确地传到队友手中。
5	1. 短距离、中距离、长距离的投掷练习。 2. 投掷力度的调整与控制。 3. 投掷后的跟随动作与身体平衡。	1. 分距离3米、5米练习。 2. 5米投准练习。 3. 10米投远练习。	1. 完成5米投准练习。 2. 完成10米投远练习。
6	1. 双手接盘时手部的协调与稳定性。 2. 接盘后的连贯动作与转身。 3. 学习变向和转身的技巧。	接盘动作连贯与转身。	接盘后的快速转身。
7	1. 示范与讲解单手接盘的基本技巧。 2. 单手接盘的练习与稳定性提升。 3. 单手接盘与快速反击的结合。	1. 判断飞盘的轨迹。 2. 合适的站位。 3. 正确的手型。 4. 准确的时机。	1. 1分钟内投准的次数。 2. 1分钟内的接盘次数。
8	1. 学习如何判断飞盘的飞行轨迹。 2. 接盘时的预判与调整。 3. 不同飞行轨迹飞盘的接盘练习。	1. 观察起始动作。 2. 跟踪旋转。 3. 判断速度与弧线。 4. 注意风力与风向。	1. 1分钟内投准的次数。 2. 1分钟内的接盘次数。
9	1. 多种接盘练习，提高稳定性。 2. 反应球练习，提升反应速度。 3. 结合实战场景的接盘练习。	1. 视觉追踪练习。 2. 反应球训练。 3. 眼手协调练习。	1. 1分钟内投准的次数。 2. 1分钟内的接盘次数。
10	1. 学习正确的起跑姿势与技巧。 2. 转身与急停的动作要领。 3. 起步加速与快速变向练习。	1. 降低重心。 2. 身体姿态。 3. 变向与变速。 4. 全力冲刺。	转身与急停练习。
11	1. 侧向移动的基本步伐与技巧。 2. 侧向移动在防守与进攻中的应用。 3. 侧向移动的连贯性与稳定性练习。 4. 基础移动与步伐。	1. 防守应用：拦截飞盘、盯防对手、配合队友。 2. 进攻应用：摆脱防守、创造空间、接应队友。	V形投掷练习法。
12	1. 后退步伐的基本要领与技巧。 2. 后退步伐在防守中的应用。 3. 后退步伐与转身、急停的结合练习。	1. 保持适当的防守距离。 2. 快速调整防守位置。 3. 提高防守稳定性。	5米接送练习法。
13	1. 在移动中进行投掷与接盘的综合练习。 2. 移动中保持身体平衡与稳定性。 3. 实战模拟场景下的移动与技能结合练习。	1. 流畅的抛接盘。 2. 移动中保持身体平衡。 3. 设置攻防区域，4人一组（2V2）模拟实战。	1. 1分钟内投准的次数。 2. 1分钟内的接盘次数。
14	1. 学生分组并确定各自的角色（如投手、接盘手、防守者等）。 2. 角色职责与配合要点的讲解。	1. 3人3米飞盘投掷练习。 2. 攻防比赛（3V3）。	1. 1分钟内投准的次数。 2. 1分钟内的接盘次数。
15	1. 组织小型对抗赛，让学生体验比赛氛围。 2. 观察学生在比赛中的表现，指出问题。	1. 3人3米飞盘投掷练习。 2. 攻防比赛（3V3）。	1. 1分钟内投准的次数。 2. 1分钟内的接盘次数。
16	1. 讲解团队协作的重要性与沟通技巧。 2. 通过案例分析，让学生理解团队协作在比赛中的作用。	赛前热身： 1. 10米折返跑。 2. 组合步伐练习。 3. 有针对性地进行投、接、跑动练习。	1. 1分钟内投准的次数。 2. 1分钟内的接盘次数。
17	1. 对小型比赛进行总结与反思。 2. 针对学生在比赛中出现的问题进行针对性训练。 3. 鼓励学生在日常练习中不断提升自己的技能水平。	赛前热身： 1. 10米折返跑。 2. 组合步伐练习。	动作是否正确，协调连贯、有实效；技术运用合理、运用效果好；战术配合意识强、实战效果较好。
18	1. 增加竞赛规则的相关知识。 2. 培养学生的兴趣。 3. 提高比赛欣赏水平。	赛前热身： 1. 10米折返跑。 2. 组合步伐练习。 3. 有针对性地进行投、接、跑动练习。	动作是否正确，协调连贯、有实效；技术运用合理、运用效果好；战术配合意识强、实战效果较好。

续表

单元评价		
核心素养	评价内容	评价方法
运动能力	评价内容：一分钟投接飞盘＋一分钟投准＋进攻防守意识。 优秀：动作正确、协调连贯、有实效；技术运用合理、运用效果好；战术配合意识强、实战效果较好。投接飞盘14次以上，投准6次及以上。 良好：动作正确，协调；技术运用较合理、运用效果较好；战术配合意识较强、实战效果较好。投接飞盘9～13次，投准3～5次。 合格：动作基本正确，协调；技术运用基本合理、运用效果一般；战术配合意识一般、效果一般。投接飞盘5～8次，投准1～2次。	定量评价＋展示或比赛评价
健康行为	优秀：课堂上能与同伴积极合作完成练习、比赛，每周在坚持1小时体育锻炼，对待输赢情绪调控好，能与同伴合作完成比赛，体育锻炼中未发生安全事故。 良好：课堂上能与同伴合作完成练习、比赛，每周在家锻炼3次，每次1小时，对待输赢情绪调控良好，能与同伴合作完成比赛，体育锻炼中未发生安全事故。 及格：课堂上能与同伴合作完成练习，效果一般，每周在家锻炼2次，每次30分钟，对待输赢情绪调控良好，能与同伴合作完成比赛，体育锻炼中未发生安全事故。	观察评价＋口头测评
体育品德	优秀：积极参与游戏与比赛，自尊自信、不怕困难、遵守规则、文明礼貌、公平竞争、友好合作。 良好：比赛时稍有畏难情绪，积极进取、遵守规则、文明礼貌、公平竞争。 合格：比赛时有畏难情绪，积极性不高，遵守规则、文明礼貌、公平竞争。	观察评价＋生评＋师评

2. 极限飞盘课时教学设计

设计者：孟雪晴　　　　单位：四川大学附属实验小学明德学校

教学内容	基础技能：正手投掷		课时	第3课	
学习目标	运动能力：通过投掷飞盘游戏活动，让学生掌握极限飞盘正手投掷和双手接盘的基本动作要领，提高学生的投掷技巧。 健康行为：运用健康与安全知识和技能增强健康管理的能力，善于沟通与合作，适应多种环境；在教学活动中能够做到安全合理避险。 体育品德：积极应对体育活动中遇到的困难，体现坚持不懈的意志品质；做到诚信自律、公平公正，具有规则意识。				
教学重难点	教学重点：投掷飞盘的稳定性和接盘的准确性。 教学难点：投掷飞盘的准确性。				
课的部分	教学内容	教学组织	学生学练赛	运动负荷	学习评价
准备部分	一、课堂常规 1. 体委整队、报告人数、检查服装、师生问好。 2. 宣布课的内容和任务。 3. 安全提醒。 4. 安排见习生。 二、热身活动 1. 传盘热身跑。 2. 2人2米投接盘组合练习。	（队形图）	1. 学生站四列横队。 2. 学生认真听讲，注意观察。 3. 听从指挥注意力集中。 4. 学生充分拉伸。 1. 学生跟音乐节奏进行热身。 2. 学生根据教师指导纠正动作。	小	1. 学生精神状态是否饱满。 2. 学生是否认真做热身活动。 3. 3人传盘组合练习时的动作是否规范
设计意图	1. 建立良好师生关系，培养学生的自觉性和积极性，养成遵守纪律的好习惯。 2. 通过"传盘跑""2人2米投接盘"游戏，激发学生的学习兴趣，从而复习上次课的内容。 3. 有效活动肌肉与关节，提高学生神经兴奋性，为后续的学习做好准备。				

续表

基本部分	三、正手投掷 1. 体验3人三角2米投掷飞盘；复习双手接盘。 2. 复习正手投掷的握盘方式与要求。 3. 分组练习2人4米投准。 4. 集中纠错与讲解。 5. 2人4米移动投掷飞盘。 6. 1分钟投准比赛。 7. 评价总结。 四、体能训练 1. 力量训练：深蹲跳练习。 2. 爆发力训练：抓举练习、投掷练习。		1. 学生分区域自行体验投掷飞盘（不限动作）。 2. 学生认真听知识讲解、仔细看示范。 3. 学生分组练习：正手投掷、双手接盘。 4. 学生纠正动作再次练习。 5. 学生分组比赛。 6. 学生互评、总结。 1. 学生分组进行力量训练。 2. 学生分组进行爆发力训练。	大	1. 学生是否认真听讲。 2. 学生练习是否认真。 3. 学生动作是否标准。 4. 学生比赛热情。
设计意图	1. 学会学习：通过2人的传接盘练习发现问题，小组内先进行讨论解决，不能解决的在教师集中纠错时提出共同解决。 2. 循序练习：飞盘的传接练习在两人之间不停地进行转换，这就要求学生能够快速地做出角色转换，并能稳定准确地把飞盘投掷出去。				
结束部分	五、放松活动 跟音乐进行放松活动。 六、反思总结 引导学生进行分享。		1. 学生跟教师做放松活动。 2. 学生相互讨论、评价。 3. 学生听教师总结本节课。	小	学生评价
设计意图	1. 通过动态和静态放松，让学生身心得到有效的放松，生理心理恢复到正常状态。 2. 引导学生学会归纳总结，用关键词牢记本课学练赛要求：遵守规则、团队协作、善于思考。 3. 课后延伸：继续巩固2人间飞盘的投准练习（4米）。				
安全措施	1. 课前充分做好准备活动，避免练习过程中不必要的受伤。 2. 比赛时，做好安全提示，以防安全事故发生。 3. 练习时，学生学会观察场上同学位置，注意分组练习时避免碰撞。 4. 如发生突发状况，及时送往医务室。				
场地器材	场地：宽敞平坦的投掷场地，如操场或体育馆。 器材：极限飞盘若干、音响设备，用于播放背景音乐和节奏指令。				
运动负荷	群体运动密度：75%。 个体运动密度：60%。 平均心率：140~160次/分钟。				
课后作业	基础性作业：正手投掷飞盘。 拓展性作业：固定距离投掷练习。				
课后反思					

（四）花样跳绳 1

1. 花样跳绳 1 大单元教学设计

设计者：李 晴　　　　单位：成都市望江楼小学

大单元名称	花样跳绳		水平	五	单元课时	18
设计思路	本课以高中新课标为依据，以学生身体练习为主要手段，坚持"健康第一""以人为本"的指导思想，课堂上注重学生的自主学练为主的学习方式，充分调动大部分学生的主动参与性，培养学生自主、探究、合作能力，发展学生小组合作能力；立足于面向全体学生的发展，关注学生的个体差异，落实因材施教区别对待的教学原则，使每个学生学有所得，学有所乐，学有所获；教学中充分发挥评价激励机制功能，关注学生的个体差异与进步，使每一位学生都能体验到成功的喜悦，促进学生的全面发展。					
学情分析	生理特征：水平五的学生处于青春发育末期，他们的身体各器官及其机能正逐步达到成熟水平，是身体发展的定型期。 心理发展特点：注意的集中性和稳定性有了发展，能很好地分配自己的注意力；情感丰富、强烈，富有热情和激情，并具有两极性，调控情感的能力有所加强；注意的范围已相当扩大；逐渐确立自我意识，但缺乏冷静的判断和行动。 运动能力：速度、灵敏性、柔韧性、力量、耐力等素质的敏感期即将来，特别是大肌肉群的发展时期，心脏发育十分显著。 体育经验与生活经验：水平五的学生运动能力较强，对于花样跳绳项目很感兴趣，但是通过调查得知，大多数高中生并不了解花样跳绳，对花样跳绳的认知仅停留在"短绳"上，简单地认为花样跳绳就是"拿着短绳在跳操"，更不清楚花样跳绳中各项目的特征、要求和评分规则。					
教材分析	本课选自普通高中《体育与健康》（人教版）中第十三章新兴体育类运动第二节花样跳绳教材内容。花样跳绳是在传统跳绳运动的基础上融合舞蹈、武术、杂技等多种运动、艺术形式，通过改变力量、速度和技巧等方式，呈现出不同花样的运动项目。花样跳绳运动形式多样有趣、场地器材简单安全，是一种简便易行的健身方式。教材中也提到，花样跳绳可以改善身体形态，提高身体素质和机能，并调节情绪、健身健心。因此，花样跳绳是一项非常适合青少年学生学习的运动项目。					
学习目标	1. 运动能力：能说出跳长绳的动作术语，能做出进绳时机、起跳点位置及方法、跑动路线、跳绳节奏等技术动作，并在比赛中运用。 2. 健康行为：能说出1～2个跳长绳的健身作用，面对动作失误时，能在教师引导下调整好情绪继续学练；在课后能正确选择安全的运动场地，约好同伴，完成3～5分钟跳长绳自主学练作业。 3. 体育品德：在学练活动与小组计时比赛中，互帮互助，尊重同伴，不断挑战自我，逐步增强遵守规则与团结合作意识，体验体育运动带来的乐趣。					
总体要求	基础知识与基本技能	技战术运用	体能	展示或比赛	规则与裁判方法	观赏与评价
	了解花样跳绳中摇绳和移动的要领，学练花样跳绳基本技术动作、组合动作技术。	在花样跳绳中运用所学的基本动作完成1分钟"8"字跳长绳。	在花样跳绳项目中提高自身体能。	积极运用所学技能参与校内外各级比赛。	知道花样跳绳的基本规则和要求、裁判的基本术语、简单判断动作的标准与准确计时/计数的裁判方法等。	关注花样跳绳运动项目的相关信息，提高对花样跳绳运动项目的认知。
具体的课次安排							

课次	学习内容	过程与方法	评价要点
1	了解摇绳区、落绳区、移动路线等区域。	1. 教师讲解各个区域。 2. 学习跳长绳比赛规则，自主研究练习。	1. 利用标志物理解移动路线。 2. 观察评价、口头测验。
2	2人一组摇绳。	1. 2人一组自主探究摇绳方法。 2. 师生总结摇绳的动作要领。 3. 以小组为单位练习，进行摇绳练习。 4. 体验摇绳对跳绳的重大作用。	1. 摇绳节奏的把握。 2. 两人协调配合。
3	学习长绳中间原地并脚跳。	1. 组织4人一组进行探究合作学习。 2. 师生根据自主探究练习总结出长绳中间原地并脚跳的动作要领。 3. 以小组为单位进行练习。 4. 小组比赛。	1. 在绳中掌握节奏并脚跳。 2. 跳绳者与摇绳者之间的配合。
4	学习多人一起长绳中间原地并脚跳。	1. 组织8人一组进行探究合作。 2. 师生根据自主探究练习总结出多人一起原地并脚跳的动作要领。 3. 以小组为单位进行练习。 4. 小组比赛。	1. 多人在绳中掌握节奏并脚跳。 2. 跳绳者与摇绳者之间的配合。

续表

5	1. 学习长绳中间原地单脚跳。 2. 跳跃游戏。	1. 组织4人一组进行探究合作学习。 2. 师生根据自主探究练习总结出长绳中间原地单脚跳的动作要领。 3. 以小组为单位进行练习。 4. 小组比赛。	1. 在绳中掌握节奏并脚跳。 2. 跳绳者与摇绳者之间的配合。
6	1. 学习长绳中间原地单脚跳1~2次后跑出。 2. 单双脚跳跃。	1. 组织4人一组进行探究合作学习。 2. 师生根据自主探究练习总结出长绳中间原地单脚跳的动作要领。 3. 以小组为单位进行练习。 4. 小组比赛。	1. 在绳中单脚跳后掌握跑出时机。 2. 跳绳者与摇绳者之间的配合。
7	1. 学习跳长绳：正面跑入跳。 2. 敏捷性练习。	1. 教师讲解站位的方法。 2. 小组自主探究跑入时机。 3. 师生总结跑入时机。 4. 组织学生小组进行无绳情况下的跑入动作，体会进绳时机。 5. 分组练习，师生互评。	1. 摇绳节奏要均匀，跑入时机要合适。 2. 绳着地瞬间迅速跑入，然后判断绳将再次着地时及时跳起。
8	1. 复习正面跑入跳长绳。 2. 迎面接力游戏。	1. 组织学生进行分组练习。 2. 分组练习时学生相互纠错并练习。 3. 组织学生进行小组比赛。	1. 跳得协调、轻松。 2. 摇绳与跳绳的配合。
9	学习侧面跑入跳长绳。	1. 师生讲解站位方法。 2. 分组自主探究跑入时机。 3. 师生总结跑入时机。 4. 组织学生小组进行无绳情况下的跑入动作，体会进绳时机。 5. 分组练习，师生互评。	1. 绳子打地时，抓紧时机进绳，要迅速、果断。 2. 掌握进绳时机，选好进绳的位置。
10	复习侧面跑入跳长绳。	1. 组织学生进行分组练习。 2. 分组练习时学生互相纠错并练习。 3. 组织学生进行小组比赛。	1. 掌握跳绳位置。 2. 掌握进出绳时机。
11	学习侧面跑入同边跑出跳长绳。	1. 师生讲解站位方法。 2. 分组自主探究跑入时机。 3. 师生总结跑入时机。 4. 组织学生小组进行无绳情况下的跑入动作，体会进绳时机。 5. 分组练习，师生互评。	1. 跑入时机适当。 2. 摇绳节奏均匀。
12	复习侧面跑入同边跑出跳长绳。	1. 组织学生进行分组练习。 2. 分组练习时学生互相纠错并练习。 3. 组织学生进行小组比赛。	1. 跑入时机适当。 2. 摇绳节奏均匀。
13	1. 组织学生进行分组练习。 2. 分组练习时学生互相纠错并练习。 3. 组织学生进行小组比赛。	1. 组织学生自主探究"8"字跳长绳的方法。 2. 师生共同总结出"8"字跳长绳的动作要领。 3. "8"字跑游戏，体验路线。 4. 分小组进行练习。	1. 掌握进绳时机、起跳点位置及方法、跑动路线、跳绳节奏。 2. 摇绳人与跳绳人的协调配合。
14	学习"8"字跳长绳。	1. 组织学生自主探究"8"字跳长绳的入绳步伐。 2. 师生共同总结出"8"字跳长绳的入绳步伐。 3. 分小组进行练习。	1. 二步一跳。 2. 根据摇绳的速度调整入绳步伐的节奏。
15	学习"8"字跳长绳。	1. 组织学生自主探究"8"字跳长绳的入绳、出绳时机。 2. 师生共同总结出"8"字跳长绳的入绳、出绳时机。 3. 分小组进行练习。	1. 入绳的区间时机"绳摇过低于身高"至"绳子打地"。 2. 出绳的时机"过绳后落地后紧接出绳"。
16	学习"8"字跳长绳。	1. 组织学生自主探究"8"字跳长绳的起跳位置及动作。 2. 师生共同总结出"8"字跳长绳的起跳位置及动作。 3. 组织学生练习跳地绳。 4. 组织学生跳障碍绳。 5. 分小组进行比赛。	1. 同脚起落的位置。 2. 摇绳人与跳绳人的协调配合。
17	学习"8"字跳长绳。	1. 组织学生进行完整练习。 2. 组织学生进行分层练习，进行挑战赛。 3. 节奏跳长绳：1、2、3跳；1、2跳；1跳。	1. 摇绳的动作方法，摇绳时顺利通过。 2. 摇绳节奏均匀，过绳时机合适。

续表

18	"8"字跳长绳。	1. 组织学生进行完整练习。 2. 组织学生分组进行1分钟比赛。 3. 组织全班同学进行5分钟跳集体长绳的测试。	1. 掌握进绳时机、起跳点位置及方法、跑动路线、跳绳节奏。 2. 摇绳人与跳绳人的协调配合。

单元评价			
核心素养	评价内容		评价方法
运动能力	团体比赛（5分钟集体跳长绳测试） 一般体能：速度、耐力、灵敏、协调。 专项体能：摇绳速度、跳绳速度耐力。		方式：定性评价 ＋定量评价＋师评 方法：等级评价
健康行为	根据日常技术学习和上课情况对学生进行评价每天回家坚持1小时体育锻炼，对待输赢情绪调控好，能与同伴合作完成比赛，体育锻炼中未发生安全事故。 每周回家锻炼3次，每次60分钟，对待输赢情绪调控良好，能与同伴合作完成比赛，体育锻炼中未发生安全事故。 每周回家锻炼2次，每次30分钟，对待输赢情绪调控良好，能与同伴合作完成比赛，体育锻炼中未发生安全事故。		自评＋互评 观察＋诊断
体育品德	根据日常技术学习和上课情况对学生的学练活动的过程性评价并综合小组比赛成绩进行评价。		自评＋互评 比赛＋观察

2. 花样跳绳1课时教学设计。

设计者：李晴　　　单位：成都市望江楼小学

教学内容	"8"字跳长绳		课时	第13课	
学习目标	运动能力：能说出"8"字跳长绳的动作术语，能做出进绳时机、起跳点位置及方法、跑动路线、跳绳节奏等技术动作，并在比赛中运用。 健康行为：说出1～2个8字跳长绳的健身作用，面对动作失误时，能在教师引导下调整好情绪继续学练；在课后能正确选择安全运动场地，约好同伴，完成3～5分钟8字跳长绳自主学练作业。 体育品德：在学练活动与小组计时比赛中，互帮互助，尊重同伴，不断挑战自我，逐步增强遵守规则与团结合作意识，体验体育运动带来了乐趣。				
教学重难点	教学重点：掌握进绳时机、跳绳的节奏。 教学难点：摇绳人与跳绳人的协调配合。				
课的部分	教学内容	教学组织	学生学练赛	运动负荷	学习评价
准备部分	一、课堂常规 1. 集合整队，师生问好。 2. 清点人数，检查服装。 3. 安全提示，宣布内容。 4. 安排见习生。 二、热身素质操 1. 原地踏步。 2. 后踢腿跑。 3. 高抬腿跑。 4. 侧向半蹲。 5. 胯下击掌。 6. 开合跳。 7. 左右交叉跳。 8. 触肘提膝。	组织：四列横队 组织：成体操队形	1. 学生认真听讲。 2. 集合快静齐。 1. 积极参与热身运动。 2. 精神饱满，声音洪亮。	中	教师口头评价。

续表

准备部分	三、"8"字跑游戏 游戏规则：让学生分组排成小队，将长绳铺在地面上，绕长绳跑圆形或"8"字形，跑的过程中做后踢腿、高抬腿、单脚跳（左右交换）等动作。当听到教师口哨声及数字时，学生迅速几人跑到绳子的一端，其他人到另一端，5秒时间内按要求站好，速度最快小组为胜利。	组织：分四组	1. 遵守游戏规则，注意安全。 2. 积极思考，勇于尝试。 3. 身体任何部位都不能碰绳子。	中	教师口头评价。
设计意图	身体运动：做好充分的准备活动，活动各个关节，防止受伤。 思维灵动：通过"8"字跑的游戏，智力和体力结合，充分调动学生感官。 心理活动：通过"8"字跑的游戏，提升练习趣味性、活动性，提高学生学习兴趣及注意力。				
基本部分	1. 学生自主探究"8"字跳长绳。 （1）观看视频。 （2）自主探究。 2. 师生交流"8"字跳长绳方法要点。 3. 2人一组摇绳练习。 动作要求：两位同学面对面站好，身体前倾，前后脚开立站，然后向同一个方向摇转绳子。主要利用小臂摇动长绳，从正面看上去，绳子的转动轨迹像一个椭圆形。 4. 多人绳中练习。 4人一组，两人摇绳，另外两名同学绳中跳。 5. "8"字跳地绳。 练习方法：一条长绳拉直，平放在地上，长绳两边分别贴好起跳点（绿色）和落点（红色），每一位同学能够紧跟队伍不掉队，以跑跳的方式过地上的绳子。 6. "8"字跳障碍绳。 将绳中间放一个较低的跨栏架，学生依次练习起跳的高度，绿点起跳红点落地，同脚起落。 7. 口令进绳。 在摇绳几下以内就能找准时机入绳，连续跳几下后迅速跑出（1、2、3跳；1、2跳；1跳）。 8. 小组比赛：1分钟计时。 比赛规则：4人一组，两人甩绳，两人8字跳绳，一分钟计时，规定时间内跳得多的小组胜利，跳绳的同学依次排队进行跳绳，死绳不计个数。 体能练习： 1. 俯卧撑游戏。 两人一组面对面，双手双脚撑地，允许移动手脚的位置，但膝盖不得着地，碰到对方的手背得一分，在30秒内得分多的同学获胜利。	组织：	1. 学生认真观看视频，分组探究。 2. 小组合作学习。 1. 积极回答教师提出的问题。 1. 学生积极参与练习。 2. 认真听教师讲解练习要求。 3. 认真思考，相互帮助，共同探讨。 4. 根据自己的练习熟悉程度逐步递进。 5. 练习时注意安全，不要发生碰撞。 1. 听清游戏比赛规则。 2. 严格按照比赛规则进行游戏。 3. 比赛过程中集中注意力，注意安全。	高	组内互评、学生自评

176

续表

基本部分	2. 反应、速度、素质练习。 两人一组，面对面站立，中间放标志桶，标志桶上放标志碟，两人同时开合跳听到口令抢标志碟依次变换动作：深蹲、弓步跳、小碎步等。	组织：分成8个小组在场地内进行比赛。	跟着教师的口令，动作到位，注意安全。	高	组内互评、学生自评
设计意图	身体运动：由自主探究开始发现问题解决问题，逐步提升练习难度，对学生组合动作的能力进行了优化与完善，以练促思。 思维灵动：通过练习启发学生思考将所学技能进行运用。 心理活动：分组练习，增进同伴之间的默契；体能练习；培养学生勇敢坚韧的毅力。					
结束部分	一、放松运动 1. 头部拉伸。 2. 肩部拉伸。 3. 腰部拉伸。 4. 腿部拉伸。 二、宣布下课 1. 师生小结。 2. 宣布下课。 3. 回收器材。 4. 布置课后练习。	组织：四列横队散开成体操队形。 ○○○○ ○○○○ ○○○○ ○○○○ △	1. 充分拉伸放松。 2. 认真听讲，积极总结。	低	师生互评
设计意图	身体运动：教师带领学生放松，充分拉伸各个关节。 思维灵动：学生自评、生生互评、师生互评，发展学生的思维判断能力。 心理活动：通过鼓励评价学生，提高学生自信心。					
安全措施	课前必须认真检查场地、器材，及时排除安全隐患，提前到教室引导学生到练习场地。 上体育课，学生着装要轻便、整齐，做到穿轻便运动鞋上课，不带钢笔、小刀等提前按教师要求，在指定地点等候上课，站队时要做到快、静、齐。					
场地器材	场地：田径场 器材：跳绳8根、一体机1个、音箱1个、标志桶18个、跨栏架8个					
运动负荷	群体运动密度：75% 个体运动密度：50%～55% 平均心率：140～160次/分钟					
课后作业	基础性作业：身体素质练习：原地直腿跳1分钟，共3组；仰卧起坐20个，共3组。 拓展性作业：同学们可以3人一绳练习，找到进出绳的节奏，回顾教师讲到的要领。					
课后反思						

（五）花样跳绳2。

1. 花样跳绳2大单元教学设计。

设计者：赵 轩　　　单位：成都市望江楼小学

大单元名称	花样跳绳	水平	五	单元课时	18
设计思路	本节高中二年级花样跳绳大单元设计，是根据普通高中《体育与健康课程标准》（2017年版2020年修订）要求，参考普通高中《体育与健康》（人教版）中第十三章新兴体育类运动第二节花样跳绳教材内容，最后再根据学生学习、掌握体育运动技术的普遍规律，让学生从花样跳绳的发展历史和特点以及所蕴含的文化价值开始学习，激发学生的学习兴趣，再从花样跳绳的技术动作的由易到难、由简到繁进行教学设计，通过花样跳绳运动，培养学生的体育核心素养。				
学情分析	生理特征：高二学生处于青春发育末期，他们的身体各器官及其机能正逐步达到成熟水平，是身体发展的定型期。 心理发展特点：高二学生心理意识已经趋于成人化，有一定的自我约束能力，喜欢合作探究和展示自我，具备了独立思考、判断、概括等能力。 运动能力：该阶段的学生精力旺盛，运动能力强，也是进一步提高身体素质的好时机。 体育经验与生活经验：经过高一年级花样跳绳的学习，学生具有一定的花样跳绳基础，已经掌握了部分简单的花样跳绳技术动作。				

续表

教材分析	本课选自普通高中《体育与健康》(人教版)中第十三章新兴体育类运动第二节花样跳绳教材内容,花样跳绳是在传统跳绳运动基础上融合舞蹈、武术、杂技等多种运动、艺术形式,通过改变力量、速度和技巧等方式,呈现出不同花样的运动项目。花样跳绳运动形式多样有趣、场地器材简单安全,是一种简便易行的健身方式。教材中也提到,花样跳绳可以改善身体形态,提高身体素质和机能,并调节情绪、健身心,因此花样跳绳是一项非常适合青少年学生学习的运动项目。本单元教学,主要是进一步提高学生的花样跳绳能力,学习一些难度更大、更复杂的花样跳绳技术动作,如交替交叉单摇跳、固定交叉后单摇跳、"一带二"单摇跳、多人同步跳长绳等。
学习目标	运动能力:学生能够掌握所学花样跳绳运动比较复杂的动作技术和多种配合,并在比赛情境中予以运用,初步形成花样跳绳学习和比赛中分析问题和解决问题的能力。 健康行为:学会安全地参与花样跳绳运动,能预防和简单处理花样跳绳运动中常见的运动损伤。 体育品德:能够调控练习和比赛中产生的情绪,克服困难、坚韧不拔,具有合作精神和竞争意识,表现出遵守规则、相互尊重、自尊自信、奋发向上的体育精神和品格。

	基础知识与基本技能	技战术运用	体能	展示或比赛	规则与裁判方法	观赏与评价
总体要求	了解花样跳绳运动的发展简史。能预防和简单处理花样跳绳运动中常见的运动损伤。 基本掌握两人摇绳一人跳同时跳和间隔跳,一人带一人或一人带两人的正摇、反摇跳,长绳的单脚跳、加垫跳等组合动作技术。 基本掌握固定交叉和交替交叉单摇跳(单龙花)。	能将所学技术动作运用到班级、校内、校外比赛中。	积极参与花样跳绳运动的一般体能和专项体能的练习。如俯卧撑、仰卧起坐、引体向上等发展学生的一般体能;通过一人带一人或一人带两人的正摇、反摇跳等发展学生的专项体能。	积极参加花样跳绳团队比赛。如班级内、校内、校外等。	进一步了解花样跳绳比赛的基本规则,较准确地计数并掌握正确的判罚方法。能承担班级内和校内花样跳绳的裁判工作。	关注花样跳绳比赛的相关信息,提高对花样跳绳的认知;每学期通过现场、网络或电视观看不少于10次花样跳绳比赛,能对某场高水平的花样跳绳比赛做出分析与评价。

具体的课次安排

课次	学习内容	过程与方法	评价要点
1	1. 了解花样跳绳的发展历史和特点。 2. 跳绳基础动作复习。	1. 教师展示多种花样跳绳技术动作并进行讲解,学生观看示范并听教师讲解。 2. 学生个人展示已掌握跳绳技术。 3. 学生分组交流、展示已掌握跳绳技术。	1. 学生较为协调连贯地完成1分钟并脚跳绳。 2. 学生基础跳绳动作正确。 3. 学生了解花样跳绳基础知识。
2	1. 学习连续双摇跳。 2. 了解常见的运动损伤预防及处理。	1. 教师讲解、演示花样跳绳运动常见的损伤场景,让学生了解如何防护和处理。 2. 教师讲解示范连续双摇跳技术动作,学生模仿练习。 3. 学生分组练习,互相评价与帮助。	1. 学生能连续完成5次及以上连续双摇跳。 2. 学生能说出常见的花样跳绳运动损伤及处理方式。
3	学习固定交叉单摇跳。	1. 教师讲解示范,学生尝试模仿练习。 2. 教师集体纠错与个别纠错。 3. 学生分组练习,同伴互助学练。 4. 个人组合创编、动作展示。 5. 同伴轮流担任裁判,进行计时与计数。	1. 学生能连续完成5次及以上固定交叉单摇跳。 2. 学生能进行2种花样跳绳动作组合创编。
4	继续学习固定交叉单摇跳。	1. 学生分组练习。 2. 学生个人组合动作创编。 3. 学生个人创编动作展示,并进行计时与计数。	1. 学生能连续完成10次及以上固定交叉单摇跳。 2. 学生能进行3种及以上花样跳绳动作组合创编。
5	学习交替交叉单摇跳。	1. 教师讲解示范,学生尝试模仿练习。 2. 教师集体纠错与个别纠错。 3. 学生分组练习,同伴互助学练。 4. 个人组合创编、动作展示。 5. 同伴轮流担任裁判,进行计时与计数。	1. 学生能连续完成5次及以上交替交叉单摇跳。 2. 学生能进行2种及以上花样跳绳动作组合创编。
6	继续学习交替交叉单摇跳。	1. 学生分组练习。 2. 学生个人组合动作创编。 3. 学生个人创编动作展示,并进行计时与计数。	1. 学生能连续完成10次及以上交替交叉单摇跳。 2. 学生能进行3种及以上花样跳绳动作组合创编。

续表

7	学习固定交叉后单摇跳。	1. 教师讲解示范，学生尝试模仿练习。 2. 教师集体纠错与个别纠错。 3. 学生分组练习，同伴互助学练。 4. 个人组合创编、动作展示。 5. 同伴轮流担任裁判，进行计时与计数。	1. 学生能连续完成5次及以上固定交叉后单摇跳。 2. 学生能进行2种及以上花样跳绳动作组合创编。
8	继续学习固定交叉后单摇跳。	1. 学生分组练习。 2. 学生个人组合动作创编。 3. 学生个人创编动作展示，并进行计时与计数。	1. 学生能连续完成10次及以上固定交叉后单摇跳。 2. 学生能进行3种及以上花样跳绳动作组合创编。
9	学习集体单长绳"8"字跳。	1. 教师讲解示范，学生分组尝试模仿练习。 2. 教师集体纠错与个别纠错。 3. 同伴轮流担任裁判，进行计时与计数。	1. 小组成员集体连续完成两次单长绳"8"字跳。 2. 小组成员学会摇绳。
10	学习"一带一"单摇跳。	1. 教师讲解示范，学生尝试模仿练习。 2. 教师集体纠错与个别纠错。 3. 学生分组练习，同伴互助学练。 4. 个人组合创编、动作展示。 5. 同伴轮流担任裁判，进行计时与计数。	1. 学生能连续完成5次及以上"一带一"单摇跳。 2. 学生会计时与计数。
11	学习"一带一"反摇跳。	1. 教师讲解示范，学生尝试模仿练习。 2. 教师集体纠错与个别纠错。 3. 学生分组练习，同伴互助学练。 4. 个人组合创编、动作展示。 5. 同伴轮流担任裁判，进行计时与计数。	1. 学生能连续完成5次及以上"一带一"反摇跳。 2. 学生会计时与计数。
12	学习"一带二"单摇跳。	1. 教师讲解示范，学生尝试模仿练习。 2. 教师集体纠错与个别纠错。 3. 学生分组练习，同伴互助学练。 4. 个人组合创编、动作展示。 5. 同伴轮流担任裁判，进行计时与计数。	1. 学生能连续完成5次及以上"一带二"单摇跳。 2. 学生会计时与计数。
13	学习"一带二"反摇跳。	1. 教师讲解示范，学生尝试模仿练习。 2. 教师集体纠错与个别纠错。 3. 学生分组练习，同伴互助学练。 4. 个人组合创编、动作展示。 5. 同伴轮流担任裁判，进行计时与计数。	1. 学生能连续完成5次及以上"一带二"反摇跳。 2. 学生会计时与计数。
14	学习两人摇绳一人跳。	1. 教师讲解示范，学生尝试模仿练习。 2. 教师集体纠错与个别纠错。 3. 学生分组练习，同伴互助学练。 4. 个人组合创编、动作展示。 5. 同伴轮流担任裁判，进行计时与计数。	1. 学生能连续完成5次及以上两人摇绳一人跳。 2. 学生会计时与计数。
15	学习多人同步跳长绳。	1. 教师讲解示范，学生分组尝试模仿练习。 2. 教师集体纠错与个别纠错。 3. 同伴轮流担任裁判，进行计时与计数。	1. 小组成员集体连续完成3次多人同步跳长绳。 2. 小组成员学会摇绳。
16	个人花样跳绳组合动作创编考核。	教师组织学生2人一组进行考核，学生轮流展示自己创编的花样跳绳动作和担任裁判计数。	1. 学生能完成个人不超过1分15秒的花样跳绳动作组合创编。 2. 会计时与计数。
17	集体花样跳绳组合动作创编考核。	教师组织学生8~10人一组，轮流进行考核。	1. 学生能完成集体不超过1分15秒的花样跳绳动作组合创编。 2. 会计时与计数。
18	花样跳绳书面考核。	教师通过纸质试卷，检测学生花样跳绳知识、体能练习方法及健康运动生活知识的了解情况。	学生知道花样跳绳知识、体能练习方法和健康运动生活知识。

单元评价			
核心素养	评价内容		评价方法
运动能力	学生能够掌握所学花样跳绳运动比较复杂的动作技术和多种配合，并在比赛情境中予以运用，初步形成花样跳绳学习和比赛中分析问题和解决问题的能力；一般体能和专项体能的水平明显提高。		等级评价、展示或比赛评价等
健康行为	学会安全地参与花样跳绳运动，能预防和简单处理花样跳绳运动中常见的运动损伤。		观察评价、口头测评等
体育品德	能够调控练习和比赛中产生的情绪，克服困难、坚韧不拔，具有合作精神和竞争意识，表现出遵守规则、相互尊重、自尊自信、奋发向上的体育精神和品格。		观察评价、书面测评等

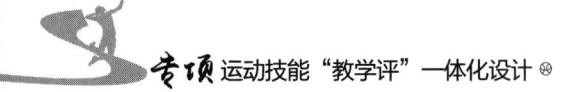

2. 花样跳绳 2 课时教学设计。

设计者：赵　轩　　　　单位：成都市望江楼小学

教学内容	"一带二"单摇跳		课时	第 12 课
学习目标	运动能力：学生能连续完成 5 次及以上"一带二"单摇跳，并能进行简单创编组合，敢于进行展示和比赛，学会利用引体向上进行体能练习，能进行 1 分钟"一带二"单摇跳的计时与计数，并能简单评价同伴的比赛特点。 健康行为：学生在运动前会认真进行热身，运动后会进行拉伸放松，课中练习注重安全，与他人保持安全距离，练习与比赛中能及时调整心态，不骄不躁。 体育品德：在练习中积极主动与同伴沟通，不怕困难，迎难而上，相互尊重、相互鼓励。			
教学重难点	重点：三人站位方位、距离与摇跳协调配合。 难点：三人能保持良好的节奏、配合默契。			

课的部分	教学内容	教学组织	学生学练赛	运动负荷	学习评价
准备部分	一、课堂常规 1. 体育委员集合整队，清点人数。 2. 师生问好。 3. 宣布本节课任务及安全要求。 4. 检查着装。 5. 安排见习生 二、热身 1. "石头剪刀布"。 4 人一大组，再分为 2 人一小组，两小组间隔 10 米，面对面一路排列，听到教师口令后一人出发跑到对面用脚比划石头剪刀布（并脚为石头、前后弓步为剪刀、左右开立为布），获胜者到队尾排队，输了跑到对面进行石头剪刀布，时间 3 分钟。 2. 徒手操。 (1) 活动脖子。 (2) 扩胸运动。 (3) 振臂运动。 (4) 体转运动。 (5) 腹背运动。 (6) 弓步压腿。 (7) 侧压腿。 (8) 踝腕关节活动。	四列横队集合 要求：快、静、齐。 教师组织分组	1. 到指定地点集合。 2. 体委整队清点人数。 3. 师生问好。 4. 明确学习任务。 5. 见习生出列。 6. 遵守纪律。 7. 认真听教师讲解游戏方法及规则。 8. 快速分组。 9. 积极参与，遵守规则。 10. 认真做徒手操，充分活动肌肉关节。	中上强度	1. 集合快、静、齐。 2. 积极参加游戏，遵守游戏规则。 3. 健康行为：徒手操动作标准到位，养成良好的运动习惯。
设计意图	通过游戏"石头剪刀布"，输了继续跑的游戏意图，调动学生学习兴趣，培养学生遵守规则的意识。由于是用脚进行"石头剪刀布"，猜拳双方需要同时出脚，培养了学生的节奏感，与两人同步跳跃的能力，游戏内容和本次课"一带二"单摇跳有一定的相关性。徒手操简单方便，长期坚持，培养学生良好的运动习惯，充分热身，预防运动损伤。				

续表

基本部分	1. 学习"一带二"单摇跳。 2. 花样跳绳动作组合与创编。 3. 一分钟"一带二"单摇跳比赛与裁判工作。 4. 体能练习：引体向上15次×4组。	1. 教师组织学生四列横队集合，前两排蹲下，教师请学生进行配合讲解示范"一带二"单摇跳技术动作。 2. 教师组织学生三人一组分场地进行练习，教师巡回观察，针对普遍问题集体纠错，个体问题个体纠错。 3. 组织学生进行花样跳绳动作组合创编与展示。 4. 组织学生分组进行1分钟"一带二"单摇跳比赛与裁判计时、计数。 5. 组织学生进行引体向上练习。	1. 认真观看教师示范，认真听讲。 2. 同伴合作，积极练习。 3. 发挥想象，大胆创编与展示。 4. 同伴合作，积极参赛。 5. 认真做好裁判的计时、计数。 6. 积极参加体能练习，遇到困难，同伴互助。	大	1. 能连续完成5个及以上"一带二"单摇跳。 2. 积极创编与展示。 3. 大胆参赛。 4. 计数认真、准确。 5. 体能练习认真刻苦。
设计意图	围绕新课标要求，培养学生体育核心素养。课堂内容设计较为全面，让学生在课堂上充分感受学、练、赛，让学生在课堂获得成就感，学会互相帮助，不断提高运动技术和体能。			
结束部分	1. 集合整队。 2. 放松练习。 3. 课堂总结。 4. 收还器材。 5. 师生再见。	1. 教师整队。 2. 教师播放音乐，放松拉伸练习。 3. 课堂总结。 4. 安排学生收还器材。 5. 师生再见。	1. 学生集合。 2. 身心放松。 3. 认真听教师总结，能主动分享收获。 4. 收还器材。 5. 师生再见。	小	1. 拉伸动作到位。 2. 能主动分享课堂收获。
设计意图	培养学生良好的运动习惯，学会课后拉伸放松；学会自我总结与评价。			
安全措施	1. 学生需穿着宽松服装，运动鞋，遵守体育课堂纪律、游戏规则。 2. 充分热身，做好肌肉与关节活动。 3. 课中练习与比赛保持好安全距离，防止相互影响。 4. 教师准备好场地及所需器材。 5. 如发生突发状况，及时送往医务室。			
场地器材	场地：平坦开阔场地。 器材：跳绳20根。			
运动负荷	群体运动密度：75%以上。 个体运动密度：50%以上。 平均心率：140~160次/分钟。			
课后作业	基础性作业：一带二单摇跳60次×4组。 拓展性作业：三人花样跳绳动作创编。			
课后反思				

第二节　生存探险项目

生存探险项目

参考文献

[1] 潘绍伟. 关于"新课标"专项运动技能教学基本问题的探讨[J]. 天津师范大学学报（基础教育版），2024（3）：37-41.

[2] 季浏. 基于核心素养的专项运动技能大单元教学设计与实施[J]. 中国学校体育，2022（7）：9-11.

[3] 但武刚，肖明. 核心素养视域下"教—学—评"一体化体系的建构[J]. 基础教育课程，2023（9）：4-8.

后 记

四川省范翔名师工作室自成立以来，围绕专项运动技能的大单元教学设计，开展了多次教学研讨和教学实践，本书既是这些研讨与实践的成果结晶，更是四川省教育学会2023年度教育科研课题，课题名称："专项运动技能"大单元教学的"教学评"一体化设计研究，课题编号：YB2023110的研究成果。在书稿编写的过程中，得到了多位专家、体育教研员的指导，体育教研员和一线教师深度参与，历经多次修改和完善。本书主编范翔、鄢长江，负责本书内容框架的整体规划、组织协调和统稿工作。

在编写的过程中，我们根据新课标的指导，从六大类运动项目中选取一些常见项目进行大单元的编制。第一章专项运动技能大单元教学的"教学评"一体化概述由汪玉涛老师负责。第二章到第七章共13个运动项目大单元设计，写作分工如下：篮球部分由聂正荣老师负责，参编老师有：刘永康、赵洪云、耿永昌、赵一锟、张荣才、郭文美、张琳、柯贤富、宋晓伟、张剑琳。

足球部分由郑敏老师负责，参编老师有：汪林、廖慧兰、李秀清、鄢晓勇、李加义、邱世海、陈婷婷、何春晓、夏茂荣、陈轶、樊勤伦、谢东升、赵海平、杨桃、卿虎、林用彬。

排球部分由袁玲老师负责，参编老师有：刘小艳、罗静、王雄、刘光华、高建鑫、李雪、韩四彬、刘佳、詹建伟、陶世容。

乒乓球部分由徐雪容老师负责，参编老师有：陈晨、张青青、李燕、蔡玲梅、沈龙、黄凯、杨帅、王剑云、王维尖、张青青。

羽毛球部分由冉香山老师负责，参编老师有：石庆华、陈素倩、康宝斓、晏子文、吴学莲。

网球部分由罗俊杰老师负责，参编老师有：毛彪、罗剑、李国俊、李超、蒋玄、胡腾科、杜啟瑞、艾磊、郑飞、何万清。

田径部分由帅丹凤老师负责，参编老师有：王琰、高杰、陈俊伟、牟强、孟爽、尚可欣、段旭兴、苏竞。

体操部分由吴琼老师负责，参编老师有：张玉伟、张丽娟、程玲、祁浩浩、杨雪梅、李窑、朱芳。

水上或冰雪运动部分由王茹老师负责，参编老师有：张稚梅、刘晓兰、肖涵、赵盼、周瑞、宋单单。

武术部分由巫远龙老师负责，参编老师有：李源颖、杨世伟、孙旺、张强、龙鑫、周远行、刘立。

民族民间传统体育部分由旺青老师负责，参编老师有：泽里友珍、王鸿飞、高熙春、二西桑丹、李毅、宋巧、牟明强。

生存探险部分由朱常超、李科老师负责，参编老师有：周雪峰、赵有琼、吴丹、欧晓霞、柳剑南、刘旭东、刘小平、李杰、黄汉强、何钰源、冯霞、陈莹、曾园园、安敏。

时尚运动部分由肖庆丰老师负责，参编老师有：张鹏、赵轩、汪涛、刘语涵、余遥、冉吉林、孟雪晴、毛勤霞、雷信阳、李晴。

好的教学设计从来都不是一蹴而就的，而是在课堂教学这片广阔的实践天地中逐步磨砺出来的。

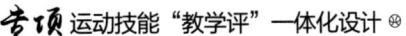

它需要经过课堂一次又一次的实践检验，在这个过程中不断发现问题、解决问题，持续进行调整和优化，只有这样才能真正变得更加实用、更具价值。我们深知，个人的智慧和力量是有限的，而众人的智慧则如同璀璨的星光，能够照亮前行的道路。所以，真诚地希望大家能够毫无保留地提出宝贵的意见和建议，无论是从教学方法的创新角度，还是从学生反馈的实际情况出发，每一个观点和想法对我们来说都至关重要。我们渴望借助大家的智慧，对相关内容进行持续的改进和完善，让我们的教学设计能够更好地服务于课堂教学，为学生的成长和发展贡献更多的力量。